王廷相與明代氣學

王俊彦　著

自序

　　氣學的理論架構是順無而有，有而無的主線進行，如由具本體義的元氣，透過陰陽相生之機制化生萬物，萬物之生即具元氣本體之生生義、道德義與二五比例各各不同之氣種，故萬物皆能各具其主體性。同時進一步論述此由無形而有形的過程，涵攝了上下、內外等不同位階的差別，種種差別正可建構一實有又無限的世界，然此森羅萬象之世界，實即是以一氣貫注上下、內外等差別相中的實體。故無而有指元氣凝成眾形氣，有而無指形氣回歸元氣，此為分析的說。圓融的說則是有無、內外，只一氣在不同時空中的示現而已，示現是藉存在體現元氣，並不是相對之二者。此說提供了一實有又無限圓滿的人生，避開佛老之虛幻，直承孔子重實的本旨。

　　氣學的基本觀念如下：「元氣凝為形氣」，其義在使元氣與形氣本質是一，以化掉天人的間隔，凝結的過程則是有生有，藉一氣貫通有無加強天人的一致性，也取代了無生有在現實上的不可行性。「陰陽偏勝」的觀念遠承自易經、兩漢陰陽五行說，近則取法於太極圖說，仍是直承儒學由生生說宇宙論、說道德義的本旨。「客觀機率決定一切」的觀念，則延伸出生生之無限性，及重視客觀之實然的特色。萬物的主體性一直非理學、心學所關懷者，但氣學以萬物所具之主體性來自元氣，期使形上與形下並重，最終則融為一體。「氣種有定」，則是指有生有的過程中，以氣種為貫通上下、有無的條件，實則王充、朱子等有客觀傾向者，皆有相似的說法。「萬物各具其主體性」，既可解決心學的虛玄之病，也使天道之無限性能在萬物中具體展現，使內聖而外王的理想有落實之可能。「氣立而理因之寓」，主張理在氣中，使學問由分解說走向實有說，不再因理氣二分擴大天人的間隔。亦即理氣渾是一最高的實有，時空人我在此實體中不同的呈現，反証其為無限的實有。當注意者是此實有非形下的，而是上下、內外是一的實有。而各正性命的萬物，彼此相資互成創生不已，此時道非由形

上言，而是由氣化過程言，故由理在氣中可推知道在氣中，唯此非降低道、理之本體位階，而是以道、理為氣本體之作用、條理。順道在氣中，發展出形上之仁義價值非德性，仁義的具體完成才是德性，由實然說性的特色。如此既重萬物各具其主體性，又以實踐為德性，自然成就氣學的「情善說」，情非由形上之心性規定，情本身即是氣化之常真實且直接的表現。王廷相甚強調古今名教，此為形氣呼應元氣所展現的道德義，且此道德義即由氣化中指點出者，此乃情善說由我而人應有之發展。另外在一氣流行下，「自律與他律是一」，此亦非由分解說，因氣化之常直接在人的表現是自律，他律則是氣化之常被規範化後的表現。故圓融的說只有一氣流行，自、他之分不礙其本質之為一。順此又可說「分解與圓融是一」，因沒有分解的圓融是渾沌，沒有圓融的分解是支離，分解是氣化之萬理，圓融是氣化之一理，必合分解與圓融才為一氣化整體。

　　氣學易為人詬病的是，以為氣只有材質義，及氣無本體義。但由氣學家多由太極、陰陽說元氣，表示氣具有本體義，這是承接周敦頤的太極圖說、張載的太虛即氣說，將氣提高到本體的位階，且使之具生生不息的作用，自可化解氣為第二義之誤解。由太極說氣，氣具本體義；由生生說氣，氣具生生義；再由生生之必然性，引申出道德義。同時此生生之德又是由無而有的氣化之理序，使形氣之存有，不但是實有的，且是道德的。如氣學的情善說，直指日用言行本身就是善，不再須另一形上本體來指導或賦予其意義，此一簡易直截又生德豐沛的特色，應為氣學順兩漢由氣詮釋宇宙，經隋唐佛學對心性本體的提高與深化，再通過與宋明理學、心學的激盪，彼此互相滲透，又互相排斥的辯証過程後，所得之重建儒學重實有的路徑。

　　本書以王廷相為研究主軸，並輔以十四位氣學家，以期能共同證成明代氣學之特色。論文撰述的方法，是先對所有各家的原典，皆作地毯式的全面撿索，將相關的語句，如太極、陰陽、理、氣等分門別類歸類掌握後，再進行理論之詮釋與建構。其間除了對王廷相理論經過四五年的涵泳，不斷貼近體會，推翻修正，始得稍有會心。且同時

在研究所開課、指導學生，亦以此十餘家為廣泛涉獵與探討的範圍，所以於王廷相有會心處，輒取與詮釋其他氣學者；討論其他氣學家思想有得時，亦取與王廷相之理論參究之，不以己之主觀規定氣學方向之發展，純由原典呈現之思路為依歸。因而發現氣學論者不但眾多，且與理學、心學互動過程中，呈現相當多向性的面貌。故本書的論述看似以王廷相為主，十四家為輔，實則在研究過程中，王廷相面貌的展現，多有取資於其他氣學家，其他氣學家短文篇幅似少，實則有一諸家彼此激盪所形成的氣學架構在其中。另外在深切感受到氣學由理學轉出，及與心學辯證而有之自由自信學風的可貴，為避免強加某家理論模式於另一家，所可能造成的限制與排擠，故在論述各家思想時，對意見同者即許其同，異者即存其異，希望能如實展現諸家以氣為本，方向內容卻又各具特色的新學風。

　　大陸與日本學者對氣學已有充份之發展，惟亦有其客觀之限制，而台灣的氣學正處於萌芽的階段。筆者於研究過程中，發現著錄於《四庫全書》、《明儒學案》等書中之氣學家，不下數十人之夥，知其仍有極大之發展空間。但囿於個人才性、能力之不足，故對氣學的掌握正確與否，尚祈有志於此之學者專家不吝指正。

王俊彥　謹誌於台北

2005 年 9 月

目次

第貳編　明代之氣學思想

第壹編
王廷相之氣學思想

第一章　生平與著作

　　王廷相在由先秦、兩漢、宋明以來，氣學一直隱而未彰，未取得學術正統地位的情形下，面對明代天下學術不歸理學則歸心學的不利氛圍，仍秉持不以孔子之是非為是非，而以吾心所見之是為是，所見之非為非的思辯精神，和磅礴的理論創構能力，擘劃出既取資於理學心學，又能避開二家之失的元氣實有論，並以之做為落實儒家，內聖而外王之終極關懷的可能路徑。此中之企圖，當有值得吾人研究與討論之價值。

第一節　學行皆實的學思歷程

　　王廷相字子衡，號浚川，別號平崖，世稱浚川先生，河南儀封人。生於明憲宗成化十年（西元一四七四年），卒於明世宗嘉靖二十三年（西元一五四四年），享年七十一歲。先世由山西潞州來家於此，父增以上，本隱跡弗耀，因王廷相而貴顯，累贈太子太保兵部尚書兼都察院左都御史。母田氏以上，俱封一品夫人。[1]

　　王廷相幼年丰姿奇秀，日誦千言不忘，讀書即解大意。成化二十二年（西元一四八六年），十三歲，補邑庠弟子員，即以能古文詩賦聞名，[2]弘治八年（西元一四九五年）二十二歲，舉於鄉。弘治十五年（西元一五〇二年）登進士第，選為翰林庶吉士。弘治十七年（西元一五〇四年）三十一歲，授兵科給事中，呈上〈擬經略邊關事宜疏〉。條陳時政，無所顧忌。弘治十八年（西元一五〇五年），三十二歲，丁父憂。正德三年（西元一五〇八年），三十五歲，為宦官劉瑾中以罪，謫亳州判官。躬自教誨學生，如薛蕙因受其學而有成，才名播天下。王廷相數與其論學，如〈答薛君采論性書〉云：

---

[1]　【明】高拱：〈浚川王公行狀〉《高文襄公文集》卷四，康熙丙寅重刊本。
[2]　【明】張鹵：〈少保王肅敏公傳〉《王氏家藏集》卷首。

> 今君采之談性，一惟主於伊川。伊川，吾黨之先師，豈不能如
> 他人依附餘論以取同道之譽？但反求吾心，實有一二不可強同
> 者，故別加論列，以求吾道之是。[3]

由此可見，王廷相以理性為判準，不苟且因循的學風。正德五年（西元一五一〇年）三十七歲，升監察御史，巡按陝西，當時權閹廖鐺朘削無度，民多受其苦，王廷相嚴加裁制，百姓因而稱幸，但廖鐺則心生嫌隙矣。

正德八年（西元一五一三年），四十歲，王廷相提北畿學政，重視明道教化，務期實用，當地文風為之一變。時有權閹三王二劉者，以納賄干及學政，王廷相當面焚其書信。於是，三王二劉乃陰與廖鐺和謀構陷王廷相有不法事，逮詔下獄，雖經朝廷朋友，抗疏論救，仍謫贛榆縣丞。至則興舉百業，力課學生，以期致用於他日。正德十一年（西元一五一六年），四十三歲，因治行卓異，晉升寧國知縣。正德十二年（西元一五一七年），四十四歲，升松江府同知，旋升四川提學僉事。自監察御史至此，王廷相已三度督導學政，皆能正學術，嚴考校，所頒佈的〈督學四川條約〉云：

> 近歲以來，為之士者，專尚彌文，罔崇實學，求之倫理，昧於躬
> 行，稽諸聖謨，疏於體驗，古人之儒術，一切盡廢，文士之藻翰，
> 遠邁大同。已愧于經明行修之科，安望有內聖外王之業？[4]

反對只求倫理，昧於躬行的實學主張，自然能敦士節，振萎習，使靡弱之士風翕然丕變。正德十六年（西元一五二一年），王廷相四十八歲，時年吳廷翰登進士第。吳廷翰《明儒學案》未有著錄，思想頗受王廷相影響，論學多有引證王廷相之說者，如云：

> 嬰孩始生，以他人母之而不識，長則以他人為母，終其身不知。
> 或閉之幽室，不令人見，不聞人語，雖天日且不識，而況於他

---

[3] 【明】王廷相著：《王廷相集》，北京：中華書局，1989 年 9 月，頁 517。
[4] 同註 3，《王廷相集》，頁 1167。

乎？故嬰孩之知，必假聞見而始知，其呼父母與飲食，皆人教詔之。[5]

　　此乃王廷相反對當時重德性之知，輕見聞之知的觀點，亦明確反映在其行政與督學的作為上。王廷相作〈明故資政大夫南京戶部尚書贈太子太保諡莊敏許公墓誌銘〉記載，正德末年，行經靈寶，與許誥會面，許誥以理氣渾全之說來評論宋儒理氣神性之說。如云：

自宋儒分理氣為二，始有以性為理而無氣，又有氣質之性之說。殊不知天道賦予萬有不齊，其道則一，烏有單理為本然之性，兼氣為氣質之性之道歟？蓋言道則理氣兼全，言理則遺氣而非所道。[6]

　　可知二人皆以為理氣兼備才是整全實有之論。反對宋儒、佛老涉於虛無支離之蔽。嘉靖二年（西元一五二三年），五十歲，升湖廣按察使。楚地民風，悍詐喜訟，王廷相數決疑獄，得民信賴，湘人以「青天」呼之。嘉靖三年（西元一五二四年），五十一歲，任山東布政司右布政，旋丁母憂，歸里守制，哀毀逾常。以鄉俗喪禮謬亂，加以「浮屠追薦，資福減罪」之風，亦使道化淪洽，遂斟酌古今，著《喪禮備纂》，以供世用。

　　嘉靖四年（西元一五二五年），五十二歲，王廷相因高拱葬其祖父於其故里，故為做墓誌銘，高拱與張居正為當朝宰輔，亦與王廷相論學，文章常稱引王廷相之言如云：

王浚川云：「古人論小學，如農圃、醫卜、歷象、干支之類，非謂八歲入小學。大學所學之大者，即詩、書、禮、樂、修、齊、治、平之道，故六鄉三歲大比，賓興賢能而進於天子之大學，蓋德行道藝之純者。」[7]

---

[5]　【明】吳廷翰：《吳廷翰集》，北京：中華書局，1984 年 2 月，頁 60。
[6]　【明】許誥撰：《性學編》，中國子學名著集成、明正德間刊本，頁 19。
[7]　【明】高拱：《高拱論著四種》〈問辯錄〉，北京：中華書局，1993 年 7 月，頁 94。

　　嘉靖六年（西元一五二七年），五十四歲，升四川巡撫右副都御史，清審獄囚，改革錢糧收解之弊，以安撫軍民，先時蜀夷沙保、向信倡亂猖獗，川貴震動，王廷相乃設謀誘降，深入敵營，悉剿平。此年，王廷相完成其重要著作《慎言》，自序其作是「仰觀俯察，驗幽黥明，有會於心，即記於冊，三十餘年，言積數萬。」全面地建立其以元氣為主體的學說。嘉靖七年（西元一五二八年），五十五歲，升兵部左侍郎，因朝廷有意籌邊及清查官府冗員，王廷相奉命督導工事，呈上〈閱視陝西延寧邊防題本〉，指出「邊事懈弛，賊恆出沒」、「儲餉缺乏，止足目前」、「北虜漸盛，守將偷安」等問題，主張當有自強之計以制禦夷狄。[8]及確定騰驤四衛勇士名額，不許再加增添。

　　嘉靖八年（西元一五二九年），五十六歲，撰《答天問》一文，以屈原本有〈天問〉一篇，唐柳子厚續有〈天對〉一文，然其文「多依文憑故為辭，而正諸經典之道者無幾。」故讀其書而病之，作此文以反駁。因「務取於符道，故其論多刺。」可知王廷相重實有反虛玄的風格。嘉靖九年（西元一五三〇年），五十七歲，升南京兵部尚書，參贊機務，清除所有內外守臣，與各監局的科扣占役等積弊。軍民感恩之餘，遂繪像以祀之。嘉靖十二年（西元一五三三年），六十歲，升都察院左都御史，仍掌院事，以為御史應申明憲綱，考察失職者，雅有澄清天下之志，呈上〈遵憲綱考察御史疏〉，建議御史要據實回報，有關職守之考察，計有「除姦革弊」、「伸冤理枉」、「揚清激濁」、「勘合公文」、「清修簡約」、「撫按協合」等六事。[9]

　　嘉靖十三年（西元一五三四年），六十一歲，〈請議南京外守備事權疏〉中，以為南京為祖宗根本重地，守備的重責不宜令魏國公徐鵬舉世襲，應由各地文武官輪替，上遂解除鵬舉兵權。同年，撰〈答何柏齋造化論〉。何塘與王廷相皆於弘治十五年（西元一五〇二年）登進士第，選翰林院庶吉士，也主張元氣說，如云：

8　　同註3，《王廷相集》，頁 1256。
9　　同註3，《王廷相集》，頁 1322-1325。

　　仁者，人也，禮則人之元氣而已。則見侵於風寒暑濕者也，人
　　能無為邪氣所勝，則元氣復，元氣復而其人成矣。[10]

　　但王廷相以為陰陽在太極一氣中，故反對何塘以陰陽分立為兩儀
之說法。嘉靖十四年（西元一五三五年），六十二歲，時遼東兵變，
王廷相主張「以僉都御史韓邦奇為副都御史，巡撫遼東。」然帝方事
姑息，其事遂止。韓邦奇登正德三年（西元一五〇八年）進士，論學
主張與王廷相同，皆以元氣為萬物之本體。如云：

　　氣塊然太虛，非橫渠真見道體之實，不敢以一氣字貫之，此渾
　　沌之未闢，無極而太極也。動陽靜陰、浮清降濁，萬品之流，
　　兩儀立，萬物生也。[11]

　　嘉靖十五年（西元一五三六年），六十三歲，升太子少保，聖上
忽喻群臣，欲令太子監國，以頤養聖躬，群臣錯愕。王廷相乃上書言
太子年幼，知思未普，一旦御事，恐失輕重，上乃罷。嘉靖十六年（西
元一五三七年），六十四歲，因御史游居敬彈劾王守仁、湛若水為偽
學，遂廢各地私立書院。時與王守仁相善的黃綰，其學在後期有所轉
變，王廷相曾為黃綰做〈石龍書院學辯〉，如云：

　　中和而曰「致」，豈虛靜其心性者可以概之哉？夫心固虛靈，
　　而應者必藉視聽聰明，會於人事，而後靈能長。赤子生而幽閉
　　之，不接習於人間，壯而出之，不辯牛馬，而況君臣、父子、
　　夫婦、長幼、朋友之節度？而況萬事萬物，幾微變化，不可以
　　常理執乎？彼徒虛靜其心者，何以異此？[12]

　　王廷相讚黃綰能使學生脫離禪定支離之習，應因黃綰亦以躬行為
真知，如云：

10　【清】張廷玉等撰：《明史》，台北：鼎文書局，1991，卷二八二，列傳一七〇，
　　頁 7256。
11　【明】韓邦奇撰：《性理三解》，明正嘉間（506-1566）原刊本，台北：國家圖書
　　館，頁 6-7。
12　同註 3，《王廷相集》，頁 604。

「生於憂患者」，因憂患而知思，知慎、知節、知畏、知謹、
知保、知脩，所以能生也。此皆人世所必有，人生所不免，若
非身履深歷不能知也。[13]

嘉靖十七年（西元一五三八年），六十五歲，王廷相撰成《雅述》，
比《慎言》晚出十一年，但皆為論述氣為本體，理在氣中，非理能生
氣的重要著作。崔銑為弘治十八年進士，選翰林庶吉士，與王廷相論
交四十載，曾為《雅述》作序。王廷相亦有〈舉用呂柟、崔銑、李夢
陽疏〉，以為崔銑「才識明達，允負經濟」。崔銑論學亦與王廷相同
調，主張氣為首出，理在氣中，如云：

文公謂：「氣有聚散，理無聚散。」銑所未詳，竊意造化之原，
理常聚而氣亦聚，人物之生，氣若散而理亦散，氣既散矣，理
安所附。[14]

王廷相於此疏中，亦稱呂柟「性行淳篤，學問淵粹」。呂柟為正
德三年（西元一五〇八年）進士，學者稱涇野先生，論學與王廷相相
近，皆主張由重實處說理氣是一，如云：

問張子說：「合虛與氣有性之名。」曰：「觀合字，似還分理
氣為二，亦有病，終不如孔孟言性之善，如說「天命之謂性」
何等是好！理氣非二物，若無此一氣，理卻安在何處？[15]

嘉靖十八年（西元一五三九年），六十六歲，上將南幸承天，中
外咸知勞費，卻莫敢言，王廷相呈上〈乞留聖駕南巡疏〉，疏入，上
竟以溫旨答，且令王廷相輔行，督導軍務，沿途日侍帷幄，恭和聖製
詩歌，所受寵渥鮮有比者。同年，雷震奉天殿，王廷相上〈天變自陳
疏〉，力陳「人事修而後天道順，大臣法而後小臣廉」之意，藉此斥
責權閹造成舉國貪穢奔競之風。疏云：

13　【明】黃綰著：《明道編》，北京：中華書局，1983 年 6 月，頁 25。
14　【明】崔銑：《士翼》，明嘉靖乙未，平陽刊本卷一，頁 12。
15　【明】呂柟著：《涇野子內篇》，北京：中華書局，1992 年 12 月，頁 124。

　　臣觀今日朝野之風，廉靖之節僅見，貪污之風大行，一得任事
　　之權，便為營利之計，賄賂大開，私門貨積，但通關節，罔不
　　知義，濕薪可以點火，白晝可以通神，是豈清平之世所宜有者
　　乎？且古之士大夫難進而易退，寧自守以俟時，無寧違道速化
　　以失己，寧遯世不見知而不悔，無寧熱中阿附毀道以求進，蓋
　　以其見道明，用心剛，素有所養而然耳。[16]

　　嘉靖二十年（西元一五四一年），六十八歲，督團營與翊國公郭
勛同事，然因郭勛怙勢難動，王廷相姑與逡巡，思俟時機再加整飭。
惟當時給事中李鳳來劾權貴奪民利，章下督察院，王廷相檄文五城御
史要求覈實，惟延遲四十餘日，遭上詰責王廷相黨附郭勛，未先上奏，[17]
乃罷歸田里，日惟以圖史耕漁自適，角巾野服，訢訢如也。嘉靖二十
二年（西元一五四四年），王廷相於九月七日病逝，享年七十一歲。

　　綜上可知，王廷相為一事親至孝，公忠體國，倡明學政，勤於論
學的思想家，從其事蹟中可以彰顯其獨立思辨，著重躬行，及以氣為
本的學術傾向。明史評其說頗乖僻，恐未為的論，徐開任之評方為允
當，其云：

　　不事浮藻，傍搜遠覽，上下古今，唯求自得，無所循泥。灼見其
　　是，雖古人所非者不拘；灼見其非，雖古人所是者不執。[18]

第二節　著作

　　王廷相好集書冊，多至萬餘卷，本身著作亦弘富。主要著作有《王
氏家藏集》及《王浚川所著書》二種。《王氏家藏集》據明代高拱記
載王廷相的著作；「在翰苑有《溝斷集》，為侍御有《臺史集》，在
贛榆有《近海集》，在松江有《吳中稿》，在四川有《華陽稿》，在
山東有《泉上稿》，守制時有《家居集》，在湖廣有《鄂城稿》，為

---

[16]　同註3，《王廷相集》，頁1353。
[17]　同註10，《明史》卷一九四，列傳八二，頁5154。
[18]　【清】徐開任：《明名臣言行錄》卷四十八。

侍郎有《小司馬稿》，在南京有《金陵稿》，總括之為《王氏家藏集》
云。又有《慎言》、《雅述》、《攝禮圖注》、《攝生要義》、《內
台集》、《奏議》、及《覆奏語略》、《公移駁稿》、《歸田稿》、
《闡玄述》。」[19]

　　而明代張鹵記載王廷相所著書：「有《溝斷集》、《臺史集》、
《近海集》、《吳中稿》、《華陽稿》、《泉上稿》、《家居集》、
《鄂城稿》、《小司馬稿》、《金陵稿》、《喪禮備纂》、《慎言》、
《雅述》，總之為《王氏家藏集》六十卷。又有《奏議集》、《公移
駁稿》、《覆奏語略》、《歸田集》三十卷，皆行於世。」[20]二氏所載
互有重疊，但主要著作皆在其中。分述二書內容如下：

一、《王氏家藏集》

　　《王氏家藏集》共四十一卷，唐龍於嘉靖十五年作《王氏家藏集》
序，「先生姓王氏，裒諸詩若文凡若干卷，題之曰《王氏家藏集》」[21]。
栗廣宏亦為此書序，云：「得受教門下士，獲睹公《家集》，古騷賦
詩文、《慎言》，書冊甚眾。」[22]可知書應為嘉靖十五年，由王廷相親
自編定的四十一卷本。以高拱所云總為《王氏家藏集》的十部著作為
內容。據葛榮晉先生〈王廷相著作考〉一文考證，詩文、內容多節選
而非全錄的。[23]葛榮晉先生此文對王廷相的著作有全面及深入的研究，
本文頗多觀點及資料皆取自此文章。

二、《王浚川所著書》

　　據葛榮晉先生考證「《王浚川所著書》的編定時間，大概是嘉靖
末年或嘉靖隆慶之際由後人編輯而成的」四十二卷本。

　　（一）《慎言》，凡十三卷，王廷相嘉靖六年自序此書之作，是

19　同註 1，《高文襄公文集》卷四，〈浚川王公行狀〉。
20　同註 2。
21　同註 3，《王廷相集》，頁 3。
22　同註 3，《王廷相集》，頁 6。
23　同註 3，葛榮晉：〈王廷相著作考〉、《王廷相集》，頁 1461。

因「自余知道以來，有會於心，即記於冊，三十餘年，言積數萬。孟君見之曰：義守中正，不惑非道，此非『慎言其餘』乎！遂以《慎言》名之。類分為十三篇，附諸集，以藏于家。」[24]其中仰觀俯察，驗幽驗明，為王廷相由元氣論道體的重要著作，黃綰曾贊此書云：「《慎言錄》一冊，讀之卷終，鑿鑿造道之文，鄙吝之心，鎔化多矣。其曰『學當以聖人為矩，不然則局』，此言當與性善同功。百世之下，尚將優劣《中說》、《正蒙》而傳。」[25]

（二）《雅述》，凡兩卷。王廷相於嘉靖十七年完成此書，自序云「余不自量，每於讀書之暇，其於天道人事，變化幾宜，諸所擬議，有不符於聖者，時置一論，已求合道真。積久成卷，分為上下二篇，名曰《雅述》，謂述其中正經常足以治世者云爾。」乃排詆異端，重振仲尼聖道之作。

（三）《內臺集》，凡七卷，明代張鵬於嘉靖十五年，為此書序云：「鵬自壬辰從事臺末，獲受教浚川公臺下，見公於退朝之餘，即肅肅入院臺理政事，稍暇即為為文著書。乃竊錄其與諸名公鉅卿往來論辯、問答、贈送之作，辭與文若干篇，刻之東省以傳。」[26]可知此書非王廷相所編，而是張鵬編輯且刊行的，世稱張鵬刻本。

（四）《浚川內臺集》又名《覆奏語略》，凡三卷，李復初於嘉靖十八年序採錄成書的經過，「侍御張子嘗采錄一二，刊為《內臺集》，與《家藏》、《雅述》、《慎言》諸書，并行於世。復初又竊錄續作，嗣刊濟上。抄本有訛，王子光濟、劉子希杜校之」[27]知此書為張鵬首刊為《內臺集》後，李復初接續編輯，王光濟、劉希杜校對而成的。

（五）《浚川公移集》，凡三卷；《浚川駁稿集》，又名《祥刑稿》，凡兩卷。郭廷冕於嘉靖二十二年，序此書之作，因道經儀封，請教王廷相，「公因取往年按陝右者憲條二冊，類分五卷，出而示之；

---

[24] 同註3，《王廷相集‧慎言》，頁750。
[25] 【明】黃綰撰：《石龍集》卷十九、〈與王浚川書〉，頁5。
[26] 同註3，《王廷相集》，頁891。
[27] 同註3，《王廷相集》，頁1020。

《駁稿》云者，參駁招議，所以麗乎情。遂不取自秘，因捐公廩若干，錄本於泗上，與同志者共焉。」[28]知此二書為王廷相所編定，由郭廷冕刻行的。

（六）《浚川奏議集》，凡十卷。本書為王廷相在朝廷時，先後所上的疏、題本等奏議彙輯而成的。據葛榮晉先生言「《浚川奏議集》在隆慶六年以前，已經編輯刊行於世」，但何人編定，則尚待考訂。

（七）《喪禮編纂》，分上下兩卷。張鹵序此書云：「茲編以先後居喪，特纂所切于行事，其說一本《大明集禮》，根極《三禮》。其門人敷陳其大略，鄉人久已崇用。丙辰，當先子大故，跧伏苫由，取而讀之，逐一親錄。已未叨第，歸為先祖妣承重宅憂，始得取前錄散帙，更加裝訂。」[29]知此書為王廷相居喪時所作，原本只為鄉里間「崇用」，後於嘉靖四十年為張鹵所刊行。

現今北京中華書局有《王廷相集》，包括有王廷相的《王氏家藏集》、《王浚川所著書》等主要著作，並附錄有葛榮晉先生的佚文收集、〈王廷相著作考〉、及王廷相歷代相關資料，堪稱完備，本文所徵引王廷相的原文，即以此書為底本。

---

[28]　同註 3，《王廷相集》，頁 1119。
[29]　同註 3，《王廷相集》，頁 1369。

第二章　學術淵源

先秦以降，氣化說一直存在且被討論，如陰陽說法之流行，固無論矣。即便老莊、孟子，或多或少也皆有氣化之思想。及至兩漢在政治的鼓勵下，氣化宇宙論，更深入各階層，蔚為可觀之風潮。及至宋明，氣學的主張，仍不絕如縷，漸進有序的發展，而終有清代王夫之、戴震等高峰的出現。本章以與氣化有關涉，及由無而有的兩條思路為標準，選擇漢代之《淮南子》、董仲舒、王充，及宋代之周敦頤、張載、程明道，論列彼等與王廷相之異同。以及王廷相據以滋養之所在。至於伊川、朱子因為理氣二分，故不列入此章。

第一節　漢代——《淮南子》、董仲舒、王充

一、《淮南子》

《淮南子》是將本體論的生生，與宇宙論的氣化流行合在一起論述，並對不可言說與定義的道體，做出由無而有，由微而著的層次論述，進而也對可言說描述的氣化過程，也同樣有詳細而層次分明的討論。以下即試舉其例，及對王廷相可能之影響。

> 有始者，有未始有有始者，有未始有夫未始有有始者。有有者，有無者，有未始有有無者，有未始有夫未始有有無者。

> 所謂有始者，繁憤，未發萌兆牙蘗，未有形埒垠堮，無無蠕蠕，將欲生興而未成物類。

> 有未始有有始者，天氣始下，地氣始上，陰陽錯合，相與優游競暢于宇宙之間，被德含和，繽紛蘢蓯，欲與物接而未成兆朕。

> 有未始有夫未始有有始者，天含和而未降，地懷氣而未揚，虛無寂寞，蕭條霄霏，無有仿佛，氣遂而大通冥冥者也。

> 有有者，言萬物摻落，根莖枝葉，青蔥苓蘢，萑蔰炫煌，蠉飛蝡動，蚑行噲息，可切循把握而有數量。
>
> 有無者，視之不見其形，聽之不聞其聲，捫之不可得也，望之不可極也，儵與扈冶，浩浩瀚瀚，不可隱儀揆度而通光耀者。
>
> 有未始有有無者，包裹天地，陶冶萬物，大通混冥，深閎廣大，不可為外，析豪剖芒，不可為內，無環堵之宇而生有無之根。
>
> 有未始有夫未始有有無者，天地未剖，陰陽未判，四時未分，萬物未生，汪然平靜，寂然清澄，莫見其形，若光耀之間於無有，退而自失也。曰：「予能有無，而未能無無也。及其為無無，至妙何從及此哉！」[1]

「有始者」指天地萬物將被凝成種種物類，但尚未成形前的狀態，即氣化之凝結義。「有未始有有始者」，指天地陰陽二氣，上下錯合生化萬物的作用，尚停留在作用層，尚未與組成物類之種種條理結合的階段，即氣化之作用義。「有未始有夫未始有有始者」指天地、陰陽等生生機制，尚未作用只有本質的狀態，即氣化流行之本體義。此乃順時間序列，說明萬物由無而有，由本體而作用而凝結的階段。

「有有者」指動植飛潛之萬物，是氣化凝結而成有數量可把握的具體事物。「有無者」指在具體形物之上的無形無狀、不可為理智測度，但又存在的實體。「有未始有有無者」指在無形存在之上的，至大無外至小無內，包羅有無內外，又能化生有無內外的存在。此乃由存在先後說明萬物由有無之根而為無形的存在，再成具體形物的由無而有的過程。「有未始有夫未始有有無者」指在天地、陰陽、四時、萬物之前的最高本體，天地指空間，四時指時間，陰陽指生生作用，萬物指氣化完成，也就是涵攝前述「有始者」等之時間進程，與「有有者」等之空間存在的本體。

---

[1]　《淮南子集釋‧俶真訓》卷二，新編諸子集成，中華書局，1998 年 10 月，頁 91。

　　淮南子此段是論述萬物成形前之本體，且試圖用文字、理性描述此無限之本體。王廷相對此說未表意見，但對有類似區分之列子則有所批評，如云：

> 列子曰：「太易者，未見氣也；太初者，氣之始也；太始者，形之始也；太素者，質之始也。」此語甚有病，非知道者之見。天地未形，惟有太空，空即太虛， 然元氣。氣不離虛，虛不離氣。[2]

　　王廷相以其元氣為最高本體立場，故對列子作為宇宙最終本原的太易，是非氣的，不能認同。對作為天地形成之前的太初，是為氣之始，也不認同，因有始之氣，乃有限之氣，自非本體之氣。同時元氣本體是虛即氣，氣即虛，超越時空，不可論述分析的，故對列子將氣化前之元氣分為太易、太初之說，評為非知道之說。

> 天墜未形，馮馮翼翼，洞洞灟灟，故曰太昭。道始于虛霩，虛霩生宇宙，宇宙生氣。氣有涯垠，清陽者薄靡而為天，重濁者凝滯而為地。清妙之合專易，重濁之凝竭難，故天先成而地後定。天地之襲精為陰陽，陰陽之專精為四時，四時之散精為萬物。積陽之熱氣生火，火氣之精者為日；積陰之寒氣為水，水氣之精者為月。日月之淫為精者為星辰。天受日月星辰，地受水潦塵埃。[3]

　　「道始于虛霩」，表作為天地萬物最高的道體，是時空之所出者。而無限時空之宇宙再生氣，此時氣已是時空中，成為有限的氣，因氣有限，故可有清濁不同之性質。清者揚而為天，濁者滯而為地，但因清妙易合故天先，濁重難合故地後。復因天地上下相合而生陰陽二氣，由陰陽相生而有時間之四時，及空間之萬物的存在。如此說法，是將道體直接下貫到時空之存有界，再由氣分清濁、上下、陰陽等屬性，

---

[2]　【明】王廷相著：《王廷相集・雅述》，北京：中華書局，1989 年 9 月，頁 849。

[3]　同註 1，《淮南子集釋・天文訓》，頁 165。

彼此相生相成而有天地萬物之完成。王廷相對氣化過程之主張,有與
此相似之處。

> 天者,太虛氣化之先物,地不得而並焉。天體成,則氣化屬之
> 天。故太虛真陽之氣感於太虛真陰之氣,一化而為日星雷電,
> 一化而為月雲雨露,則水火之種具矣。有水火,則蒸結而土生
> 焉。金木者,水火土之所出,化之最末者。[4]

王廷相以太虛之氣為最高本體,其中只有陰陽兩種相生作用之性
質,其中並無層次之分別。此即《淮南子》之道,但一由氣說本體,
一由道說本體。及陰陽氣化凝而有形,則是天先而地後。王廷相的天
是氣化成形之首出者,《淮南子》的天則在宇宙生氣後,氣分清濁而
後有天,非氣化之首出者。且王廷相的天中,既有偏陽之日星而為火
之種,亦有偏陰之月雲而為水之種。《淮南子》則由陽之熱氣生火,
火氣之精為日,陰之寒氣為水,水氣之精為月,說明水火由陰陽二氣
來,水火之精為日月,散而為星辰。二家皆將日月星辰視為天的內容。
只是一者陰陽由元氣直貫下來,陰陽是通貫有無的;一者陰陽則是有
宇宙而後有者,只存於形下界。

王廷相由火水蒸成土而有地,說地在天之後,此與《淮南子》天
先地後主張同。但引進水火五行之觀念,做為由天至地上萬物的發生
過程。而以火水為化之最先,土金木為化之最後。《淮南子》則以地
受水潦塵埃而有,並對天地之幽明、風雨、雷電等則續由陰陽二氣說
生化。故由天而地之萬物生成之物種,秩序略同,只一由五行說,一
由陰陽二氣說,此則有別。

二、董仲舒

> 董仲舒答鮑敞曰:「天地之氣,陰陽相半,和氣周迴,朝夕不
> 息。陽德用事則和氣皆陽,建巳之月是也,故謂之正陽之月;
> 陰德用事則和氣皆陰,建亥之月是也,故謂之正陰之月。」愚

---

[4]　同註 2,《王廷相集・慎言》,頁 752。

謂陰陽相得，氣乃和暢，單陰孤陽，二氣偏頗，安得為和？何以故？二氣之在兩間，氤氳相盪，無日無之，觀夫雲雨霜雪之澤，草木百荄之生，可測矣。時而資寒暑之勢，過分則有之，實未嘗陽盡而陰始生，陰盡而陽始生，亦未嘗純陰而無陽，純陽而無陰也。以為純陽而無陰，則陰匿於何所？以為陰盡而陽始生，則陽從何而來？為此說者，不過傅會易卦爻數以立義爾。[5]

王廷相以為董仲舒以建亥之月，陰德用事是陰極盛，此月純陰，疑於無陽，反曰陽月；建巳之月為陽極盛，陽德用事，反曰陰月，在強調陰陽不相離，此表其論點屬陰陽相生不離之說，但將此論點發展下去，便產生有陽而無陰或有陰而無陽之狀態。如董仲舒有云：

陰陽雖異，而所資一氣。陽用事，此則氣為陽；陰用事，此則氣為陰。陰陽之時雖異，二體常存。猶如一鼎之水，而未加火，純陰也。加火極熱，純陽也。純陽則無陰，氣息水火寒，則更陰矣，純陰則無陽。[6]

可知陰陽同資一氣，但陽盛則氣為陽，陰盛則氣為陰，而有純陽無陰，或純陰無陽之可能。因為陽氣與陰氣為相反之物，不得俱出。大部分雖是陰陽互資，只多少不同，但會有單陽孤陰產生之可能。王廷相則以為陰陽只一氣之二種性質，非對立之二者。自無分為二者之可能，亦即一氣中或陰多陽少，或陽多陰少，但絕無單陰孤陽之可能。因為果如此，不合陰陽相生為元氣創生之機制。故反對董仲舒「純陰則無陽，純陽則無陰」的說法。董仲舒云：

五行之隨，各如其序，五行之官，各致其能。是故木居東方而主春氣，火居南方而主夏氣，金居西方而主秋氣，水居北方而主冬氣。是故木主生而金主殺，火主暑而水主寒，使人必以其

5　同註2，《王廷相集》，頁603。
6　章樵註：《古文苑》三，卷十一〈雨雹對〉，頁266~270。《叢書集成初編》，北京：中華書局，1985。

序，官人必以其能，天之數。[7]

董仲舒主張五行與四時相配，以說明四時變化由五行之氣運行而成。「各如其序」指五行之相生或相剋，皆須依其本身之秩序。「各致其能」則指五行的生剋，皆須各盡其本身的功能。所以五行在不同的方位，就盡其不同之功能。於是有木居四方之東而主四季之春，火居四方之南而主四季之夏。遂將五行與四時！四方相互配合，而以此為天之道。

> 「五行分儷四時，厥義如何？」王子曰：「緯人私智強合，非聖人實正之論。五行之氣，渾於太虛，何日無之？既曰春木矣，季土矣，何水火土金，日輪次而仍在？不幾於自為矛盾乎？氣無滅絕之理，又非遜避而然。[8]

王廷相以為「氣無滅絕之理」，不論陰陽、五行皆涵融於一氣流行中，故陰陽、五行只有偏勝而無分立之可能。所以對董仲舒五行、四時可分立相配之說，不以為然。

> 名性，不以上不以下，以其中名之。性如繭如卵，卵待覆而成雛，繭待繰為絲，性待教而為善，此之謂真天。天生民性有善質而未能善，於是為之立王以善之，此天意也。民受未能善之性於天，而退受成性之教於王。……今萬民之性，待外教然後能善。善當與教，不當與性。[9]

董仲舒以「性如繭如卵」，須待覆繰以成雛絲，強調外在化成的功用。而「民有善質而未能善」，此乃順其氣有陰陽，故性亦應有仁貪二者不同之主張。因為性中善質惡質皆具，必待後天教訓成行為之善，才可稱善，故善乃後天導化之結果，非天生本質之質樸之性所能至。因董仲舒貴陽賤陰，陽表善，陰表惡，須陰陽皆具才可言性，性

---

[7]　【清】蘇輿著：《春秋繁露義證、五行之義》，河洛出版社，1974 年 3 月，頁 227。

[8]　同註 2，《王廷相集・慎言》，頁 803。

[9]　同註 7，《春秋繁露義證・深察名號》，頁 210。

中善質較多可成善人，惡質較多則成惡人。故聖人與斗筲之人皆不能稱性，因其性中只有陽而無陰，或只有陰而無陽。性乃天生樸質之狀態，但會受外界影響，善者乃仁義教化之功效，因有內在性善之本質，則外在王教才能引發之，達教化之功。

　　董仲舒又提出「性分三品」說，故有純陽極善之上人、純陰極惡之下人，與陰陽皆具可善可惡之中人，中人性中之善惡皆具，表陰陽都有，若陽多陰少，即善人；若陰多陽少，即惡人。此遂有純陽之聖人，與純陰之小人，與大多數陰陽皆具之善惡皆有的中人。但王廷相反對此說法，因董仲舒乃人格神之氣化論，而其則為道德之氣化論。同時，王廷相性中亦有善惡，是因氣化流行中陰陽與五行之作用變化，所生正常狀態為氣化之常，表性中具善質；若二氣五行比例有過與不及狀態，則為氣化之變，表性中亦有惡。但董氏之惡，是由孤陰之惡，及惡質不受教而有。王廷相性中之惡，則是二五比例極偏所致，但極偏惡中仍有二五之存在，不會有孤陰獨陽之可能。王廷相云：

> 夫性之善者，固不俟乎教而治；其性之惡者，方其未有教，各任其情以為愛憎。故取其性之可以相生、相安、相久而有益於治者，以教後世，而仁義禮智定焉。[10]

　　王廷相此段文字思路與董仲舒頗接近。董仲舒認為心專門表現性中善質，並抑制性中惡質。其以王教為主體，因其主張人格神之天將責任賦予天子，以治理萬民，故王教即人格神之天的意旨，因此道德意義並不來自人之主體性，而來自人格神之天。而王廷相認為性中善惡皆有，但欲將性中可為善，與長治久安而有益於治道之成分，萃取為道德教化之內容，即其所謂之名教，反對者即抑制之。此形式上與董仲舒相似，但本質與內容不同。

　　因王廷相名教之內容乃將性中可長治久安者，視為道德之內涵。再者，其重視外在古今中外之名教，故內在本質之善，即屬自律；外在之名教則可約束人之不善，此屬他律，故是自律他律皆具。而董仲

---

[10]　同註 2，《王廷相集・慎言》，頁 765。

舒則是純以外在人格神，規定道德內涵，再以此作為王道名教，藉此化民成俗，要求百姓變化氣質。

三、王充

　　王充是漢代理性主義的代表，生於氣化宇宙論盛行的時代，不免受陰陽氣化說的影響，但在思想本質上，以理智的判斷為主，擺脫神格化的色彩。以為氣是純粹物質屬性，是宇宙萬物生滅運動的實質原因，不具有意義與感覺的。

> 夫天覆於上，地偃於下，下氣蒸上，上氣降下，萬物自生其中間。當其生，天不須復與。物自生，子自成，天地父母，何與知哉？[11]

　　王充以為天地間，二氣升降運動、生成萬物，但其生是純物質的、無意識的生，排除漢儒賦予陰陽五行等運動條件，過多的神格義的承載。又如對日入地中的問題，即以理性判斷日不入地中，只是由遠處觀之，似若日入地中，如云：

> 實者，天不在地中，日亦不隨天隱。天平正，與地無異。然而日出上、日入下者，隨天轉運，視天若覆盆之狀，故視日上下然，似若出入地中。[12]

　　王廷相對其能理性客觀面對若覆盆之天，推論日非入地，而是視覺之遠近使然，深表同意。「《論衡》曰：『日不入地，譬人把火，夜行平地，去人十里，火光藏矣，非滅也。』此語甚真。」[13]如此客觀面對事物，重視物自身在氣化運行中之位置與功能所顯現之意義。亦即尊重各具主體性之萬物，而非另立一更高的價值意識，賦予萬物一與本質不同的新義之主張，深為王廷相所贊許！

---

[11]　黃暉撰：《論衡校釋・自然》（附劉盼遂集解）、卷十八，北京：中華書局，1995年5月，頁782。

[12]　同註11，《論衡校釋・說日》，頁490。

[13]　同註2，《王廷相集・雅述》，頁868。

> 夫人之所以生者，陰陽氣也。陰氣主為骨肉，陽氣主為精神。人之生，陰陽氣具，故骨肉堅，精氣盛。精氣為知，骨肉為強，故精神言談、形體固守。[14]

　　王充由陰陽之氣說人之生，以陰氣為形體，陽氣為作用，陰陽氣具，人即兼有精神與形體。此種人由有與無兩層構成的主張仍是諸家的通說。只是其形體與精神都是以無意識的，非神格的、純物質的氣說，形體與精神不再具有與人格天相通的道德義與作用義。此雖降低了人文義，但也開放萬物有呈現物自身的機會，王廷相如王充亦重視物自身的存在，但又由一氣流行中提煉出生生之道德義來，此則較王充又豐富了人文義。

> 凡天地之間，氣皆統於天，天文垂象於上，其氣降而生物。氣和者養生，不和者傷害，本有象於天，則其降下，有形於地矣。故鬼之見也，象氣為之也。眾星之體，為人與鳥獸，故其病人，則為人與鳥獸之形。[15]

　　天之氣統天地，此氣在天成星象萬狀，而眾星之氣下降凝成鳥獸人物。亦即天透過星象之氣降凝為物形，地之物形亦依天文之星象成形，最終天之眾星會因不同之體，而凝成不同之鳥獸人物。因此王充以天之氣為本體，其生化階段則先由氣在天成星象，再由眾星之象佈局萬物眾形，由眾星之體氣凝為人與鳥獸之形體，可知其由上而下循序漸進地生化，但天、星、萬物之本質仍為一氣。

　　王充「天氣成星，星氣化物」之說與王廷相「氣種有定」之說相似。王廷相只言陰陽五行比例有眾多可能性，且任一種可能，於氣化流行中，會閱千古而不變，但未論及由星之貌決定人之狀，因不具體指涉元氣內容，才能無限。故當王充明確言此無意識之天，於人獸未降生前，其形象已具於天，皆此形象在有無兩間中皆不得改易，遂產生具限制義之命定論，使人不易有自我改變之機會。

---

[14]　同註 11，《論衡校釋・訂鬼》，頁 946。
[15]　同註 11，《論衡校釋・訂鬼》，頁 934。

> 人秉元氣於天，各受壽夭之命，以立長短之形。器形已成，不
> 可小大；人體已定，不可減增。用氣成性，性成命定。體氣與形
> 骸相抱，生死與期節相須。形不可變化，命不可減加。[16]

「用氣成性，性成命定」指天施氣而眾星布精，眾星之精決定人
氣形體與壽命，而施氣與壽命成形是同時完成的。形與命既來自天定，
則完成後便不可改易。且善性未必有善命，惡性亦未必有惡命。施氣
之厚與薄，形體之壽與夭，全由自然的天，作客觀機率的排列組合，
其中既無價值的必然性，也無神格的主宰性。

其中「性成命定」不可改易之說，王廷相有可能據之發展成人之
氣性會「閱千古而不變」的氣種有定說。另外，此不可改易之性與命，
是自然適偶如此，非受他氣旁物厭勝感動而後有的。王廷相亦有相似
說法，如云：

> 人物之生於造化，一而已矣。無大小，無靈蠢，無壽夭，各隨
> 氣之所秉而為生，此天地之化所以無心而為公，故曰「各正性
> 命」。但人靈於物，其智力機巧足以盡萬物而制之。[17]

可知二家都尊重理性之客觀機率的排列，以成就開展萬物之無限
性，同時也尊重實然萬物的自身主體性。但王充只說到機率決定氣化，
王廷相則進一步將客觀之機率導入生生之德中，對氣化生生之過與不
及者判為變與惡，從容中道者則為常為善，如此客觀機率之無限性既
可被保住，亦在常與變之實然中指點出價值義。

> 亦或時政平氣和，眾物變化，猶春則鷹變為鳩，秋則鳩化為鷹，
> 蛇鼠之類輒為魚　，蝦蟆為鶉，雀為蜃蛤。物隨氣變，不可謂無。
> 黃石為老父，授張良書，去復為石，儒知之。或時太平氣和，獐
> 為麒麟，鵠為鳳凰。是故氣性，隨時變化，豈必有常類哉。[18]

---

[16] 同註 11，《論衡校釋‧無形》，頁 59。
[17] 同註 2，《王廷相集‧雅述》，頁 853。
[18] 同註 11，《論衡校釋‧講瑞》，頁 733。

　　王充「物隨氣變」說，其以為「政平氣和，眾物變化」乃氣化流行之正常狀態，而萬物會隨外界之氣而變，如春天老鷹變為斑鳩，秋天斑鳩化為鷹，蛇鼠變為魚鱉，蝦蟆化為鶉，此表形氣間，或因彼此相感，或因偶適相遇，亦會相厭勝感動，使形體亦有改變。亦即先天氣性來自陰陽之各種比例，但非絕對固定不變，後天之氣性也亦會變，則變化氣質也有其可能。

> 鷹化為鳩，鳩復化鷹；田鼠化駕，駕復化鼠；……陰陽以時相勝，故交化也。雀入海為蛤，雉入淮為蜃、、、男化為女，女化為男，陰陽偏勝，故一化而滅，不復再化。蜣蜋為腹育，腹育為蟬，蟬之子為綠蠓；……陰陽雜揉，故屢化而極。狸化好女，　化老人，人化為仙，精氣蘊靈，機入於神也。[19]

　　王廷相可能受到王充「物隨氣變」說之影響，亦以為萬物彼此間，會互相影響而產生不同形化。其變化方式或為純一不化，如氣種有定者；或為一化而盡，如男變女即停止變化；或為交勝則交化，如鷹與鳩互換；或為屢化而轉，又或為機入於神等五種。由以上二段引文可發現二者，對思想之論述有理性之精神，但與強調實證之科學，彼此仍是全然不同之範疇。但若將二家之說，視為藉客觀理性之角度詮釋氣化所以有無限開展之可能的努力，則應是可被理解的。

第二節　宋代——周敦頤、張載、程顥

一、周敦頤之《太極圖說》

> 無極而太極。太極動而生陽，動極而靜；靜而生陰，靜極復動。一動一靜，互為其根。分陰分陽，兩儀立焉。陽變陰合，而生水火木金土。五氣順布，四時行焉。五行一陰陽也，陰陽一太極也，太極本無極也。五行之生也，各一其性。無極之真，二五之精，妙合而凝。乾道成男，坤道成女。二氣交感，化生萬

---

[19]　同註2，《王廷相集・雅述》，頁870。

物。萬物生生,而變化無窮焉。惟人也,得其秀而最靈。形既
生矣,神發知矣,五性感動,而善惡分,萬事出矣。聖人定之
以中正仁義,而主靜立人極焉。[20]

周敦頤之太極圖

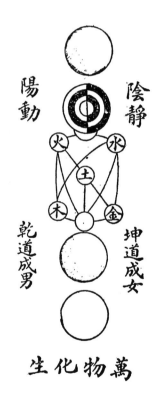

無極而太極

陽動　　　陰靜

火　水
土
木　金

乾道成男　　坤道成女

萬物化生

20　【宋】周敦頤撰:《周子全書》,台灣商務印書館,1978年9月,頁2。

　　周敦頤之太極圖分五層，今亦依此五層秩序分析其由無至有的過程。第一層是「無極而太極」，太極為無方所，無聲臭的最高至理，故曰太極。且太極又非可為名言所界定以喪失其無限性，故又以無極名之，此時非理亦非氣。

　　第二層的「太極動而生陽」，太極是動而無動相，靜而無靜相的動靜相生之神，此神須在形跡中起作用，才能被感知。然一有形跡，便是動而無靜，靜而無動的陰陽氣化層次，所以其動一顯動之相，便是氣化的陽，其靜一顯靜相，便是氣化的陰。此時動靜已離開本體界而落入形氣界。然動靜本身非對立而為有限者，是太極中相生互根不可分離的兩性質，所以是動極而靜，靜極復動的動靜一如，循環不已之神用。故動靜落入氣化，乃有陰陽兩義之分立。動靜不入形跡，則是相生不已之神用。此第二層是理氣並重的，但偏向強調理為氣之秩序與主宰。

　　第三層是「陽變陰合，而生水火木金土」，此已由形氣層說陰陽變合而生五行，五行由二氣而有故謂五氣。此時陽動陰靜之理，貫於陰陽及五行之形氣中。因為氣中有理，主導二五之氣的變化，故曰「五行一陰陽」；同時二五之氣的運動，是太極動靜之理在氣中的表現，故曰「陰陽一太極」。又言「太極本無極」，則在強調太極至理仍有其先在性，為二五之氣的主宰。其中「五氣順布，四時行焉」一語，表五氣與四時的變化，是由動靜相生之理所發，王廷相於此則有異議，其云：

> 然則周子「五氣順布，四時行焉」非與？曰：此惑於五行家之說而為言。何以言之？日有進退，乃成寒暑，寒暑平分，乃成四時，於五氣之布何與焉？其曰「春木、夏火、秋金、冬水」，皆假合之論。[21]

　　因王廷相主張元氣中陰陽相生之具體首出者為天，天中陽偏勝者為日，日之進退乃成寒暑。是由作用層之陰陽，化為形氣層之日月，

21　同註2，《王廷相集》，頁598。

日月中有水火之種，再由水火之種生土，土再生金木。實則周子太極圖第三層五行中，亦以水火為最先，但陰陽與五行皆有直接連繫。王廷相則主張金木土由水火來，非直接由陰陽來。「五行之生，各一其性」指五行之理，雖本於太極，但因陽變陰合而為形氣，所以理入氣中，為氣所限，而各有其性。此句表示氣為理之載具，無氣理亦淪於虛。可知第三層是無形之理與有形之氣並重，各擅其場的階段。

第四層之「二五之精，妙合而凝」明言無有極至的真實創生之神用，貫入二五之氣，作為理與氣妙凝成物的精。神由無形說，精由有形說，本質皆為動靜之生生。精作用於形氣，偏陽動者凝為男，偏陰靜者凝為女。此為屬形氣層之二五之氣，首度化為具體又形質各異的人物。可知此層已將無形神用，凝為形氣之精，而有男女、牝牡等，可具體相生之物類生成。此時生理已全融入形氣中，男女之交感化生即太極具體示現之肇端。理氣關係，已由無而為真實的有。

第五層指萬物生生之方向、速度、體性、才質等萬般不同。在本質上是陰陽動靜之神；在形質上，則是二五之精的妙凝所生成的。此時只見氣化流行，變化無窮，生生之神則潛存於精凝之具體妙用中。亦即氣的真實性主體義得以確立。故知太極圖說第一層，純以理言太極；第二層以理為主，但可貫至氣；第三層是理與氣並重，為宇宙之基本條件；第四層以氣為主，亦言理在氣中；第五層則純以氣言太極。如此說並非指周子為氣學。而是藉五層架構之推展，說明理氣由無至有逐步著實之過程。王廷相云：

> 聖人之學，有養有為，合動靜而一之。周子倡為「主靜立人極」之說，誤矣。夫動靜交養，厥道乃成。主於靜則道涉一偏，有陰無陽，有養無施，何人極之能立？[22]

周子主靜，是由無欲故靜的工夫修養說。由本體說則是即動即靜，動靜互根的太極，於形氣顯其永恆本體之靜相。並非真為動靜相對，

---

[22] 同註2，《王廷相集·雅述》，頁857。

主靜廢動者。而王廷相其實亦由陰陽相生說動靜，除在工夫上，應動靜交養外，在宇宙氣化上，亦主張動靜相生，故此應為王廷相之誤判。

王廷相對氣化由無而有的說法，與周子太極圖說的順序有所不同，以下試作一對比，以互見其特色。

> 有太虛之氣而後有天地，有天地而後有氣化，有氣化而後有牝牡，有牝牡而後有夫婦，有夫婦而後有父子，有父子而後有君臣，有君臣而後名教立。是故太虛者，性之本始；天地者，性之先物；夫婦父子君臣，性之後物；禮義者，性之善，治教之中。[23]

王廷相以太虛之氣為最高本體，此層中有非相對立之陰陽，作為生生之機制，及陰陽相生為氣化之首出者，則為偏陽上浮的天。陰陽在天中偏陽者為日星，偏陰者為月雲，而水火之種便具於日月之中。此為氣化為天體之第二層。日月之水火，蒸結生土而為地，地中水火再生金木與萬物，但天先地後，故地為第三層。有天與地後，陰陽化為水火，水火化為土金木等過程與作用，皆在天地間進行，此之謂氣化，為第四層。實則此層，由第二之天與第三之地相配而有，故天地可合為第二層，以氣化為第三層。氣化中發展為牝牡、夫婦、父子、君臣為形氣各異，各正性命之真實的世界，可為氣化實有之第四層。第五層則又於形氣界中指出形氣中的道德名教。

其中彰顯的意義是，由無而有論氣化，非只純物質的，而是於氣化中，指點出生生不已之必然性與價值義。此價值義在天為氣化之常道，在人為性之善者，在人倫間，則為古今名教。周子太極圖說於五層結構後，亦有云：「聖人定之以仁義中正，主靜立人極」。可知二家不論由太極說生化，或由元氣說生化，但以道德義圓滿護持生化之整體與過程，則是所有儒家終極之關懷，與所當戮力者。

故簡言之，周子分太極，陽動陰靜，五行，乾男坤女，萬物化生五層，最末再定之以仁義中正。王廷相則分太虛、天地、氣化、牝牡夫婦、名教等五層。對比之下，可見兩家各有偏主之特色。

---

[23]　同註 2，《王廷相集·慎言》，頁 752。

二、張載

> 太和所謂道，中涵浮沉、升降、動靜、相感之性，是生絪縕、
> 相盪、勝負、屈伸之始。起知於易者乾乎！效法於簡者坤乎！
> 散殊而可象為氣，清通而不可象為神。不如野馬、絪縕，不足
> 謂之太和。[24]

「太和」表無限多形氣所組成之形氣世界，太虛則是無限無狀之
本體，合有形與無形之太和與太虛則為道體之內涵。浮沉、升降、動
靜、相感，如周濂溪所言「靜無而動有」之誠體，其所產生五殊二實、
二本則一之狀態，此即「水陽根陰，水陰根陽」所產生之種種狀態，
依照五殊二實之排列而來，有浮有沉，有升有降。陰陽可配五行使變
化增多，故浮沉升降動靜必相感且互相影響，故天道具不斷動靜變化
之內涵。「絪縕相盪」乃五殊二實之陰陽五行相互爭勝負之作用，或
陽多陰少或陰多陽少，在現實氣化之表現即為伸屈，故天道之內涵為
陰陽浮沈動靜之性，陰陽相生相勝，搭配五行在氣化中表現為相盪勝
負屈伸等作用，進而凝為二五不同比例之各種人物。

太和之道絪縕相生，透過凝結產生有形的萬物，此為「散殊而可
象為氣」。但此創造作用能生成不同萬物是因清氣流暢，所以創造作
用仍處無限生生不已狀態，即「清通而不可象為神」。散殊而可象表
具體化之完成即坤，而生化流暢之神用表現即乾。因為陰陽相循相錯
不可分，所以乾坤亦不可分，故開始創造必包含完成創造，完成創造
中亦必包含開始創造，故氣中有神，神必在氣中表現。張載由乾說神，
由坤說氣，是順周敦頤二實五殊、二本則一之立場，則必有神中有氣、
氣中有神之發展。

> 太虛無形，氣之本體，其聚其散，變化之客形爾；至靜無感，
> 性之淵源，有識有知，物交之客感。[25]

---

[24]　【宋】張載撰：《張載集》《正蒙·太和》，漢京文化有限公司，1983 年 9 月，頁
　　7。

[25]　同註 24，《張載集》《正蒙·太和》，頁 7。

太虛乃此無限大時空之本體，此即一氣流行之本體，故太虛即氣。王陽明以良知為無限主體，朱子則以只存有不活動之理為無限本體，張載則以氣為無限本體。但此太虛落於形氣中則有聚有散，此皆「變化之客形」，乃形氣短暫變化。張載論太虛有元氣和形氣兩說法，但二者非形上形下截然二分。其實太虛本體乃一無限大時間與空間之總合，氣未凝結成形氣狀態時，乃無形無狀態之元氣，其中亦為五殊二實，二本則一，故元氣會因內在陰陽五行變化，而凝為不同形氣。

元氣存在於形體之上下左右四方，此無限大元氣中，可凝結成不同物體。物體一旦消散，仍回到本即存在於上下四方的元氣中。可知元氣包含有形無形之物，及時間空間，亦包含暫時存於其中萬變不息之客形。王廷相於〈橫渠理氣辯〉一文云：

> 「氣之已散者，既散而無有，其根於理而日生者，則固浩然而無窮。」吁！此言也，窺測造化之不盡者。[26]

王廷相以為氣散為無形，無形之氣又順理而日生，因而循環不已之觀點，應來自張載，張載有云：

> 天地之氣，雖聚散、攻取百塗，然其為理也順而不妄。氣之為物，散入無形，適得吾體；聚為有象，不失吾常。太虛不能無氣，氣不能不聚而為萬物，萬物不能不散而為太虛。[27]

太虛之氣即含清通流暢生化不已的神體。「攻」表正在創造，「取」指完成創造，「百塗」即表任何方向。聚散攻取百塗表無方所時間限制的無所不創生。就道家而言，主體之無限創造屬心靈層次，儒家所謂聚散攻取百塗是通而有定向，利而有終成，是將其無限創造作用具體落實於形氣中。亦即氣化生生之理應順二實五殊，二本則一之規律，依陰陽五行比例創造萬物，以彰顯天地之氣有無限可能。「散入無形，適得吾體。」指元氣凝結為具體形氣，及形氣消散，則二氣五行便不

---

[26]　同註 2，《王廷相集》，頁 602。
[27]　同註 24，《張載集》《正蒙・太和》，頁 7。

存於形氣中，仍回歸無所不在之太虛，此曰「適得吾體」。故本體既含隨生隨滅之客感客形，且及此客形之氣散滅，其客形之理則仍在有無兩間，即回歸元氣之中。及此客形之理，復與二五之氣妙合而凝，則又為一元氣所生之新物，如此氣散理回元氣，理聚氣則為形氣，形氣雖有生滅，形氣之理即元氣之理則無生滅。王廷相頗贊同此說，如云：

> 氣，游於虛者；理，生於氣者。氣雖有散，仍在兩間，不能滅，故曰「萬物不能不散而為太虛。」理根於氣，不能獨存，故曰「神與性皆氣所固有。」[28]

　　由此物散回太虛，太虛聚為物循環不已之作用，可知太虛既具形上本體義，亦有生生之無限義。且有由此生生之必然性，而有理序之價值義。張載即以此具本體義、生生義、價值義之太虛做為本體，既不違儒家道德主體之本旨，又表示出重氣化實有之特色。此點應當對王廷相有深刻影響！

> 知虛空即氣，則有無、隱顯、神化、性命通一無二，顧聚散、出入、形不形，能推本所從來，則深於易者。若謂萬象為太虛中所見之物，則物與虛不相資，形自形，性自性，形性、天人不相待而有，限於浮屠以山河大地為見病之說。[29]

　　張載以本體說太虛之氣，復說氣能貫通有無、隱顯、神化等兩間而為一，因萬般形氣本即在元氣中，故其聚而為有為顯，或散而為無為隱，雖有有無狀態生滅之不同，實皆只在無限時空之太虛大化中的短暫變化。由本體立場說，有無、隱顯皆以太虛之氣為其體，彼此平等無別；由形氣立場言，則因五殊二實，生化萬端，使各拘限於所處之時空形物中，執持而有分別對立的產生。故為化掉執持限制，乃主張聚散出入，推本以來皆同一氣而無別。亦即物與虛、形與性非對立二者，在統宇宙一氣之主張下，物是虛所生之物，虛是生物之體；形

---

[28]　同註 2，《王廷相集》，頁 603。
[29]　同註 24，《張載集》《正蒙‧太和》，頁 8。

中條理即形之性，性之表現即性之形。彼此相資無對而為一。王廷相
有云：

> 有形亦是氣，無形亦是氣，道寓其中。有形、生氣；無形，元
> 氣。[30]

此亦同張載將有形、無形、內外、上下皆統歸於一也。

> 人之剛柔、緩急、有才與不才，氣之偏。天本參和不偏，養其氣，
> 反之本而不偏，則盡性而天。性未成則善惡混，故亹亹而繼善者
> 斯為善。惡盡去則善因以成，故舍曰善而曰「成之者性」。[31]

氣化有常有變，落實於人身，即有剛柔、緩急等偏頗之氣質，成
為參和不偏之氣性，如實呈現之障礙。「性未成則善惡混」，指經由
變化氣質之工夫，化去氣質之偏，使反本不偏，此中語意設定氣質有
偏，故須導化善惡混未成之性，成為無惡全善之善性。張載主張由氣
說性，自須面對氣性偏頗、善惡皆有的課題，但未深入處理，王廷相
則踵繼前賢，加以發揮，其云：

> 人之生，性稟不齊，聖人取其性之善者以立教，而後善惡準。
> 故循其教而行者，皆天性之至善。極精一執中之功則成，成則
> 無適而非善，故曰「成性存存，道義之門」。[32]

可知王廷相對於成性之問題，亦是由氣質論性之角度詮釋，氣化
有常與變，故性稟自亦不齊，須取性之善立教以抑性之惡，以全其「成
性」之功。

三、程顥

> 蓋上天之載，無聲無臭，其體則謂之易，其理則謂之道，其用
> 則謂之神，其命於人則謂之性，率性則謂之道，修道則謂之教。

---

[30]　同註2，《王廷相集·慎言》，頁751。
[31]　同註24，《張載集》《正蒙·誠明》，頁23。
[32]　同註2，《王廷相集·慎言》，頁765。

徹上徹下，不過如此。形而上為道，形而下為器，須著如此說。
器亦道，道亦器，但得道在，不繫今與後，已與人。[33]

　　明道自云天理是自家體會得來，其天理是圓頓一本的，是既超越
又內在的生化實現之理。其理非靜態的只存有不活動的所以然，而是
即存有即活動的發生道德創造與大化流行的作用。亦即無論存有或價
值層面皆此實現之理貫穿其中。所以「道即器，器即道」即表示形上、
形下兩面，在言說概念上可分為二；但在天理直貫下，則是道器混融
無別，理氣圓融為一的。

　　「生之謂性」，性即氣，氣即性，生之謂。人生氣稟，理有善
　　惡，然不是性中元有此兩物相對而生。有自幼而善，有自幼而
　　惡，是氣稟有然也。善固性也，然惡亦不可不謂之性。蓋「生
　　之謂性」、「人生而靜」以上不容說，才說性時，便已不是
　　性。[34]

　　「性即氣，氣即性」，指生生天理直貫於有生之後，而為性，此性
便與氣稟滾在一起。亦即在由個體形成時，說潛存於個體中之天理為
性。故「性即氣」非指生生之理與氣稟為同質同層。「人生氣稟，理有
善惡」指生生天理為人本然之善性，但生理落於個體，便與氣稟混為一
體。故若氣稟清者，能使善性順暢發生而為善，氣稟濁者則限制善性不
能全體朗現而為惡。此時之善惡，非指性本身之善惡，而是性與氣質綜
合表現之善惡。但性須藉氣稟實現自我，如有自幼而善，自幼而惡者。
故性與氣質之表現仍可說是性有善惡。唯若就性本身來說，則是純乎天
理而為善，非有相對之善惡於其中。而王廷相亦主善惡皆性。

　　性生於氣，萬物皆然。宋儒只為強成孟子性善之說，故離氣而
　　論性，使性之實不明於後世。明道先生曰：「性即氣，氣即性，
　　生之謂。」又曰：「論性不論氣，不備；論氣不論性，不明。

---

[33]　【宋】程顥、程頤撰：《二程集》〈河南程氏遺書卷一、二先生語一〉，台北：漢
　　京文化公司，1983 年 9 月，頁 4。
[34]　同註 33，《二程集》〈河南程氏遺書卷一〉，頁 10。

二之，則不是。」又曰：「惡亦不可不謂之性」此三言者，於性極為明盡。[35]

　　王廷相由氣說性，氣化有常變，氣性自有善惡之不同。故見明道此三語，深表贊同，但王廷相應是有所誤解。因明道說「性即氣」雖非離氣論性，但因其為以天理為本體，直貫上下、有無、理氣兩間之模式，是理與氣圓融為一的表現，故與王廷相純由氣本說性，以及理是依氣而有的說法，在內在理路上仍有不同！

　　論性，不論氣，不備；論氣，不論性，不明。[36]

　　「論性，不論氣，不備」，言單論本性之道德創生義，卻忽略氣質對此生德可能有之限制，自是不備。同樣，只強調氣質才性，卻未能體悟到此超越的道德本性，自是不明。故理想狀態，應是道德創造善性，與作為承載踐德工具的氣質，在天理直貫上下內外的圓融化境下，強調理氣圓融而為一。如此天理必藉氣質來示現，氣質專為體現天理而存在。王廷相亦重視理氣是一的表述，因其以元氣為首出之主宰，故以為氣化生生能如常展現其流行，乃因氣質相應於氣化之理。若由氣質說，氣質本即氣化生生之理的具體化，故氣質之自我表現，亦即是氣化流行之真實示現。由此可知，二家皆主理氣並重，只是一以理貫通理氣，另一則以氣統攝理氣，在本質與進路上仍有不同。

35　同註 2，《王廷相集‧雅述》，頁 837。
36　同註 33，《二程集》、河南程氏遺書、卷六、二先生語六，頁 81。此語他本有歸伊川語者，今順王廷相語，仍作明道語。

第三章 元氣無息論

明代以來，仍延續朱子理學之風氣，但思想內在已有轉變，如明初的薛瑄，雖被視為篤守朱學，實則已有理氣並重之傾向；又有陳白沙以至王守仁，倡導心性主體之自由，亦甚風靡天下。在此日益自由的學術氣氛中，王廷相則上承張載的太虛即氣說，主張元氣為實有，涵攝道理、心性、天地於其中，並與師友同調相互呼應，強調以氣為本體，開出去虛浮崇實有，及植基內聖以落實外王的學風。

第一節 元氣之外無太極

> 元氣之外無太極，陰陽之外無氣。以元氣之上，不可意象求，故曰太極。以天地萬物未形，渾淪沖虛，不可以名義別，故曰元氣。以天地萬物既形，有清濁、牝牡、屈伸、往來之象，故曰陰陽。三者一物也，亦一道也，但有先後之序耳。不言氣而言理，是舍形而取影，得乎？[1]

王廷相言以為太極者，是道化至極之名，無象無數，且天地萬物皆由之以生，而本質是混沌未判之氣，也就是元氣。太極是形容此元氣為不可意象求之最高本體。元氣是形容此本體為萬物未形前的根源。陰陽是此氣有生化萬物的作用。彼此以指涉之對象、位階、功能不同，而有異名，實皆一氣。但有先後，必先有元氣，才有陰陽，再生化萬物，最後消散又回歸元氣。所以說生化之秩序是有先後，但生化本體則是唯一之元氣。

> 老莊謂道生天地，宋儒謂天地之先只有此理，此乃改易面目立論耳，與老莊之旨何殊？愚謂天地未生，只有元氣，元氣具，則造化人物之道理即此而在，故元氣之上無物、無道、無理。[2]

---

[1] 【明】王廷相著：《王廷相集》，北京：中華書局，1989 年 9 月，頁 597。
[2] 同註 1，《王廷相集·雅述》，頁 841。

　　元氣之下都是具體的形物,元氣之上指沒有形狀的元氣本體。道在氣化的過程和作用中間,因此道不能當本體,是氣當本體。元氣之前無氣化作用,元氣之中才有。無理是指元氣之前沒有一個氣化的規則,元氣本體未生化前,各種生化條理具於其中,此已是理之最先在處,及其創造事物,才有其所以然的內在規則,此即是氣化之理。朱子有云:

> 太極只是天地萬物之理。在天地言,則天地中有太極;在萬物言,則萬物中各有太極。未有天地之先畢竟是先有此理。[3]

　　此由未有天地之先,說太極之理為最高本體義,未視氣為本體,故王廷相評其為改異老莊之面目。其以為元氣之前不可能有存有,因為任何事物皆是元氣所凝成的,此即無物。元氣之前不可能有道,因為任何氣化創造的過程作用就是道,道不在元氣前,這就是無道。元氣可以生化萬物,其內在不同的所以然就是理,所以是理在氣中不在氣前,即是無理。所以是物在氣中、道在氣中、理在氣中,三者不在氣前,此乃以元氣含攝實體義、作用義及條理義於其中,已成其為最高之實有!

　　可知道、理、物都是元氣所有的,所以稱為元道、元理。元氣透過生生作用產生萬物,而此創造之道,本即在氣中。而元氣中間已經具有生化的條理,元氣順著生化的條理,生成萬物。而所以成為不同萬物的內在不同規律,也本在氣中。物就是陽氣適值凝結之氣,將陽凝結在陰中間而產生萬物。王廷相雖然未講元物,但是元氣實就是元物,亦即陽蒸含陰濕,或陽火含陰水就會凝成形質,而此形質的根本即在元氣中。所以元氣之上,無物、理、道。而通貫氣化有無兩層面的物、理、道,因是氣不同之體質、條理、作用,而有異名。

> 余嘗以為元氣之上無物,有元氣即有元神,有元神即能運行而為陰陽,有陰陽則天地萬物之性理備矣,非元氣之外又有物以

---

[3]　【宋】黎靖德編:《朱子語類》卷一,台北:文津出版社,1986年12月,頁1。

主宰之也。今曰「所以陰陽者道也」，夫道也者，空虛無著之
名也，何以能動靜而為陰陽？[4]

　　元氣不是一團死物，其中有元神的作用，能運行而為陰陽生化的
作用，元神並非另一主體，其內具於元氣之內，是元氣神妙不測之運
行作用。陰陽不是兩種氣，陰陽是元氣內涵的兩種不同的作用，陽屬
創造、發動的作用，陰為完成、凝聚的作用，陰陽相交相感，是乃凝
為水火五行，再聚為萬物萬形，而萬物即以陰陽動靜相生之作用為其
體性，所以元神之陰陽，是具體創造的作用。所以元氣有元神，而能
陰陽相生，是真實氣化之道。若只一虛的所以然，則無法解釋具體實
然萬物，從何而有？

　　　天地未判，元氣混涵，清虛無間，造化之元機也。有虛即有氣，
　　　虛不離氣，氣不離虛，無所始，無所終之妙也。不可知其所至，
　　　故曰太極；不可以為象，故曰太虛，非曰陰陽之外有極有虛也。
　　　二氣感化，群象顯設，天地萬物所由以生也，非實體乎？是故
　　　即其象，可稱曰有；及其化，可稱曰無，而造化之元機，實未
　　　嘗泯。故曰道體不可言無，生有有無。[5]

　　自天地未分之前，只是一混涵元氣，看似空無一物。它是無形，
卻不能說它空無，因為在元氣中蘊藏萬種，也涵藏任何的可能性。以
「虛」言之，知元氣是無形無限的狀態，在天地萬物未生之前，它是
一團無形卻有無限生化能力的元氣，可知元機是無形之陰陽造化之真
實作用。陰陽生生之實體，因其無形而說無。但能創生實然萬物而說
有。而元氣由虛到有的氣機變化，稱之為「元機」，即陰陽二氣之初
感，感而凝結生化萬物的初機端倪，故言「二氣感化，群象顯設。」
故元氣的內容乃含無形之氣與有形之形，不論有形無形，元氣中始終
不息地在形氣層表現生化初始的作用，就是元機。王廷相的神和機，
以元氣流行於形氣中的作用就是機，生生作用在無形的元氣中則是

4　同註1，《王廷相集》，頁517。
5　同註1，《王廷相集‧慎言》，頁751。

神，所以神是無形的，機就是有形體的創造開端，神用具體表現便是機。所以元機乃元氣實體創造萬物所由生的初始作用。而氣化生生無限，由所生萬物可說是有，氣化無形又有無限生化可能，不能被名言所定義，而說是無。不論有無，皆是一氣元機之具體創造或無限創造的表現。而道體雖無形，但「生有有無」則指不已創生萬物之道體，因有此既無形無限，又能具體創造的元機，而有無限真實的創造。

> 氣，物之原也。理，氣之具也。器，氣之成也。易曰「形而上者為道，形而下者為器。」然謂之形，以氣言之矣。故曰「神與性乃氣所固有者」，此也。[6]

　　氣是任何具體萬物產生的根本；理是氣中本來就具有的生化規律；具體形器是元氣所凝結成具體的事物。「謂之形，以氣言之」它的形完全是以氣來說，有形是形氣，無形是元氣，確立形器層與無形元氣層彼此是相通的，非形上形下截然二分的。「神與性乃氣所固有」，王廷相的神則是絪縕不測的妙用，是生之靈所固有，是元氣中間蒸濕凝結成物的作用，而生之妙的神落於人，便是性。所以王廷相的神既在元氣中，也在形氣中為性。生妙貫通神與性，表示二者雖或在元氣，或在形氣中，但只位階不同，本質皆是一氣之生妙！

　　王廷相的神是指形氣有生化不測作用，元氣生化則是元神。性是一種陰陽相感的內涵，當然會產生動靜，動靜神妙不測就是神，所以形氣中間生生不測的作用，和本性生生不測的作用都是氣中所有，神在氣中，性也在氣中。這就反對了神和性純屬形上的觀念，一般朱學、王學都把神和性當成形上來看，神和性固然在氣中，形氣中間的神用和性，雖然會生妙不測，但仍會受到有限形氣的限制而不能無窮生妙。若站在王廷相的立場來辯駁，王廷相的神依然在元氣中間為元神，性仍然由元氣來而為元性，故說「神與性乃氣所固有」。

> 造化自有入無，自無為有，此氣常在，未嘗澌滅。所謂太極，不於天地未判之氣主之而誰主之耶？故未判，則理存於太虛；既判，

6　同註1，《王廷相集·慎言》，頁751。

則理載於天地。程子所謂「沖漠無朕。萬象森然已具」，正此謂耳。若謂「只有此理，便會能動靜生陰陽」，尤其不通之論！[7]

　　神既在形氣中，也在元氣中，道既在形氣中，也在元氣中，亦即氣其實是讓形氣、元氣兩邊能溝通的主體，所以元氣、元道、元神，都能自有入無、自無入有都是一貫之氣的作用。有無的內容其實是一致的，只是有形無形的互換，而這個互換就是自有入無、自無入有，互換只是氣之陰陽而有的聚散的兩種樣態。王廷相以為天地水火萬物皆生於有，因為元氣是無形的實有，所以說天地萬物還是生於有。二氣相生即陰陽會動靜不斷循環而成造化，此陰陽造化循環作用是永遠存在的，在這常變不測的狀態之中，氣既會凝結成無窮的萬物，而形氣也會回歸無形的元氣。所謂的有無不是真正的有和無，而都是具體實存的氣。而它之所以能夠有無相循環，是因為虛不離氣、氣不離虛的氣不斷滅。「所謂太極，於天地未判之氣主之」，指在未判的元氣中間主宰生化的作用就是太極，太極其實就是氣的無形生化主宰。「故未判，則理存於太虛；既判，則理載於天地」在元氣中間有理，天地之氣化也有內在不同之理，所以作為主宰生化之太極，也是氣化有任何可能性的理，而氣化貫穿有無兩層，所以生理也在既判、未判之中。「沖漠無朕，萬象森然已具。」所謂萬象森然已具，從理來看就是理有各種可能性，而道順各理會產生不同的萬物。理除了是內在規律之外，另一個重要特色，理即陰陽相感產生動作，是一個生化之理。同時各種生化可能之理的內容又都不同，是因為氣種不同，於是造成生化規律不同。所以理既通貫有無本質又有無限多之可能，這就是王廷相的理相當特別之處。

　　　天地未形，惟有太空，空即太虛，沖然元氣。氣不離虛，虛不離氣，天地日月萬形之種，皆備於內，一氤氳萌孽而萬有成質矣。是氣也者乃太虛固有之物，無所有而來，無所從而去者。今曰「未見氣」，是太虛有無氣之時矣。又曰「氣之始」，是

7　同註1，《王廷相集》，頁596。

> 氣復有所自出矣，其然，豈其然乎？元氣之上無物，不可知其
> 所自，故曰太極；不可以象名狀，故曰太虛耳。[8]

天地未形前，即宇宙最先在的本體是元氣，而無限之時空即是元氣，這是說氣的無限性、遍在性。元氣既充塞上下四方，過去、現在、未來中，則宇宙中任一萬物，皆包涵於其中。且無形的元氣會凝結為有形的形氣，所以必將元氣當實體來看。如此基於元氣是無限的，且是實體性的本體，是萬物創生之本源，自然「天地日月萬形之種，皆備於內」。另外王廷相的元氣具有無形的生生神用，還有能凝結為形氣的陰陽相感作用，所以陰陽一絪縕會具體凝為有形質之萬物。而萬有所以不同之各種規律與可能性，早在元氣中即已固有。所以元氣不是空，也不是無，而是統所有時空、有無、隱顯於氣中的本體。分析的說，在元氣道體內，萬物之種、陰陽偏盛、五行互勝，還有道德的創造作用都在其中。此乃萬形之種，能化為實然萬有的根本基礎。

> 愚謂天地、水火、萬物皆生於有，無「無」也，無「空」也。
> 其無而空者，即橫渠之所謂「客形」耳，非元氣本體之妙。[9]

王廷相以天地萬物皆實有之元氣所生，是生於有，而非生於無。有關「有生有」與「無生有」之問題，順王廷相之觀點，作一討論。

儒家一直把道德意識當實體看，現實陰陽氣化世界則不把它當實體來看。當現實變虛的，將如何跨到『外王』？如何尊重飛潛動植、人倫日用？所以要轉化，不只要把道德意識當實體來看，同時應把元氣當實體來看，凡是能產生一切的事物的元氣，當然就是實體。但是這個實體也是無形的無限的，具有本體義的。所以可把理本體和心本體的形上絕對義保留下來，亦即既把道德創造的價值意識留下來，也把理本體的理，是萬物最高的理保留下來。可知王廷相的元氣道體說，除具有無形的生生作用，能順種種氣種有定，凝結為形氣的萬有。另外各各氣種的可能與規律，與陰陽偏盛、五行互盛、二五比例等條件

---

[8] 同註1，《王廷相集‧雅述》，頁849。
[9] 同註1，《王廷相集》，頁974。

也在其中。同時元氣順「生生之謂大德」的模式，在陰陽相生有其必然性應然性的條件下，自然也具有道德創生義，此道德義非一虛的道德義，而是實有的道德義。所以王廷相的氣本論，一開始便將道德意識也放在元氣本體中，可知此時重在以元氣取代心和理當本體。

生生作用透過陰陽動靜產生具體的萬物此即是有，陰陽相生的萬物消散後則是無，但只是形體無，而生生作用還在，所以王廷相講道體是從生生作用去說明，這是儒家的本質。「道」既是最高的，也是生生作用的主體，所以王廷相由造化之元機生生作用說道體。因為生生，所以元氣既具道德內涵，又包括創造作用，及陰陽五行比例不同的各種條理。道以此三個內涵，來解釋現實上萬事萬物被產生的原因。

一般認為把理或心當本體，形氣就不受重視，成為第二義的工具。如朱子認為陰陽二氣會變化，是受形上理本體的指引，而形下陰陽二氣變化便不具主體性。可是王廷相說有形是生氣，就肯定承認我們的形體本身，就是有生生創造作用的形體，於是形體上提，具有主體義，非只有工具義。朱學、王學較不強調形氣，都把氣當成工具義。所以王廷相除把元氣當形上本體看，也把有形當生氣看，很明顯重視元氣的生生，和形氣的生生。不再像朱、王強調形上本體，形下都是第二義的。如此元氣是生生的，形氣也是生生的，元氣和形氣變的一樣重要。於是王廷相由元氣實體凝為形氣的有生有模式，較理本體、心本體的無生有模式為具體。因為將本體義落實在元氣中，則本體義未失落，虛玄之譏則可避免。同時此有生有的模式，可藉一氣彼此相通無礙。避免有與無、形上形下截然二分，而有本質上可貫通的困難。

王廷相認為把形氣當做承載形上之理的工具，如此便跨不到「外王」，所以認為形氣也是生生的，元氣也是生生不息，氣化根本之道亦是無息。而且生生不息即具善的絕對義。所以王廷相「有生有」的模式，可彰顯出元氣，既有理本體的主體義、道德義。同時又將生生義，氣化有各種可能等實然條件含攝其中。同時又是不分元氣形氣、有無、上下、隱顯而為一的。有相對異名之彼此，只所處位階、體性、作用不同而已。

第二節　陰陽偏勝者主之

> 僕嘗謂天地未判之前，只有一氣而已。一氣中即有陰陽，如能動
> 蕩處便是陽，其蒼蒼靄靄之可象處便是陰，二者離之不可得。以
> 造化之始，物尚不可離如此，則其餘為造化之所生者，如天地，
> 如萬物之屬，不得離可知矣。如天能運轉，陽也；其附綴星辰河
> 漢處，陰也。日光炎灼處，陽也；其中閃爍之精，則陰也。月之
> 體，陰也；其受日光處，則陽也。火，陽也；本無形，必附於木
> 石而後形，無木石則無火矣。是陽何嘗離陰乎？水之始，雲氣也；
> 得火之化而為液，無火則氣而不水矣。是陰何嘗離陽乎？非不可
> 離，不得離也。故曰「一陰一陽之謂道」，言離之非道也。[10]

天地未判之前只有一氣，天是被元氣先生的，以後再生出地，所
以天地不是最早的，最早的是元氣。所以也不能說有元氣之前，或是
有陰陽二氣之前。一氣中有陰陽，能生化發動的作用稱陽，能凝結孕
育的作用稱陰。元氣不是一團死物，因為元氣中有陰陽兩種作用，陽
會發動鼓盪，陰則凝結成象，陰陽不是獨立二物，是同時存於元氣之
中，也同時在相資互成，無獨陰或獨陽的狀態。也無陰陽比例固定不
動的狀態，若比例不變則表示陰陽不能互動相生。所以應是陰陽彼此
偏勝，才可相生不已。此為陰陽不得離，亦即陰陽使元氣可不斷生生
創造，成為孕育萬物的本體。吳廷翰亦云：

> 何謂道？「一陰一陽之謂道。」何謂氣？一陰一陽之謂氣。然則
> 陰陽何物乎？曰氣。天地之初，一氣而已矣，非有所謂道者別為
> 一物，以並出乎其間。及其分也，輕清者敷施而發散，重濁者翕
> 聚而凝結，故謂之陰陽。陰陽者，以此氣之有動靜而言。[11]

吳廷翰亦由天地之初一氣，定位氣的最高本體義，同時亦以輕
揚發散之作用為陽，重濁凝結之作用為陰，並且規定陰陽乃本體義

---

[10]　同註 1，《王廷相集》，頁 490。
[11]　【明】吳廷翰著：《吳廷翰集》〈吉齋漫錄〉卷上，北京：中華書局，1984 年 2 月，頁 1。

之動靜作用，非形下之陰陽二分之氣。元氣中間無限的生化作用即是道或是神。神雖是無限的，但仍在氣中。「一氣中即有陰陽」就像有元氣即有元神，陰陽就是元氣的兩種性質，它天生就有生生神用，「如能動盪處便是陽，蔥蒼靈蠢之可象處便是陰，二者離之不可得」，一氣中天生就會動，可以具體有象的就是陰，動盪的就是陽，二者離之不可，正是王廷相強調內外有無是一的觀念，它是很完整的，從元氣中間就是陰陽不可離，一直到萬事萬物形上形下都是內外有無不能分。王廷相說在元氣中內外有無是一，可知元氣本身也是陰陽是一，元氣所凝結成的天地萬物水火當然也是不能離的，就像前面所論，形氣和元氣的關係是由氣來穿透，不管是回歸還是凝結，他們都是氣。不管是元氣中間的陰陽，還是萬物中間的水火陰陽動靜，也都是相摩相盪，循環互動，彼此不能離的。「以造化之始，物尚不可離如此，則其餘為造化之所生者，如天地，如萬物之屬，不得離可知」，一開始造化的元氣就是陰陽不離的，之後陰陽元氣所生的萬物當然全部都有陰陽，如天是陽，但天中間仍有陰，如日月星辰就是天中間陰的凝結。所以陰陽不可離，從元氣開始一直到任何一個萬物，是非常一貫地穿透於其中。

「貫穿」是既屬於凝結，也屬於回歸的觀念。或者說凝結和回歸共通的特質就是貫穿，而貫穿所以可能是因本質相同。元氣形氣彼此能穿透，是因為藉由陰陽不得離之神用，穿透於彼此間。如此可打破形上下內外有無的分別，而只是一個無限時空的氣。氣會凝結成無限多有限之形器，而形器和元氣之本質仍然是一。所以陰陽非二物，只是氣之摩盪相成之作用，且此作用又貫穿於元氣與形氣的凝結與回歸的不同方向上，而可作為元氣能生化的體性。

> 陰陽也者，氣之體也。闔闢動靜者，性之能也。屈伸相感者，機之由也。絪縕而化者，神之妙也。生生不息，疊疊如不得已者，命之自然也。[12]

---

[12]　同註1，《王廷相集·慎言》，頁754。

元氣以偏勝之陰陽為體，陰陽偏勝會造成闔闢動靜，此為元氣所具之性能，闔闢動靜由無形之作用義再進一步化為具體的屈伸相感，就是元氣生化萬物的氣機。因此由元氣的陰陽闔闢變化，屈伸相感的氣機觸發，再到整個元氣凝為形氣的過程，稱作「縕絪而化之神妙」，這樣一個創造的過程，是生生不已，永無休止的，故曰「命之自然」，因此陰陽、性、機及化等，是分解的說元氣的體質、性能、端倪、朕兆及創造過程。而統攝這些不同位階與作用，才可完整圓融地掌握本體之氣。

所以統合陰陽是氣的主體，動靜是氣性的功能，相感是氣機的來由，氤氳而化有各種可能的神妙，以及生生不息的氣命等，可圓滿完整一個創造的過程。如陰陽、性、機、神等都是渾淪的太虛元氣中，本具的創造形氣的原因和作用。如陰陽、神、命、性在元氣位階時，應該是元道、元神、元性、元命，當表現在氣化作用中，才說是道、性、機、命。而現實上的種種萬物便是因道、性、機、神等，而成為具體真實的存在。故不論元氣、元神、元性或陰陽、性、神在元氣或形氣的位階不同，其中都以陰陽偏勝為體性。

> 陰陽，氣也；變化，機也。機則神，是天地者，萬物之大圓也。陰陽者，造化之橐籥也。水火土，陰陽之大用也。故氣得土之鬱而含，得水之潤而滋，得火之燥而堅。氣有翕聚，則形有萌蘗，而生化顯矣。氣有盛衰，則形有壯老，而始終著矣。[13]

陰陽就是氣，氣的兩種體質就是陰陽；機是指氣化，也就是陰陽具體的變化。有形形氣與無形元氣中都有陰陽變化，所以元氣中間有陰陽的作用，而可創造形氣有無限可能性，此曰「神」，同時屈伸相感乃陰陽氣機之所由，故會具體的造化天地萬物，此曰「機」。而形氣之機由元氣之神而發，總成天地之大圓。而其中造化的關鍵便在「陰陽」。

水火是陰陽的表現，水偏陰，火偏陽，而水火相蒸薰下的渣滓就是土。所以陰陽有生物的大用，就如水火相燒有生土的作用。土是具

---

[13]　同註1，《王廷相集‧慎言》，頁754。

體萬物承載的平面，所以水火土陰陽之大用有兩個意思，水是陰、火是陽，水火會蒸薰，表示陰陽會相生，此為第一個意義；第二個意義就是會得土，萬物的金木人物，人事的人倫日用及飛潛動植，皆從土來。而土又是陰陽造成的，所以人倫日用、飛潛動植原則地抽象地說，也都從陰陽所創造出來。

　　氣就是陰陽，陰陽相生就是水火相生而有土，土中就有此陰陽之氣。得陰陽之氣的土，得水多就潤而滋，得火多就燥而堅，燥而堅就往金發展，潤而滋就往木發展，可知陰陽二氣相生以後就鬱積在土裡，土中間假使水多偏陰就滋潤、火多偏陽就燥堅，於是萬物就有潤燥的不同。其實不論堅硬或濕潤的土，中間水火都有，濕潤的土水多火少，堅硬的土火多水少，只是水火的比例不同，也就是陰陽比例有偏勝。可知陰陽偏勝除有相生義外，尚會形成陰陽比例各不同的萬物。

　　王廷相認為陰陽只能是一回事，而且任何人事有都有陰陽，只是比例不同。不能說男生只是陽、女生只是陰，男中陰陽都有，女中也陰陽都有，萬事萬物中皆陰陽都有。推而論之，氣有翕聚盛衰，於是形有萌蘗生化，如此循環不已，皆因有偏勝的陰陽水火，亦即兩者是創造變化的基本條件。

> 神乃陰陽之所為，鬼亦陰陽之所為；無魂氣則鬼神滅，魂氣散則魄不靈，直是一道。[14]

　　陰陽屈伸相感，凝為水火土而造化大行，以致於鬼神亦為陰陽所為，無一例外。鬼是陰陽偏勝，神也是陰陽偏勝，但神比較偏向於元氣或魂氣的生生作用，鬼比較偏向於體魄，或體魄之所以能生生的動力。可知鬼神都是氣之靈，神比較偏向於陽盛的魂氣之靈，而鬼比較偏向於陰盛的體魄之靈。

　　形體由體魄魂氣所組成，有陰陽水火的相生不已作用，因偏盛而有各種比例不同的形體產生，因此有陰陽偏盛之作用，才有體魄魂氣的組成，有體魄魂氣才會有鬼神的產生，因此無魂魄則無鬼神。王廷相

---

[14]　同註1，《王廷相集·雅述》，頁846。

由陰陽偏盛的氣之靈說鬼神，而排除有意志能祟人的鬼神說，可見氣本論的理性本質。

> 陰陽在形氣，其義有四：以形言之，天地、男女、牝牡之類也；以氣言之，寒暑、晝夜、呼吸之類也；總言之，凡屬氣者皆陽也，凡屬形者皆陰也；極言之，凡有形體以至氤氳　蒼之氣可象者，皆陰也；所以變化、運動、升降、飛揚之不可見者，皆陽也。[15]

「陰陽在形氣其義有四」從四個層面來談陰陽之氣，從形體上來說：天地中皆有陰陽，指天是陽多故上騰為天；地是陰多故下凝為地，但不會是天是陽的、地是陰的。這個說法指出陰陽摩盪化生萬物，故萬物中皆有為其生之體性的陰陽。王廷相認為任何人物中都有陰陽，絕不是只說男是陽、女是陰。這樣天、地、人中陰陽都有，才能完整成為能生生的天地人。以元氣凝為形氣的理論為準，元氣中陰陽都有，所以形氣也該陰陽都有，如此便能讓萬物各具主體性。一般來說有形體的為陰，無形體的作用為陽，所以天地、男女、牝牡中都有陰陽，只是陰陽偏勝多少的問題。而偏陽的為天、男、牡；偏陰的為地、女、牝。亦即陰陽偏勝多寡不同，由偏盛者主宰決定萬物形體的不同。

以氣言之，寒是陰多陽少，所以收斂為冷。暑是陽多陰少，所以發揚為熱。所以寒暑都還是以陰陽的偏勝決定其性質。另外寒暑、晝夜、呼吸是可以感受到，但看不見的是氣，而具體看得到、摸得到的是形，所以形與氣，不論有形或無形，皆以陰陽偏勝為其能有變化、分別的體性。「總言之，凡屬氣者皆陽也，凡屬形者皆陰也」凡屬於無形會生化的氣是陽，具體會生化完成形質的是陰。如人有形體是陰多陽少，但形體會實現人倫日用則是陽多陰少，所以陰陽非只一虛擬原則，是可決定萬物能有不同的體段與樣態的。「極言之，凡有形體，以致氤氳　蒼之氣可象者，皆陰也。」氤氳之氣就是天上如野馬的雲氣，雲朵變化的非常多端。也就是不論形體如何變化，只要有可象之形，此形中即有陰。同樣形體能多端變化的動能即是陽。

---

[15]　同註 1，《王廷相集・慎言》，頁 752。

　　所以分解的說，有具體形體之氣是陰。變化、運動、升降、飛揚這些不可見的變化生生作用都是陽。而完整地說，如天地、男女是形，但又有無形存在的氣，使天地男女有生。總括來說氣就是陽，形就是陰。擴展到極至來說，凡是有形體的，即便近似無形之氤氳之氣，只要合於有形的原則義，仍是陰。同樣不斷在變化運動，但沒有形體的，甚至近似有形的呼吸之氣，只要合於生生義，便是陽。如此定義陰陽，則將宇宙間，由極微至極顯，由極靜至極動及一切有形與無形，作用與實然，皆無不視作陰陽，而為陰陽所涵攝。而陰陽又是元氣之體性，所以陰陽無所不在而為宇宙萬物之體性，也就是元氣無所不在，而為宇宙萬物之本體。

> 日有南北之躔，故陰陽有寒暑。然寒而暖，暖而暑，暑而涼，涼而寒，其所由來漸，非寒與暑會於一朝。若曰二氣旋轉塊扎，以勝負為寒暑，謂之陰陽必爭，是以二氣各相逞力拒鬥，負者退而勝者主，非因日進退自然之數，然乎？其謂陰陽必爭，人稟其氣，故人性上人，非獨談理未的，尤見氣性不化。[16]

　　日會有南北不同之運行，是因陰陽偏勝造就成寒暑的不同。但是寒慢慢變暖，暖慢慢變暑，暑慢慢變涼，涼也慢慢變寒，是漸變不是頓變，而且漸變是和諧的，就是因為陰陽偏勝或由陰多陽少漸變為陽多陰少，亦即由寒而暑。或由陽多陰少漸變為陰多陽少，亦即由暑而寒。漸變也透顯出陰陽是不可離，最多只能有彼此比例有多寡不同的變化而已。頓變就是負者退而勝者主，不是陰陽二者並存，陰勝陽，全體都是陰。陽勝陰，全體都是陽。如此非陰即陽，陰陽離為二，如此之頓變。會造成生命的不和諧，漸變是和諧，和諧才能稱靈妙生生。這是因為陰陽不離是和諧，陰陽相生是靈妙。反之陰陽二分，則是斷滅而不靈妙了。

> 天道者，言乎運化之自然，四時行，百物生，乾乾而不息者也。[17]

16　同註1，《王廷相集・雅述》，頁843。
17　同註1，《王廷相集・慎言》，頁767。

從元氣而言，元氣中有陰陽偏盛之作用，才具闔闢動靜之能，才會因屈伸相感之機，不斷絪縕變化造就萬物。陰陽水火相感相合，造成各種不同比例的萬物，萬物中也皆具因偏勝而生化萬端的陰陽水火。從形氣而言，人物之中不僅具有形之體魄，也具無形的魂氣，可以說陰陽的相生不已，不因凝為形體而停止作用，它在形氣之中仍不斷相生，直到形氣消散，回歸元氣為止。因此可以說元氣之所以得生生不已的原因，在陰陽偏勝所造成的屈伸變化，形氣才得以不斷生生。因此整個氣化世界在以陰陽偏勝為體性的基礎下流行不已，故曰運化之自然，乾乾不息。可知王廷相是藉陰陽相生不離，來解釋天道乾坤不息之義。

王廷相以陰陽為氣生生之體性，而陰陽彼此摩盪循環，相依不離，於是陰陽遂有互動相生不已的創造作用；有因陰陽比例不同，而有變化萬端的各種可能性；有陰陽能通貫有無、隱顯的一致性；有由陰陽為萬物之體性，而收攝所有氣與形的存在於一氣中的主體性。此乃王廷相將陰陽由形下，或可能二分的層次，提升至本體絕對是一不離的層次，於是萬物便因以陰陽為體性，而成為雖有限卻各具主體性之萬物。

第三節　氣種有定

> 列子曰：「太易者，未見氣也；太初者，氣之始也；太始者，形之始也；太素者，質之始也。」此語甚有病，非知道者之見。天地未形，惟有太空，空即太虛，沖然元氣。氣不離虛，虛不離氣，天地日月萬形之種，皆備於內，一絪縕萌孽而萬有成質矣。[18]

此段是王廷相非常特殊且重要之「氣種有定」的觀念。而且朱子與薛瑄皆有相同之討論，可參考第貳編第二章薛瑄一節。在天地之未始以前，只是一團元氣，只是一虛空，但此虛空卻非空無一物，雖未凝為有形之萬物，但在此一團虛空中，卻早已蘊藏著各種可能性的萬

---

[18]　同註 1，《王廷相集・雅述》，頁 849。

物之種，這就是「氣種有定」的觀念。故當元氣造化時，即可應各物之種而成萬形。

　　本段所引《列子·天瑞》之文，張湛注解有云：

　　此明物之自微至著變化之相因襲也。易者，凝寂於太虛之域，將何所見耶？陰陽未判即下句所謂渾淪。陰陽既判，則品物流形也。質，性也。既為物矣，則方圓剛柔靜躁沉浮各有其性。[19]

　　可知列子所說的太易、太初、太始、太素是一物由微至著的變化根本與過程。亦即由無氣不可象的最微，化為陰陽未判的元氣，再化為陰陽既判有形之可象，再凝為決定形象中各有剛柔不同的質性。反言之，形物剛柔方圓各不同之質性，為陰陽已判所生，但未判前此質性之所以然，已凝於太虛之中。故形物雖由無而有，但其質性則早在太虛中既已存在。另外列子於此句後接續有云：

　　氣形質具而未相離，故曰渾淪。渾淪者，言萬物相渾淪而未相離。

　　張湛注此句云：

　　雖渾然一氣不相離散，而三才之道，實潛兆乎其中。[20]

　　可知氣、形、質三者是渾淪一氣的內容，而萬物生化之道，便潛存於此氣中。對於此點，王廷相則採取折衷態度，亦即接受萬物之根本潛存於元氣中。但對於生化本源的條件，則將列子的氣、形、質改為以元氣之陰陽來取代。藉由陰陽相生而有的偏勝者為主的作用，氣化有各種可能性，及因生生而具有的道德義等特點，作為生化的根源。

　　有太虛之氣，則有陰陽，有陰陽，則萬物之種一本皆具。隨氣之美惡大小而受化，雖天之所得亦然也。陰陽之精，一化而為水火，再化而為土，萬物莫不藉以生之，而其種則本於元氣之固有，非水火土所得而專也。[21]

---

[19]　【晉】張湛注：《列子注》，新編諸子集成四，世界書局，1978 年 7 月新三版，頁 2。

[20]　同註 19，《列子注》，頁 2。

[21]　同註 1，《王廷相集·慎言》，頁 754。

　　太虛元氣以陰陽為體，所以有陰陽偏勝，就會產生無窮多種的二氣五行相生，而有的各種可能性。在現實上展現出來，就是二五比例不同的萬物。現實上會有這麼多種的不同，表示這麼多不同的二五比例，早就在太虛元氣的陰陽偏勝之中，就被決定了，這就是氣腫有定。而在太虛元氣的陰陽變化中，蘊涵了這麼多種二五比例的可能性，這些不同的可能性，透過元氣凝結為形氣的過程，使形氣各依不同之二五比例形成各不同之萬物。而萬物之所以不同，便在於以不同之二五比例為體性。

　　元氣中間的陰陽偏勝，是客觀機率決定一切，所以會造成美惡大小的不同。同樣，陰陽在天中間，也會造成日星偏陽、月雲偏陰的不同，這都說明元氣生化天地萬物的不同，是受到陰陽偏勝，而勝者主之的影響。所以陰陽決定了性之能、決定了機之由，也決定了氣的美惡大小和天地。陰陽偏勝既可有這麼多不同的二五比例，真可以說是有無限的可能，而此無限是理性的客觀機率決定一切。非人格神、或主觀意志所為，因有心而為便是有限。而二五相生是由客觀機率決定一切，因是客觀的機率所以沒有限制，而可有無限的創生可能。

　　萬物的不同種類，本來就是元氣中陰陽偏勝所決定的二五比例，此即「萬物之種一本皆具」。但這個生化萬端的陰陽之精，是萬物無形的生生體性，須凝為有質的水火，才真正由氣凝結成形質。此時無形陰陽之精化為有質之水火，水火再蒸濕為土，土仍有陰陽之精而生長化育出萬物。同時陰陽相生有任何可能性，所以萬物會有如此不同的原因，便在於物各不同之二五比例，都來自元氣中的陰陽之精，所以說萬物之氣種為元氣所固有。「非水火土所得而專」，是說我們的生命是由元氣還是水火土所決定？若由水火土決定，萬物就沒有一個無限的主體。所以氣種有定很明確的表示，萬物的陰陽之精是從元氣來的，透過元氣的陰陽之精，凝結到萬物的形體中，萬物才會具有元氣的主體義。因為不能說元氣凝為形氣，形氣就具有主體義，這樣講只有形式意義，缺乏實質義。所以形氣之所以具有主體義，是形氣的陰陽之精，本在元氣中固有。如此形氣便同元氣般有主體義。但形氣

若是由有質的水火土決定，因水火已是元氣中陰陽之精所化成，本身已無本體之先在性，自然不能以水火作為生化的最高本體。若由生成之理序來看，元氣是本體，但以陰陽之精為體性，陰陽偏勝有各種可能性，各可能性隨氣凝結成質的初始，便是水火。有質的水火，才蒸凝成土，而生長萬物。所以水火只是形質的初始，而非最高生化根本，所以說萬物各不同之氣種，本於元氣，而非水火土所得專。

可知王廷相將陰陽上提至本體層，而將水火土金木五行，置於形氣層，此為陰陽與五行之分別。但是又以陽為火之精，陰為水之精，則是將陰陽與水火，貫穿有形無形兩層而為一，再由水火生土與金木。此則又是以陰陽為五行之體性，而視陰陽與五行，為無形元氣所以能凝結為有形形氣的內在條件。另外萬物之氣種為水火土等有質之物所得專，除易失落本體義外，也有落入唯物的可能。所以將陰陽視為元氣本體之體性，則生生之陰陽與本體之元氣是一，既可確立萬物皆各具主體性，也避開了理本論、心本論形上主體與形下陰陽二分的困擾。

> 春夏陽漸達于上，火氣薰蒸而遠，水泉湧溢，土釋而潤泛，金氣鬱熱，化石成鑛，木發育而茂。秋冬陰漸盛于上，火氣歛而近，水泉消涸而冰，土結燥而凍，金以石寒而不滋，水氣歸根而凋落。此五行消息之大分，達人神聖之大觀。五行家假配四時，以論盛衰，謬矣。[22]

王廷相以陰陽偏勝者為萬物的體性，五行亦不例外。所以當春夏時，漸盛於陰的陽氣，貫注於五行中，則火氣薰蒸，水泉湧溢，土氣泛潤，金氣鬱熱，土成鑛，木發育。此時五行因陽氣盛而有積極生生之表現。及秋冬時，漸盛於陽的陰氣，貫於五行中，則火歛，水涸，土凍，金寒，木凋，此時五行因陰氣盛而有消極閉藏的表現。同時四時也是順陰漸為陽，而有春夏；由陽漸為陰，而有秋冬。可知五行之消息，與四時之遞化，皆由陰陽之偏勝所造成。而非木、火、土、金、水的相生，或木、土、水、火、金的相克秩序來決定。

---

[22]　同註1，《王廷相集‧慎言》，頁755。

　　王廷相是重實際的理性論者，事理要合於理性推論才相信。所以
認為五行以陰陽為體性，則陽盛之五行，或陰盛之五行等遞相作用，
便可以生化萬端。以及有陰而陽，陽而陰的五行消息，四時遞運之秩
序產生。並以此重新建立陰陽與五行、四時的關係，進而用此特點，
作為氣化的條件與秩序。

> 木有津液即血，暢發即氣，心之堅強即骨，皮之柔潤即肉，結
> 實即精。石者土之結，金者石之精。五金之質異者，氣之種殊
> 也。是金木之生，與人物類也者。是故水火得陰陽之精，先萬
> 物成；昆蟲草木金石，後天而化。謂金木匹水火而能生物，其
> 探道化之不精者與！[23]

　　王廷相認為氣化是由水火生土，土生金木與萬物。但在水火生土
金木時，水火已具於萬物中。所以屬萬物之木中，也有五行異質之存
在。如木之津液是水，暢發是火，堅強是金，柔潤是木，結實是土。
可知陰陽五行皆在任一物中，但陰陽有偏勝，五行便有消息，也使五
行之性質各異，由此質異的五行，所生之萬物自更不相同。

　　所謂「氣之種殊」，指萬物的殊異，是由五行造成。五行之異質
與消息是由陰陽之精造成，而陰陽為元氣之體性。可知萬物所以萬殊
的特質，是因元氣中陰陽偏勝，所以有任何方向創生之可能，而任一
方向便是一物的殊異特質。

　　如此將氣化分成，元氣中有陰陽之精，化為有質又先萬物的水
火，再由水火生草木昆蟲金石等三段的目的，是企圖對傳統絕對形上
天道，有無限創造作用，而萬物即因之以生的「無生有」模式，能有
更具體的掌握。但因為此本體的作用，是不可描述的，一描述便落入
有限，失去其開展的無限性。所以若將無限天道的內涵具體化、條件
化、秩序化，則可為理性的推論與描述所掌握。如此既不失天道的無
限性，也將氣化的過程與條件具體化。而王廷相即以「氣之種殊」，
作為將天道具體化的觀念。同時也藉此觀念，兼顧有無兩層，而統為

---

[23]　同註1，《王廷相集・慎言》，頁754。

一元氣。所以王廷相看來仍是「無生有」的生化模式，但他的無，其實是無形卻實有的氣，且以氣統攝有與無兩層，所以應該是「有生有」的模式。而前一有與後一有，彼此除了是有形與無形，及有限與無限的差別外，本質皆同一氣，故可相貫通。而能在實有中貫通的條件之一，便是氣種有定。

> 草木之枝幹花葉，各有定形，以有定種故也，受氣殊矣手？土以為質，水以為液，火以為運，而生枝幹花葉，隨在各足也，一本故爾。枝幹自柔而堅，自細而大，自疏而密，與花葉之生榮凋謝，均有變也。《觀物》云：「木之枝幹乃土石之所成，故不變；花葉乃水火之所成，故多變。」是以土生枝幹，而水火生花葉也，然乎？求之實理，滯而不通，誤矣。[24]

此段討論氣種有定在形氣層的特色。所謂「一本」，是指得陰陽之精的水火，是萬物具體生化的基礎條件。而火水化生第一個具體之物，便是土。土中有水與火互動，便能組合成枝幹花葉。且此模式，是隨在各足，萬物皆因有水火為體，而生成具體之形物。所以反對土生枝幹，水火生花葉，將水火與土切斷為二，不符火水生土的原則。

另外花葉枝幹各有定形，彼此不同，是因形體的不同，由土中之水火多寡不同來決定，而土中水火之多寡，又由陰陽偏勝之多寡來決定，而陰陽偏勝之多寡，則是由客觀機率決定，而產生的任何之可能。此任何可能即元氣中涵藏萬理，及萬理凝為形質，而有萬形。亦即枝幹花葉各不同之定形，是早在元氣中即有如此之理的氣種，順此氣種義發為定形之萬物。所以總持的說，萬物必由所受之氣而來，分解地說，則所受之氣種各各殊異。亦即物皆以氣為體，物之所以為萬，則由殊異之氣種決定。於是總的可說，宇宙唯一氣。分的可說，萬事萬物皆一氣之分化。如此氣之本體義被凸顯，各異之形氣，亦因以元氣為體，而使萬物皆各具主體性，不因是現實之花葉而視為第二義的存在。

---

[24]　同註 1，《王廷相集·慎言》，頁 807。

　　前面是由陰陽偏有各種可能的「理萬」角度說氣種有定。但陰陽偏勝不只是橫剖面的形式而已，尚且有生生不已的縱貫的作用。所以氣種有定除指出定形是由定種而來，另外也包含此定種在形氣層是會生滅不息的。枝幹柔細而堅大，花葉之生榮凋謝，都是因水火運於其中，而有的變化。可知先天上，陰陽偏勝決定氣種有定，同時陰陽生生，促使氣種凝為定形。而後天的定形中，仍有先天的陰陽生生，故定形後仍會有始終的變化，此乃所謂「均有變」也。所以從定形，定種看，氣化有無限性；從氣種有變看，氣化又有生滅不已性。而不論極有限之花葉定形，至極無限的天地，皆只一氣之諸般示象而已。

> 萬物巨細柔剛各異其材，聲色臭味各殊其性，閱千古而不變者，氣種之有定也。人不肖其父，則肖其母，數世之後，必有與祖同其體貌者，氣種之復其本也。[25]

　　陰陽不離而生生不已，有其必然性，此必然性落於因偏勝而有的各氣種，則氣種亦有此必然性，而不可改易。故偏勝雖有萬理之可能，但每一理皆有必然如此的特性，所以萬物各異其材，聲色各殊其性，皆為偏勝必然有之一方向，而不可更改。此為「氣種有定」，閱千古不變的理據。朱子亦有類似說法，如云：

> 且如天地間人物草木禽獸，其生也，莫不有種，定不會無種子白地生出一個物事，這個都是氣。若理，則只是淨潔空闊底世界，無形迹，他卻不會造作；氣則能醞釀凝聚生物。但有此氣，則理便在其中。[26]

　　可知朱子亦以為天地萬物皆由氣凝聚而來，但品類萬殊，故氣有殊異，應是由氣種中有此殊異而來。二氏之推理模式相近，但朱子是由理氣二分的架構說，王廷相則是由理在氣中的主張言。王廷相以為元氣是真實創生的本體，有其無限性。但要由無限眾多有限形氣的總合，才能成就真實的無限。若眾多之有限不成立，則無限也建立不起

---

[25]　同註1，《王廷相集·慎言》，頁754。
[26]　同註3，《朱子語類》，頁3。

來。只是虛玄的無限，不是真能「有生有」的無限。所以陰陽偏勝之
理萬，表示氣有無限生化之方向，同時萬理中的每一理，都須是真實
具體，又有別於其他理之存在，才可統合成真實無限的氣本體，也就
是眾多不可改之材性，可架構成一無所不含攝的元氣。

「氣種復其本」，是說人不肖父則肖母，此為定形必有所承接的
原因。進而數世後有與祖同體貌者，是因氣種本陰陽偏勝而有此定種、
定形，但氣化萬端陰陽偏勝有任何可能之變化，於是定種定形在凝為
形物時，或在形物稟陰陽相生，而有生滅時，受其他條件影響而有改
變，如人或肖母。或數世後有同體貌者，則表示先天氣種，不受後天
外在影響，仍可回復原來先天之定種定形。此表示氣種除可穿透有與
無兩層外，也可穿透先天後天，不同形氣等，仍保持其不變之定種定
形。如此之氣種，自有其超越性與永恆性。此時的超越與永恆是限制
於有限形氣中的超越與永恆，是一種形式意義的存在，非真實本體的
超越與無限。故萬物因本具此超越永恆義，而是具有主體義之萬物，
所以萬物雖仍是形下有限，但不能只視為形下之死體。

王廷相這種氣化的變與不變，固然可以解釋為何萬物中各各不
同，但同一種類之物種，仍有其某一部份的共通性會不斷延續下去，
這樣的理論在王廷相的理論架構中，另一重要的意義就是他保證了古
今名教是可以不斷延續下去，古今名教就是一特定時空下的氣化之常
道的規範，在不同的時空環境下會不斷的擴充變化，但它也有其永恆
性，如特定五行比例的氣種之有定一般，仍有其穿透時空的永恆性，
這可保住道德名教的永恆性。

> 儒者曰：「太極散而為萬物，萬物各具一太極」，斯言誤矣。
> 何也？元氣化為萬物，萬物各受元氣而生，有美惡，有偏全，
> 或人或物，或大或小，萬萬不齊，謂之各得太極一氣則可，謂
> 之各具一太極則不可。太極，元氣混全之稱，萬物不過各具一
> 支耳，雖水火大化，猶涉一偏，而況於人物乎？[27]

---

[27]　同註1，《王廷相集・雅述》，頁849。

　　朱子的太極是形上的理本體，遍在於萬物中而為其體。當太極在有限形氣中時，本身並不受限制成為有限的理，仍維持太極之理的無限性，所以可以說「萬物各具一太極」。

　　但王廷相的太極即是元氣，於是太極元氣與形氣都是氣，只是有形無形之樣態，與有限無限之體性的差別，而非形上形下的差別。而且萬物受元氣陰陽之偏勝而有偏、全、美、惡之不同。此時萬萬不齊之人物，雖仍以元氣為其主體，而應有主體義。但元氣凝為形氣後，元氣陰陽之生生義，多向義與價值義等，也在凝為形後，即限制於形氣中，而成為有限的。亦即形氣中之陰陽生生義，多向義與價值義，在本質上與元氣相同，但在形式上、數量上則是有限的，此即所謂「萬物各得一太極則可」的意思。於是可由「萬物各得一太極」說萬物是各具主體性的。但是指本質上的具，而非形式、數量上的全具。因為即便如大化之水火，也只是介於先天之陰陽，與後天土金木間的中介物，而不能即以水火等同元氣本體。所以萬物因各得一太極，而具主體義，但卻是隨氣聚而有，氣散而無的短暫有限的主體義。

> 人物之生於造化，一而已矣。無大小，無靈蠢，無壽夭，各隨氣之所稟而為生，此天地之化所以無心而為公也，故曰「各正性命」。[28]

　　人物的本質都來自於元氣的造化，故曰「一而已矣」，此「一」在一於元氣之所生，在價值意義上亦皆具造化之大德，而各具其主體義，即使造化的內涵，因陰陽之偏勝，而各異其才、各殊其性，萬有不齊，各有小大、靈蠢、壽夭之不同，但皆為各得一太極的個體，循氣化之流行而生長滅息，此為「各正性命」。

　　從元氣之創生言，萬物各稟元氣的生生義，多向義與價值義而生，其間隨機聚散成形，各具主體義。由萬物各得一太極，及眾多形氣統合成元氣，可以彰顯氣化生生，有公正性與無限性。從形氣之凝為成形言，所謂「枝幹花葉，隨在各足也，一本故爾」，萬物各稟其一氣

而生，雖然萬物萬形各有不齊，但卻皆獨立完整，精、神、魂、魄，隨在各足，若非元氣中早具氣種之元素，何得如此？

因為元氣陰陽相生，不但是生生不息有其必然性。而且偏勝所主宰之各各方向，皆為客觀機率所決定，客觀機率雖有如此或如彼不同之表現，但必有如此或如彼之因。所以從陰陽相生有必然性上看，其實與道德價值的應然如此，雖有理性與德性層面的不同，但彼此仍有一致性。亦即氣化之常有其必然性，則氣化之常即有道德義，此即所謂「生生之謂大德」。所以人人各不相同，靈蠢壽夭際遇各別，但皆知隨氣化之常道而行，以彰顯道德之價值，是為「各正性命」對元氣的回應義。因此「氣種有定」既可以解釋元氣凝為形氣而有的有限主體義，也可以為人物之存在，提供一個道德的根據。

> 天者，太虛氣化之先物也，地不得而並焉。天體成，則氣化屬之天矣；譬人化生之後，形自相禪也。是故太虛真陽之氣感於太虛真陰之氣，一化而為日星雷電，一化而為月雲雨露，則水火之種具矣。有水火，則蒸結而土生焉。日滷之成鹺，煉水之成膏，可類測矣。土則地之道也，故地可以配天，不得以對天，謂天之生之也。有土，則物之生益眾，而地之化益大。金木者，水火土之所出，化之最末者。五行家謂金能生水，豈其然乎？[29]

天先地後，是因陽上騰，陰下沉，陽主動陰主靜，陽是生發，陰是完成。理論上，應先有發動，才有完成。所以陽在先陰在後。同時天動之陽會向上升騰，所以將在先與上升者為天，將在後與下沉者為地。

天是太虛氣化之先物，表示天在氣化之先，而地必從屬於天之後，所以有天再有地後，才有具體之氣化。天能有氣化，是因陰陽之氣感化為日星、月雲等，而其中即有水火之種。有日星、月雲後，便有物前身的水火，有水火後蒸薰成土，如煉水可得膏等。張載亦云：

---

[29]　同註 1，《王廷相集·慎言》，頁 752。

水火，氣也，故炎上潤下與陰陽升降，土不得而制焉。木金者，
土之華實，其性有水火之雜，故木之為物，水漬則生，火然而
不離，蓋得土之浮華於水火之交。金之為物，得火之精於土之
燥，蓋得土之精實於水火之際。[30]

　　可知張載亦以為氣之水火為氣化萬物的基本素質，火炎水潤為氣
的陰陽升降作用，是在水火相得而後有的土之前，土中有水火，再生
金木，金木因土之傳遞，中亦有水火，所以是氣有水火為先，次有土，
土後才有金木。而王廷相亦以為一個完整的氣化過程，自然應先為無
形之氣，其中陰陽相感而生天，天化為日星、月雲，日星月雲再化為
物前身之水火，在此以前全都是由無至微，雖是有卻無形的過程。乃
至水火蒸成土，土才是具體氣化的開始。由最初之土，化生為具體且
殊異的金木，再化為更繁雜的萬物。在土之後，皆是由素樸之有，到
繁雜之有的過程。可知天代表無形的進程，地代表有形的進程。如此
由天而地，才完整一氣由無形而有形的「有生有」的理論。所以說地
可以配天，是因若無地配天，則氣化只存於無形中，有地相配，氣化
才可進行到有形層面。且地不可對天，若地對天，則天與地同時並
存，不符合天先地後之規定。

　　可知王廷相不贊成《列子》，將氣化前之天分為太易、太初、太始、
太素四層，而減損天的絕對性，所以不把太虛本體分層次。而是由太虛
之氣相感生天，此時天已非元氣本體層次，所以由天開始分為日星、
月雲、水火等層次，而後有之地則分為土、金、木萬物等層次。亦即
由天至地，是氣化由微而著的過程，此時已非元氣層次，所以可以分
解的描述生成秩序。而對於絕對層之本體，仍只以陰陽為體性，且陰
陽是一氣之兩種作用，而非可離的二者，以保證太虛元氣不可分的絕
對本體性。同時因為主張由天而地，而無而有的氣化過程，所以也反
對五行家，由金生水、水生木的五行相生，來說宇宙生化秩序的主張。

30　【宋】張載撰：《張載集》〈正蒙‧參兩篇〉，台北：漢京文化公司，1983 年 9 月，
　　頁 13。

第四節　氣有聚散，無滅息

> 氣至而滋息，伸乎合一之妙也；氣返而遊散，歸乎太虛之體也。
> 是故氣有聚散，無滅息。雨水之始，氣化也；得火之炎，復蒸
> 而為氣。草木之生，氣結也；得火之灼，復化而為煙。以形觀
> 之，若有有無之分矣，而氣之出入於太虛者，初未嘗滅也。譬
> 冰之於海矣，寒而為冰，聚也；融澌而為水，散也。其聚其散，
> 冰固有有無也，而海之水無損焉。此氣機開闔、有無、生死之
> 說也，三才之實化極矣。[31]

因為陰陽之氣感而生天地，所以陰陽水火之氣合一而成物，便是氣至而萬物有滋息。此種陰陽之氣合一成物的生妙作用，是有普遍性的。因為太虛元氣中陰陽偏勝不已，而有聚散、生滅等不同方向。所以元氣會有凝為形氣之可能，而形氣也有聚散、生滅等可能，而有由聚而散的表現。也就是在一氣流行中，本就包含氣聚成形，氣散無形的種種可能。且此聚散的表現，會一直循環下去，亦即只有形式的聚散，而本質之氣則無生滅。

元氣之凝為眾多有限之形氣，若眾多形氣之總量超過元氣，則元氣無法成為生化主體，此是由具體數量掩蓋絕對本體的說法。實則元氣雖是生化母體，但卻無形無限的，原則性的絕對本體，本身即有無限的聚散生滅之可能，不能由現實數量來衡斷。所以具體之形氣，在氣化中滋息，形氣之聚而發育為增加，散而無形為減少，其總量自不會超過形氣。何況不能由有限層之形氣，來斷定無限之元氣。可知元氣不論在形式上、或數量上，皆足以統攝所有形氣變化或數量於其中，而無所謂滅息。

氣化初始有雨水，但受火之炎，雨水又蒸發回復為氣本然之狀況。所以凝結為雨之有形，只是氣至滋息之暫聚，若受陰陽偏勝之火灼便消散回歸無形之氣的原狀，也是必然有此可能的。如此由氣聚為形，形散回氣，相循不已便是氣化之真實。故從本質說，只有一氣，而無

---

[31]　同註1，《王廷相集·慎言》，頁753。

滅息。由形式說，則有短暫聚散之不同。亦即元氣統攝一切形式的聚散、有無，和數量的多寡、增減，以作為其主體內涵之體段。

　　而水火相生為生物初始之氣機，自也有聚散、生滅的作用於其中。所以當氣機聚成形物，同時使此物生長發育，此即氣聚成物的合一之妙。但因陰陽之氣本身不可離，故非陰陽二氣分而為散，而是陰陽之氣機，因生生萬端，而有生生而聚為形物，也有生生而散歸無形的各種變化。所以氣機發動而有的開，是陰陽之氣聚而開創，闔則是氣散而結束。有是氣聚而為有，無是氣散而為無。生是氣聚而為生，死是氣散而為死。而元氣便是通過聚散、開闔、有無、生死等作用，凝結成森羅萬象，有無顯隱兼備的氣化世界。

> 兩儀未判，太虛固氣也；天地既生，中虛亦氣也，是天地萬物不
> 越乎氣機聚散而已。是故太虛無形，氣之本體清通而不可為象也；
> 太和氤氳，萬物化醇，生生而不容以息也，其性命之本原乎！[32]

　　元氣未分陰陽以前，此時宇宙渾是一團氣，雖空無一物，實則蘊含萬物之種種可能性，故曰「太虛」，至於陰陽既分，五行分立，萬物隨氣稟所生，亦不過氣機聚散而已，聚則為形氣，散則復歸太虛，因此太虛本體生生不息，太和萬物聚散生滅不已，此為宇宙生化的奧妙本質。

　　因此太虛無形，為氣之本體，有開闔，有無等不已的作用。而太和是具體的時空、形體、性質的氣化世界，氣不斷聚散生滅變化，因此太虛的神用必在太和世界中表現，太和世界也必待太虛之體來保証其生長化育，太虛與太和實則為一氣本體之不同狀態。而此元氣本體，非與形下相對的純粹形上本體而已。元氣既是形上本體，同時也是統括一切萬有，如時空、有無、隱顯、內外、聚散於其中的真實又無限的本體。亦即由人物說，人物除為元氣所凝成外，其形體之內外上下四方仍全是元氣。由元氣說，元氣即無限之虛空宇宙，會凝成聚散萬端，開闔不已的形氣，而所有一切時空中之形氣，仍只在此元氣中而

32　同註 1，《王廷相集·慎言》，頁 758。

已。所以由聚散，開闔不已的氣機，可通貫天地萬有之太和，與無形的太虛而為一具體真實，又不已的氣化世界。

> 在氣有善有惡因而道有常有非常，以及理有直有不直的情況下，難怪王廷相要說「氣不可天地之中，人可為天地之中，以人受二氣之沖和，與萬物殊」。人性雖也是有善有惡，但比較其他萬物，卻可算是「受二氣之沖和」，而有能力在有善有惡的天地間實現善。這是他以氣為　而造化無心，氣有善惡的理路下天人相勝的觀點。[33]

劉又銘先生以此段話，指出氣性雖有善惡，但王廷相以人受天地之沖和，則提高了氣性的道德義，使人性不因氣而下墮。

> 氣不可為天地之中，人可為天地之中，以人受二氣之沖和也，與萬物殊矣。[34]

可知氣化有萬物之殊異，但只有人得天地之中，是因為人受二氣　和，所以具有天地之美。但氣化有常有變，常者有其自然如此，可以理性說明與掌握的本質，如水火生土，土生金木等化序。但亦有逸出常道，亦非理性能說明的氣化之變，如雀入海為蛤等。由氣化有萬殊，而獨人得天地之中，實為王廷相特別在凸顯人的尊貴性與道德性，而不可只以唯物視之。

因為陰陽相生有其必然性外，生生之各各方向，則又為客觀機率來決定。而客觀機率雖有如此或如彼之不同，但必有所以如此或如彼之因。所以從相生有必然性，或應然性看，其實與道德價值的應然性與必然性有其一致之處。亦即由理性說生生之必然性，與由道德說的必然性，雖由德性、理性不同層次的差別，但仍不礙彼此皆有的必然性，此也應為「生生之謂大德」之意義所包括。所以人以具道德義的陰陽氣機為體性，就是天地之美具於人中。

---

[33]　劉又銘：《理在氣中》頁66，台北：五南出版社，2000。
[34]　同註1，《王廷相集·慎言》，頁768。

　　元氣生生無限，所以形氣在生化過程中，表現生化當下的那一刻，元氣之生生是全體皆俱於人的。但此生生，只能以短暫，受限於形體的條件，具於人中。可知人非在形式上，或數量上全具天地之美，只是短暫有限的具而已。但王廷相人的主體義，是由生生之價值義而來，而非全由氣化之形式或數量決定，成為自然主義論者。

　　氣化常道落於人倫間，而為綱常名教。所以實踐綱常時，人稟與天地相應的本質之美，再將之具體化而相應於綱常名教。所以知道行德，便是實踐天地之美，也就是答天。此時人本即天，天本即人，皆以一氣為體，只樣態、位階、有無之差別而已。所以答天除強調王廷相非由自然主義說人，同時也由天以彰顯人是具道德義的主體存在。

> 神形之分，魂升而魄降也。古今儒者，孰不知之？但形神之分，能知陰陽果不相離，則升而上者氣之精，降而下者氣之跡。精則為神、為生、為明靈，跡則為形、為死、為糟粕。神之氣終散歸於太虛，不滅息；形之氣亦化歸於太虛，為腐臭。則造化本體，安得不謂之有？安得不謂之實？老釋之所謂有「無」有「空」者，可以不攻而自破。[35]

　　形神若分解的說，陰陽相生偏陽，則蒸騰、運動、上升為神；若偏陰，則收斂、凝聚、下沉為形。屬魂升之神，即氣之精，而屬魄降之行，是氣之跡。所以氣之精的神，是生化不測之妙用，生是陰陽生用之表現，而明靈是自由靈動的創生作用。可知神、生、明靈是無形生生之原則、體性與特質。氣之跡的形，是陰陽凝為形物，生用仍在其中之謂。死是指形體中，生用已停止運動。糟粕指凝為形體之理，及生用皆已離形而去。可知形、死、糟粕是有形形質成形、停頓與散滅等不同的階段與過程。若總括的說，氣之精是無而有的無，氣之跡是有而無的有。而萬物形神兼備，也就是一氣有與無兼備。如此神在形中，形才有生化；而形中有神，神才是具體不虛玄之生用。

---

[35]　同註1，《王廷相集》，頁972。

以上討論形神之存在，以下再討論形神之消散。神氣離形消散後，仍是太虛中的神用。而不滅息，即指神氣雖存於不同之聚散中，本質不變。形氣之消散形潰後，重新作為太虛中的各各條件。而為腐臭，即指形氣的生理、生用與生質喪失彼此組成一形物的組織架構，而徹底無存。

所以一氣既在無而有的氣聚中，也在有而無的氣散中。雖有聚散，有無變化循環的不同，但一氣統括了形與神，聚與散，有與無等不同位階、形態、體段等內容，所以是一實有的本體，而非只一虛玄空境，無具體創生能力、條件與體質的空或無。

> 眾形皆化於氣，氣純一則不化，氣偏勝則一化而盡，交勝則交化，雜揉則屢化而轉，精靈則化神矣，不得已之道也。鷹化為鳩，鳩復化鷹；田鼠化鴽，鴽復化鼠；陰陽以時相勝，故交化也。雀入海為蛤，雉入淮為蜃，男化為女，女化為男，陰陽偏勝，故一化而滅，不復再化。蛓蜋為腹育，腹育為蟬，蟬之子為綠蟭；陰陽雜揉，故屢化而極。狸化好女，玃化老人，人化為仙，精氣蘊靈，機入於神也。[36]

此段說明陰陽偏勝有任何可能性，也就是森羅萬象的形化有無限可能。偏勝的可能變化，既非人格神，也非人為主觀意志來決定，而是理性的，客觀的由機率排列出任何之可能。王廷相又是重氣化實然的學者，所以也將各種客觀機率的排列，與現實的，可證於眼前的事物，相互配合歸納成數種主要的原則。如此可將氣化之無形與有行兩層，藉機率排列的原則，以及兩層間共通的生理、生用與生質等條件，形神、聚散、生滅等性質，與實然的萬事萬物，將之圓滿綰合而相通為一。

王廷相將氣化眾行，分成五類，分述如下。「純一不化」，在王廷相陰陽不離的原則下，純一指為孤陰或孤陽並不恰當，而應是指陰陽比例平等，才能產生偏勝進而生化的作用。「一化而滅」，指偏勝使氣聚散之理、生生體質，在氣化過程中，只有一次變化的機率，如雀入海為蛤，形變後不能再變。「交勝交化」，指同一種類型的生理、

---

[36]　同註1，《王廷相集・雅述》，頁870。

生用、生質的條件，有陰陽輪番偏勝而為主之可能，如鷹化鳩，鳩又化鷹。也就是同一族類的生理、生質組成不同之形體，有互換的可能。「雜揉屢化」，指生理、生質等條件，在生生與聚散的作用中，會不斷重新排列組合，成為異於上一次組合的新物。如蜣蛻為復育，復育為蟬等。「機入於神」，指生生之氣機，使偏勝機率之排列，會由低等漸升為高等。因為偏勝機率之排列中，本已蘊涵有生生不已之價值義，愈是應然如此排列之理序，中間愈是蘊涵更豐富的價值義。於是有由動物之狸化為女，由人化為更精氣蘊靈的仙之可能。

　　王廷相清楚條理地描述，形化的各種層次與可能。第一層是不可化；第二層是可變化，可化中又分只化一次，次是兩形可互換，再到複雜的不斷轉化下去等三種；第三層則將具體之形化，提高到靈妙不測的層次。可知形化包含不化、變化及神化等三層，實已超過唯物，或自然主義論的範圍。

第四章　理道實有論

王廷相以為「元氣之上，無道、無理」，故以元氣為本體，但如此之說，並非將道、理由習稱之第一義降為第二義。而是以道在氣中，理在氣中的方式，安頓道、理與氣的關係。亦即以氣化之實現為道，以氣化之有理序為理，如此道與理仍在氣化中而不失其本體義，且本身即為氣化生生之具體且條理的展現，亦不失其道德義。此乃王廷相以一氣涵融內外、有無為一之思路的展現。

第一節　理在氣中

> 天內外皆氣，地中亦氣，物虛實皆氣，通極上下造化之實體。是故虛受乎氣，非能生氣；理載于氣，非能始氣。世儒謂「理能生氣」，即老氏道生天地；謂理可離氣而論，是形性不相待而立，即佛氏以山河大地為病，而別有所謂真性，可乎？由是「本然之性超乎形氣之外」，「太極為理，而生動靜陰陽」，謬幽誣怪之論作。[1]

王廷相認為天地、虛實、內外、有無皆是氣，氣是無限遍在宇宙中是通貫有無的造化實體，自然沒有超乎此造化實體外之物的存在！「虛受乎氣，非能生氣」指無限大之虛空，是氣無限充滿之所在。因氣是唯一真實無限的主體，而虛空只是氣之存在處，虛空本身非造化實體。所以是氣充滿虛空，而非虛空能生氣。「理載於氣，非能始氣」指理是氣之內在規律，有氣化才能顯現氣化所以如此，或如彼的規律，所以說理為氣化所承載之規律！但真能生氣的是元氣，而非作為元氣體性之陰陽偏勝而有的某一可能性。亦即陰陽偏勝所生之任何可能性，便是氣內在之各各條理。可知陰陽偏勝能生各條理，各條理本身

---

[1]　【明】王廷相著：《王廷相集·慎言》，北京：中華書局，1989 年 9 月，頁 753。

是所生，而非能生的本體！真能生氣的本體，是以陰陽偏勝為體性的元氣！

　　由虛是非能生氣之本體，只是氣之遍在性；及理也非能生氣的本體，只是能生氣的內在條理的立場，反對朱子「理能生氣」的說法。因為朱子之理是形上的虛理，所以王廷相先定義虛與理二物，皆非能生，元氣才是能生。然後再反對「理生動靜陰陽」的說法。可知王廷相的理，非生氣之本體，而是依氣而有的實理。此實的本質，便是通貫有無的真實之氣。所以理若可離氣，則形性可二分，可以性為真，山河大地為假，如此便不合王廷相形性、有無皆真實之氣的原則！因為王廷相主張形性皆只一真實之氣，形是真氣之聚，性是真氣聚成形的內在條理，所以反對有超乎形外之性的存在。

> 南宋以來，儒者獨以理言太極而惡涉於氣。如曰：「未有天地，畢竟是有此理。」支離顛倒，豈其然耶？萬理皆出於氣，無懸空獨立之理。造化自有入無，自無為有，此氣常在，未嘗澌滅。所謂太極，不於天地未判之氣主之而誰主之？故未判，則理存於太虛；既判，則理載於天地。[2]

　　王廷相以氣為本，將元氣視為最高本體之太極，所以反對朱子以來，將太極視為形上之理，而無涉於氣的理本論。朱子是理氣不離混在一起，而理氣仍是形上形下截然二分又不雜的。但理又為氣化之所以然，所以從理論上說先後的秩序，應是理先氣後。王廷相則主張本體之氣，在生化萬物中之所以如此的內在規律，皆存於氣化中。亦即元氣生生無窮的內在各種規律是理，所以理是依氣的存在而有的。無氣則氣化內部之規律，自亦失去其作為氣化內在規律的基礎。

　　元氣凝為形氣，再由形氣散歸元氣，只是一氣有與無的兩種樣態，一氣為造化本體的本質則不變，也不增減。所謂太極，即是指元氣能無有相循，生化萬端的主宰，而非朱子「未有天地，是有此理」的最先在的太極之理。可知理非本體，只是依氣本體而有的內在規律。所

---

[2]　同註1，《王廷相集》，頁596。

以元氣未判時，陰陽偏勝之各種可能性，即元氣內在種種規律與條理，早在陰陽相生之機制中，隱而未發。及既判，陰陽偏勝為水火，再生土金木與萬物時，偏勝之各種可能性，即凝為水火化生萬物的內在規律與條理。所以偏勝之各種可能性，不論在元氣或形氣中，皆是指氣內在之規律與條理，而無獨立於有無兩間之外的理！可知理是貫有無兩間，而有其不變性的。而此不變性，可確保有無兩間，雖有能生，所生之不同，但在條理皆依偏勝而有的立場上，則有其不變性，此不變性便是理依氣而有。

> 或問：「義集而氣不充，有是乎？」王子曰：「否。凡以氣之餒者，皆理之不直者。義集則直，而何不充之有？君子之於道也，精於人物之理，達於天地造化之祕，而無不明；明則進退取舍、死生禍福咸有一定之擬，加之義集而氣充，所謂『介如石』者有之矣。」[3]

此段由氣充說理直，將氣化生生賦予了道德義，使氣化不只停留在自然世界的層次，而可升到人文的層次。氣充就是氣化生生不受限制，能圓滿剛健不息的生化萬端，此中的圓滿無限義，剛健不息義，同樣也是價值層的無限義與生生義。此是將自然界的生生，上提至價值層，成為道德之無限生生！所以維持氣化不已的氣充，則氣化所以如此生生之理則，便能直率而行。而生生之理能順暢而發，便是確認其有創造不已的道德義，此即充氣理直之義。

同時天地造化生化不測，有常有變，萬有不齊，其中聚散、生滅、偏勝萬端的各各可能，上提至價值層，便是人倫日用中，進退取舍、死生禍福所以如此之條理。所以氣充則理直，理直便是人倫日用，皆率氣化而直行，如此積漸久之，便是義集。義集是仁義禮智的不懈實踐，久之此價值層之義集，亦可感發自然層之氣化，亦生化不已。可知生生之理，既在氣化層，為氣化所以如此之規律。也貫通在價值層，為人倫日用中應然如此之理序。

3　同註1，《王廷相集・慎言》，頁770。

> 風雨者，萬物生成之助；寒燠者，萬物生殺之候。物理亦有不
> 然者，不可執一論。雨在春雖能生物，過多亦能殺物。風，春
> 則展，秋則落，物理自展自落耳。由是觀之，皆由物理，匪風
> 而然。[4]

　　此段是由氣化之常與變，來說常變、正反、過與不及等內涵，皆
理之所有，以見理之無限性。如風雨能生成萬物，寒暖能生殺萬物，
此皆順氣化之常而有的。氣化之常指陰陽偏勝而有的生殺、生成、散
滅等可能，亦即順陰陽相生機制，自然而有的各種可能。而氣化之變
指陰陽相生作用，有過與不及，或陰陽分離不化等可能！所以雨能生
物是氣化之常，雨過多而殺物，則是氣化之變。但氣化之變仍是由陰
陽相生機制而有，只是陰陽不正常的表現而已。所以不可說氣化之變
不是氣化。同樣陰陽偏勝之各種可能，都是氣化萬物之理，不可說偏
勝不正常的可能，便不是氣化之理。所以風順生之理則春展，順殺之
理則秋落，展落的氣化運行，皆由生殺之理決定，非由形氣之風決定。
如此統攝常變之理與生殺之理，可見理有生化之主宰義。

> 聖人之知來，知其理。吉凶禍福之至，亦有不直於理者，聖人
> 所不知也。故推測之術，聖人不貴。[5]

　　此段由吉凶禍福，有可測知的，也有不可測知的，來說聖人只知
理之直與理之常的。亦即對氣化有常變無窮之各理，不能只採用物理
學上的客觀機率決定一切的態度，而在客觀機率所生的各種條理中，
也要討論其是否具有道德義。由前述可知，理可統氣化常理與變理，
表示陰陽偏勝之任何可能或條理皆是理。此種說法，其中尚有須分析
清楚之處。亦即常理強調生生之理有道德義，變理強調氣化有無窮之
理。於是常與變的統合，可證明理的無限性。但常有道德義，則變似
乎就沒有道德義！氣本論對此問題，可有二個解決方法。一是從本體
層說，因氣化生生無限，此生生之無限義，即可支撐道德也有無限義。

4　同註1，《王廷相集‧雅述》，頁 843。
5　同註1，《王廷相集‧慎言》，頁 804。

亦即氣化無所不在，則道德義亦無所不在，不論常變，皆有道德義！只是變既是陰陽相生之不順暢，所以道德義，因而有所減殺限制而為惡。另一是從相對層說，具體氣化分常與變，所以道德也分為常者為善，變者為惡。此時變惡是相對於常善而有的。所以由本體層論，變也為道德義所含攝。若由相對層論，則變是違反道德義而存在，是非道德的，但不可謂與道德義無涉。

　　但王廷相是以一氣涵攝有無兩間，與宇宙萬有。所以也將相對之善惡，涵攝於元氣生生之善中。因本體層之常，是相對層之古今名教的道德根據，所以用古今名教來對治相對層之變惡，使之回歸具道德義的元氣中。於是道德義，由元氣生生下貫至形氣之人倫日用，同時對治氣化之變惡，使合於形氣層之名教。而合於名教，便是使變惡，透過聚散生滅等理序，冥契於元氣生生之道德義。所以通過元氣凝為形氣，形氣散歸元氣的模式，同樣也可說，生生之理凝為人倫之仁義，而仁義之本質，全契合於本體層之生生理序。於是氣化秩序便是道德秩序，道德秩序便是氣化秩序。而道德與氣化是一，是由實然之理序來貫通，此亦氣本論的一特色。

> 孔穎達曰：「萬物成形，以微著為漸；五行先後，亦以微著為次。以水最微為一，火漸著為二。」此附會《洪範》之說也。五行之性，火有氣而無質，當作最先；水有質而不結，次之；土有體而不堅，再次之；木體堅而易化，再次之；金體固而不鑠，當以為終。雖五行生成先後之序，亦不外此。孔氏之說背矣。[6]

《尚書·洪範篇》有云：

> 五行一曰水，二曰火，三曰木，四曰金，五曰土。」[7]

　　其中五行次序，是水、火、木、金、土，而唐孔穎達正義即據之而云：

6　同註1，《王廷相集·慎言》，頁807。
7　【唐】孔穎達等正義，《尚書正義》，十三經注疏，藝文印書館，1976，頁169。

> 萬物之本有生於無者，生於微，及其成形，亦以微著為漸。五
> 行先後，亦以微著為次，五行之體，水最微為一，火漸著為二，
> 木形實為三，金體固為四，土質大為五。[8]

可知孔穎達是由微而漸著來排五行先後秩序，王廷相也是由微而
著來排列五行先後秩序。但孔穎達據尚書原文，是依質性的由微而著、
而實、而固、而大的漸著變化說水火木金土的秩序。而王廷相雖也主
張五行生成秩序，是由微而著。但因立於氣本的立場，是由氣化由無
而有的性質，重新定義五行的性質，性質不同，排列之先後秩序也自
不同！王廷相是由理性分解的立場，由五行生成先後之序，建構一由微
而著的生成秩序，而此秩序也就是氣化由無而有生成先後之理！

王廷相由氣來定義五行之性質，與生成先後之秩序。所以有氣無
質的火最先，有質不結的水次之，再凝為有體不堅的土，再為體堅易
化的木，末則是極難變化的體固不鑠的金。因氣化是無而有的，所以
五行生成先後之理序，是將陰陽偏勝之各種條理，依氣化由微而著的
原則，排列成火水土金木之理序。同時五行生成先後之理序，也就是
一氣有聚散、生滅循環的理。亦即順金不鑠難化的性質，在理論上，
已失去陰陽偏勝再生化之作用，便會散歸元氣，再化為微而易化的火。
火再生水、土、金、木等。此皆陰陽偏勝之聚散、生滅循環不已的理，
在五行生成先後上的呈現！其中特點是聚散生滅等生理，並非只是在
同一平面上，彼此相對待而有的。同時也是在一氣生化過程中，以微
而著的原則，使元氣凝為形氣，形氣再由幼至老，末再散歸元氣的內
在規律。所以五行生成先後之理序，是在一氣縱的貫穿無而有，有而
無的兩間中，一種微而著，著而復微的縱貫的、動態的循環不已的理
序。綜言之，理有平面上相對待的聚散、生滅等理序外，也有縱貫的、
循環的生成先後之理序。實因元氣是統縱貫、橫貫為一體，所以其內
在之條理，自然也是統縱貫、橫貫之理皆有的。

8　同註 7，《尚書正義》，頁 169。

第二節　氣一理一，氣萬理萬

> 天地之間，一氣生生，而常而變，萬有不齊，故氣一則理一，
> 氣萬則理萬。世儒專言理一而遺萬，偏矣。天有天之理，地有
> 地之理，人有人之理，物有物之理，幽有幽之理，明有明之理，
> 各各差別。統而言之，皆氣之化，大德敦厚，本始一源也；分
> 而言之，氣有百昌，小德川流，各正性命也。[9]

　　天地間，一氣氤氳相感生生無窮，順其中陰陽偏勝而有的氣種子，
生化不已，數世後仍有肖其祖的是氣化之常。但也有偏勝而成極陰或
極陽，或陰陽不相感等可能的氣化之變。所以由統體來說，萬物皆一
氣所生，而氣化生生不已的內在規律，便是氣之理。此是統攝元氣所
有生化可能之條理，而說的原則性的理。此即「氣一則理一」之義。
「氣萬則理萬」指現實上，氣化無窮，萬物各具偏勝的某一條理。此
則是分解地說萬物所具之理，是各不相同的實然層的理，此即「氣萬
則理萬」之義。黃宗羲對此說有不同看法，如云：

> 先生主張橫渠之論理氣，以為「氣外無性」，此定論。先生受
> 病之原，在理字不甚分明，但知無氣外之理，以為氣一則理一，
> 氣萬則理萬，氣聚則理聚，氣散則理散，畢竟視理若一物，與氣
> 相附為有無，不知天地之間，只有氣更無理。所謂理者，以氣自
> 有條理，故立此名。故氣有萬氣，理只一理，以理本無物也。[10]

　　黃宗羲肯定王廷相「氣外無性」為定論，知其亦主張理在氣中。
惟其批評王廷相氣萬則理萬似視理為附氣而有之一物，所以才有理萬
之稱。實則黃宗羲立於氣自有之條理的立場言理，與王廷相理載於氣
之主張應同，但因其立於理本無物的形上層言，故主張理只一理。
而王廷相之氣屬本體，故氣中之理亦屬形上層，此即所謂「氣一理一」，

[9]　同註1，《王廷相集·雅述》，頁848。
[10]　【明】黃宗羲撰：《黃宗羲合集》第八冊、《明儒學案》卷五十、〈肅敏王浚川先
　　　生廷相〉，台北：里仁書局，1987年4月，頁1174。

但王廷相又甚重形下之萬物，並視之為各具主體性之實有，自然重視在萬物之理，此或為黃宗羲未及察明之處。

知王廷相由原則性說氣一則理一，由實然層說氣萬則理萬，是立於理根於氣的立場，再伸論氣化有萬，則生理也應有萬。氣是生化實然，理便是生化之條理。所以元氣有本體義、生生義、價值義、多向義等，則理便有本體之理、生生之理、價值之理、多向生化之理等體段。又因氣具體，理雖依氣而有，但本身非具體，非具體之理得須依具體之氣才算存在，可見王廷相重具體實然之傾向。亦即理不分統體與各具皆在氣中，氣不分統體或各具中皆有理。所以批評世儒專言理一，只強調萬物生化，皆有其如此生化的所以然之理，而忽略生化萬端，應也有萬端之理的疏漏。王夫之亦有云：

> 而盈天地間，人身以內人身以外，無非氣者，故亦無非理者。理，行乎氣之中，而與氣為主持分劑者。故質以函氣，而氣以函理。質以函氣，故一人有一人之生；氣以函理，一人有一人之性。[11]

可知王夫之以為當人依氣而有形質時，此人各不同之氣性中，自有人各不同的氣性之理。故由形氣層言，則一人之生有一人之性，有一性之理。若不落於形氣中言，則萬物無非此氣，亦無非此理。此亦應為王廷相所許之義。

王廷相再進一步說明，理一或理萬，皆依氣而有。如天地人物，皆順元氣中天地、人物的氣種子，凝聚成形而有，此即「本始一源」。有此氣種子，便有所以如此偏勝之條理。天地人物各不同，便有天地人物各不同之萬理，此即「各正性命」。所以對世儒太重統體之理，視絕對之理一為本體，忽略各具之理，以為各具之萬理皆由理一而來，成為理一為主，理萬為從的主張。故王廷相由以氣為本的立場，反對理一既是本體，又為萬理之所出的以理為主觀點。主張氣一才是本體，

11　【明】王夫之著：《船山全書》六、《讀四書大全說》卷七、《論語‧陽貨》，湖南：嶽麓書社出版，1991 年 12 月，頁 857。

也能生氣萬。理一非主體，只是統氣而言之條理！理萬形式上是理一所出，但本質上，則是氣萬所具之不同條理！

> 人與天地、鬼神、萬物一氣也。氣一則理一，其大小、幽明、通塞之不齊者，分之殊耳。知分殊，當求其理之一；知理一，當求其分之殊。故聖人與天地合其德，與鬼神合吉凶，與萬物合其情性，能同體故爾。[12]

　　此段是將理之一與分殊，都歸於「同體」的氣上。亦即理一與理萬皆以氣為本，而不以理為本。氣為生化本源，人與天地、鬼神、萬物皆氣所生。但人與天地有大小之別，與鬼神有幽明之別，與萬物有通塞之別，則是一氣之分殊。「氣一則理一」指元氣有陰陽偏勝之作用，可生化無窮多的條理。所以從形式上，可說統天地只一氣，統一氣也只有一生理。從實然層說，一氣化生萬物，萬物便順其各異之氣種，而有各異之理。如人與天地之理，有大小之不同；人與鬼神之理，有幽明之不同；人與萬物之理，有通塞之不同，此乃理之分殊。而氣化生理與氣化分殊之理須並重。因只重理一，會有重理之本體義，而輕分殊之理的傾向。只重分殊之理，會有重形氣萬理，但萬理彼此間，會失去本源的一致性。所以王廷相既重理一之本體義，作為理萬形式上之根據。也重分殊之理萬，以肯定氣化無窮之萬物，皆有各具其主體性之理。所以在統體一氣一理的原則下，理之一與分殊當並重。

　　人與天地、鬼神、萬物之理，雖有大小、幽明、通塞之不同，但因皆是氣化之生理，所以彼此可相通相契合的。從分析說，是氣萬則理萬。從圓融說，則是氣一則理一！而氣一與理一，氣萬與理萬之所以能圓融無間的原因，便在於理與氣「同體故爾」。亦即人與天地、鬼神的道德、吉凶、性情等關係，便在同以一氣為本體的基礎上，彼此契合圓通而為一。如此理在氣中，氣中有理，彼此關係在「同體」之氣上得以確立，此乃氣本論的特色。反之，若理氣關係，由「同體」之理確立，則成為理本論的主張了！

---

[12]　同註1，《王廷相集·慎言》，頁764。

> 河出《圖》，洛出《書》，羲皇因之以畫卦，若曰本於天地之
> 神理；西狩獲麟，孔子絕筆於春秋，若曰符此天地之文明。《圖》、
> 《書》者，聖人以之為始；麟者，聖人以之為終。[13]

　　《河圖》、《洛書》卦象的排列，就是陰爻和陽爻的卦象排列。
「天地之神理」是水火、陰陽、動靜的交化組合，生成萬物的模式，
此《河圖》、《洛書》彰顯的是氣化之奧妙規律；孔子獲麟絕筆，反
映的是人文世界的義理規範，故王廷相此段言跡理是一，氣化神妙之
跡，在《河圖》、《洛書》中被彰顯，人文道德之理，則以孔子為最
高典範，因此王廷相強調理在氣化中可以被掌握，即氣化之理雖有常
變，但人可以取常去變，彰顯氣化之常理，在現實世界中表現出來。
所以氣化之種種常變、聚散、生滅之神理，既可藉圖書卦象來表達，
也可將禮樂人倫賦予價值的意義。

> 氣，遊於虛者；理，生於氣者。氣雖有散，仍在兩間，不能滅，
> 故曰「萬物不能不散而為太虛。」理根於氣，不能獨存，故曰
> 「神與性皆氣所固有。」若曰「氣根於理而生」，不知理是何
> 物？有何種子，便能生氣？不然，不幾於談虛駕空之論？今為
> 之改曰「氣之已散者，既歸於太虛之體，氣氤氳相感而日生者，
> 則固浩然而無窮」張子所謂「死而不亡」者如此。[14]

　　此段為王廷相用相感日生，浩然無窮的真實之氣，取代世儒以形
上的虛玄之理，作為造化實體的明確聲明。氣是造化實體是以聚而為
形，散曰太虛的方法，遍在無限大之虛空中。但本質不變，數量不增
減！理是氣化內在之條理，有氣才有理，所以氣化萬物時，氣化之理
即內在於萬物中。及萬物散歸太虛，氣化之理亦散歸太虛，理之本質
與數量皆依氣而有，所以也無改變增減！如此先確立「理根於氣，不
能獨存」的觀念，再進一步將之推展到有無兩間中，即所謂「神與性
皆氣所固有」。神是元氣陰陽偏勝有任何可能性的不測妙用，是氣化

---

[13]　同註 1，《王廷相集・慎言》，頁 817。
[14]　同註 1，《王廷相集》，頁 603。

靈妙之理。性是偏勝之各各可能性，凝於形氣人物中，即以此各不同之條理為體性。可知神是氣化妙理，性是形氣之條理，神與性雖體段、位階不同，但皆為氣所有之理則是一致的。

反對「氣根於理而生」，是因元氣涵藏萬物的種子，再依氣種子生成諸般的萬物。氣種子即指陰陽偏勝的某一可能性，與陰陽生生作用，及生生所有的價值義，由元氣中一起凝結為某一特定形物！而諸般萬物，便是由元氣中無窮多之氣種子所生。可知能生的是元氣，能生具體萬物的是氣種子。能生的不是理，理只是能生元氣中的條理，或能生之氣種中的某一條理。所以應說諸般萬物，皆由氣氤氳相感生生而有，而非氣內在虛玄之條理所能生出。亦即氣才是通貫有無、生滅、聚散，雖死不亡的真實存在。

> 然則陰陽實理果何如？曰：山川出雲，雨雪乃作，陰陽和暢，機理自足，無冬夏也。日行南北，乃成寒暑，陰陽在中，勢有過分，無滅息也。以是求之，乃為真識。陽月陰月，論涉偏頗，殊非至道。[15]

王廷相以陰陽偏勝之各種條理是實理，是因偏勝之各理，不僅是形式上的原則上的條理，也是真實具體生成萬物的內在規律。所以舉山川出雲，雨雪乃作等自然界，真實的氣化流行的各種現象，中有氣化萬端之各種條理在為例子，說明跡與理可以會通的觀點。

出雲而雨作，是因陰陽偏勝之機制，必先有出雲雨作之理，乃有出雲後必有雨之作。可見偏勝之聚散與生成先後之理序，順無而有，微而著的氣化原則，自有真實出雲雨作的氣化流行，此即「陰陽和暢」之義。「機理自足」，指有氣化無而為有，肇始作用的機，才有真實雲雨之作。理則指偏勝必有出雲，作雨之條理。所以機與理兩條件自足於氣化流行中，才有真實氣化的流行。而一氣統攝所有時空於其中，所以自足於氣中的機理，也不分冬夏而無所不在。

---

[15]　同註1，《王廷相集》，頁604。

順此機理自足的原則，可知日行南北，而有寒暑之循環。是因偏勝之氣機，中有為寒暑的生成先後之理序，才有真實寒暑之循環，出現於氣化流行中。但除氣機有聚散、生滅，及理有先後生成之序外。機理自足的意涵，也應包括氣化之變仍是機理自足的。因為組成機理自足的陰陽；或有過與不及的氣化之變的可能。但陰陽於氣化中，二者絕對是偏勝不離的。不會有陰陽二分，陰盡而生陽，陽盡而生陰的情況。因為若陰陽二分，則因陰陽偏勝而有生滅、聚散之氣機，與生成先後之理序，便不成立，而沒有氣化。所以王廷相藉反對董仲舒陰月陽月各自獨立之說法，主張有陰陽偏勝不離的氣化，才有實理與實機。

第三節　元氣為道之本

> 元氣者，天地萬物之宗統。有元氣則有生，有生則道顯。故氣
> 也者，道之體；道也者，氣之具。以道能生氣者，虛實顛越，
> 老、莊之謬談。儒者襲其故智而不察，非昏罔則固蔽，烏足以
> 識道！[16]

元氣是統天地萬物之有真實生成的主宰，元氣中陰陽水火偏勝而有萬物之生。而統天地萬物生化來說，便是氣化之道的真實展現。如此由統萬物說，氣與道在內容上是一致的。「氣也者，道之體，道也者，氣之具」指氣化萬物是道之全體內容，而統萬物為體之道，其所有內容皆是氣化所出。所以理論上氣有先在性，道是因氣化才有之名。但此後起，非時間上先有氣後有道。而是氣為本體，氣化之總體才是道，可知道之名是因氣而有的，所以在理論秩序上說是後起的。

若由統所有天地萬物為一體而說，道與氣的內容則是一致的，彼此只是位階、理序之不同。所以對於老莊以道為形上主體，能生形下之氣的說法，不表贊同。因為形上道與形下氣，既不同層也不同質，實難有條件使無生出有來。王廷相以氣為造化之本，以萬物之總體為

---

[16]　同註 1，《王廷相集・慎言》，頁 809。

道，故道與氣具有同層同質的共同基礎。亦即道與氣本質皆是氣，也是統所有氣化為體，也統形上形下為一。在如此以氣為本，以氣化為體，以形上下為一的條件下，故主張「有元氣則有生，有生則道顯」，無形之氣生萬有的模式。此看似與老莊的道生氣，同為「無生有」之模式。但王廷相無形之元氣，是以真實萬有的道為其體，所以元氣雖無形，卻是實有。故應為無形之實有，生有形之萬有的模式。形式上可說是「無生有」，但實質上則是「有生有」的模式。

> 「理生氣」不是從理中生出氣來，只是依傍這理而氣始有合度之生化。就人言，則是依這理引生心氣之革故生新。心氣通過其心知之明之認識理而嚮往理而依之。若理是「即存有即活動」之實體，是道德創生的實體，則鼓舞妙運之以引生氣之生化不息與合度，亦不可說此氣可以從此實體中生出。[17]

可知牟宗三先生以為不論從朱子「只存有不活動」的理，或從「即存有即活動」的理，皆只能引出氣之生化，而本身並不能跨越不同層次，直接說理生氣。此說可為王廷相企圖以氣取代理為生化本體之根據。

> 氣者造化之本，有渾渾者，有生生者，皆道之體。生則有滅，故有始有終；渾然者充塞宇宙，無跡無執，不見其始，安知其終？世儒止知氣化而不知氣本，皆於道遠。[18]

此段由統有無兩間說道之體。氣是造化萬有的先在根源，造化分無形之渾渾，與有形之生生兩層，統合此兩層，便是圓滿的氣化之道。「生生」屬形氣層，故其聚散生滅，便有生之始與滅之終的循環。氣化世界便在一氣聚散不已中形成，此乃道之有形形氣世界。「渾渾」指元氣充塞無限時空中，其陰陽偏勝之神用，可生成無窮之有限形物，本身則為形跡的無形之本。而偏勝神用又不執於一物之生，所以能無所不生。亦即主宰生化之元氣，在時間上，是無始無終的永恆生生。

17　牟宗三：《心體與性體》第三冊，頁 507，台北：正中書局，1986。
18　同註 2，《王廷相集・慎言》，頁 755。

在空間上，也有其統萬物皆有的普遍性，此乃道之無形元氣之本體層面。可知道統合有形之萬有，及無形之元氣為其體，故從條件上可說，道是以生化縱的貫穿，與橫的統攝天地萬有的總體。

　　反對「世儒只知氣化，不知氣本」，是因心本論或理本論者，皆以形上之心，或形上之理為本體，以指引形下氣化之生生。如此則視形下之形氣為第二義的存在。但王廷相以為形氣由元氣來，所以形氣中皆具元氣之主體義。所以形氣之萬物便是氣化世界中，既尊貴又具主體義的真實存在。如此形氣之體性與位階，自非心本論或理本論所指引的、落入第二義形氣所可比擬。且如此重實然形氣之思路，才有開出儒學終極關懷的外王之可能。同時只以元氣取代心或理作為本體，仍是只重氣本，而失落形氣之生化義，所以必兼氣本與氣化而言。亦即以氣為本體後，元氣會凝為形氣之體性，於是形氣也有主體義。如此統合所有形上形下的天地總體，便是圓滿又具主體義之道。王夫之亦云：

> 氣化者，氣之化也。陰陽具於太虛絪縕之中，其一陰一陽，或動或靜，相與摩盪，乘其時位以著其功能，五行萬物之融結流止、飛潛動植，各自成其條理而不妄，則物有物之道，人有人之道，鬼神有鬼神之道，而知之必明，處之必當，皆循此以為當然之則，於此言之則謂之道。[19]

　　王夫之以為氣體之能生化不已，是因陰陽、動靜相與摩盪之作用，原即具於太虛絪縕之氣中。所以飛潛動植之萬物，皆因陰陽動靜而氣化不已，而各有其道。如此就氣化流行之存在言道，道自非只是形上所言之道。

　　故分解的說，道分有形氣化，及無形氣本兩層。圓融的說，則無而有，有而無，皆是一氣流行，只樣態不同而已！由無而有時，元氣凝為萬物，由有而無時，形氣散歸元氣，証成元氣為聚散生滅不已的本體。所以由渾渾而有生生，生生中有渾渾的天地萬有，便是統氣化與氣本皆有之道。設若只有氣化，則其具體流行與生化原則，是由形

---

[19]　同註 11，《船山全書》，《張子正蒙注・太和篇》，頁 32。

上心本體或理本體，來發動或決定。亦即氣化非由氣本來，而由心本或理本來。如此便不合王廷相氣化由氣本來，氣本在氣化中的主張，也不能成就圓滿統有無兩間的氣化之道。

> 愚謂道體本有本實，以元氣而言也。元氣之上無物，故曰太極，言推究於至極，不可得而知，故論道體必以元氣為始。故曰有虛即有氣，虛不離氣，氣不離虛，無所始無所終之妙。氣為造化之宗樞，安得不謂之有？但老氏之所謂虛，其旨本虛無也，非愚以元氣為道之本體者。[20]

　　道以元氣為其體，故元氣中陰陽水火偏勝而生土金木等天地萬有，皆是道之體。同時因天地萬有及其中陰陽偏勝而有的各各氣種是實有的，故道是本有本實的。又因元氣是推至極處的最高先在的生化本體，再無其他本體，或無限義的存有於其上而說其為太極。故確立太極元氣為最高之絕對本體，絕無與之相對，或在其上之其他本體後。則統天地萬有為體之道，自必以絕對的太極元氣，作為造化萬有的開端。惟獨如此才能將對萬有，皆統攝於此絕對本體中。

　　道體以元氣為始，可由理論說；氣化由元氣始，也可由本體義說。元氣永恆無限，故無始終、聚散與生滅的分別。實則也可說元氣是統所有的始終，聚散，生滅等相對之存在於其中，以成就其絕對本體義，與永恆遍在義的。亦即能真實生化萬有之氣，充滿遍在於所有的時空中。所以虛空無限，則氣亦無限，氣無限，則以氣為體之道亦無限。「無所始無所終之妙」指元氣中陰陽偏勝有無窮生化之妙用，此妙用透過因偏勝而有的各各氣種，凝為具體之萬物而為實有。故能凝為萬物的元氣，本體雖無形，卻是生成實有的根本，故應具實有義。此乃因由實然說，無不能生有，有必生於有之故。但此能生萬物的有，因元氣本身是無形無限，表象上遂成無生有，而有以氣本，或道體為虛無的誤解。實則元氣雖無形，但有能生成萬有之氣種，所以元氣與氣種之本質當是一致的，且因能生成萬有，故皆是實有的。

---

[20]　同註1，《王廷相集》，頁964。

　　此段由虛說氣，再由氣之無限說道亦無限，但道之無限大，並非統所有時空在形式上說的無限大而已，另有其實體義。亦即將陰陽水火偏勝所具體生化的天地萬有，充塞於無限之道體中。使道除形式上無限外，內容上也是本有本實的。故將統合有無兩間，無始終之永恆等體相上的條件外，尚含攝生化根本之元氣，與真能生化之氣種於其中，自可建構成一實有又無限的氣化之道。

> 元氣即道體。有虛即有氣，有氣即有道。氣有變化，是道有變化。氣即道，道即氣，不得以離合論者。或謂氣有變，道一而不變，是道自道，氣自氣，岐然二物，非一貫之妙。且夫道莫大於天地之化，日月星辰有薄食慧孛，雷霆風雨有震擊飄忽，群然變而不常矣，況人事之盛衰得喪，杳無定端，乃謂道一而不變，得乎？氣有常有不常，則道有變有不變，一而不變，不足以該之。為此說者，莊老之緒餘，謂之實體，豈其然乎？[21]

　　虛空是氣無限大之體相，此無限之氣又以天地萬有為其體段。故「元氣即道體」，是涵氣之體相與體段兩者說道。「氣有變化，是道有變化」，乃進一步說明，道與氣內在體質的一致性。因陰陽水火偏勝，而有土金木等各異氣種，再依聚散，生滅之理序，而有森羅萬象的生成變化。道以元氣為體，所以氣有變化，則道內在自亦有聚散萬端之變化。道氣「不得以離合論」，是圓融地化掉由分解說的體相。體段上的差別，只以生生無限義，氣化萬有義，作為彼此共通而非二的基礎。王夫之亦有云：

> 形而上即所謂清通而不可象者。氣有成毀，而不可象者寓於氣以起用，未嘗成，亦不可毀，器散而道未嘗息。以天運物象言之，春夏為生為來為伸，秋冬為殺為往為屈，而秋冬生氣潛藏於地中，枝葉搞而根本固榮，則非秋冬之一消滅而更無餘也。[22]

---

[21]　同註1，《王廷相集·雅述》，頁848。
[22]　同註11，《船山全書》·《張子正蒙注·太和篇》，頁21。

　　王夫之言氣有成毀，道無成毀，但道與氣有非截然形上形下為二者，而是道「寓於氣以起用」，如此氣之成毀循環不已，實即生生道體之存在示現。如此剋就天運物象言道，則道是真實的氣化，而非只虛無之形上者可知。

　　王廷相反對「氣有變化，道一不變」之說，是因道一不變，便是將道與氣二分的。不合於王廷相「道即氣，氣即道」，道與氣不分有無、內外、上下圓融唯一的主張。且由氣化之實然可知，天地萬有是常與變皆具的。陰陽偏勝不已是常，偏勝有過與不及，亦即有的不生化，有的極陰或極陽，近乎違反陰陽相生不已原則的是變。所以統氣本與氣化為體之道，自也將氣本有常變之理，氣化有常變之實統於其體中。但若如老莊以道為不變之本體，以種種氣化為可變者。因形上只是一絕對本體，所以形上之道，即形上之理本體。故此理只是形下氣化萬有的形上的虛理，非是能由元氣之氣種生成實然萬有之實體。可知老莊之道，非能真實生化之實體。只有統所有元氣之氣種，凝聚為具體之天地萬有者，才是實有之道。

　　道有實體的意義，在於無形元氣與有形形氣合一後，此合一若仍是虛的合一，則仍會是形上之本體，賦予形下氣化有形上義的合一，此仍是意義上的合一，仍將氣化視為第二義的存在。故王廷相將無形有形統為一道後，必要視此道為實有的。因為元氣雖無形，其中萬物雖具體有形，但因其體質體相等，皆源自元氣中之氣種，所以萬物又各具元氣之主體義，不再是脫離形上的第二義的存在。而是在體質上與意義上，皆是實有的第一義的存在。

> 道，常也。非常者，異象而干順，寡見而駭眾，故怪之；亦二氣鈞胚也，知道者亦常之。是故岐角山趾，赤髮綠睛，人之生亦有然者矣。角端體甲，牛尾馬蹄，物之生亦有然者矣。老槐生火，久血成燐，積冰育蟲，結石藏龜，變化不可測也。夔罔兩，龍罔象，鳥畢方，井貫年，常理不可執也，故世俗駭之。夫陰陽之化，杳無定端，有常氣而禪者，有間氣而化者，一人之世，不得以概觀也。惟聖人神明，通宇宙而觀物，斯獨見而

不眩惑矣。故曰知道者亦常之。[23]

　　王廷相在此舉出甚多怪異的實例，說明道的呈現涵蓋氣化之常與變，世人只是少見多怪罷了，其實世上奇怪的事情，超越世人一般認知的事情甚多。氣本之陰陽偏勝有各種可能之條理，氣化依此諸般條理，而有萬般皆ж之萬物。可知氣化本含無限可能性的因子，氣化之道的表現自然也會有令人意想不到的變化。王廷相這樣的胸懷十分開闊，他包容了許多異事異人異物，也承認他們是氣化之產物，這樣說氣化可以說真是涵蓋無窮多的可能變化，也把道的體段、內容透過各種常與變之條理與實然，擴展到無窮的地步。

第四節　陰陽配合而道化生

　　道體不可言無，生有有無。天地未判，元氣混涵，清虛無間，造化之元機也。有虛即有氣，虛不離氣，氣不離虛。無所始，無所終之妙。不可知其所至，故曰太極；不可以為象，故曰太虛，非曰陰陽之外有極有虛。二氣感化，群象顯設，天地萬物所由以生，非實體乎？是故即其象，可稱曰有；及其化，可稱曰無，而造化之元機，實未嘗泯。故曰道體不可言無，生有有無。[24]

　　「道體不可言無」，是用絕對本體做描述，但又不致因描述而限制了本體無限義的遮撥方式，詮釋道雖是不可被描述的無形之本體，但因其中有能具體生成萬物的氣種，故仍是實有的，而不可依表象上無形而說是無。但元氣陰陽水火偏勝之各種氣種依聚散生滅等生生作用之理序，凝結為形氣後，便有生聚之有，與散滅之無等萬般不同氣化之表現。可知元機既在群象顯設之形物中，造化之元機也在二氣感化生滅聚散無盡的作用中。

---

[23]　同註1，《王廷相集‧慎言》，頁790。
[24]　同註1，《王廷相集‧慎言》，頁751。

　　陰陽水火偏勝生成各種可能之氣機，因在不可分解說的混涵元氣中，更可保住氣機生化的無限性，故謂之元機。無限大之虛空，即氣之無所不在處，且虛與氣亦非形體同而本質異的兩者，虛指氣有無限性，氣是虛的體質。兩者不離是形式上的說，本質上二者皆是元氣本體而已。故元機永恆遍在氣化流行中，故有無始終之生化妙用，此妙用便是元氣所以為實的體性，故氣既是無限的，也是實有的。

　　此種無限卻實有的觀點，與一般形上形下二分的說法迥異。因純說形上是無限的，但無限的本體，因屬形上而不可能是實有的。形下是有限的，有限的固是實有的，但此實有也因受限於形體，而不可能是無限的！所以在形上形下二分的立場，無限與實有也是不同層次之二物，而不能為一。但元氣既有本體之無限義，且其中元機所生成之各各氣種，又可化為萬般之形氣，故又有實有義，至少是有生成實有的先決條件。所以王廷相以一氣流行的主張，來超越無限與實有彼此間的矛盾性，進而統為一氣化之道。

　　「太極」指氣在形式上，是無有極限，在內容上，則造化元機亦隨處充滿。「太虛」指元機雖有無窮多之氣種，但在未凝成萬物前，仍是無形無狀的。惟其無形無狀，才可保元機之創生有無限性。統言之，陰陽偏勝之元機，既是無所不在的，也是無相狀可執的。此是指元機在元氣中，尚未凝成形物前之準備階段的狀態。

　　及至陰陽水火偏勝之元機，生成萬物，或偏陽多，而為日、星、雷、電；或偏陰多，而為月、雲、雨、露等。此即無形之元機，實有於萬物中的狀態。故知偏陽多之象的日星，或偏陰多的月雲，便是具體存在之實有。而所以有日星、月雲之元機，為保持其生化之無限性，故仍是無形無狀的！所以不論在群象已顯設之萬物中，或在二氣感化未成形之前，貫通此有無兩間的，便是此造化之元機！如此元機既在無形元氣中，又在氣化流行中，而為氣化之道所以為實有之體性。亦即道體雖無形，卻是實有的，可知作為造化主體之道，既是無形的，以保住其無限義，同時又是實有的，以保證真實生化萬有！「生有有無」指氣化中有既有元機為無形氣化所以能成立之體性，元機也能生

成聚散生滅各異之萬物。

> 有形亦是氣，無形亦是氣，道寓其中矣。有形，生氣；無形，
> 元氣。元氣無息，故道亦無息。是故無形者，道之氐；有形者，
> 道之顯。[25]

　　有形各異之萬物，是陰陽偏勝之元機之無窮生化所成。而無形中有生成各種可能之氣種的元機。亦即能生成各種可能之氣種的元機，及在無形之氣中之各氣種，因氣是遍在無限虛空的，所以從氣是遍在有無兩間來說，則有形各異之萬物，仍在無限虛空之氣中，同時無形中之造化元機，及所能生成之各氣種，也在無形之氣中。所以從形式上說，氣統有無兩間，則以氣為體之道，亦統有無兩間於其中。從實質上說，陰陽偏勝之元機，同時貫穿於有無兩間，而各為其體性，所以道亦以貫穿有無兩間之元機為其體性。故綜言之，氣統有無與元機而為一，所以道也因寓於有無兩間與元機中，而能總攝天地萬有為其體。故有形是氣化生生具體的表現，無形是能主宰氣化無窮的元氣。所以元氣以生生之元機為其體，而有生生不已之表現，故道也以生生不已為其體，而也能涵其有無常變，聚散不已各種不同氣化之表現。所以有無限義及生生義的無形之元氣，便是道有無窮生成化育的可能的根本。而有真實生化作用，與偏勝比例各異的有形之萬物，便是道無窮生化的具體又萬變的展示。如此道與氣，便在有無為一統，與不息之元機貫穿有無兩條件下，而在體質上有其一致性。

> 元氣之中，萬有具備，以其氣本言之，有蒸有濕。蒸者能運動，
> 為陽為火；濕者常潤靜，為陰為水。無濕則蒸靡附，無蒸則濕
> 不化。始雖清微，鬱則妙合而凝，神乃生焉。故曰「陰陽不測
> 之謂神。」是氣者形之種，而形者氣之化，一虛一實，皆氣也。
> 神者，形氣之妙用，性之不得已者。三者，一貫之道。夫神必
> 藉形氣而有，無形氣則神滅矣。[26]

---

[25]　同註 1，《王廷相集·慎言》，頁 751。
[26]　同註 1，《王廷相集》，頁 963。

　　王廷相由萬有皆備於氣，來確立氣為造化之本體。蒸為陽為火，為氣化之能運動之作用；濕為陰為水，為氣化能完成之條件。又因蒸濕皆以氣為本，故皆在氣本之內，彼此不能分為二者，只能相生而不離。亦即蒸濕便是氣能生成化育之基本作用與條件。至於蒸濕生成化育之過程，則是依陰陽偏勝不已，而有的聚散、生滅不已的條理，及五行由最微之火與水，凝為土，再生更顯著之木金的由微而著的生成程序來進行。而蒸濕便在此由微而鬱而凝的生化過程中，展現其生化之無限義，與由微而著的秩序義，此即所謂生化不測之神。

　　氣中因陰陽之神用而有的各種可能性，便是能化為具體萬物之氣種。各異之萬物乃因萬端變化之神用，而得以彰顯生成。故知氣所以能統虛與實成為生化萬物之根本，在於神用貫通形與氣中，使二者皆能各成其用。可知形、氣、神三者雖位階、體段與功能皆不同，但相互配合則可建構成統有無兩間，又生妙不已的立體動態的氣化世界。但若彼此不能各司其位，則神用也會因形氣之消散使神用失去依附之條件，也隨形氣一併而消散。

> 大抵造化之妙，陰陽配合而道化生。人之得生，本諸精氣，呼吸升降之間，而運動往來無滯。故吸則氣昇，遂以意引之，注於極上；呼則氣降，遂以意引之，注於極下。使非陰陽得類配合，虛無之氣雖能升降流轉，亦不成化，故曰「偏陽不生，孤陰不育」，又曰「一陰一陽之謂道」[27] 是已。

　　氣化之道能生妙無窮，在於陰陽得類配合而有其用。如陰得陽，或陽得陰而有生用。但只有陰而無陽，或只有陽而無陰，則是「偏陽不生，孤陰不育」，不能起生化作用。陰陽彼此得類配合，是因兩者正為一氣中，生與成兩種相依相存的作用。如陽為運動，陰為潤成，配合運動與潤成，便建構成具體又能生生的人物。所以道即因陰陽得類配合，而彰顯其造化萬有之妙用。

---

[27] 同註1，《王廷相集・雅述》，頁868。

譬如人之有語默動作，便因陰陽生生之精氣，貫注於呼吸之間使
「呼則氣出，出則中虛，虛則氣受，故氣入；吸則氣入，入則中滿，
滿則溢氣，故氣出。」可是人能呼吸，是因有陰陽得類配合的聚散出
入的作用。但若孤陰不配陽，孤陽不配陰，陰陽分為二者，失去彼此
相生不離之條件，亦不能成化。所以陰陽配合，是能生化之道體，最
內在的基本原則。

> 陰不離於陽，陽不離於陰，曰道。故陰陽之合，有賓主偏勝之
> 義，偏勝者恆主之，無非道之形體。日陽精，星陽餘，風陽激，
> 雷陽奮，電陽洩，雲陽乘；月陰精，辰陰餘，雨陰施，雪如之，
> 露陰結，霜如之，皆性之不得已而然。故造化之道，陽不足，
> 陰有餘，而陰恆宗陽，陽一陰二，而陰恆含陽。[28]

此段由道以陰陽相依相成為基礎後，再進言道如何生成彼此各異
之萬有。陰陽彼此得類而有生用後，復因陰陽得類時，彼此在數量上
或秩序上，氣有多寡與先後等不同。故所生之物，必因「偏勝者恆主
之」的原則，而有偏陽多為先或偏陰多為後的不同。如陽極偏勝之精
是日，陽偏勝而有餘是星，陽偏勝而激發是風。陰極偏勝之精是月，
陰偏勝而有餘是辰，陰偏勝而施與是雨等。可知造化之萬有，皆以陰
陽相生為本，在依賓主偏勝之原則下，而有形體上之種種差異。

「陽不足，陰有餘」指陰與陽在數量上相較，若陽少陰多，則偏
勝之結果是陰勝，便傾向凝為具體有形之物。若是陽多陰少，則是傾
向發為生生作用。「陽一陰二」指陽先陰後，是傾向先有生生作用，
再有完成之作用。反之若陰一陽二，則是陰先陽後，偏重先有形體之
完成，再呈現生生之作用。故知造化萬有之道，會因陰陽偏勝時，二
者數量上多寡之不同，與秩序上先後之不同，而有偏陰之形，偏陽之
生；或偏陽而先，偏陰而後等種種各異形氣之產生。

---

[28]　同註 1，《王廷相集·慎言》，頁 756。

虛者氣之本，故虛空即氣；質者氣之成，故天地萬物有生。生
者，「精氣為物」，聚也；死者，「遊魂為變」，歸也。歸者，
返其本之謂。返本，復入虛空矣。佛氏、老莊之徒見其然，乃
以虛空、返本、無為為義，而欲棄人事之實，繆矣。古之聖人
非不知其然也，以生之事當盡而萬物之故當治，故仁義禮樂興
焉。[29]

　　此段由氣與質的組成與循環，說明道有根本義與價值義，也有生
成義與實然義。「虛者氣之本」指無限之虛空，即氣充塞無間之所在。
故所有虛空之內涵，皆是氣之內涵。「質者氣之成」指有形有限之質，
由無形無限之氣凝聚而成。故天地萬有皆因有質，才有具體之成立。
所以由虛說氣是無限本體，由氣說質是有限之條件。如此質便是使無
形之氣凝結為具體萬物的體段與條件。另外氣中尚有聚散、生滅，陽
先陰後等條理。所以質與理序得類配合，便有具體形質上的生聚，散
歸等萬端實然之變化。

　　「精氣為物」指陰陽之精，與生聚之理配合，凝為具體有形之質，
而有萬物之生成。可知形質是氣化生滅不已知過程中，聚氣與理而有
的實然體段，此體段也是彰顯一氣有具體化的必要條件。若無質之聚
氣為有，則氣只一懸空主體，不能有真實的人倫日用。「遊魂為變」
指氣中散滅之作用與理序，亦內在於氣聚的形質中，於是質也會失其
能氣聚成質的條件，而消散無形之氣中。

　　如此氣聚為質，質散歸氣；氣是實然的根本，質是氣本之體段。
氣與質並重，便是根本義與實然義並重。自不會如佛老只重根本義而
輕忽實然義。而是仁義精神之根本義與禮樂制度之實然義並重，本是
儒家的聖人之道。張載亦云：

陰陽之氣，散則萬殊，人莫知其一；合則混然，人不見其殊。
形聚為物，形潰反原，反原者，其游魂為變與！[30]

[29]　同註1，《王廷相集・慎言》，頁808。
[30]　同註17，《正蒙、乾稱》，頁66。

　　張載以太虛為氣之本體，就中陰陽之氣合則混然，言其根本義，便是形潰而反原；散則萬殊，則為萬物各具主體義及形具為物。所以陰陽有散有合，則形質亦有聚有散，此應為王廷相所承接之義。

> 　　愚以為元氣未分之時，形、氣、神　然皆具，且以天有定體，安得不謂之有？不謂之實？若論天地水火本然之體，皆自太虛種子而出，道體豈不實乎？且夫天包地外，二氣洞徹，萬有莫不藉之以生，藉之以神，藉之以性，及其形壞氣散，而神性乃滅，豈非生於本有乎？[31]

　　元氣未分時，氣中有陰陽之精，與聚散先後之理序。而不同聚散之理即不同之氣種，會凝成不同之形質。其中統貫陰陽之生生與理序，展現出無窮生化可能的則是神。而作為形之種的氣，氣凝成之質，與生生之不測之神，既存於元氣中，也會發而為具體之天地萬有。亦即形氣神在元氣中，各具不同體段與功能。及化為天地，則是建構萬有的真實條件。可知形氣神統貫有無兩間，在無形中時，是能具體生成之根本，故雖無形而實有。在有形中時，雖受限於形質，仍是形質能運動的基礎，故既有形又實有。

　　陰陽之精化為偏於陽，先於地的天，而天為氣化之總物。如日月星辰皆屬之天，故知日月星辰，皆由陰陽之精，聚散之理所凝成而有形質的。所以作為天地萬有造化根源的道，自然也應是實有的。但實有之形物，受限於形質，及散滅理序之影響，而有形散氣壞之可能。此時統形氣而有生用的神，自亦因形氣消散，失其作用之條件，而亦散滅。所以狹義的說，形氣神在有形層，可使萬有成為實有。廣義的說，形氣神消散後，仍在元氣中，使元氣仍是能生化的實體。可知形氣神是有無兩間能成為實有之基礎。

　　故知萬物藉陰陽而有的形氣神，以之為其生為其神為其性。及形壞氣散神滅，萬物自亦不能生不能神沒有性。所以萬物能否有生有神有性，而為真實具體的存在，完全由形氣神決定。有則為真實之萬物，

---

[31]　同註 1，《王廷相集》，頁 971。

無則非真實之萬物。可知形氣神為決定有無兩間，是否為實有的判準。
而統括有無兩間及形氣神為體之道，自應也是實有的。

第五節　禮義之道

> 人有生，則心性具焉，有心性，則道理出焉，故曰「率性之謂道」。
> 然必養而充之，體而行之，則道存而理得，斯謂之「盡心盡性」。
> 是乃在我之物，死生不可離者，故曰「雖大行不加，雖窮居不
> 損」。自餘皆身外物耳，君子雖得之，而不以為有無焉。[32]

人有生，才具心性，有心性之靈明，才能進一步彰顯道理之所在，
王廷相的論述有幾點值得注意：首先，心性非先在，而是形氣成形後，
才賦予於人身之內，因此心性是寓於氣質之內。再次，心性的作用是
為了明白展現道理，因氣化流行的規律乃先天本有，但氣化之常的道
理，卻有待人的心性去實踐彰顯，因此表現出來的氣化之常的規律便
是道理。亦即透過盡心盡性的善行義舉，便可將道理由先天原始的氣
化義，轉化提升為人文實踐義。

生和心性都是內在於我，死生不可離的。更重要的是由我實踐彰
顯表現出來的道理，也是死生不可離的。此乃扣緊氣化流行，統攝人
性，道理，與死生而說的。亦即一氣流行，必有死生之循環，但也只
是一氣聚散不同之樣態，故無可怪者。反倒是貫穿死生、有無的道理，
才是氣化中不變的價值；實踐彰顯道理之心性，才是將道理由虛落實
為實的重要機制，故知道理既須由盡心盡性來彰顯，也有其死生不可
離的重要性。

> 君子之於道也，精於人物之理，達於天地造化之秘，而無不明；
> 明則進退取舍、死生禍福咸有一定之擬，加之義集而氣充，所謂
> 『介如石』者有之矣，安有利害之恐以動其中乎？安有鄙吝自私
> 之心而反自蝕其氣乎？故明道者養氣之助，氣充者明道之成。[33]

32　同註1，《王廷相集·雅述》，頁835。
33　同註1，《王廷相集·慎言》，頁770。

　　道涵蓋整個氣化的表現，包括元氣的陰陽偏勝的內涵，凝結的過程，以至創造森羅萬象的形氣世界，無一不是道的表現。人要回應氣化之道，需要知以明道，行以踐德，明道即是對氣化的表現要全然掌握，包括道統、道德規範，人有人之理，物有物之理，氣化流行所在人間和在萬物之間的表現，便是「精於人物之理、達於天地造化之秘」。體悟氣化之常道，便能知所進退取捨，循氣化之條理而行，無論其死生禍福，也能實踐道德，彰顯氣化之義理規範，是為「義集則氣充」。在實踐道德的過程中，更能契合於生生之流行，使形氣得會通於宇宙之大化，因此可以說「道」既是元氣的表現義，它也內化在形氣之間，成為道德修養的主體。

　　透過氣化言集義，是由氣化流行各具主體性的個體，我有一義行，彼有一義行，他有一義行，集合起來就是集義。綜合無限多有限的個體，於其中展現無限的意義，亦即每一個有限的形氣，在氣化流行中，皆盡全力的表現氣化的善，此即是集義。

　　有限的形氣不能擴充成為無限大，但眾多的形氣擴充到某種程度，卻可以匯整回歸到元氣狀態。同樣形氣可以義集而氣充，形體雖不會變大，卻可以日漸擴充形氣中元氣主體義的部分，展現為禮樂人倫之道。

　　道是氣化流行之善，氣是集義而成的浩然之氣，「明道者養氣之助」指掌握氣化常道，透過禮樂人倫之集義，可增長形氣中之主體義。「氣充者明道之成」，指透過集義，使形氣中元氣的主體義充滿流行，於禮樂人倫中。如此透過道德實踐，來彰顯形氣中之主體義，由集義強化形氣之主體義，落實為仁義禮樂之展現。由氣而道，由道而氣，道氣渾圓為一道德的氣化世界。

> 夫萬物之生，氣為理之本，理乃氣之載，所謂有元氣則有動靜，有天地則有化育，有父子則有慈孝，有耳目則有聰明是也。非大觀造化、默契道體者，惡足以識之？[34]

---

[34] 同註1，《王廷相集》，頁597。

天地萬有之生成，是元氣陰陽偏勝有生成天地萬有的各種條理，此各條理依氣本而有，無氣本則無天地之各條理，此先確立天地皆是氣化生成之天地，再說天地萬有之不同，也依氣中之條理而有萬物之不同。故凡實然萬物有氣眾的變異，但必包括在以氣為其體性與條理的原則中。王廷相進一步將氣化分成四層次。如由本體層說元氣，其中有陰陽動靜之條理。由實然層說天地，其中有生成化育之條理。由人倫層說父子，其中有當慈當孝之條理。由日用層說耳目，其中有能聽能明之理。圓融的說，道是統攝主體義、實然義、人倫義、日用義為一體，為一真實生化不已的世界。分解的說，元氣、天地、父子、耳目皆以氣為本，故依氣而有之動靜、化育、慈孝、聰明皆是各具主體義之道化的呈現！王廷相又有云：

> 離氣無道，離造化無道，離性情無道。[35]

此段也是分解的說，道有氣本、氣化與性情等本體層、實然層與價值層的分別。圓融的說，則是統本體、實然為一真實之世界，統人倫、日用與性情為一價值的世界，進而統氣化義與價值義為全面完整之道。

統言之，氣化之道非乾枯的、物質的聚散萬端之總合，而是有豐富的、價值的意義，賦予在物質之氣化中。但此非理氣二分，或心氣二分的由形上之理或心，透過「天命之謂性」的模式，將形上之價值賦予在形下層的物質上。使物質雖有意義，但物質本身與價值義理，仍是不同層次，彼此不離不雜的關係。

對氣本論來說，氣化除在物質層流行外，氣化本身之必然如此，應然如此之生義，與陰陽偏勝有任何可能之生生不測義，所展現超越時空限制之上的公平性，與原則性。及由元氣凝為形氣，使形氣皆各具主體義；由形氣散歸元氣，使元氣確立其主體義等方向來說，氣化是有其應然如此，可作為標準主體之價值義的。

氣本論是統元氣凝為形氣，形氣散歸元氣而論。其中最重要的觀點是陰陽偏勝，與氣種有定。陰陽偏勝有任何之可能性與理序，作為

---

[35]　同註1，《王廷相集·慎言》，頁755。

氣化萬端的理論根據。再由氣化萬端之理，全統歸於元氣生生之一理中。氣種有定也是由陰陽之賓主偏勝排列出萬般各異之氣種。再以此萬般氣種，貫穿有無兩間，使元氣可藉萬般氣種，凝結為具體又無窮的天地萬有。而天地萬有的各不同之氣種，又可統歸為元氣之體質。但此元氣形氣互通之模式，非只單純由物質層說氣化，實則氣化本身，即因萬有皆根於氣本，依氣之理，氣化為質，生生之神等條件組成，而有生生之價值義。且此價值義是統貫有無、上下、內外是一的。故統天地萬有之道，自然也統氣化流行與生生價值義為一的。亦即氣化本身即有價值義，價值義本身即在氣化中彰顯。

故由以氣為本說，氣化之萬端，是氣之實然層，氣化之不已，有氣之價值義。但如此說，會有一質疑，即是理本論、心本論者皆以價值義為主體，以理或心為主體存在之體相。而氣本論則將價值義歸於氣本，如此氣本論之價值義似非主體。此中有可討論者，如氣化之理非本體，但與本體同為無限生生之理所出者。亦即理雖非本體，是因所處之位階、體質，不能全同於元氣本體，但仍是本體中不可或缺之條件，故在存在之內涵上，仍具有本體義。

同樣價值義因氣化生生而有，雖在體質、位階、功能上非本體，但其本質是依生生而有，故在本質上，是有本體義。且因氣化無限，故生生之價值義也無限，由兩者皆無限，也可說價值有本體之無限義。但若說有氣即有理，則亦可說有氣即有價值。如此說價值似依氣而有，有落入第二義價值之可能。但此依氣而有的依，只是在體性、位階、功能上規定以氣為本體。同時元氣是無限的，故其理或價值義，雖皆依氣而有，但也因所依之氣無限，所以本身也皆有本體之無限義。如此則可免價值落入第二義者。

固道所統有的天地萬有之實然，及其中氣化之理，與生生之價值等，雖皆非本體，但皆有合於其所處位階、體性、功能的主體義。亦即彼等皆各具主體性，而非落於第二義者。如此統所有上下、有無、內外之各具主體性萬有之道。也就是合無限多有限，但具價值義的形氣，所建構成一真實無限又有價值義的氣化宇宙。

> 夫人之生也，使無聖人修道之教，君子變質之學，而惟循其性，
> 則禮樂之節無聞，倫義之宜罔知，雖稟上智之資，亦寡陋而無
> 能。[36]

王廷相之「道」仍然是落實在人倫日用中來說，仍是扣緊儒家最重視的道德義，故以為道莫大於義禮，即道的內涵正是仁義之人倫規範，但道並非形上之道德主體，是表現在事親敬長的氣化價值義。故說是仁義之至真至切著力處，因此道就是生生價值義在人倫日用上的義集氣充，義集氣充的統合就是所謂的「古今名教」。所謂「聖人緣生民而為治，修其性之善者以立教，名教立而善惡準焉。」，生民之氣質之性善惡夾雜，聖人乃修其性之善者而立下禮樂之規範是為名教，名教就是各種行為規範，合於氣化常道的統合表現，故由智、禮、樂來對仁義之道窮究、實踐與內化，便是回應元氣凝為形氣之仁義之道，與禮樂名教。再由人實踐、窮究與內化此仁義與禮樂，使仁義與禮樂能呼應元氣常道，便是具體彰顯此貫通天人的仁義之道。

> 佛氏之道為己之性命，故禪悟生死之說，耽寂靜勝之士多好
> 之，然於世道終無益也。聖人之道為天下國家，故道德、仁義、
> 禮樂、刑法并用，是以人道清平，宇宙奠安，通萬事而可行。
> 但聖道渾渾，無門戶科條，儒者無精義入神之學，以超入聖
> 室。[37]

王廷相反對佛氏，由禪悟、耽寂以求為己之說。因為仁義禮樂皆是氣化流行中，實的為天下的，非虛的為己的，真實具體可通萬世，有益世人的聖道。亦即在日用常行中實踐仁義之道，以事親敬長，進退舉止無不循禮而行，遵循古今名教，固是知至於道、行極於德，畢竟仍限於個體形氣之一隅。實則道所呈現的是無限的氣化流行，而不是形下的門戶科條，因此道的內容是不斷在擴充變化，古今名教也是因時應變，因此最重要是，上契元氣本體的無限義、生生義、價值義，

---

[36] 同註1，《王廷相集・雅述》，頁847。
[37] 同註1，《王廷相集・雅述》，頁856。

是謂「聖道渾渾」。由仁義禮樂，古今名教，來上契氣化生生大德，是為「精義入神之學」。

> 孔子之道與太虛同量，與天地同體，不競氣上人，不植立門戶，不泥惑流俗，宋儒有是哉？[38]

王廷相以聖人最高的標準就是孔子，孔子之道有幾個特色：高明廣大之度、過化存神之妙、與太虛同量、與天地同體，不競氣上人、不植立門戶、不泥惑流俗，主要是孔子之學乃上契氣化之常道，故以宇宙之生生為量，以元氣與萬物同一氣化之流行為同體，故在人倫日用上表現仁義之道，便是在孔子身上可以見到人道與天道的合一，孔子的人格正彰顯氣化之大德，及仁義之道的典範。

綜言之，由人倫日用中，體悟由氣化生生而有之聖道，再由聖道之實踐中，因應氣化生生之大德，以成就一由天而人，由人而天的天人渾融同體的聖道。

---

[38]　同註 1，《王廷相集・雅述》，頁 857。

第五章　性氣相資論

前言

　　王廷相不再順宋儒分天地與氣為二者來論性，而是主張元氣凝為形質後方有性，故以為只有氣質一性。且因元氣生生，故凝於形質中之性，亦是生生不已的。但又非形上說的生生，而是由氣質說的生生，知此性非虛說，而是實有的存在。推而論之，此為氣化靈能之性，既有氣化活動義，亦有靈能之認知義。此說可填補傳統上以性無知而心有知的一段落差。故又連帶討論《淮南子》之精神魂魄與性能認知之關係。另外無形生生與有形形質妙凝為氣性時，便須面對氣性之靈能與體質可否變化之問題，故又引唯識宗之熏習種子說來作對比！

第一節　性生於氣

一、性，生之理

> 夫性，生之理也。余以為人物之性無非氣質所為者，離氣言性，則性無處所，與虛同歸；離性言氣，則氣非生動，與死同途；是性與氣相資，而有不得相離者。[1]

　　王學以自由無限心之立場論，其以為性乃心對任何事作價值判斷之標準。朱學以只存有不活動之立場論，其性乃價值主體順著創生過程賦予在人身者。但王廷相不由以上兩立場闡述其學說，其以為人物之性乃元氣流行凝於氣質中之本質。故若不由氣質言性，則性為與虛同歸者，此虛非表太虛元氣，此乃指非實有之虛無，一但如此則性將無處所。再者，性乃無所不在，且有固定某一陰陽比例之具體內涵，故性必定有處所，藉此處所來專指某物之特殊陰陽比例。而王廷相之

---

[1]　【明】王廷相著：《王廷相集》，北京：中華書局，1989 年 9 月，頁 518。

性不強調普遍性，但重視萬物個體之特質，此乃萬物各具其主體性之意。性一有處所則為有限，但因元氣流行不已，所以此氣化之世界仍為一無限世界。因此性有處所乃因其固定在某一二五比例的有限氣質之中，但氣卻是能生動流行之實有，兩者相合則為氣質之性的內涵。所以更應清楚掌握現實不同形氣，若欲如此，則對元氣與形氣兩層面皆需了解透徹。

若「離氣言性」，此乃朱學的形上本體之性，亦或言王學心性是一之自由無限心性，王學與朱學之性雖在人身，亦存於虛無之中，但卻無法確立性之實存處。王廷相從氣學立場則不認同此論點，因為性具實有具體之特質，又同時存在形氣之內外，應同時重視性既超越形氣之上，卻又內在形氣之內的特質。其無限生動之氣化流行之本質，卻又有與現實相合為有限之處所，故性之有限無限與內外皆兼顧，確立萬物各具主體性，使人文價值和尊嚴被保住。

若不論本性內涵，只言氣質，則氣質只是固定陰陽比例，而非生生不已。元氣流行之種種內涵，凝結在形氣之氣質中，即為性之內涵。而元氣流行不已，性亦流行不已，所以言性乃即存有即活動之生動狀態。只論氣質，而不言氣質中氣化流行不已之性，則此氣質乃固定不動，則如同死亡之形質。

性雖有限，但氣乃生動，將有限之性和生動之氣結合，故氣質之性乃生動不已之有限，所以言「是性與氣相資，而有不得相離者」。就王廷相而言，無限元氣凝為有限形氣，形氣之性最重要之目的在於回應元氣流行之本質，使無限多有限之形氣合成一具體無限氣化世界。但若形氣於其有限生命過程中，無法表現生生動力，對此而言，不只是形氣之性個體之死亡，更是具體無限氣化流行世界之亡滅，故死亡對個體而言是小事，但「氣非生動，與死同途」，則表無限氣化流行亡滅之大事。故其前言「與虛同歸」，表元氣一定會凝為形氣，具體創造此形氣世界；而此言「與死同途」，此則表形氣一定會回應元氣之流行，而二者本為一體，即是「性氣相資，而有不得相離者」。

性生於氣，萬物皆然。宋儒只為強成孟子性善之說，故離氣而論性，使性之實不明於後世，而起諸儒之紛辯，是誰之過哉？明道先生曰：「性即氣，氣即性，生之謂也。」又曰：「論性不論氣，不備；論氣不論性，不明。二之，便不是。」又曰：「惡亦不可不謂之性。」此三言者，於性極為明盡，而後之學者，梏於朱子本然氣質二性之說，而不致思，悲哉！[2]

　　因氣化流行凝結成形氣，萬物之性必定由元氣所創。而氣化流行中各種特質之氣種，其比例、生生動力、價值意識，亦全凝結在萬物氣質之性中。王廷相反對宋儒強調孟子性善之說，因孟子性善之說，其性之善超越於氣質之外，乃離氣論性，故形上之性與氣性之特質就不相交涉。

　　明道云「性即氣，氣即性，生之謂」又曰「論性不論氣，不備；論氣不論性，不明。二之，則不是」又曰「惡亦不可不謂之性」，此三論點皆由氣說性者。明道扣緊「生之謂也」之主題論性乃氣之所成，不論性中內涵為何，透過氣化流行創生萬物之過程，性由此產生，故無生即無性之有。氣質之形體創生時，氣化流行其天命內容亦轉注在形氣之身中，成為萬物之性之內涵。故性和氣不能分而為二，只是一氣質之性。故有形之氣與道德內涵皆在形氣之身中，兩者實一，才可言「性之明」與「性之備」。惡乃氣質之性本有，因為氣質乃客觀機率決定某一二五比例，清氣與濁氣比例互有多寡組成氣質之性，故個人氣質才性皆不同。氣質清暢多者為善，駁濁多者為惡，故惡亦氣質之性之本有。

　　朱子則認為本然與氣質乃二性，其意指本然之性乃形上道德主體之外，另有一形下氣化之氣質之性，故形下氣化之條理，須藉由形上道德本體主導，此即朱子理氣二分之特殊論點。王廷相則以為元氣流行之生生過程稱道，其間生生條理則稱理，故無形上之道理與形下形氣二分之判別。

2　同註1，《王廷相集‧雅述》，頁837。

二、生於形氣而妙乎形氣

> 氣附於形而稱有，故陽以陰為體；形資於氣而稱生，故陰以陽
> 為宗。性者，陰陽之神理，生於形氣而妙乎形氣者。相待而神，
> 是故兩在則三有，一亡則三滅。[3]

　　無形生生之氣稱陽，具體之形稱陰，而生生之陽須藉由形體之陰，使元氣落實成具體有形者才得以稱有，故陽藉由陰而得其形體。形體之陰藉無形之陽生生表現才得以稱生，故「陰以陽為宗」。藉由陽之生生配合陰完成之實體，可知陰陽二者互為體用而實一。

　　續由陰陽關係來論性，「性者，陰陽之神理」，指性乃元氣流行凝成形氣，就中有元氣流行之本質，此乃由「生於形氣」來論氣質之性。當氣質之性由陰之形質凝結而有，元氣之神即無形生生之陽，此時亦轉注於形氣之性中，故氣質之性即有陰陽相生之妙用，此即「妙乎形氣者」。

　　形氣生生之陽與形質實體之陰，互為體用時，由陰陽相生則有性，此即「兩在則三有」。若此陽與陰之條件缺一，則形之陰與氣之陽和神之用，三者則無法順利表現，知此言由形、氣而有神。

　　引申言之，用生生本體貫穿元氣之生生者為神，貫穿於形氣之生生則稱性。故由形氣言，陰之形質與陽之生生互為體用，此即氣質之性之神用，此生生之神於形氣層現實人倫日用中之表現，可使性應物時皆恰如其分。由此可知，神之義有二；其一，統形上形下為一的元氣中有陰陽相生之作用，而有生化萬種之可能性；其二，於具體氣化世界中，陰質和生陽互為體用，可展現為恰當之人倫日用。張載亦有云：

> 氣有陰陽，推行有漸為化，合一不測為神。其在人也，智義利
> 用，則神化之事備。天之化也運諸氣，人之化也順夫時；非氣
> 非時，則化之名何有？化之實何施？所謂氣也者，非待其蒸鬱

凝聚，接於目而後知之；苟健順、動止、浩然、湛然之得言，
皆可名之象爾。[4]

　　張載此言甚關緊要，因其明指非只凝聚成形為耳目感官掌握者方為
氣，而是浩然健順之作用，皆可為氣。所以作為神化不已的陰陽，及其
運行於天人物我之中，便為此物之本性。如此言之性，自非以無形之生
生為內涵，而是由形氣中，指點出本身即有陰陽，而即以之為性者。

　　靜，生之質，非動弗靈；動，生之德，非靜弗養。聖人知乎此，
　　精之於人事，和之於天性，順之於德義，其機若謀，其成若符，
　　其適若休。常之謂天道，純之謂大德，是謂與神合機，非求於
　　動而能若是哉？[5]

　　「生之質」指氣性本質乃生生不息狀態，此乃永不改變之狀態，
故稱之為靜。靜即「非動弗靈」，若靜之本質只指其具永恆生生不息
之作用，乃氣之本體具有創生萬物之作用，則仍是在形上層面說虛無
之創生，並無法落實氣本體實有之靈動創生功效。王廷相論氣之性是
就其具有形體之身而後論之，此亦表示生之質的靜之靈動，應展現在
形氣世界具有萬殊的氣質之性上。

　　「生之德」指性之內涵具有道德義，但因此為內具而非外顯者，
再者又會受到萬有不齊的氣質之性中，其氣質清濁不同影響，所以生
之德雖實有，也未必全現。此乃因氣濁之動靜會不合於氣化流行之常，
另又因形氣雖各具主體性，但各個形氣陰陽偏勝皆不同，故形氣之萬
事萬物互動之間，其現實行為易受外界影響，而使性中承自於元氣之
道德內涵不易顯現。故需透過生生不息之動的作用，來具體彰顯人倫
日用合理之機。反之，亦可藉此道德言行涵養氣質之性，使動靜之表
現合於性中氣化之常。因為人性中動靜之神用皆具，故修養可使人身
之精、天性之和，在德義順暢流行境界之中，完成天人之合。

---

[4]　【宋】張載撰《張載集》《正蒙‧神化》，台北：漢京文化公司，1983 年 9 月，頁
　　16。
[5]　同註 1，《王廷相集‧慎言》，頁 772。

> 靜，寂而未感；動，感而遂通，皆性之體也。聖人養靜以虛，故
> 中心無物；聖人慎動以直，故順理而應，此皆性學之不得已者。[6]

　　性之質即性不斷生生創造而未應物之狀態，故言寂然未感為靜。
性之德言性之應物標準，乃依氣化之常理而行，故可感而遂通而為動。
如此以動靜相生之理機之作用，於未應物之時是虛而神明，無形而寂
然不動之狀；當有機相感，此即聖人虛靜動直，順理而應之表現。如
此既由存有層又由活動層所言之動靜相生而有之神用，此即「性學不
得已」之內涵。

三、合內外而一之道

> 性者，合內外而一之道。動以天理者，靜必有理以主之；動以
> 人欲者，靜必有欲以基之。靜為天性，而動即逐於人欲，是內
> 外心跡不相合一。[7]

　　首先，就性之發生義而言，性是直承元氣本體而來，故可言在內
之性與在外之氣為一。再者，就原則而言，前所言性乃神機合一之氣
化流行而言，因性之動依理感通，但不著一物，而為機之靈動；性之
靜虛而清明，又不容一物，而為神之靈明，故可言「性者合內外而一」。
　　當外物之產生，自有應機之理以感而遂通，使可回應以一合氣化
之常之形跡。反之動以人欲，此欲必以此靜為基礎，當性非因氣化流
行之機而動，而是因為己身之私慾妄動時，乃因性靜已非清明，自影
響性動不能依理而表現，因此並無內外心跡相合一之狀態。如性靜虛
而清明即性之質存於其間；反之性動之時，卻依己之私慾而感，自不
能展現性之德的氣化之常。故統而言之，由合靜動為一，進而求無形
與有形之心跡合一，即性之本質。

> 學之大要有三：父子、君臣、夫婦、兄弟、朋友，存乎性義焉；
> 動靜云為起、居食息，存乎禮則焉；進退取捨、死生禍福，存乎

6　同註1，《王廷相集・雅述》，頁846。
7　同註1，《王廷相集・雅述》，頁853。

義命焉，學成而道全矣。聖人盡性弘道，亦不過此。[8]

父子、君臣等人倫之五常，於性中一本皆具，人所同然，此即由元氣說命令義之天命。因此人生中直接對應此五倫，其動靜起居之人倫禮制中，存有氣化之常之義命。但因為五倫彼此參雜綜合會互相干擾，而有不同之禍福，故於其中之進退取捨之表現，則人所不同，此即命定義之氣命。聖人則是順天命之性展現性之德，若遇死生禍福不同命限之考驗，亦秉持此合於理則之義命，以盡性弘道而成學。

> 人之性，純而已；天之道，誠而已。「維天之命，於穆不已，於乎不顯，文王之德之純」，此天人合一之道，故曰：「知性斯知天」。[9]

氣質之性來自於氣化流行之常，故性純以生理、生德為主。氣化流行之天道是創造具體萬物之真實作用，此作用是實有的，非純形上無形的。天命生生不息，元氣凝結成不同形氣，而氣質之性其道德內容與生生不息之動力皆直承元氣。故各形氣於一呼一吸間，皆在展現其性之德之至善。將無限多至善之個體融匯，即可回應元氣無限實有之狀態，即不顯之大顯也。因此氣化不已之性，與氣化不已之誠，兩者皆以氣化不已為主，故可為一。文王德行純粹至善，其來自永恆生生元氣本體之天道。而天道本有於穆不已永恆不變之真實生生之理序，此即具道德義，故性中生生不已之純，即氣化流行生生不已之真實，此乃天人合一之意。

四、反對本然氣質之性二分

> 又曰「『生之謂性』，程子取之，蓋指氣稟而言，其推本天命之性，則卒歸於孟子性善之說。」嗟呼！人有二性，此宋儒之大惑。夫性，生之理也。[10]

---

[8]　同註1，《王廷相集‧慎言》，頁777。

[9]　同註1，《王廷相集‧慎言》，頁769。

[10]　同註1，《王廷相集》，頁518。

程明道主由「氣稟」論性，如「性即氣，氣即性，生之謂。論氣不論性不備，論性不論氣不明。惡亦不可不謂之性也。」但因其由孟子之性善說來解釋「天命之謂性」，故讓宋儒以為，其反對告子「生之謂性」。但孟子主張之「浩然之氣」，若由王廷相由氣解說浩然之氣，則為一生生之氣，藉由創生之過程將其生生必然如此之義，化為具有道德義的生生之理而為人之善性，此即孟子由浩然之氣說性善之論點。此外，孟子亦主張除以仁義禮智為性外，亦以耳目口鼻之欲為性。故由浩然之氣而論性，明顯得知孟子言性至少不否定生之謂性層面。王廷相也同樣重視氣質之真實，其強調氣質之性即人生本具之性。而所謂生理理序之「本然之性」，此理序是由氣質中言，故與「氣質之性」也只能是一性。

> 世儒謂「理能生氣」，即老氏道生天地矣；謂理可離氣而論，是形性不相待而立，即佛氏以山河大地為病，而別有所謂真性矣，可乎？不可乎？由是，「本然之性超乎形氣之外」，「太極為理，而生動靜陰陽」，謬幽誣怪之論作矣。[11]

王廷相反對世儒所謂理能生氣，此即如同老子所謂道可創生天地萬物。再者，其亦反對理離氣而論之理氣二分，如此氣之形與氣之性將不相交涉，就如佛家以空來看待現實世界之山河大地。若離氣言性，則性將無所依附，而無所存，故不可言其為真實之性。因此實有的本然之性，不應超乎生之形氣之外而言之，如同純形上的太極之理可以動靜變化創生實有的萬物，此乃謬論也。亦即由無生有之性乃虛，由有生有之性乃實有之性。

第二節　氣化不齊，氣性各異

一、性種各各完具

> 人物之生於造化，一而已矣。無大小，無靈蠢，無壽夭，各隨

---

[11] 同註 1，《王廷相集·慎言》，頁 753。

氣之所稟而為生，此天地之化所以無心而為公也，故曰：「各
正性命」[12]

　　元氣中之元神，會運行而為陰陽偏勝不定，此偏勝乃因客觀機率
決定一切而有任何可能性，順此普遍性之原則，萬物各隨其所稟之氣
而生，有大小、靈蠢、壽夭之萬殊。且此氣性各異之萬物，因天地之
化而得以各正性命，知萬物當各具主體性，但其又皆為元氣所生，故
一而已矣，不妨其為萬物一體之根源義。

　　元氣凝為形氣而得各具主體義之性，見陰陽偏勝中本涵氣種之有
定，及氣化後，有定之氣種在形氣中之表現即各正性命。故不論形氣
有大小、靈蠢之異，大小、靈蠢之氣種早在元氣中，由陰陽偏勝主宰
決定，而大小、靈蠢即稟其性種混於氣化中而為不同形氣。故言：

　　「萬物各有稟受，各正性命，其氣雖出於天，其神則為己有。
　　地有地之神，人有人之神，物有物之神」。[13]

　　故萬物所稟之氣種不同，形氣便各因氣種不同而各正性命，如
人物各有人物之種。此時，神非僅指生生之不測之作用，而是合生
生之神與有定之氣種為一而言。故各正性命指人合生生之神，與有定
氣種為一形氣之性。如此，各正性命之萬物，有現實上之獨特性，非
但只表面上形氣有異，實可上溯至元氣中陰陽偏勝造成客觀機率決定
種種不同之氣種時既已決定。故王廷相非只膚淺平面地由氣質層論
性，反能向上推本於元氣本體層，尋找萬物所以有獨特性之根源。
如此，既較告子只從生理氣質層論性為深入，同時在形式上亦不廢
陽明純由本體決定現象的天人合一的模式。

　　且夫天地之間，無非氣之所為者，其性其種，已各具於太始之
　　先。金有金之種，木有木之種，人有人之種，物有物之種，各
　　各完具，不相假借。[14]

---

[12]　同註1，《王廷相集·雅述》，頁853。
[13]　同註1，《王廷相集》，頁973。
[14]　同註1，《王廷相集》，頁598。

　　形氣有金、木、人、物之異，因元氣本體中早具金、木、人、物等之陰陽偏勝不同之比例，且各陰陽偏勝之氣種，落實於形氣則有金木不同之氣性，可知金木等性種皆來自元氣之氣種，故各各完具，不相假借，同具主體義與獨特義。而所謂「元氣未分之時，形、氣、神沖然皆具。天地水火本然之體，皆自太虛種子而出。」則指出元氣未分時，其中有化生不同萬物之可能，即凝為萬物而有金木，而此各種不同物性，在元氣中即已決定，此為先在性。

　　王廷相此說不似傳統天命之性，重視個體在價值上的統一性；而是重視不同個體在實際存在上之獨特性，但又不廢在形式上之統一性。故仍以萬物皆以陰陽相生之理為性，既欲超越價值決定一切之絕斷如陽明，而言各物性種之獨特性；但又不廢萬物不論有形、無形皆一氣所生的內外為一的統一性。

> 萬物巨細柔剛各異其材，聲色臭味各殊其性，閱千古而不變者，氣種之有定也。人不肖其父，則肖其母，數世之後，必有與祖同其體貌者，氣種之復其本也。[15]

　　萬物各隨所稟之氣而生，自有巨細柔剛，聲色臭味等氣質才性之差異，如此呈現元氣創造有無限之可能，此乃具體形氣有萬殊之原因。但元氣創造萬殊形氣之各各結果，卻有「閱千古而不變」者，亦即人必有與祖同其體貌之可能，由此可證，陰陽偏勝不同之氣種會有貫穿不同時空之形氣而不改變之可能，此即氣種之復其本。此從實然經驗中觀察形氣變化有其不變性，而上推元氣中有氣種之存在，而此氣種有定之落實，便是有萬物各具其主體性之不同氣性。同時也說明氣種有定在形氣的表現有其延續性。

　　形氣會有延續性，證明元氣有無限多氣種乃真實存在，且元氣中某性種方向之生生無限性，在現實上會穿透不同時空，於形氣傳遞中代代相傳。譬若古今名教之所以成立，乃因有實然之氣種不已地在延續，否則由無形之氣生出萬物，萬物頃刻消亡，復生全新之萬物，完

15　同註1，《王廷相集・慎言》，頁754。

全無一具體實然之性種在延續，古今名教則會斷落消失。反之，古今名教之常道得以延續，乃因此具體氣種具延續性。

　　但此時重點已不在元氣無限流行之天道，而在各具主體性之形氣之人道，此著重使王廷相表現出儒家強烈之人文主義。尤其是強調形氣各具主體性，形氣要創造積累成一具體又無限的太和世界。具體和無限一般以為是不能合在一起之命題，但其經由生生之義融注於無限多有限之形氣，可呈現一具體又無限的實有世界。而此經由人氣種之有定性，來呼應元氣中有無限之氣種之論點，乃其能突破之關鍵所在。

二、氣稟不齊

> 余以為人物之性無非氣質所為者，離氣言性，則性無處所，與虛同歸；離性言氣，則氣非生動，與死同途；是性與氣相資，而有不得而相離者。是性也者，乃氣之生理，一本之道。信如諸儒之論，則氣自為氣，性自為性，形性二本，不相待而立。韓子所謂「今之言性者，雜佛老而言」者是。[16]

　　性來自元氣之所稟，而其生生之內涵即人物之性，可見此段乃由氣化流行來論性。性是具體人物之本質，仍要有處所，因有處所故有限。而此處所即指個人特質，同時因氣乃流動，陰陽偏勝之某種有限性即性之有限，如具體之質和生動之氣合在一起則為形氣之性，故此性中之陰陽偏勝不同之比例，雖有限，卻又流行不已。

　　人物氣質凝結各有不同，故人物之性種各異，且此種氣性不是無所不在之性，而為有非常具體內涵之性，此乃順元氣之氣種落實於形氣中而成固定之性，如此不強調普遍性，而強調萬物陰陽偏勝之不同比例，遂有人物靈明不齊，智思之差別之現象，故人之氣質內涵各有不同。

---

[16]　同註1，《王廷相集》，頁518。

世儒論復性。夫聖人純粹靈明，性之原本未嘗污壞，何復之有？
下愚駁濁昏闇，本初之性原未虛靈，何所歸復？要諸取論中人
之性差近之耳。[17]

　　王廷相由元氣中氣種有定說明形氣各正性命後，進一步思考萬物
既各正性命，何以所正之性命，人各不同？王廷相不由陽明主觀良心
決定一切萬物之方向思考，反由客觀理性的立場，以為形氣變化可有
任何之可能性，亦即氣化無窮。但人所各正之性命不同，乃因氣化時
人自遇之，完全由客觀機率決定的，非某一本體主觀有意之主宰或決
定。如聖人之性氣清是自遇之，非由天決定其為氣清，愚人之性氣濁
亦是自遇之，非天決定其為氣濁。亦即性是天賦人皆有之，此從形式
上說。但氣之清濁人各不同，則是從性之內涵說，此乃人自遇之的。

　　落於氣質中言性，性之氣稟清濁由陰陽偏勝所決定。如有陰陽和
諧、氣稟清明者，即為善為聖；亦有陰勝或陽偏之形質者，即為惡為
愚。形氣之性受氣質清濁影響，或有使性之生理受氣質濁駁限制，而
不得完全展現者，即惡；性之生理因氣清而不受氣質限制可暢順展現
者，即善。然其不受駁雜氣質限制，是因命遇所遭之氣質恰巧為純粹；
反之受限於駁雜氣質亦因恰巧遭遇之故。羅欽順有云：

　　蓋人物之生，受氣之初，其理惟一；成形之後，其分則殊。其
　　分之殊，莫非自然之理；其理之一常在分殊之中，此所以為性
　　命之妙。語其一，故人皆可以為堯舜；語其殊，故上智與下愚
　　不移。[18]

　　所謂不移，即指元氣中陰陽偏勝決定之性種，氣化為人後，遂成
不可移易之聖、愚。但元氣化生乃多向且具任何可能性，非只有聖、
愚二性之別，故尚有可上、可下中人之性。元氣中陰陽偏勝不定，故
性稟亦不齊，如聖人之性氣清，性之生理可全然展現，愚人反之。此

[17]　同註1，《王廷相集·雅述》，頁889。
[18]　【明】羅欽順撰：《困知記》，頁9。

二者乃氣極清極濁者，但尚有性中氣清或濁皆具，只多寡不同之中人，故善惡皆具於中人之性中。若以教化導正其善性則為善，不以教化導正其惡性則為惡。故中人性善惡皆具，只多寡有異，此雖命遇為之，但可經由學習教化，以擴充善性，抑制惡性，而可復性。可復性之中人，又非只一類，故若因此以為王廷相人性為上智、下愚、中人三等，則不可，因為就實際狀況言之，中人其氣質清濁多寡人各不同，使人各稟性不齊，故中人又可分為多種。

> 性之善者，莫有過於聖人，而其性亦惟具於氣質之中，但其氣之所稟清明淳粹，與眾人異，故其性之所成，純善而無惡。氣有清濁粹駁，則性安得無善惡之雜？故曰：「惟上智與下愚不移」[19]

人物之性因陰陽偏勝，而有清濁粹駁之不同，性之生理順氣清而全現則為善，或受限於氣濁不能暢顯便是惡。亦即此生理未落於氣質前，只是元氣之元神，落於氣質後，才可言性。且此性之生理又受氣之清濁影響，才有善惡之分。故順氣稟不齊論性，則性自善惡皆有。如明道有云：

> 性即氣，氣即性。人生氣稟，理有善惡，然不是性中原有此兩物相對而生。有自幼而善，有自幼而惡，是氣稟有然。[20]

此皆由氣質言性有善有惡，非由超越形上層言性善，亦即以落於氣質層中，仍能使生理順暢展現者便為性善。吳廷翰亦有云：

> 仁義，皆氣之善名，氣有清濁美惡，即仁義之多寡厚薄。仁義之多而厚，即性之善；薄而少有欠處，未免有不善。[21]

此皆由氣之清濁說性之善惡，聖人氣質清明純粹極善，愚人則駁濁昏闇極惡，一般人則清濁夾雜，善惡皆有。可知性中氣之清濁多寡

---

[19]　同註1，《王廷相集》，頁518。
[20]　【明】程顥、程頤撰：《二程集》一，台北：漢京文化公司，1983年9月，頁10。
[21]　【明】吳廷翰著：《吳廷翰集》，北京：中華書局，1984年2月，頁25。

不同，決定性中善惡不同。除有雖學道亦不移之上智、下愚外，尚有經由學道可移之賢、不肖、智、愚等中人。又云：

> 況若子若孫，有富有貧，有貴有賤，或壽或夭，或善或惡，各各不同；若曰善地，子孫皆被其蔭可也，而何不同若是？豈非人各自性自立乎？[22]

人所以可能自性自立即因氣化時，陰陽偏勝之變化，或偏陽或偏陰而有無限多之可能，且此有種種可能之性種，即後天在氣質上，人自遇之的清濁不一的中人之性。故王廷相反對孟子單一之性善論，而走順氣質說性之一路，但又進而細分為不移之上智、下愚，及可移之賢、不肖等性。

三、神返性滅

> 存乎體者，氣之機，故息不已焉；存乎氣者，神之用，故性有靈焉。體壞則機息，機息則氣滅，氣滅則神返。神也反矣，於性何有焉！[23]

形氣所以能活動，是因元氣生生之機於其中，此生機存於元氣中為神，此神貫於形氣中使之能活動則稱性，此即性有靈焉。船山亦云：

> 氣之化而人生焉，人生而性成焉。就氣化之流行於天壤，各有其當然者，曰道。就氣化之成於人身，實有其當然者，則曰性。性與道，本於天者合，合之以理。[24]

可知人由氣化而生，即以氣化為性，而性之生理即道之生理。故統合有形、無形兩間而言，以形體活動因內中有氣之生機，氣之生機來自元氣之生生，而元氣之生生即神，神在形氣中即性。如此，由有形之體藉生機通貫無形之氣，復由無形元氣之神下貫為形氣之性，雖

22　同註 1，《王廷相集・雅述》，頁 887。
23　同註 1，《王廷相集・慎言》，頁 766。
24　【明】王夫之著：《船山全書》第六冊、《讀四書大全說・盡心》上，湖南：嶽麓書社，1991 年 12 月，頁 1110。

具有形、無形之別，但形氣之性與元氣之神，卻可在元氣與形氣皆氣，性與神皆氣之生理之思考下，呈現為以氣為本之天人合一之道。

當形體毀壞，生生創造之機便不能表現，形體中無形生生之神用，亦消亡。當其消亡殆盡，回歸氣化流行中時，氣質之軀便毀敗消亡，自亦不會有性之存在。性會消亡之命題，對朱學、王學而言，皆不能贊同，但就王廷相言，卻無妨，因氣性消失後，性之內容回歸元氣，氣化內涵並不因此減少，故只是氣性短暫消亡之狀態，氣化流行本身仍具無窮之內涵。

> 張子曰：「太虛不能無氣，氣不能不聚而為萬物，萬物不能不散而為太虛，循是出入，皆不得已而然。」「聚亦吾體，散亦吾體。知死之不亡者，可與言性。」橫渠此論闡造化之秘，明人性之源。氣之已散者，既歸於太虛之體，其絪縕相感而日生者，則固浩然而無窮，張子所謂「死而不亡」者如此。[25]

太虛是無形元氣之本體，順其內在陰陽偏勝之變化凝成各個形氣。及形氣消散後，形體雖無，但形氣本質之氣則又回到無形元氣之中。此回非由甲至乙之回，實是由元氣中凝為形氣，形氣消散但仍在元氣之中的回。如此往來循環，實只一氣之有形無形的變化。且此變化是出入往來，死而不亡的，王廷相即以此氣化生生為形氣之性。所以會「循是出入，皆不得已而然」是因元氣中附有生生之理，此理即氣化之神，即「其氣絪縕相感而日生者」，所以當形氣散歸於太虛，太虛又能有絪縕相感而日生萬物之表現。「死而不亡」的循環即造化之機的妙用，亦即元氣之神在形氣中為人生生之性。可知橫渠由「皆不得已而然」說太虛氣化不已，王廷相則進一步用「性之不得已」說生生之性。

形氣會凝結和消散，對王廷相而言就是陰陽偏勝之生用，不是在元氣狀態，就是在有形的形氣狀態，是無有生滅的，故曰「萬物不能不散為太虛」，萬物由元氣凝成形氣時，形氣中間也有生生動力，於是形氣慢慢長大，最後一定會散歸未凝成形之元氣狀態。「性之不得

25 同註1，《王廷相集》，頁602。

已而然」，指性本來就是生生的，會讓人從小到大、老、死，所以不得不散為太虛，任何形氣一定會順有生滅之性而消散的。

王廷相用「性之不得已」，張載用「氣不得不聚為萬物，萬物不得不散為太虛」，其實「不得不」有它的積極意義，一是生生不息、氣化不息；二是氣化不息之目的，是陰陽偏勝的各種可能的形氣，在現實世界構成一個無限又具體的元氣流行。形氣回歸太虛之後，太虛仍會凝成新的形氣，而這種作用是無窮的，因造化永遠是元氣凝為形氣，形氣中有不得已而然之性，就會不已地生長與消散，及形氣之性消失，但其本質又回歸太虛元氣，元氣本質沒有減少，仍可以凝成新的形氣，所以造化之機不息。

第三節　性之識有三──兼論《淮南子》之精神魂魄

一、神識、精識、魄識

> 性之識有三，其屬於人亦有三：得穎悟者，神之識多；得敏達者，精之識多；得記憶者，魄之識多。三者惟聖人能全之，其次穎而敏者上。故穎而能記者，時或不斷焉；敏而能記者，時或不中焉。況記憶之性多，而穎敏寡者乎？[26]

依照王廷相「體魄魂氣，一貫之道」及「精者，質盛而凝氣，與力同科；神者，氣盛而攝質，與識同科」的說法，氣化知覺之作用，落於陽魂陰魄的存有層，只應魂有神識，魄有精識二層，即符合其上下、內外、有無交融互涉而為一的理論。但卻多出一魄識，又比精識更貼近形體器官之知覺作用。乃因神識由生生之陽的作用層，貫入形體之陰的存有層成精識時，在其重形氣的立場下，氣化之知覺也會貫入形體中，發而為形體器官的魄識。

故下貫的說，生生知覺貫於形氣中，而有魄識與精識。溯源的說，則魂氣中有來自生生元氣的神識。亦即神識流行於無形中，精識、魄

26　同註1，《王廷相集‧慎言》，頁789。

識則分別發於形氣與感官中。如此細分，乃因其重視形氣層，試圖在形氣中，分析及分類出最大可能多數的感官、作用、對象、規範、樣態、物理等。及由上下、有無、內外、陰陽是一的視角，去詮釋形氣界涵括所有時空、萬物，而本身也是無限的！所以一氣流行，不只是無形作用之虛，也是流行在形氣之實有層，也可以無限的生化流行。超越由實有說無限，實有不再拘限於有形，只能是有限，而不可無限的限制。

所以下學而上達，不只如陽明的形上天理與形氣中良知本體的直貫的體悟，因此體悟仍是良知之伸展與遍潤，無涉於形氣本身之發用；亦不如朱子的形氣心知覺形上天理，再透過格物窮理工夫，內化為倫理界的指導原則，此是跨越理氣二分的跳躍，形氣雖受重視，作為認知對象，但仍不具主體義。而是應如王廷相主張的一氣流行中，不論天與人、上與下、有與無，皆涵攝在氣質之性的立場下，建構成立體的、暢通的、多樣態的知覺運動。

所以由氣化之具無限性、普遍性落實於形氣界，亦自會要求此無限性、普遍性亦具體地展現在知覺運動中。所以有神識、精識、魄識等不同。即生生非只在作用層說知覺，而是在實有之形氣感官上說生生。此乃因生生無限遍在，故性中生生之知亦無限遍在，但王廷相特別處在其遍在性，是各正性命多樣態的遍在，是立於形氣之性為主體之立場說，形氣之知能知覺一氣流行，是氣盛攝質之神識；能知覺形質之運動，是質盛凝氣之精識；能知覺形質之樣態，是形質之靈之魄識。三識之位階有由無至有至實的不同，但皆為生生之知所貫，實只一生知試圖在有限形氣中，作最大可能、趨近無限的種種知覺作用的發展。

> 形者生之舍，氣者生之充，神者生之制。形者，非其所安而處之則廢，氣不當其所充而用之則泄，神非其所宜而行之則昧。今人之所以眭然能視，謍然能聽。察能分白黑，視美醜，而知能別同異，明是非者，何也？氣為之充而神為之使也。[27]

---

[27] 何寧撰：《淮南子集釋・原道訓》，新編諸子集成，北京：中華書局，1998 年 10 月，頁 82。

　　《淮南子》將存有分形、氣、神三層面，由心統攝三者。《淮南子》之「形」表感官之五官與五臟。「氣」表血氣，指生命綜合力量。「神」表心之感通作用。形、氣、神三者各有功能，一失位則三傷，形是在外，神是在內，氣則貫通形、神之中間。亦即通過「氣充神使」，便有視聽，察知，分別等知覺功能。若依《淮南子》說法對照王廷相之論點，發現王廷相有新的問題，因其言魂為魄之主，神為精之主，但此說不能解釋神識、精識、魄識三者之關係。由魂為魄之主，神為精之主，可知神與魂是一，精與魄是一。但其又分精識和魄識兩種，故解決方法有二，其一，魂為魄之主，魂指無形生化作用，即氣之靈；魄是指形體上無形之生化作用，即質之靈。由《淮南子》之說來看王廷相，因既有無形之生化作用如魂魄，就應有另一有形之生化作用，而此有形之生化作用即《淮南子》所言之「形」。由此可知，應轉變說法，改為「魂為魄之主」，「魄為形之主」。但因王廷相之神識、精識、魄識，順此說解釋，仍有扞隔不通之處，因此應有另一種解釋之法。其二，應順「神為精之主」，「精為形（魄）之主」之說來解釋王廷相之神識、精識、魄識。

　　王廷相云：「氣之靈為魂，質之靈為魄。精者，質盛而凝氣，與力同科。神者，氣盛而攝質，與識同科。」[28]如此氣化本身無形之靈妙為魂，此魂入於質中發為生生者即魄，知魂、魄是氣化貫於有無兩間的不同作用。氣攝質，表無形生生作用之神，此時為氣質之主體，其用表現在知覺認識上為神識；質凝氣，表無形生生作用在形質中做為主體，其生用之表現即為精力。知精、神是也是氣化貫於有無兩間不同的作用。故在氣貫有無的立場下，因魂魄是由形體說陰陽相生，精神是由作用說陰陽氣化。故無形體之魂，即氣之神。有形體之魄，即形之精。如此精與魄為同位階，只是精由作用層說氣化，魄由形氣層說氣化。因氣化由無而有，所以作用之神，可為形氣之魂的主體；作用之精，可為形氣之魄的主體。如此神為魂之主，精為魄之主，是

---

[28]　同註1，《王廷相集・慎言》，頁754。

合作用與形氣為一的說法。但知覺應落在形氣層，才顯其功能。故在
無形層，統魂神為一，只說神之識。但在形氣層，則強調既有作用的
精之識，也有形質的魄之識。由此說即可解釋王廷相之神識、精識、
魄識三者之關係。

> 血氣者，人之華。五藏者，人之精。血氣能專於五藏而不外越，
> 則胸腹充而嗜欲省，則耳目清，聽視達矣。五藏能屬於心而無
> 乖，則郭志勝而行不僻，則精神盛而氣不散則理，理則均，均
> 則通，通則神，神則以視無不見，以聽無不聞。[29]

「血氣人之華，五臟人之精」意指血氣足可讓人之五臟五官表現
出其功能。血氣乃人之生命力，當生命力灌注五臟五官，就可以發揮
其功用，耳目能清明，而視聽即可通達。《淮南子》之耳目功能如同
王廷相之精識、魄識。因五臟五官由心所主宰，心若能順利主宰五臟
五官，即可達到視無不見，聽無不聞。但所謂耳目清與視無不見，聽
無不聞仍有不同，因耳目清表眼睛張開可以看，如形質有知覺的魄識。
但所謂視無不見，則表示一定能看到東西，此即代表眼睛之功能，如
作用之知覺的精識。耳目是視聽之感官，但有兩種情況，其一，耳目
本能看、能聽，但耳目不願表現其視聽之功能；其二，耳目想表現出
視聽之功能，但外界環境遮蔽耳目，會使其功能喪失。故耳目雖有視
聽之功能，仍要精識之作用，及魄識的感官功能貫注其中，才可以達
到視無不見，聽無不聞之境地。亦即要讓耳目一直表現出聽視功用，
須有氣化之神用，貫於精識、魄識中。《淮南子》又言：

> 孔竅者，精神之戶牖。氣志者，五藏之使候。耳目淫於聲色之
> 樂，則五藏搖動而不定。使耳目精明玄達而無誘慕，氣志虛靜
> 恬愉而省嗜欲。則望於往世之前，而視於來事之後，猶未足
> 為。[30]

29　同註 27，《淮南子‧精神訓》，頁 510。
30　同註 27，《淮南子‧精神訓》，頁 512。

「精神」可以進出耳目孔竅之戶牖，表精神會藉由耳目之孔竅，視聽外界情境，再收攝至精神之中。「氣志」指血氣可讓五臟五官發揮其功用，五臟之形質需有血氣貫注其中，才能將其功用發揮，但若只有血氣貫注其中，則只是有形質之魄識的功能，若有精神來主宰血氣，再貫注在五官五臟之形中，亦即將魂神貫注於精魄中，便可順利地表現視無不見，聽無不聞之功能。

但《淮南子》分形、氣、神三者與王廷相分神識、精識、魄識三者說法並不完全相同。如耳目所見會影響五臟之形質，五臟之形質又會影響血氣之志，血氣之志又會影響精神之神，精神又會影響魂魄，亦即《淮南子》分存有為形質之形，與無形之神二者，再由氣來貫通形與氣，而成一整體之存有。但其氣的本體義，隨文敷衍，或有或無，不易確定。與王廷相之氣具明確之本體義，有其因時代先後而造成的落差。但二者在氣貫有無兩間的模式上，又頗近似。

同時《淮南子》是將心神貫注形質感官中，而有知覺之功能。但王廷相則是將氣化神用，凝為形氣之性，使形氣之性中，既有順生生神用而有的精識，也有順形質功能而有的魄識。可知二者皆由形氣層說認知，但《淮南子》重精神與感官的統一，王廷相則更重視神用貫注於形質中，而有的各種可能的開展，遂有神識、精識、魄識等不同！《淮南子》云：

> 心者形之主，神者心之寶。形勞而不休則蹶，精用而不已則竭。故聖人以無應有，必究其理；以虛受實，必窮其節；魂魄處其宅，而精神守其根，死生無變於己，故曰至神。[31]

「神為心之寶」表示神為心之作用，心為形之主宰，但不可說神即是心。因神尚與精為一組相對概念。精是由形質層說氣化的具體作用，神是由作用層說氣化的無形作用。精與神順氣化融入人中，而為人之精與神，人即憑此精神與天地萬物相通。故神由心之作用而有其神用，精由心之作用而為人身的助量。如此精神順暢時，自可明視聽、別同異、知是非。

---

[31]　同註27，《淮南子·精神訓》，頁520。

　　王廷相則由「氣神而精靈」，來規定精與神。氣之神凝於形質之性發為知覺，便是大化流行，無思無為的神識。形之精凝為形質之性發為知覺，便是各正性命，左右逢源的精識。可知二家對精神的功能性與相對位階較一致。但對作用之發動，《淮南子》由心入手，王廷相則由性入手。由心入手，心與神仍有位階之不同。由性入手，則為強調知覺不只有其發動性，尚有作為生命本質之根源性。亦即所知之對象，非外於能知者。能知與所知，實只一氣流行中，暫時處於能所相對之狀態而已。

　　「形勞」之形為形體手足，「精用」之精為手足之功能。如此分形氣層為手足之形體，與手足之功能二面的方式，王廷相亦與之頗近似。手足之形如王廷相之魄的規定，手足之功能則如精的規定般。可知在形質上，由作用說精，由形體說魄，精與魄本質雖異位階則同，乃是二家的同處。

　　以上論述二家對精神、魂魄之看法。再由陰陽相生之觀點討論之！高誘註「其魄不抑，其魂不騰」云：

　　　魄，陰神；魂，陽神。陰不沉抑，陽不飛騰，各守其宅。[32]

　　魄為沉抑的陰氣之神，魂為升騰的陽氣之神，陰降陽升，陰陽相薄，天地山川，萬殊物類，便在陰陽之神用中完成，且陰陽神用入於萬物中，便是萬物之魂魄。

　　　氣神而精靈，魂陽而魄陰。神發而識之遠者，氣之清；靈感而記之久者，精之純，此魂魄之性，生之道。[33]

　　王廷相亦由陰陽說魂魄，但主張陰陽不分。所謂「魂陽而魄陰」，理論上應指魂陽與魄陰不可分。非魂只有陽之生生，魄只有陰之形質，而是「魂陽」指魂氣中陽多陰少，故偏生生為主。「魄陰」指魄中陽少陰多，故偏形質為主！如此將陰陽相生觀念導入魂魄之討

---

[32]　同註 27，《淮南子·精神訓》，頁 525。
[33]　同註 1，《王廷相集·慎言》，頁 768。

論中，則不論魂魄皆是生動的，所謂陰陽只是強調其位階與功能之不同。

　　順此觀點說「氣神而精靈」，則知氣神乃陰陽之生生，入於形魄中，仍為陰陽生生之精用，故神與精本質同而位置異。用於知覺運動上，神發識遠必由氣之清，靈感記久必由精之純。如此說神識、精識，可無疑義。但為何多出一魄識？或說少了一魂識？多一魄識如前述，是要在形氣層開展知覺的各種可能。至於不提魂識，應是具體之知覺作用，有精識與魄識，二者分言，有其現實上表示知覺遍在的目的。但魂識與神識皆屬無形之作用，皆具知覺的發動性與根源性，但因屬無限遍在之生生原則，在論述不宜強分，故只提一神識。

　　同時魂偏陽，故作用性強，形質性弱，故不易見。但魄偏陰，其作用可透過形質表現，而易為人感知。另外取神識不取魂識，乃因神純粹由作用言，魂則由形體言其作用，故神識較魂識更貼近氣化流行之本體義、無限義。通過以上辯証，非為曲護王廷相之性有三識說，而是從中可凸顯其論知覺仍重實有的特點。

　　由上可知《淮南子》精神與魂魄之定義與王廷相看法不同。《淮南子》之精指心專一與感通之作用，神專指心感通之作用，但精與神常連用而不分。而王廷相之精指質之靈，故精為質盛凝氣。質靈之魄與氣靈之魂結合，而魂與魄皆為動力，故兩者結合即有力量，故此即其所言之「力」。神則為氣盛攝質，氣之靈之魂統攝質之靈之魄，此即其所言之「識」。氣之靈之神與能視聽之作用結合，即成為耳能聽、目能視，但此外亦包括心會思，此即其所謂「精」。而「神」指氣之靈統攝質之靈，心感通作用之神用統攝耳目感官與心，使耳能聽、目能視、心能思。換言之，表示神屬識，魂魄亦屬識。所謂「耳目開而視聽生」耳目即《淮南子》所言之孔竅，而孔竅者精神之戶牖，此乃王廷相採用其說但又轉換為另一說法。

　　「魂魄拘而思識生」指魂魄拘在人身之中，才會產生思、識之作用，故神魂魄皆屬於識。此乃因為神與魂魄皆是性之靈覺即心之認知作用，故心統攝氣之靈之魂，與質之靈之魄，亦統攝神之識。

因魂主宰魄而神時，心思能貫通到見聞之中，此即所謂精。但思與見聞是兩不同層次之物，見聞為形下有形層面，思識為無形層次，而如何讓思識貫通至見聞之中，即須藉由神之默契與會通。神指心除了能思考耳目見聞之物外，亦可超越耳目見聞之物上，王廷相有言「耳目能視聽，魂魄能思識，魂魄之精有主」即指心掌管統攝思識與耳目。

故得其結論為「神」乃魂主宰魄，此表魂為主，魄為副。「精」乃魄主宰魂，故魂為副，魄為主。神是魂之力量比魄之力量多，精是魄之力量比魂多，比神更具體，但仍是無形。故由上可知魂乃魄之主，神是精之主。魄與精本應在不同之方向，而王廷相又言魄為體之靈，故魄為體之主。例如耳目感官有識之能力，故王廷相之魄識指的是能主宰形體五官的認識功能。若順王廷相分神識、精識、魄識三者，及順魂為魄之主，魄為形體之主此路來推測三者之關係，便有扞隔不通之處。但若順著神為精之主，精為體魄之主，即可以建構出三者之關係。綜言之，神乃無形無限之認知作用，精表無形但屬於個人之有限認知作用，精與神皆屬無形認知作用層次，但須藉由眼睛、耳朵之五官才得以展現神識、精識之作用，因此體魄之耳目感官亦不可少。

孔穎達於左傳昭公七年「人生始化曰魄，既生魄，陽曰魂」云：

> 人之生，始變化為形，形之靈者，名之曰魄。既生魄矣，魄內自有陽氣，氣之神者，名之曰魂。附形之靈為魄，附氣之神為魂。附形之靈者，謂初生之時，耳目心識，手足運動，此則魄之靈。附氣之神者，謂精神性識，漸有所知，此則附氣之神。[34]

孔穎達此注，是先言有形，再言形中有魄，魄中有魂。是由有到無的認識進程，也顯示魂魄借形而存在的特點。知此三家皆以魄為形之靈，魂為氣之神立論。此時靈專指形魄之作用，神則指氣化之作用，顯然神較靈為虛，靈較神為實。而形之靈較實，是由形體之手足運動，

---

[34] 《春秋左傳正義》晉杜預註、唐孔穎達等正義、十三經注疏，台北：藝文印書館，1976 年 5 月，頁 764。

耳目心識等具體之感官與功能說精。氣之神較虛，是由精神性識，漸
有所知等無形知覺作用說神。其中可注意的是神兼有知覺與運動二
者，精也兼有心識與運動二者。

　　但王廷相云：「精，與力同科；神，與識同科」，則只將力屬精，
識屬神。又曰「虛靈為魂，神之至；實覺為魄，精之至」則又將作用
屬魂，實覺屬魄，如此可說為精兼有力與識，但偏力多；神亦兼有力
與識，但偏識多。故又曰：「氣神而精靈，魂陽而魄陰」如此由氣化
生生之作用統貫精與神，由陰陽相生之形質涵攝魂與魄，進而再由精
神、魂魄融於氣性中，而說性之識有三。

二、體魄魂氣之性

> 氣得濕而化質，生物之塗，百昌皆然。氣之靈為魂，無質以附
> 麗之則散，燈火離其膏木而光滅是矣。質之靈為魄，無氣以流
> 通之則死，手足不仁而為痿痺是矣。二者相須以為用，相待而
> 一體。精也者，質盛而凝氣，與力同科，質衰則疏弛，而精力減。
> 神也者，氣盛而攝質，與識同科，氣衰則虛弱，而神識困。是故
> 氣質合而凝者，生之所由得；氣質合而靈者，性之所由得。[35]

　　此將性之內涵進一步分析為魂、魄、精、神等內容，「氣之靈為
魂」元氣流行貫注於形氣的狀態為魂，魂表現生生的作用在認知上稱
神，因此神和識有關；「質之靈為魄」元氣凝為形體的生生能力是魄，
形體生生能力的表現是精，精是一種實踐的能力，因此精和力有關，
故無形之氣化生生為神魂，有形之形質氣化為精魄。而氣質，基本上
是由無形的神魂凝結有形的精魄，依循客觀機率所構成，魂氣魄質凝
結即生之道，精力神識合靈則為性。

　　元氣之生生貫於體質中而為其生生之魄，亦即氣化流行借體質之
生生以顯用，體質受氣化主宰而有生。魂藉質以顯其生生之靈，魄受
魂氣主宰而有活動之實。亦即魂使魄有靈，魄因魂而有生。質盛凝氣

---

[35]　同註1，《王廷相集・慎言》，頁754。

之精，乃由魄質重於魂氣，強調活動重於生理之角度言，魄因魂而有活動，而此活動即指形氣能運動之精力。氣盛攝質之神，乃由魂氣重於魄質，強調生理重於活動的角度言，魂借魄而顯神用，但此神用非只是生生之用，另又指認知能力。亦即此神用乃魂氣之神，藉魄之言行而顯現認知之神用。故神既可指魂氣生生之妙，亦可指無窮認知之作用。合而言之，無形之氣凝為有形之質，乃形氣所以有生，及有運動精力之因。元氣之生生下貫為體質之生生，此則形氣有生生之性，及有神識妙用之因。以上即由相待一體的魂魄，能表現出活動之精力與認知之神識，說明精力、神識皆性所具有之本質。

魂氣和體魄分別連在一起，體乃有形之氣，氣乃無形之氣，二者以一氣貫通，所以氣在無形狀態之生生稱「魂」，氣凝結成形體之生生狀態稱「魄」，所以體魄和魂氣根本是一貫之道，乃一氣流行之兩種狀態。

> 虛而靈者為魂，神之至；實而覺者為魄，精之至，百體皆會焉。邵子曰「心之靈曰神，膽之靈曰魂，脾之靈曰魄，腎之靈曰精」分析破碎，殊乖至理。[36]

性之內涵有魂氣、精魄，合而為氣質之性，魂氣、精魄皆具氣化生生之能，故氣質會表現出神識去認知，與有精力去創造道德世界，此為性之靈能。「虛而靈者為魂，神之至」，氣化流行會凝成無數多之形體，形體之中與外，皆有此神用表現，稱「魂」。生生之神在有限形氣中之表現稱「魄」，魂氣是無形且流行不已，其本質為虛而感通靈動，乃因神之作用於其中。張載亦云：

> 氣於人，生而不離、死而游散者為魂；聚成形質，雖死而不散者為魄。[37]

此亦扣緊形氣層來說魂魄，生有而死散之生氣為魂，魂有其生滅

---

[36] 同註1，《王廷相集·雅述》，頁854。
[37] 同註4，《正蒙·動物》，頁19。

不變性。形具而不散者為魄，魄是扣緊形體而有的。「實而覺者為魄，精之至」，形體之凝結為「魄」，形體中間因為有氣化神用作為其本性，於是形體能表現生生動力，即稱為魄靈，有魄靈之作用存於性中，才會有生生之精之動能表現為實踐之精力。

> 體魄、魂氣，一貫之道。體之靈為魄，氣之靈為魂。有體即有魄，有氣即有魂。非氣體之外別有魂魄來附之。且氣在則生而有神，故體之魄亦靈；氣散則神去，體雖在而魄亦不靈。是神氣者又體魄之主，豈非一貫之道乎？知魂魄之道，則神與性可知。[38]

「體之靈為魄，氣之靈為魂」；體之生生動力即魄，無形之氣其生生作用則為魂；氣質有體有魄有氣有魂，即無形之氣其魂凝結成有形之質之魄，性乃「氣質合靈」，生生之氣和具體之形質合在一起而有靈能之表現，此稱作性。從魂魄言，氣即「魂之性」，質即「魄之性」，或者可稱氣之性為魂，質之性為魄；魂魄合在一起即為一無形動力轉化為具體形體之動力，而動力不只是純粹之動力，其乃生生之善、生生動力和生生次序之內涵皆具於其中，故稱「性之靈能」。由王廷相以為氣質與魂魄皆不可分之立場，來看「氣之魂」和「質之魄」合在一起之論點，其以為無形稱魂，有形稱魄，兩者不可分；從無形之魂凝結成有形之魄，稱為魂魄之性，而魂魄之性即代表由元氣凝為形氣，魂氣凝為形魄，可知此乃一貫之道。

元氣為氣化不已之本體，魂為元氣陰陽相生不已之靈，神則為魂中生生不測之妙用，元氣、魂、神皆屬無形之氣層。體為元氣凝成之具體形質，魄為形體中生生之靈，性為魄中生生之靈能。體、魄、性皆屬有形形氣層，此乃就橫貫面言。元氣會凝為體質，生生之魂落於體中為魄，神貫性中則為其生生之用。故無形之氣、魂、神正與有形之體、魄、性相對，而成氣質、魂魄、神性等無形與有形之異，卻又為彼此相通之思想範疇，此則就縱貫面言。無形魂氣之神落於形氣中，

---

[38]　同註 1，《王廷相集·雅述》，頁 837。

即體魄之性，此乃就縱貫面論元氣下貫為形氣、元氣之靈為魂，魂乃因有神而靈。體之靈為魄，魄乃因有性而靈，此乃就橫貫面論生生之靈貫通於元氣、魂、神與體、魄、性二層。以上乃合橫、縱兩層面言元氣生生之靈論體魄、魂氣之性。

> 「性之體何如？」王子曰：「靈而覺，性之始也；能而成，性之終也；皆人心主之。形諸所見，根諸所不可見者，合內外而一之道。」[39]

性之內涵包括無形之魂氣，與有形之體魄。進一步說性，則具生生之作用表現神識之認知，亦具生生之精力去實踐道德，此為性之靈能。對個人而言，形氣之性其神識會不斷認知無限的道德事理，其性中之精力亦會不斷創造道德行為，此乃形氣之性之能與成，因此形氣之性最終目的，仍在道德性理之實踐與完成。

當內在性理日益擴充，外在道德創造亦不斷累積，雖個體形氣之性其能與成，仍為有限，若可集合眾人有限之道德性理與創造，最終可構成且呈現一具體又無限的氣化流行之實然的道德世界，此乃形氣之性之呼應義。此即藉由形氣之性其神能認知道德事理，形氣之性其精則能將其所認知之道德事理，具體展現出來，建構為一具人文意義之氣化世界，此即所謂的「內外合一之道」。

第四節　變化氣質

性可改變，乃因性中善惡會透過心表現出來，心致知力行之功能亦會將外界善惡全部引入形氣之性中，於是性之善惡與心所引入外界之善惡混合，此乃由理性客觀層次討論之。若由氣質之性來論修養，則如形氣之心要將外界善引入，禁止惡滲透於內，於是形氣之心既要抑制性中惡，表現性中善；此外，又須將外界善導入，嚴禁外界惡侵入，於是形氣之性須透過心表現，期使性中惡減少，性中善增多。

---

[39] 同註1，《王廷相集》，頁608。

　　但王廷相以為心乃善惡皆有，故須藉由古今名教使心一定表現性之善，並抑制性之惡，因古今名教已經導化心篩選外界之是非善惡，只有善者心才吸收，並以此抑制所有非古今名教之物，進入形氣之性中。此引申出自律、他律之問題，而本問題之前提，乃因心中善惡皆有，故心未必可表現出揚善抑惡之機制，故此時古今名教扮演重要角色。其一，心會主動揚性中之善，抑性中之惡，此即所謂自律道德。其二，心應受外界古今名教之影響，吸收古今名教之善，抑性中之惡，此即所謂他律道德。故順著理論言，此氣化流行中他律、自律兩個步驟與過程皆存在，但仍以自律心知揚善抑惡為最佳狀態。

　　此外牽涉另一理論，因氣化清之人為少數，而大多數人乃氣化清濁皆具之性相近者，故不應只論自律、他律為二之問題而已，若客觀地言，心有揚善抑惡之狀態外，尚應加上氣質偏勝之影響。於是外在古今名教之善，藉由心引進以抑制性中之惡。故重心應不在以自律為主體或以他律為主體之問題上，而是要完全順著氣質清濁來討論。因王廷相對人心能肯定為善者，乃是氣清之人，其天生便會為善去惡。而氣質清濁皆具之人，則須藉由古今名教來驗證之。至於氣質極惡之人，則更須古今名教來抑制其性中之惡。故以上之問題應將王廷相心性論與修養論相提並論，由工夫導化心性，由心性指引工夫，二者同體共構，才可展現變化氣質之內涵和過程。

　　再由知識論之致知力行來論變化氣質，王廷相有云：「學博而後可約，事歷而後知要，性純熟而後安禮」所謂「安禮」即合於禮之義，亦表合於古今名教。而所謂「性純熟」即變化氣質之義，變化氣質後，應可達合於古今名教之狀態。由他律層次言，藉由古今名教來變化個人濁惡氣質，使其成熟，成為善多惡少之狀態。便可讓個體呈現一合理之狀態，使言行皆合於禮教與古今名教，故可言此為「性純熟而安禮」，此乃變化氣質之目的。然變化氣質之過程，則應學博可約與事歷知要並進，兩者表現合而言之即知行是一。由知而行，由行而知，透過知行是一，才能使性純熟。此性純熟即代表古今名教之建立。故氣清之人可主動由心為善去惡，但對一般氣質清濁皆有之人，則要既

藉由外界古今名教之他律，也要藉由內在氣清之心之合於氣化之常之倫理要求，而自律自主地為善去惡。使其變成為善去惡之狀態，至於氣質極濁之人，則更須古今名教此他律之約束，使之皆達到變化氣質之性成熟。

性純熟以後，人當然就能表現成合理言行，此亦即古今名教之展現。此時古今名教有二義，其一，昔日堯舜禹湯道統之總持，即是傳統義之古今名教。其二，當傳統義之道統接續當代人之道德創造，成一符合當代義之古今名教。若能如此，才可言氣化流行生生不已，而更可具體代表人真正參贊天地化育。傳統說法認為，人參贊天地化育即等同於天道流行，因人之心乃由天道流行所賦予。但王廷相則認為真正參贊天地化育，乃因人氣清，則可自律順暢表現成合於古今名教之具體言行；但若人氣濁，不能順暢表現，則反藉外在古今名教之他律來約束導正，而清濁皆具之人，則應自律他律並用。如此當變化氣質之後，人之言行亦可成為新時代之古今名教。而此新時代之古今名教，明顯受到傳統古今名教之影響，並加上當代之道德創造，即成另一不同於傳統內涵之新的古今名教，而此乃心靈與形式兩層面皆具體化，所成之真實之古今名教。且此古今名教將一直生生變化與創新，可呈現小我化為大我後，永恆地參贊天地之具體成果。

因當心表現知行並舉時，即不斷將仁義本性表現出來，同時亦回應外感。當心應外感時，外感亦會影響形氣之性。形氣之性將其內涵表現出來，而心亦透過學習將外感皆引入其中，於是形氣之心亦不斷變化，所以其一方面輸出，一方面輸入。輸入的是他律之古今名教，輸出的是自律之氣化之常的人倫實踐之要求。故形氣之心表現形氣之性，同樣形氣之心吸收外界事理於形氣之性中，如此或以自律或以他律為主，或他律引發自律，或自律具體化為他律，或自律與他律竟是一，皆只是氣化之常之主動、被動之不同面向的呈現。此乃由氣性可變論「變化氣質」之重點。

一、聖人立教以導善

> 性果出於氣質，其得濁駁而生者，自稟夫為惡之具，非天與之
> 而何哉？故曰「天命之謂性」，然緣教而修，亦可變其氣質而
> 為善，苟習於惡，方與善日遠矣。今曰「天命之性有善而無惡」，
> 不知命在何所？若不離乎氣質之中，安得言有善而無惡？[40]

王廷相之「性」乃來自元氣中任何可能之二五比例，所以氣稟之
性善惡皆有。所謂「善惡」指氣稟之清濁不同，其所表現之善惡亦不
同，故言氣質有清、濁之分。然《中庸》之「天命之謂性」，對王廷
相而言，非僅指共同之性善義，也指各具氣稟不同之獨特義。不同之
氣稟乃其先天義，若加上「習」之影響，此表後天環境之差異，其言
「習善為善，習惡為惡」。知「變化氣質」對王廷相言，具有多方面
之意義，其一為彰顯性中之善，其二乃為導正性中之惡。不論在氣稟
層，或在人倫日用中皆如此。

順二五比例組成而言，其指氣質才性之本質，是人各不同的。故
順此論人依其氣質才性在現實上慣性之表現，稱作習。而此習之本身，
不能評斷其善惡。王廷相之習乃順氣種有定來論，以為習代表現實上
不已之表現。但其不同於宿命論者，乃由消極義言，以為性善者即善
習，性惡者即惡習。因王廷相以為氣善之聖人，可表現自律創德，但
一般氣質清濁相近者，若順著其氣質才性之惡表現，才可言此為惡習，
但惡習則須藉由外在他律之禮樂規範約束，此表其氣種有定論具積極
義之創德表現。

傳統言「一陰一陽之謂道」之繼善成性說，而使人以為習慣會決
定氣質才性之偏正與否。但依王廷相言，氣種有定造成氣質才性各殊，
而人在行為上是順其氣質才性生生不已表現，且善惡都有的。故個人
之習慣與氣質才性，在未作工夫前是一致的。故所謂「習與性成」，
指氣種有定所決定之氣質才性，在現實上生生之表現，是善性成習則
為善，惡性成習則為惡的。王夫之亦云：

[40] 同註1，《王廷相集》，頁519。

造化無心，而其生又廣，則凝合之際，質固不能以皆良。如雖
不得良笛，而吹之善，則抑可中律。氣之在天，合離呼吸、剛
柔清濁之不同，亦乘於時與地而無定。故偶值乎其所不善，則
雖以良質而不能有其善。[41]

王夫之以為造化生生無限，理論上是因二五相生有任何可能性，
現實上凝聚之際，又有過與不及等可能。亦即形聚時，其中剛柔、清
濁之多寡，亦為偶適之時地所決定，故曰「質固不能以皆良」，知王
夫之亦以性中有善有惡。但善吹不良之笛，仍可中律，表示性有惡，
乃氣化之變，須加導化以合善。非因說性有惡，而失去儒家善德之旨。
此中當須辯明者，王廷相與王夫之由氣說性，須貼近實然之萬端，故
對耳目所聞見的萬物，須順內在本身之屬氣化之常或變，以決定其善
或惡，此乃是由本質說性有善惡，非只表面淺說的性有善惡。

學校之禮樂，官府之刑法，皆聖人修道之具。故囿於中者，則
變其性而移其習，由之為善則安，為惡則愧。久矣，民之會於
道，雖王者相代，易姓受命，此道之在人心者，生生相繼，未
嘗一日泯滅。聖人修道之功，被於人心者，大哉遠矣！世儒動
以人性皆善為出於自然，不論聖人修道立教之功所致，闇矣而
不達於道術。[42]

善性成善行，惡性成惡行，好似宿命論，但王廷相卻是由客觀
理性推論產生，因其仍屬儒家學者，故重視後天變化氣質之工夫。
其以為透過外在他律禮樂刑法之約束，將氣化之變之氣質，轉化成
氣化之常且善之氣質，便可改惡為善，此亦變化氣質之義。但就實有
之全體而言，不論氣化之常或變，皆稱氣化之常，因所謂廣義的氣化
之常包含任何過與不及的氣化之變。何以言此？因就先天本體論之原
則性言，亦即由具體氣化流行言，氣化一定有過與不及之變化，但最
後仍會消亡，終究會回到氣化之常之狀態。再由後天修養論言，氣化

41　同註 24，《讀四書大全說・陽貨》，頁 858。
42　同註 1，《王廷相集・雅述》，頁 857。

之變即氣化過與不及之表現，就氣化本身言，乃一正常現象，但就人倫規範言，則表人之行為呈現惡之狀態，此惡可透過變化氣質之工夫，將氣化之變之過與不及之惡，導化回復至氣化之常之善，如同氣化之變終會回歸為氣化之常。而變化氣質則突顯人參贊天地之道德義與工夫義。

可知道乃具體氣化之常之標準，此非只由先天本體論論道，亦是由後天之心性論與修養論來論之，此表將堯舜禹湯文武周公孔子，古今諸聖賢皆參與之氣化活動，將之歸納所得之人倫規準，才可稱作道。此即所謂「道在人心，生生相繼，未嘗一日或泯」。此時道與性產生之原因並不同，道表歷代儒家典範聖賢所共同創造出善之社會規範；但人之習性則未必善，故有習性害道之說，因人之習性有符合或不符合聖賢之道之情形，而不符合聖賢之道之氣種有定之氣質才性，其於現實上具體生生之表現，便會有害道之可能，故不可「動以人性皆為善為出於自然」。

二、復性

> 世儒論復性。夫聖人純粹靈明，性之原本未嘗污壞，何復之有？下愚駁濁昏闇，本初之性原未虛靈，何所歸復？要諸取論中人之性差近之耳。[43]

此段為王廷相由性有極清極善，極濁極惡之性不可說復，但中人之性有善有惡，才可說復性的觀點。戴震亦云：

> 夫資於飲食，能為身之營衛血氣者，所資以養者之氣，與其身本受之氣，原於天地非二也。故所資雖在外，能化為血氣以益其內，未有內無本受之氣，與外相得而徒資焉者也。問學之於德性亦然。有己之德性，而問學以通乎古賢聖之德性，是資於古賢聖所言德性埤益己之德性也。[44]

43　同註 1，《王廷相集・雅述》，頁 889。
44　【清】戴震：《戴震全書・孟子字義疏証》卷中，合肥：黃山書社，1995 年 10 月，頁 188。

資以養者之氣即他律，本受之氣即自律，兩者非二。因所資在外之他律有二，其一，表外在之規範，另一表外在之氣化流行；而身本受之氣之自律亦有二，其一，表個人二五比例之獨特氣質，另一，表生生動力。但不論他律或自律，此兩者皆源於天地，故亦非二，此乃戴震非常強調之處。外在之規範與外在之氣化流行皆為他律之所資以養者，因一氣流行既在無形之太虛中，亦在有形之太和中，故能資者有他律之規範，亦有自律之氣化。兩者雖然在外，但氣化之他律能轉化為血氣以益其內在之自律，因兩者本質皆同為一氣流行，故內在本受之氣，自可與外在資養之氣相得。

故外在聖賢之德，才可轉化資養，而益於內在本受之氣，故兩者可相得益彰。「資以養者之氣」，乃以我為主體，外在對人有助益者即他律；而「身本受之氣」表內在本有，即自律。而自律、他律可互為體用而為一，如此透過學問便可德性日充。戴震云：

> 人物分於陰陽五行以成性，而人異於物者，其性開通，無不可牖其昧而進於明。[45]

其言性開通，表人可透過習之關鍵，而達增善之可能。故戴震強調習，使性可變。故德性可充，乃因其性可開通。另外，學與習不同，而德性日充可能之關鍵就在於「其性開通」，其保證則在於「習」。

所謂「資於古賢聖所言德性」，此即王廷相所言他律之古今名教。因其以為透過他律之古今名教可引發內在之自律。但聖賢之德性對其己身言，並非他律，而為其自覺之表現，但將其規範化，作為人倫所需遵守之規準，此時則轉成他律之古今名教。而此可引發個體內在之自律，不論表現形式層面是他律或自律，其本質必定為氣化道德之常善。此外，太虛與太和皆是一氣流行，只在有形、無形層面上之不同，故其實太和中有太虛，太虛必然呈現成太和。可知氣化流行乃通貫形上下之太虛與太和而無間，為世界唯一之實有。此外，其亦流行在個體內外之兩間，使人有達希賢希聖之可能。

---

[45]　同註 44，《孟子私淑錄》下，頁 70。

提出「非欲復其初」之觀念，便是為了與傳統言心性之學作區隔，因心性之學者以為人性乃純善，故氣質皆惡，其會壓抑、損壞純善之性，因此一切之道德修為，皆以去掉氣質之壓抑、扭曲，恢復純善本性為目標，但此仍停留在精神層次，而非具體討論現實上氣質之定位與重要性。王廷相所提與傳統復性之說不同，因儒家修養之路有二，其一，為復性之學，其二為變化氣質。然言變化氣質學者之立場，多承認氣質同具善惡兩成分，但應保住善，而去除惡。而依此論點發展，至戴震便言「德性日充」、「其性開通」，由此可發現學術意義與人文化成義，在復性之學與變化氣質理論上之差異。先論變化氣質之步驟，首先，以氣化之常來改變氣質之性中之惡。第二，將無限多有限之形氣，構築成一個具體又無限真實之太和世界，此亦為氣本論所重視之外王之實現，而且內聖與外王通而為一。再論復性之學，其只以心性之純善導化其氣質之不善，但卻無跨向外王之步驟，故變化氣質之理論較接近實有層之實踐。

若變化氣質之性之說成立，王廷相較心學更具後出轉精之姿。因復性之學只將內在價值之本質呈現，但變化氣質之說，則改變氣質之性之惡，使其合於氣化之常。且導化氣質之惡時，氣質之善仍可順氣化之常表現為自律之踐德。所以變化氣質既有外在之他律，也包含相近於復性之自律工夫。

三、緣教而修

> 文也者，道之器、實之華。六經之所陳，皆實行之著，無非道之所寓。故無文則不足以昭示來世，而聖蘊莫之睹。尚書，政也；易，神也；詩，性情也；春秋，法也；禮，教也，聖人之蘊，不於斯可睹乎？是故學於六經，而能行之，則為實；反而能言之，則為華，斯於聖蘊幾矣。是文也者，道也，非徒言。此仲尼之慕於文王。[46]

---

[46] 同註1，《王廷相集·慎言》，頁816。

王廷相以六經為道之意義。而「道寓六經」有二義，其一言道原則性之定義，此指具體氣化過程之作用的總合，即表一切人事具體之執行。其二，表在現實上論道之定義，道指具體氣化內容，此即六經。統而言之，具體氣化過程之作用的總合稱道，而此道之內涵即六經之詩、書、禮、易、春秋。而此六經具體之典籍，其中蘊含道德主體，此即王廷相既言具體之典籍，亦言其中具無形之道德主體的內外為一的特色。

尚書乃在專門紀錄政事；易經指深深不測之神；詩乃表現性情者；春秋指法。而王廷相亦非常強調具體之法，因為道德乃無形的，而名教雖較具體，但其屬軟性之拘束，缺強制性，故應有具體之法，但此法仍非獨立於六經之道外，屬於現實具體之規範。此論點從氣化宇宙論的立場言，法之前身乃生化之理之所以然，而一使其規範化便是法。因產生萬物之原理乃氣化之理，故社群之組織亦有其所以為此組織之氣化之理，而不同社群中，個體彼此相處之理，稱社群或人我之理，而此理即法之前身。王廷相強調法乃很自然之事，人倫日用中軟性之禮教，與規範性強之法皆具，表道德、禮教、法制三者皆重視之特色。

> 「造化生人，古今異乎？」曰：「天賦相近，何太遠哉？習性
> 之日殊爾。古也樸，今也曰文；古也直，今也曰巧。神鑿而靈
> 散也久矣，六經之教，救其習之日降而已。」[47]

六經代表此氣化世界即為一實有之道德世界，只要一參與實踐，便成氣化流行中參贊化育之工作，若順著氣化之常行之，便會閱覽六經之書，並會將其中道德內容實踐展開。但既有氣化之變，表有人無法順利實踐六經，無法將氣化之常表現出來，使道展現為一具體實踐之人倫日用，因此道除了表陰陽生化創造作用之總合與過程外，亦以六經為其具體內容。此亦表明軟性的禮教，乃順著氣化之常，或順著自律道德表現者；但有氣質才性不能讓氣化生理順暢表現者，便需藉

---

[47]　同註1，《王廷相集・慎言》，頁768。

助禮教，若其仍不足以導正，便要以強硬之法制來約束之，確保其氣化之變可以轉化成氣化之常。此乃一瀰天蓋地，無可逃離天地之間之理性推論，使其變化氣質之理論架構更加細密。

第五節　唯識宗之熏習種子說

王廷相論性有氣種有定說，與唯識宗所主張的種子可受熏習說，在立論本質上，截然不同，一以元氣流行為生生之德，一以阿賴耶識涵藏諸法為本體。但彼此之理論模型則有相近似之處，應皆是由理性的認知角度，藉重耳目感官與心思推理等作用，客觀的分析的去詮釋與解悟，宇宙由無至有的種種層層的條件、結構與過程，而有的共法。故本文試圖藉由唯識宗之種子熏習說的分析視角，與王廷相的氣種說作一對話，並探討變化氣質所以可能之原因。

唯識把感官分為八識，眼耳鼻舌身為五官之識，意指一般意識感官推理的活動為第六識，第七識「末那識」的作用是思慮，難與六識區分，易成為「我執」，第八識為「阿賴耶識」是生命的主體即宇宙的本體，但第七識或將第八識執著為自我時，如此第八識將不再能作為宇宙的本體，若第八識朗澈清明，不為七識所覆，則會幻現出大千世界之萬象，以上就是八識。

此八識彼此有因果關係，即所謂「能、所」關係，一曰「能識」，一曰「所識」。「阿賴耶識」本身能發展出能識的作用認知世間萬物，是因透過眼耳鼻舌身這些感官和第六識的意才能認識世間一切事物。「阿賴耶識」是能認知的，但「阿賴耶識」若被其他七識覆蓋，「阿賴耶識」就成「所知」。「阿賴耶識」可以透過感官認識外界，也可能被感官所蒙蔽。所以「阿賴耶識」就有「能知」、「所知」互為對應的關係。順著「能」、「所」的關係就延伸到有因果的關係。即是說「阿賴耶識」是個種子，它可發生作用；第七識即是現行已經被表現的對象。第八識所含的種子和前七識現起流行成為因果，所以第八識也是種子。亦即第八識透過前七識表現出認識的能力，所以第八識

是因，然後第八識透過前七識所表現出來的種種認識，那些認識當然就是果。

同時因會生出果，此果又是下個果的因，所以才能生出下個果來，所以因果不是只能是因或只能是果，因本身能生果，果又能生因再生果。因能生果，果也能生因。如云：

> 阿賴耶識，與諸轉識，於一切時，展轉相生，互為因果。[48]

此理論可延伸到宋明理學家程明道、王廷相所講的，不可只是「性自性、氣自氣」或「氣自氣、理自理」，即理氣不可截然二分。因「氣是氣、理是理」是說理只是氣的因，氣是理的果，但從因果觀念來看，理是因也是果，氣是因也是果。又云：

> 能熏生種，種起現行，如俱有因，得士用果，種子前後，自類相生。[49]

所謂第七識是指前七識所認識的對象，它即是果。此果必是「阿賴耶識」第八識所生，即是第八識當因，透過前七識產生果。此為「種生現」，即是種子生出現行的諸法來。但前七識有時會倒過來影響第八識，此為「熏習」義。如云：

> 如是能熏與所熏識，俱生俱滅，熏習義成，令所熏中，種子生長。從種生時，即能為因，復熏成種。[50]

第八識會被前七識所認識的對象反過來影響、改變「阿賴耶識」的本質，所以「阿賴耶識」也會被改變，此時「阿賴耶識」為果，前七識則為因。所以說前七識現行的諸法能「熏習」改變第八識，這就是「現生種」。故第八識與前七識互為因果，才能輪迴不已。故知「種生現」即是第八識阿賴耶識的種子當認識的因，然後認知前七識所認

---

[48] 護法等菩薩造：唐玄奘法師譯，《大藏經‧成唯識論》，台北：新文豐出版公司，1985 年 1 月，卷 2，頁 8。
[49] 同註 48，《成唯識論》卷二，頁 10。
[50] 同註 48，《成唯識論》卷二，頁 10。

識的諸法。前七識認識的諸法，會回過來薰染第八識的「阿賴耶識」，「阿賴耶識」被重新薰染就變成新的種子，則變成「現生種」，如此一直互換，此為「薰習說」。

從唯識宗來說，種子能受薰習而改變的問題。可提供理學中氣質能否改變的一條參考路徑。如云：

> 能變有二種，一因能變，謂第八識中，等流異熟，二因習氣，等流習氣，由七識中，善惡無記，薰令生長；異熟習氣，由六識中，有漏善惡，薰令生長。二果能變，謂前二種，習氣力故。有八識生，現種種相，等流習氣，為因緣故；異熟習氣，為增上緣，感第八識，酬引業力，恆相續故。[51]

能變就是由超現實凝結到被認知，也是從無形凝結到有形。能變是指怎樣現起心識所緣的外境相而有「因能變」、「果能變」二種。先有因能變，因就是種子，種子會生出萬法來。因種子又有兩種，一是第八識中的等流習氣；一種是異熟習氣。

「等」是相似，「流」是相續，亦即每一事物的因果性，是相似相續的，因果是一定如此循環不變的。正如王廷相說陰陽五行也是不斷地相生。「薰習」也是一直不斷地作用改變，種子有好有壞，在壞的部份就必須要能變才行。這就是變化氣質所以可能的原因。

習氣也是種子的別名，簡言之，種子會由被認知的對象反過來薰染原來的種子，原來的種子就會改變，此時前七識是能薰，第八識是所薰。其實第八識是能薰也是因，則前七識被薰就是果。反過來說，前七識也可以是能薰的因，來薰習第八識，第八識就變成所薰的果。

從王廷相來說，即因形氣本身先天陰陽五行比例拙劣，但經名教的薰染後，可以改變氣質為氣化之常的種子。自律就是氣化之常，由人來表現是因，將人的氣化之常歸納具體化，便是名教，亦是果。他律是指所薰的果的名教，當它可以薰染他人的生命時，這個所薰的果的名教，這時候就變成能薰的因。由因至果是指自律，由果至因是指他律。

---

[51]　《成唯識論》卷二，頁7。

「異熟習氣」，可由三個角度來詮釋[52]。一是變異而熟，因一種法的本身轉變而成熟為果者，變異是由因變成果，然後成熟。如元氣凝為形氣，因變成果時，即萬物各具其主體性而成熟。萬物如何各具其主體性？從儒家來說是道德本體賦予在萬物身上；套用唯識上的說法是元氣的因，然後變異成形氣成熟的果，此時形氣就與元氣同等重要。二是異類而熟，是指因與果的類性不同，因是因，果是果，因是有善惡的可記憶性，因為善因又有記憶性，所以就能得善果；反之，惡因也有記憶性，所以也會得惡果。果則是沒記憶性的，若有則改過遷善便無可能。例如種善因就得善果，於是我的善因秉其記憶性，就又再得善；但是若那時種了惡因，不會因為善果而導致惡因無法得惡果。

所以因是能決定、有記憶的主體，果是被決定的、沒記憶性的，此如同王廷相以為形氣沒有選擇陰陽五行比例的權利。所以說形氣可以被決定成不善的二五比例，但是形氣仍然可以受後天的名教、熏習來改變二五比例，就能變成善的二五比例。三是異時而熟，現在種因未必是現在得果，即是種因在此時，得果在他時。此與王廷相由「世變有漸」，順氣化之延續說「勢」之日漸擴張，也有類似處。

能變的第二義是「果能變」，吾人生命的現象就是因能變成之果，果是現行法、是活著的現態，是由二種氣種變成的，一種是相似相續的種子，即是等流習氣，生命的現象必定是由因果相生的，且是相似相續的因果相生的種子；另一個是異熟習氣，是由習氣之因必然至異熟的果的那種種子。但有因果的變化是不夠的，一定要外緣。即有認知的能力不夠，還要有認知的對象才行，才能把認知能力用在對象上。於是將這等流習氣、異熟習氣兩種能變的果，在現實生活中表現出來，從眼耳鼻舌中表現出因果流行的世界。然後將整個因果世界當成因，來熏習改變種子。再使種子重新薰染因果的世界。王廷相亦有相似的說法，如元氣凝為眾多形氣，眾多形氣再重構成一具體人文的氣化世界。而元氣凝為形氣，形氣匯為元氣之循環永在此世界中進行，且日

---

[52]　參法舫、《唯識史觀及其哲學》，佛光山宗務委員會，頁 158-159。

見其充積與流行。此即如同由阿賴耶識做因,前七識所掌握的做為果,這果有任何的可能性,然後這前七識所認知的世界又可當成因,反過來熏習阿賴耶識做為果。亦即作為元氣凝結為果之形氣,可溯源熏習為因的元氣,使元氣成為更具人文義之元氣的果。如云:

> 阿賴耶識,因緣力故,自體生時,內變為種,及有根身,外變為器,即以所變,為自所緣,行相仗之,而得起故。[53]

然八識所生起的現實世界的事物,這些事物都是因緣生滅假有的空,都只是意識上所認識的。這些生起的事物對唯識宗來說是具體的,但是對佛學的真常心來說這些不是具體的,只是短暫假有的空。這些對氣學來說更是不具體的,只是一意識的活動而已。形氣對氣學來說非常具體,形氣是有物質形體也有道德主體之存在,此則為王廷相異於唯識的地方。

唯識說一一法有一一法的種子,但這些不同種子卻都還是在阿賴耶識之中,即是二五的種子都含攝在元氣之中,且種子在本體論上還有創造性,有開展力。

一、種子之六義:

> 然種子義,略有六種。一剎那滅,謂體纔生,無間必滅。有勝功力,方成種子。二果俱有,謂與所生,現行果法,俱現和合,方成種子。三恆隨轉,謂要長時,一類相續,至究竟位,方成種子。四性決定,謂隨因力,生惡善等,功能決定,方成種子。五待眾緣,謂此要待,自眾緣合,功能殊勝,方成種子。六引自果,謂於別別,色心等果,各各引生,方成種子。[54]

種子的定義,簡言之,必有一因果循環不滅,才能讓過去、現在、未來這三世在時間行進的序列中,有所連繫不斷。這也是等流之意,另外也是行為業力的保存。但如此只是基本條件,還要去除惡種而增

---

[53]　同註 48,《成唯識論》卷二,頁 10。
[54]　同註 48,《成唯識論》卷二,頁 9。

長善種。就像王廷相二五比例的氣種是一連繫過去、現在、未來不改變的，二五比例一直相生不已，就是行為能力不已的表現，同時二五比例是生化必然如此的理序，如此種子作用於等流中，便可除惡種增善種，使變化氣質成為可能，也孕育了道德意識。

「剎那滅」是才生即滅，才滅即生，如此生生不已。唯識宗藉由這種生滅不已讓人感到生生的動力，故剎那就是生滅，雖感受不到快速的生滅，卻可感受到生生動力。如同氣化中的二五相生的作用，一直在作用不已。擴大來看，可說和張載氣聚成形，形散復歸於元氣是相同的模式。因此種子不只是剎那生滅而已，是一直有無窮的力量讓它不已地生滅。不斷生滅就會讓因不斷變成果，也就是因能變的異熟習氣。

「果俱有」是說在現行的果法上並沒有失去種子的性能。即果保有原來因的性質，因為因是有記性的，果是無記性的。從氣學而言，則代表形氣是由某一二五比例所生，在此形氣中也一定保有元氣中此一二五比例之種性。

三為「恒隨轉」，隨現行法的時間性，種子會隨現行法一直在相續著。此即是氣學所說這一世的二五比例是如此，下一世的二五比例還是會如此，下下一世還是如此，這就是王廷相說的子必肖其父，幾代之後必有肖其祖的原因。但是種子仍然可藉由他律或自他律等因果的修正，來改變幾代都如此的二五比例，就是能熏。如此能熏之後，便產生「新熏」，重新改變成善的種子，如此才能去惡成善。

「性決定」，言種子的種類性有差別，所以是善種是善因，也就得善果，這也是每個人的二五比例都不一樣，在形氣流行上所必得之結果。由此可知對氣種性向的規定，不論二家主體之性質，與價值歸趨之互異，在理論模式上，則與王廷相的氣種有定說，以氣種會隨氣化之生生，延續其氣種於不同時空中展現，而不變其固定二五比例之氣質的說法，是頗為相近。但王廷相並未提及唯識對其氣種說之影響，故此只是理論模式之類比，不可直說唯識影響王廷相之氣種說。較寬廣的說法，則應是王充、唯識、明道、朱子、薛瑄、廷相皆試圖由「種子」之概念，創造地詮釋建構天與人之中介點。

　　「待眾緣」，說種子在第八識中不生，是因種子藏在阿賴耶識之中，種子要生一定要有外緣來幫忙。此即孟子說堯舜還未自覺德性時，天天與麋鹿者遊，不管有多豐沛的道德內在，沒有外緣幫忙，也不過是個野人。從唯識來說，堯舜須待外緣才成就德業。心學強調自律心，不重視外緣，氣學則很重視現實的客觀性，對每個形氣的主體都要尊重，也就是尊重外緣。因為每個外緣都能熏習吾人的種子，使吾人變成好的種子。故王廷相一直很重視外感，外緣如名教、禮樂等，當自律心被覆蓋時，最好的方式就是外緣、他律的熏習以復正。

　　「引自果」，說種子必能生自果，正如陽的作用必帶著陰的完成，陰陽不能分，因果也不能分，一切法的生是各從自種而生自果。例如甲的元氣中的二五比例，一定只能生甲的形氣的二五比例。可知自生自果如同王廷相氣種有定的延續性。

　　經由種子所具的剎那滅、果俱有、恆隨轉、性決定、待眾緣、引自果等六種可被熏習轉化的條件，再以所熏可被改變的原理，及能熏即外在之感官見聞之吸收等特色，利用所熏能受熏的特色，種子能接受能熏之外緣，作內在的自我轉化。如此模式王廷相與之頗近似，因王廷相主張氣性雖二五比例固定，但中有清濁不同，而濁之二五比例，因本質仍為氣化，自有改變二五之濁以回復氣化之清的可能，因變由常來，常涵括變；同理，濁由清出，可變濁回清。同時，能變之外在古今名教，本身即氣化之具體化與規範化，本質上與氣性無別，所以能熏之外在，可使規範加諸於氣性上，導化不正歸於正。若氣性非以氣為本，則無由濁反清之可能；若名教非氣本之規範，亦無由惡化善之可能。所以氣性能受名教導化，在於所熏者本身具有能受熏染之特色。但唯識只說到所熏有能受熏染的作用，使種子能日漸增大。但其本旨仍是以一虛的意識的阿賴耶識為主體，王廷相則進一步提出所熏之氣性，與能熏之名教皆以氣為本，所以他提供所熏能受熏以具體變化氣質的內容，自有比唯識之熏習種子說，更為堅實之基礎。

二、所熏與能熏：

> 所熏四義，一堅住性，若法始終，一類相續，能持習氣。二無
> 記性，若法平等，無所違逆，能容習氣。三可熏性，若法自在，
> 性非堅密，能受習氣。四與能熏，共和合性，若與能熏，同時
> 同處，不即不離。[55]

所熏指第八識阿賴耶識，本身沒有記憶能力所以容易被別人影
響。能熏就是前七識，眼耳鼻舌身意的認識能力是心，被認識的對象
是法，即心所熏法。這兩種感覺器官和認識器官都是一直在生生作用
的，所以前七識是不斷在表現能力熏染別人。

所熏第一義「堅住性」指前七識對境界上的活動熏成一個種子，
種子保持在第八識中不壞。例如讀一些道德的書，阿賴耶識便變得較
有道德，然後這道德便停留在心中不會改變，道德意識便會順著外緣
表現出來。這亦如朱子說的一個形下的理智之心，認識了無限多的形
上性理，把它存在理智心中，在遇到問題時便把這理智心中所存的形
上不變性理表現在眼前的對象上。

第二義是「無記性」所熏是指第八識，所熏也會是受熏的，阿賴耶
識本身沒有記憶力易受外界影響，會不斷地被熏習改變。反之，力量
強大不受外界影響者，不可為所熏。如善是善，不受惡法所熏習。這
是說所熏的力量很小，所以善來熏就改善，惡來熏就變惡，也就是說
今日熏成善的，但他日若被惡所熏，還是有可能變惡。阿賴耶識的「無
記性」易受熏染，從另一面來說，即是人文培養所以可能成立的原因。

三為「可熏性」指第八識不是堅密常住的，所以任何觀念皆可被
吸收進來，才有改變的可能性。因為「與能熏法共和合性」，能熏、
所熏必定是一體的、同時發生的。例如阿賴耶識的熏習種子，不是天
天在那等待被熏，能熏與所熏是一起同時發生的。如同氣化中的陰陽，
陰陽是兩種性質，但皆是氣中的性質，在陽發動的過程中，陰的完成
作用也就同時跟著陽；當陰在完成作用時，陽也同時在完成作用中的

---

[55]　同註48，《成唯識論》卷二，頁9。

陰之中。能熏時，一定有個所熏的對象。所熏之所以為所熏，一定是
有個能熏去熏它。又云：

> 能熏四義，一有生滅，若法非常，能有作用，生長習氣。二有
> 勝用，若有生滅，勢力增盛，能引習氣。三有增減，若有勝用，
> 可增可減，攝植習氣。四與所熏，和合而轉，若與所熏，同時
> 同處，不即不離。[56]

　　能熏也有四種意思，能熏是指前七識。是眼耳鼻舌身意末那識，
它能認識很多事物，然後執著在很多事物之上，續而執以為真。前七
識其實就是儒道所說的情識，道家尤特重不要執著於情識。執著於情
識就是第七識末那識。

　　「一有生滅」，指是剎那生滅，不會常住不變，如此才有轉惡為
善的作用。「二有勝用」，指前七識能緣第八識，及第八識所更新的
新種子。且此作用強盛，不論染淨諸法，皆能熏染。「三有增減」，
指善法惡法數量多少不齊，會有增減，直到佛果位才無增減，但之前
七識之認識活動皆有增減。最後是「與所熏法共和合性」，能熏的前
七識與所熏的第八識須同生同滅，能熏和所熏雖不即不離，但要和合
共處，才有能熏的作用。

　　王廷相有「魂神精魄」之說，精會有耳能聽，眼能看的能力，神
則是意識和見聞之會的作用，耳目見聞可比唯識的眼耳鼻舌身，而第
六識是感官推理的意識，意識也會和前五識合在一起，頗似王廷相之
「思與見聞之會」，亦接受外在事理，以變化內在之氣質，此作用同
於熏習種子進而改變種子的目標。但對王廷相來說，耳目見聞可以掌
握具體的形氣，思與見聞之會除可以掌握形氣之外，還可掌握形氣與
形氣之間，或者說有形和無形之間的關係。可知王廷相的感官知覺全
部都是具體的耳目，心知的思和見聞相會也是具體的，不似被阿賴耶
識所認識到的事物是不具體的。則真能具體完成變化氣質的是廷相，
唯識只在意識流行上可為功。

---

[56] 同註48，《成唯識論》卷二，頁9。

　　張載始分性為天地之性與氣質之性，點出變化氣質以復其天地之性的命題，但對於氣質之性如何得以變化氣質的根據？尚有發展之空間，而唯識的第八識阿賴耶識涵藏善惡各種可能性的種子，惡的種子可藉熏習改變，成為善的種子的說法，類同朱子心性情三分，心可以透過格物致知的學習，漸漸的涵容天理，再發而為善情的模式，故由唯識種子熏習的理論，可以解釋為何變化氣質成為可能之原因。但阿賴耶識只是一個能受的主體，本身沒有善惡。萬法唯識的主張，解釋了萬物由無到有的過程，且阿賴耶識藏無限種子可以透過熏習，最後可以為善去惡臻至佛位。而王廷相則以為元氣是一不斷創造的善的主體，其創造的具體萬物也都是實有，而各具主體性，元氣創造形氣即是實有。不是唯識架構下本身非真實，只是認識相而已。可知元氣的內容和阿賴耶識的種子在形式上類似，即元氣中亦具任何可能性的氣種，但元氣中任何可能性的二五比例有其必然應然的次序，故其為絕對善的本體，但氣化之過程有常與變，常者固然是善，變者不免流於惡，此時須變化氣質，則唯識種子熏習的說法亦適用在此。

　　所以氣質之性，若能如有堅住性、無記性、可熏性、與能熏共和性等四義的所熏之阿賴耶識的條件，不斷地接受具備有生滅、有勝用、有增減、與所熏和合而轉等四義之能熏的前七識的熏習。亦即不斷地由外在之禮樂規範來熏習氣質之性，不予以排斥。因所熏受能熏之熏習後，會成一新種子。同樣地，名教之導化也會使氣性由濁返清，進而改過遷善。此為熏習種子以變化氣質的第一義。

　　同時，能熏之前七識熏習所熏之第八識後，第八識復以新種子的樣態，再不斷地又接受前七識的熏習，再成為更新的阿賴耶識種子。亦即古今名教導化之氣性由濁返清，是持續漸進，日見充積，無有止息的變化氣質的工夫。此為熏習種子以變化氣質的第二義。

　　由唯識熏習種子之二義，可為主張氣化不已，及名教為由古至今累積的王廷相，在變化氣質的方法上，提供一參考的方式！

第六章　心體知用論

　　王廷相論性，不順傳統天地與氣質的二分法，其論心自亦不若傳統分心為道心、人心二者。視心乃氣化之知覺與運動於人身上之作用而已。此知覺與運動作用於常道乃道心；反之，作用於氣變，則為人心。順只有氣質之性的主張，對當代頗為風行的德知高於聞知之說，深致不滿。因為一氣涵攝德知與聞知，故由氣本言，應以聞知來涵攝德知外，推而廣之，氣化之知覺，應順氣化之所不在，涵攝所有之能知與所知，而無不所不知，此乃王廷相的心，特別強調會通冥契之原因。

第一節　人心之靈，貫徹上下

一、有心性則道理出

> 人有生，則心性具焉，有心性，則道理出焉，故曰「率性之謂道」。然必養而充之，體而行之，則道存而理得，斯謂之「盡心盡性」。[1]

　　心性從形氣之生論，人稟具體之形氣，必具性與心，性為陰陽偏勝各種可能性的一種凝結，即為氣質之內涵，性中善惡皆具。心為性之發用主宰，此主宰既具認知功能，又具有具體實現的功能，自會將性中之善表現成人倫日用之常，把性中之惡透過修養轉化成人倫之善。簡言之，作為形氣本質的心性會將日用常情呈現為善，此種種善情之實現即是氣化流行之道之表現。

　　由後天說心性，自非強調一高懸絕對良知本體之王學，或一永恆最高性體之朱學，而與其一氣流行理論相一貫，是先貫注於氣質中，再以凝於氣質中之靈能為心性，順此心性靈能之表現，故可曰「有心

---

[1] 　【明】王廷相著：《王廷相集‧雅述》，北京：中華書局，1989 年 9 月，頁 835。

性則道理出」。因心性有無限氣化之條理，與元氣具無限之條理彼此間有其一致性，故可由氣化說心性。心性能實現氣化之道理，故其本體落在氣化。而朱王則由形上之道理決定心性之內涵，再以心性呼應形上之天理，作為人有生之根源。

> 「性之體何如？」王子曰：「靈而覺，性之始也；能而成，性之終也；皆人心主之。形諸所見，根諸所不可見者，合內外而一之道。」[2]

性分成三個層次，靈覺、能成、不可見形諸可見。靈覺屬神魂之作用，能成屬精魄之動力，不可見形諸可見乃言由靈覺以致於能成，由無形之感通至有形之道德實踐。其中由內而外轉化的關鍵在心，故心是順內在性理，認知並實現外在事理之主宰。

心之靈覺在人倫日用上能展現生生之功能，同時必然要完成性體道德實踐之要求。在人倫日用之善道中，王廷相的靈覺雖無形卻是指氣之無形。能成是有形，也專指氣之有形，雖然有有形、無形之別，但皆是實存的氣之不同層次的作用。由氣說，無形的靈覺會貫穿在有形的能成之中。性之生生之本質，開始作用時即是靈覺，此靈覺順氣化之流行完成具體的人倫作用，即是性之能成。可知性由氣化之始的靈覺到氣化之終的能成，整個過程皆以心為主宰。故由心言之，心能始發性之靈覺，心也能終成性之能成，故順氣化之本性而有之靈覺與能成，也即是心由開始創造到完成創造的作用。

不可見的性體，必要在可見的人倫日用之中呈現。因性既有始之靈覺又有終之能成，此靈覺而能成之作用，即心主宰不可見形諸可見的神妙不測之作用，中間的靈覺就是神妙不測的種種可能性，要靠心之主宰而形諸為形氣上具體之能成，方可完成各種氣化之可能性。可知心既能主宰內在之靈覺，而有無限創生的可能；同時心又能將靈覺之各種創生，在形氣之情上具體形諸為各種外在的道德言行。

---

[2]　同註1，《王廷相集》，頁608。

> 知覺者心之用，虛靈者心之體，故心無窒塞則隨物感通，因事
> 省悟而能覺。是覺者智之原，而思慮察處以合乎道者，智之德。
> 宋儒乃以覺為仁，終非本色。但智之為性，統明萬善，心體苟
> 無昏昧，於仁則覺其所以為仁，於義則覺其所以為義，而於眾
> 善無不有覺。獨以覺為仁，偏矣[3]

　　性體之內涵須待心的作用彰顯，心體本身為虛靈的狀態，會表現出知覺認知能力，將不可見的神識化作具體的精魄去實現，因此心無窒塞則虛明無礙會不斷隨物感通，表現知覺的認知作用，認知外界的種種事理，並順應性體的內涵。心體虛靈來自於魂氣之神，性之內涵既具魂神的知覺作用，表示生生動力之外，亦具有彰顯氣化之常各種可能性之作用，所以魂神貫注於本性的知覺之中，自會表現無限的認知能力，去認知形氣中間任何的可能性。故心體的內涵是氣化之萬善，在虛靈的狀態下，可全然展現出來。

　　心體虛靈表現為知覺的能力，也就是智體的根源。智非先天本有而是後天被表現的，由後天論智，所有的知覺判斷表現的智，皆為外在的氣化流行，重點是此外在知覺判斷，其本質即本性的知覺。亦即形氣內在本性的知覺，表現成外在的具體的思慮察處的能力即是智，思慮察處之智能對三綱五常作恰當的表現，此即「智之德」。王廷相認為「以覺為仁」終非本色，因若覺只是性中知覺能力，尚非真實之仁。從道德生生動力來講以覺為仁是可成立，但對王廷相來講，覺只在內在本性中知覺作用，因是無形的，不能言其為具體言行上之仁，所以反對「以覺為仁」。

> 人心之靈，貫徹上下，其微妙也，通極於鬼神；其廣遠也，周
> 匝於六合。一有所不知，不足謂之盡性。命則天道發育萬物者，
> 人不得而與焉；然其情狀變化，不能逃吾所感之通，故聖人「窮
> 理盡性以至於命」[4]

---

[3]　同註1，《王廷相集·雅述》，頁838。
[4]　同註1，《王廷相集·慎言》，頁763。

　　心之生生神用之所以具有無限之認知能力，在於心具貫徹上下之感通能力，天地萬物皆為其體察認知之對象。但因心乃形氣之心，雖有限卻可擴充到無限；性亦為形氣之性，雖有限亦可擴充到無限，二者皆具氣化生生之無限性，故心性可一致。再者心乃以呈現氣化之常之種種狀態為主，故心當可貫徹鬼神、六合與上下間。張載亦云：

> 大其心則能體天下之物，物有未體，則心為有外。世人之心，止於聞見之狹。聖人盡性，不以見聞梏其心，其視天下無一物非我，孟子所謂盡心則知性知天以此。天大無外，故有外之心不足以合天心。[5]

　　張載由天大無外，說氣化知覺之心，既與天同大，同時又凝於形氣中而為人心。所以心能貫通無形之神化，與形氣之實然兩界，而為體物不遺之知體。如此說心知萬物，是順心與萬物皆本同一氣的路徑，而非是能知所知對立二分異質的說。本質的認知，乃心知自我之體現，亦即氣性內涵的全幅呈現，而氣性又以太虛之氣為主體。所以心便是貫通天地與氣性間之知覺作用。

　　王廷相之心亦是上下有無是一，心能貫徹上下就是形氣之心的內涵，和形氣之性的內涵皆以氣化之常為主。故二者雖有限但都可以擴充至無限，在這種條件之下，形氣之心當然能表現同屬形氣層之性；另一層次來說，心能貫徹還是要回歸到元氣和形氣相應的理論上，心應該是能無限通貫鬼神、六合。可是在現實上，當氣散的時候，同屬形氣之心也就消散，但其他形氣的心能繼續貫通。所以統觀來說，永遠有形氣的心產生，無限多的形氣的心產生又消散。故若超越在人我之上言，總和起來還是一個無限的元氣流行，支持人心有無限之貫徹上下之作用。

> 心有以本體言者，「心之官則思」與夫「心統性情」是也；有以運用言者，「出入無時，莫知其鄉」與夫「收其放心」是也。乃不可一概而論者，執其一義則固矣。大率心與性情，其景象

5　【宋】張載撰：《張載集》《正蒙·大心》，台北：漢京文化公司，1983 年 9 月，頁 24。

> 定位亦自別，說心便沾形體景象，說性便沾人生虛靈景象，說
> 情便沾應物於外景象，位雖不同，其實一貫之道。學者當察其
> 義之所主，得矣。[6]

　　心體本具認知與主宰之能，心透過思之官彰顯性理內涵，由思精察事物之理，進而藉由性理內涵回應以恰當之情，故心乃性與情發用之主宰。性為氣之生理，情為氣之發用，心為氣之靈能，三者皆為一氣之不同變化，功能、作用與位階不同，但在本質上卻皆為氣化一貫之道。

　　心之知覺委順氣化流行，能感通發用出入無時，無方所之限制，亦是無所不在之知覺表現。氣化流行乃自由無限，有任何可能性，故心之知覺亦具無限表現之可能。對王學而言，心體亦無限，但其無限來自良知本體之靈明無礙。對王廷相而言，心之體無限，乃從氣化生生感通發用不已言，即不斷精察深思事物之理，亦不斷回應以恰當之理。

　　心為形體上生生不息之知覺表現，故心自會掌握氣化流行之性。性乃「氣之靈能」，亦生生不息，以彰顯各人二五比例不同。故性有兩特色，其一，每個人二五比例不同，所以善惡比例不同；其二，性乃生生不息。人若惡多善少，在人倫日用上便表現惡多善少。心之知覺乃專門掌握性，心會充滿天理，然後知之踐之。但性中善惡皆有，所以心若只為表現性，當人惡多善少時，表現出來亦惡多善少，故應由心來協調性。情為二五比例造成各人情之差異，心實現善時，便表現成正常之情，故由心知表現出來之具體言行，便是情善。此即心自作主宰的「心統性情」義。而情善乃王廷相、吳廷翰、高拱，甚至於戴震等以氣為主體的思想家的特點。

> 心，統性情者。但言心而皆統性情，則人心亦統性，道心亦統
> 情矣。人心統性，氣質之性其都，而天命之性其原矣。原於天
> 命，故危而不亡；都於氣質，故危而不安。道心統情，天命之
> 性其顯，而氣質之性其藏矣。[7]

---

[6]　同註1，《王廷相集・雅述》，頁834。
[7]　【明】王夫之著：《船山全書》（二）《尚書引義》卷一，湖南：嶽麓書社，1992

　　此段為王夫之由理氣渾融的立場論心統性情，以為人心順氣質本可統情，但因情與性皆氣化流行之發為人倫日用者，所以人心亦可統性；同樣道心本由天命本原處統性，但性之發惟藉情才能實現其內涵，所以道心亦可統情。王夫之如此道心人心本為一心，性情相融為一，但不廢彼此位階功能不同的說法，可與王廷相既說心性情一貫，又強調三者位階有異之說法，互相發明之。

> 目可以施其明，何物不視？耳可以施其聰，何物不聽？心體虛明廣大，何所不能知而度之？故事物之不聞見者，耳目未嘗施其聰明；事理之有未知者，心未嘗致思而度之也。故知之精由於思，行之察亦由於思。[8]

　　心體乃順氣一理一、氣萬理萬而來，心體虛明之知覺作用，如同元氣一般廣大。故心體虛明靈覺，天地萬物無不可感通，隨著認知擴大，透過耳目見聞之認知作用，心體內涵會擴至於無限，認知所有氣化之內容。由上論述可知，其一，心體乃順氣化流行而來，氣化無限廣大，心體亦無限廣大，故能無所不知。其二，由耳目之聰，能知覺有其無限性之生理。心知之廣大建立在耳目見聞不斷認知上，將內在性理與外在事理兩者合而為一，使兩者在一氣流行下，由心體所彰顯。但王廷相更強調事物之聞見，需透過耳聰目明之實際體察，方能無所不得其聞見之知；至於心欲得其事理之精，須致思度之。此清楚可知，王廷相將心知基礎建立在耳目的考察與認知事物之差別上，由耳目見聞所得之認識，再進一步透過精思力行的體會，所謂「心固虛靈，而應者必藉視聽聰明，會於人事，而後靈能長焉。」[9]，靈可以長，乃因心知透過耳目見聞而可以擴充廣大之義。同時萬事萬物幾微變化，往往不可以常理執之，是因有氣化之常，亦有氣化之變，心知雖廣大無限，但首先，需有耳目見聞，其次，應學習古今名教，最末，能掌

　　年6月，頁261。
8　同註1，《王廷相集·慎言》，頁777。
9　同註1，《王廷相集》，頁604。

握氣化之常和氣化之變，如此「靈」才能「長」而內化為虛明廣大心體之內涵。

> 人心有物，則以所物為主，應者非其物，則不相得，不庶於道者幾希。故曰「與其是內而非外，不如內外之兩忘」，蓋欲其湛然虛靜。[10]

　　心知雖待耳目見聞之擴充而廣大，但心體卻非由外而得，以心為氣質之靈，氣質為形氣之妙凝，心體貫注在形氣中為性情之主宰，感通於萬事萬物，實則委順氣化流行之遇與不遇而已，即形氣雖有內外之別，但心體貫注上下，感通流行內外而無間，故對心體而言，是無上下有無內外之分的，只是隨順氣化流行感通回應而已。

　　心體虛靈以回應萬事萬物，然後順理而應，應後復靜。若物之來，則心自以應物為主，回應以氣化之常道，以氣化之常乃心之本質。若心執於一物，即以此物滯塞心中，本有氣化任何可能性之心，便不能虛靈妙應萬事或萬理，違反心中氣化生生之原則，是為最大之障蔽。因此心當充滿氣化流行之常道，以明其自由無限之湛然虛靜。

　　心乃氣化流行之知覺表現，故心中自包含氣化流行之任何可能性，此即心具眾理之義。但形氣之間會受到認知能力和氣質才性之限制，未必能完全表現，須透過外在他律之古今名教，清暢駁雜之氣質，此時氣質便不再限制心知之認知作用，即可回復虛明無限之狀態。同時仁義名教，和心中本具之氣化常道之理本是相合，於是內在本有之任何可能性，和另一外在古今名教的仁義之道完全相合，此亦心無內在外在之別，「不如內外之兩忘」，為一氣化常道之回應義。

　　王廷相心之體用，是建立在氣之靈能的基礎，故論心體重在彰顯氣化之內涵，論心用則重在氣萬理萬之考察與知之精、行之察的實踐，這樣論心與王學朱學皆有所不同。王學言心乃即存有即活動，自由無限道德判斷的主體，所以王學面對外界現前之任何事物，皆能作出非常恰當的是非善惡之判斷。王廷相之心亦具心學之特色，但其將主體

---

[10] 同註1，《王廷相集·慎言》，頁776。

從心轉化成氣，所以主體不再由無限之心言，而由心中涵藏有無限氣化之可能性論。朱學之心乃認知心，認知心欲認知無限性理，使無限性理充滿在心中，一朝豁然貫通，才能恰當回應萬事萬物。但因其理氣二分之故，若未透過格物、致知之學習，或窮理尚不足，便無法恰當回應萬事萬物之變化。

王廷相之心能夠順理而應，是因心體涵藏萬理，不必如朱子心需要認知形上性理才涵藏萬理，以形氣本身即涵藏萬理。但朱子之心優點在於認知道德性理，而後存於心中做為主體，再轉化為情，且人必要遵循此道德性理而行，故有外在規範之功用。王廷相亦非常重視外在仁義禮樂之名教，但二者本質乃一致，故統觀而言，王廷相之心將心學及朱學之優點予以吸收，並轉化為另一種模式呈現。

二、萬理皆會於心

> 蓋萬事有萬事之理，靜皆具於一心，動而有感，乃隨事順理而應，故曰「左右逢原」。感之不同，應之不同，可推矣。[11]

元氣涵藏萬理，凝為形氣造成氣萬理萬，故萬事萬物有萬理，且此萬理之本具於元氣之內。同樣的，性為氣化之生理，性體也涵藏萬理，故氣之靈能的心體，雖為虛靈狀態，仍以性之萬理為內涵，隨氣化之感通而認知與回應，故心體實無動靜之分。只是隨氣化流行所遇，心體才有感通不感通的分別。當無外物之來感曰靜，則萬理具於一心隱而未發；當外物之來，則隨感而應，對應以適切之情，此曰「左右逢源」。

> 沖漠無朕，萬象森然已具，此靜而未感也，人心與造化之體皆然。使無外感，何有於動？故動者緣外而起者。應在靜也，機在外也。已應矣，靜自如故，謂動以擾靜則可，謂動生於靜則不可，而況靜生於動乎？[12]

---

[11]　同註1，《王廷相集‧雅述》，頁889。
[12]　同註1，《王廷相集‧雅述》，頁834。

　　就心體而言，氣化流行之任何可能性亦皆存於心中，此指心靜而無感時，等同於元氣之內涵。動者緣外而起，並非言動感皆因外界而起，因心氣與元氣之流行本一致，故心不斷生生不息，動表外物來遇者，仍為氣化不同之展現，此時心便感通以表現回應同為氣化流行之外感之機制，此即展現心之認知作用，故心於靜中便是氣化主體，由此才能回應外感，此為「應在靜」之義。

　　「機在外」，表示外感乃元氣在形氣中為其主體，知形氣具生生不息之功用。故機有二義，其一，表外在形氣之作用；另一，表個體之形氣回應。而此言「機在外」，指當外在事物出現在個體之前，其心思作用能有感受，表示肯定此心思作用為個體之主體。當回應結束，動便回復靜。由上可知，心乃一思慮運化不已作用，此呈現兩意義，其一，心乃回應外感之主體；其二，當心知外感契機出現，便主動回應此外感之機。外感之機會消失之因，乃外感之契機為元氣生生在形氣上之初顯，及此契機消失後，在無下一外感現前時，思慮便不會表現在外感上，於是回到靜而無感之狀態。故可說氣化之外感，引起本靜之心發出感知之作用。亦即氣化之外感引發氣化之心與之感通，雖有外動內靜之別，但以氣化為本質則無分別。但不可說外動生於內靜，如此雖保住彼此以氣化為本的一致，卻泯滅了人我、內外在形氣上之差別，亦即泯滅了萬物各具其主體性的重要性。

> 世儒曰「靜而寂然，惟是一理，感而遂通，乃散為萬事」誤矣。寂然不動之時，萬理皆會於心，此謂之一心則可，謂之一理則不可；一理安可以應萬事？[13]

　　心靜而未感時為寂，但心寂然不動之時，並非空無一物，實與造化內涵一致，乃「萬理皆會於心」，故謂之一心可以，但謂之一理則不可。氣化生生為人，人為一氣質組成，氣之靈能為心，是以人只有一思慮與主宰之心，並無二心。但此心卻蘊含萬理，並非徒恃一靈明之理，便可以順此一理而應萬事，當然應以萬理應萬事。而此心體之

---

[13]　同註1，《王廷相集・雅述》，頁889。

萬理乃得自元氣之生生，同為一氣之流行而有無限之可能。另此心之
寂非空無死寂，只因物之未來，心無所感之故，一旦外物之來，機之
所觸，心感而動，便會認知事物之理，順事理於萬理中擇一適切之理
以應，應物後而復歸寂，此時雖歸寂然之體，但氣化生生之流行並無
止息，仍為此體之內涵。

> 動靜者，合內外而一之道。心未有寂而不感者，理未有感而不
> 應者，故靜為本體而動為發用。理之分備而心之妙全，皆神化
> 之不得已。聖人主靜，先其本體養之。「感而遂通」，「左右
> 逢原」，則靜為有用，非固惡夫動。世儒以動為客感而惟重乎
> 靜，是靜是而動非，靜為我真而動為客假，以內外為二，近佛
> 氏之禪以厭外。[14]

　　心之寂然本體萬理皆具，心之動而感通順理應事，實則皆一氣之
流行，故曰「動靜乃合內外而一之道」。對心而言，有內外動靜之別，
心為感物之主曰內曰靜曰寂，當心之感於物，曰動曰外曰應，實則皆
為一氣化常道之流行而已。只以氣化為外物，或以氣化為內心之位置
不同而已。當心之內外動靜皆合於氣化常道，不論心與物之位置有別
與否，此即內外上下一也。

　　心之寂然而感，感而順理應事，知心有其必然應然之靈覺，必有
要認知要應事之不得不然者，此乃「神化之不得已」。此說明氣化流
行生生不已之必然性，亦說明心體必會感通應事、彰顯性理之必然性，
更說明氣化常道實踐之必要性。此神化之不得已，貫注在元氣凝為形
氣，心體實現性體之中而無間，故心以靜之寂然為本體，以動之感通
應事為發用，實則動靜都是一氣之神化流行。

　　動靜本質並無分別，只是內外位置不同。心由寂而感，心體由靜
而動，動而復靜，此乃神化不已之動靜相生不已。此外，理與心需相
配合，心一感便會以心中各種可能性理內涵回應外感，故需以見聞之
作用掌握事物。因心之知覺作用能掌握事物之條理，且形氣中必有理，

14　同註1，《王廷相集‧慎言》，頁774。

故心欲知覺感應者便是諸般形氣之理。心思永遠運行表靜為本體，動為發用之義，此動只是為回應外感，但當其無回應時則稱靜，其實共只一主體。

故王廷相要批評世儒徒以守靜為主，以靜為是為真，厭於應事，以動為非為客，只重其心之靈覺，忽其心之感通應事，不知心與物皆屬一氣之生生，只內外位置有別，遂使心物二分、內外割裂，與佛老靜坐養心無異。

> 異端之學無物，靜而寂，寂而滅；吾儒之學有主，靜而感，感而應，靜而不思何害？易曰：「無思也，無為也，感而遂通天下之故。」然則仲尼幾異端乎。[15]

「異端之學無物，靜而寂，寂而滅」，此乃批評佛老之心體空無死寂，與王廷相之心為「靜而感，感而應」者大相逕庭。心若為靜，絕非空寂無物，而是保持住知覺思慮無限之狀態，一遇具主體性之形氣外感時，心便回應外感，此乃上述所謂「神化之不得已」處。尊重不同之形氣，進而掌握各種形氣之理，則回應外感便是欲回應此形氣之理，如見父知孝、見兄知悌。但形氣已應後，立刻回復心之靜，即回復心知未感時運化不息之狀態。所謂「未有應，『戒慎乎其所不睹，恐懼乎其所不聞』；既有應，『非禮勿視、聽、言動』如此而已。」[16]故心非動靜相對的靜，實則表心永遠處於動之狀態，當無外感時，無法明顯感受其運化，而誤以為其不存在，實則「靜而不思何害」，心之知覺思慮未被外感引發，但仍思慮不息，此乃無思無為之健動不息義。

王廷相之心雖受外感引發，似乎為被動義，但心即氣化流行知覺之表現，外感則是在於被感受到，與未被感受到之差別，可知心非被動或逐物而動。若果如此，則心即喪失主體性；若心僅為物事之應，物之來心乃得應，則心思即成被決定者。但王廷相之心則本具主動義，

---

[15] 同註1，《王廷相集·慎言》，頁779。
[16] 同註1，《王廷相集·慎言》，頁778。

故雖靜而能感，雖感而復靜，雖似有動靜，但心氣之生生無動靜。說有動靜，保住了心、物皆為各具主體性者。說無動靜，肯定了心、物皆以一氣生生為本質。

> 先內以操外，此謂動心，動心不可有；由外以觸內，此謂應心，應心不可無。非不可無，不能無。鑑之明，不索照，來者應之；能應矣，未嘗留跡。易曰「無思也，無為也」動心何有？「感而遂通天下之故」，固應心之不能無。喜怒者，由外觸者。過於喜則蕩，過於怒則激，心氣之失其平，非善養者。惟聖人虛心以應物，而淡然平中。[17]

心體涵藏萬理，靈明感通時，則靜而感，感而應，順事而應理，為彰顯性理的主宰，具認知與實踐性理之靈能。氣化知覺之心，既不偏於內而守靜，亦不偏於外而逐物，而是內感外應，心物統於氣之生理而為一。因為「動心不可有」，所以反對徒守心之靈明以為道德主體，並以之賦予外物價值者。因由氣化言，此說違背萬物各具主體性之旨。要先由外以觸內，即要先經耳目見聞之認知各具氣化主體性的萬物，再由心來回應事物之理。故站在氣化流行內外本質是一，但內外又各具主體性之立場，主張先由外以觸內，再內以應外之心物是一模式。

為使心寂然時能涵藏萬理，感通時能靈明以感知外物，心必須不執於一物曰虛，如此可委順於氣化之流行。此時雖靜而心之知覺仍不斷感通，當物之來便能知之精察，以相應之理回應無不中節，當事過境遷，回復不執於一物之心體，即寂然之心。如此隨感隨應，應復歸寂，此謂「虛心應物，淡然平中」。說明聖人以虛養心，以中應物，自會隨順氣化流行中事物當然之理，自然密合無間而中節。

可知王廷相之心體，既有陸王心學之靈明以感通萬物，而無其空寂之疏，亦不廢朱學見聞致知之功夫，主張由外以觸內；又無朱學割裂內外之失，以心體本具萬理於其中，主張由內以應外，可謂吸收朱王二家心性論之長，而避開二家之所短。

---

[17] 同註 1，《王廷相集·雅述》，頁 839。

三、人心道心皆天賦

> 善固性也，惡亦人心所出，非有二本。善者足以治世，惡者足
> 以亂。聖人懼世紀弛而民循其惡，乃取其性之足以治世者而定
> 之，曰仁義中正，而立教焉，使天下後世由是而行則為善，畔
> 於此則為惡。出乎心而發乎情，其道一而已。[18]

　　明道有云：「善固謂之性也，惡亦不可不謂之性也。」明道論性
包涵善惡。若由主體心論性，主體義的性具絕對善，不會有惡；若從
氣化凝結有各種可能論性，則氣化流行有不同可能，自有善惡之不同。
心具主宰作用，專門彰顯形氣之性的內涵，可知心為盡性之主。但氣
質之性善惡皆有，心能盡性，自然也會將氣性善惡彰顯出來，因此「善
固性也，惡亦人心所出，非有二本」，如此氣稟清暢之善，為心之所
發，自然為善之情；同樣，氣稟駁雜之惡，為心之所發，則為惡情，
故心知所發善惡都有，可知心為盡性顯情之主宰。

　　心在氣化的層面可為實現性情的主體，心亦可在價值層面上說，
故合二者而言，心會以性中之善，即氣化之常，作為仁義中正教化之
標準，心便具行善去惡的判斷與實踐之能，將性中常善呈現於人倫日
用，進而將此當作仁義的具體教化，故心亦具為善去惡立教化的功能。
心之所發為情，形氣之心將形氣之性之善惡，表現成形氣之情，固然
善性表現成善情，惡性透過心之認知仁義理智名教也轉化成善情，此
為「出於心發乎情」之義。

> 人心如匱，虛則容，實則否。道義者，心之天理，知之必踐之，
> 以為實而匱之；戾乎道義者，心之私欲，知之且禁之，以為沙礫
> 而棄之。匱之未盈，猶足容，故私欲之感，或可乘虛而入；至於
> 天理充滿，無少虧欠，匱盈而無隙可乘，夫安能容？故學者當蓄
> 德以實其心。[19]

---

[18]　同註1，《王廷相集》，頁609。
[19]　同註1，《王廷相集‧慎言》，頁777。

　　心之體如　　，虛明則生生而容物，執實則滯塞而不通，若心通於生生道義之理，則知之而踐之，如心之愛發而為仁，心之宜發而為義，心之敬發而為禮，心之知發而為智，仁義禮智皆為心之善所發，則心體之善日益擴充；若心滯於私欲之感，心當絕而禁之，改惡從善，使善之天理充滿心體，則心之私欲自無從奪心之主。是以心之善惡雖參雜，但當順心之義理發為仁義禮智之情，而不當讓私欲乘虛而入，要知而禁之，改惡從善。

　　王廷相心本質乃氣化之知覺，既能認知仁義禮智之善理，亦能認知私欲之惡理。當循仁義禮智氣化之常理，則表現為自由自主的認知作用；當寓于形氣之私，則表現為有限之惡情。和朱子之心性比較，朱學之心乃形下氣化之有限心，性才是無限，心只能循性而行。王廷相則將心當主體，心本具無窮生生認知作用，只要直接認知，便能掌握氣種有定之種種性理，因此心必要保持虛明狀態，此虛明狀態與老子不執著、有無相生之境界類似，故王廷相之心亦須不執於情識，才能循氣化的無限生生而感發。只是老子之虛明是由心體境界說，王廷相之虛明則是由氣化實有說。

> 且舜之戒禹而以人心道心言者，亦以形性為一統論，非形自形而性自性。謂之人心，自其情欲之發言之；謂之道心，自其道德之發言之。二者，人性所必具者。但道心非氣稟清明者則不能全，故曰「道心惟微」，言此心甚微眇而發見不多；人心則循情逐物，易於流蕩，故曰「惟危」，言此心動以人欲，多致兇咎。人能加精一執中之功，使道心雖微，擴充其端而日長；人心雖危，擇其可者行之而日安，則動無不善，聖賢之域可以馴致。此養性之實學，作聖之極功。[20]

　　此段從氣質才性上論人心道心，「人心」指氣質才性的耳目口鼻四肢之情欲層面，「道心」則由氣質才性說惻隱辭讓羞惡是非之道德層面。王廷相反對離開形氣層面將心分人心、道心；或以形氣所發為

---

[20]　同註1，《王廷相集・雅述》，頁851。

人心，而以性理所發為道心，將人分為形、性兩部分。以形自為形、性自為性，分形上為性與形下為形不同之二者，如此則人割裂為二。人心道心應從氣質論，氣心從義理而行，發為善情稱道心；氣心順私欲而為惡情稱人心，二者本是一心，皆氣質人性中之本具，只是所從方向有別而已。

　　人心道心雖氣性中本具，但因性之氣質清濁駁雜不齊，道心為氣稟清明者才能得其氣化流行全面之展現，但氣清流行者為少數。反之，生命重心或執著停滯二五比例之固定氣質中者，自然遠離氣化流行之常道，而只能以有限氣質相應之情欲為主。

　　上提至元氣為一實有本體說，氣化本有生生義、價值義、氣種不同義等，故氣化知覺之心，本身即以此等生生義、價值義為內涵。所以是由心說有生生義、道德義等，而不應由生生義、道德義不同方向者來說心，使心竟有生生之心、道德之心等不同之心。

> 人心便是饑而思食，寒而思衣底心。饑而思食後，思量當食與
> 不當食；寒而思衣後，思量當著與不當著，這便是道心。聖人
> 時那人心也不能無，但聖人是常合著那道心，不教人心勝了道
> 心。道心只是要安頓教是，莫隨那人心去。[21]

　　此段為朱子順情欲論人心，順義理說道心，進而落實至動靜語默的實踐上說。以為飢欲食，寒欲衣乃人心，但當食或當衣與否之道德判斷，乃道心之表現。惟朱子是立於理主宰氣的立場，故主張人心須靠道心來安頓。此則與王廷相以為形與性皆一統於元氣，故人心與道心皆氣性所必具的觀點有差異。因朱子的人心道心皆具，是形上統形下的具，而王廷相的人心道心皆具，則是形上形下統貫為一氣的具，此則須辯明的。

> 人心，道心，皆天賦。人惟循人心而行，則智者、力者、眾者，
> 無不得其欲；愚而寡弱者，必困窮不遂。豈惟是哉？循而遂之，

21　【宋】黎靖德編：《朱子語類》卷七十八，台北：文津出版社，1986 年 12 月，頁2016。

　　滅天性，亡愧恥，恣殺害，與禽獸等，是以聖人憂之。自其道
　　心者，定之以仁義，齊之以禮樂，禁之以刑法，而名教立焉。
　　由是智愚、強弱、眾寡，各安其分而不爭，其人心之堤防乎。[22]

　　王廷相循氣化之有各種可能性，故以為性中人心道心皆存在。自
清明氣質而有之道心，必發為仁義禮智，來順暢氣質梏限之人心。並
透過順氣化而有之仁義禮樂，來建立氣化世界之名教。因為仁義是性
中之善，故需由禮樂來表現，性中之惡則要禁之以刑法，此亦一賞善
罰惡之名教標準，使智者強者愚者弱者各安其分，各得其所而不爭。
此乃由氣質清暢與否來決定，使智與強者皆能以氣質清暢為標準；愚
與弱者以功夫修養暢通氣質之停滯為目標。故聖人定之以名教，但名
教的內在根據本於道心，道心乃本性之所具。故名教本質與本性一致，
是天賦所本有的，非自別於道心外的另一套標準。

　　性之本然，吾從大舜焉，「人心惟危，道心惟微」而已；並其
　　才而言之，吾從仲尼焉，「性相近，習相遠」而已。惻隱之心，
　　怵惕於情之可怛；羞惡之心，泚顙於事之可愧，孟子良心之端，
　　即舜之道心。「口之於味，耳之於聲，目之於色，鼻之於嗅，
　　四肢之於安逸」孟子天性之欲，即舜之人心。由是觀之，二者
　　聖愚之所同賦，不謂相近乎？由人心而辟焉，愚不肖同歸焉；
　　由道心而精焉，聖賢同塗也，不為相遠乎？[23]

　　從先天氣質論性，性之本然有清濁駁雜之氣，稟氣清明者道心多，
稟氣濁駁者人心多。王廷相從氣質之清暢濁駁論人心、道心。若合氣
質才性而論，則除人心道心之辨，亦有聖愚賢不肖之別，此乃才性所
生之差異，氣質之清暢者多發為善情，故為聖為賢；反之，氣質之濁
駁者多不能清暢表現為善，故為愚為不肖。合氣質之清濁與聖愚才性
之異而論，王廷相取孔子「性相近，習相遠」之說，人心道心皆為性
之本具，以其皆為氣化流行二五比例之任何可能性所成者，此言「相

22　同註1，《王廷相集‧慎言》，頁784。
23　同註1，《王廷相集‧慎言》，頁766。

「近」者。若由皆本於一氣之生、二五之凝，且氣質之內涵各各不同而各具主體性論，則從人心之四肢安逸，從道心之清暢靈明，一則受限於氣質之梏限而有限，一則彰顯氣性之無限而感通無礙，此言「習遠」。

人心道心皆是氣質才性，惻隱、羞惡之心為道心之才性，口之於味，耳之於聲，目之於色，鼻之於嗅則是人心之才性，全部是氣質之才性，皆在形氣層面論。簡言之，道心和人心聖愚皆有，心中是道心人心皆有，性中是善惡清濁皆有，皆稟自元氣生生有各種可能而來，故曰「性相近」。知王廷相主從一氣之流行論才性，而聖賢愚不肖雖氣性各各不同，但皆本一氣所生，皆稟生生之性理，此由生生之根源義說「相近」。

性中之善惡由人心、道心論，順人心之私欲會表現惡，順道心之氣化常道會表現善，故順性中間善惡清濁人心道心之表現，人即有善惡之表現，亦有聖愚賢不肖才性之異。故聖賢氣質清暢當全然展現性理之內涵，一般氣質駁雜則會受限於氣質之滯塞，如此一善一惡是為「習遠」，是陰陽偏勝之氣質，落實於形氣中有萬殊不齊之可能，或為道心、或為人心，再熏染上後天之習，則習善者為愈善，習惡者愈惡，此則將氣化不已落於方向與習染之不同上，說「相遠」。

第二節　心之神

一、神者形氣之妙用

> 神者，形氣之妙用，性之不得已者也。三者，一貫之道。[24]

元氣可變化成種種形氣之生妙作用為「神」，並藉此可創生出更多不同樣貌之形氣。同時使形氣直承元氣中神之內涵，而為其本質，此稱形氣之性。由於元氣生化不已，而有靈蠢動植不同之形氣，而各形氣之性亦本此生化作用而可表現成許多具體之言行，此皆性不得已之靈妙恰當之神用。

---

[24]　同註1，《王廷相集》，頁963。

　　當性、氣、神三者皆存於形氣中，此時形氣之性能由形上無限之虛體，凝結轉化為形下有限之實質之關鍵，當在藉由凝結之作用，使生生之神可通貫無形之氣和有形之質兩層面，故性、氣、神三者，在形氣立場可說是一貫而不可分割者。

> 夫神必藉形氣而有者，無形氣則神滅；縱有之，亦乘夫未散之氣而顯者，如火光之必附於物而後見，無物則火尚何在？仲尼之門，論陰陽必以氣，論神必不離陰陽。[25]

　　神乃無形之生化作用，須藉由具體陰陽相生之形氣，展現成性之具體之言行。若無具體形氣之實現，則表陰陽二氣之神用未在形氣中彰顯，亦表此神之不存。

　　無形質之火光與無形之神用是一，兩者皆來自形氣陰陽相生而有。將散未散之氣仍須具體形氣藉陰陽相生之神用表示其存在。如火表不具體之神用，火雖須附物而存，但無物時火隨時消散，此時形氣之神用也同時消散。故有形物才有火，有形氣才知神之存在。

> 陰陽終竟不能相離，凡以為神者，皆陰陽之妙用，故曰「陰陽不測之謂神」。人死魂升，乃陰陽之精離其糟粕，不可謂獨陽而無陰。大抵陰陽論至極精處，氣雖無形，而氤氳絪縕之象即陰，其動蕩飛揚之妙即陽，如火之附物然，無物則火不見示。故人死魂升而能神者，此也。[26]

　　陰陽二氣彼此不相離才得以表現出創生之神，故神之靈妙不測化生萬物須藉由陰陽合和之互相摩盪不已來展現。所以陰陽相生在人具體作用之精，本為形體生化之動力，但形體受陰陽相生不已，而有衰亡之可能，故陰陽之精亦會離糟粕之人身。由陰陽之神而有形體，由陰陽之精離其糟粕而有死亡，可知形體之存與亡，都不影響陰陽相生之神的存在，故不能說生為陽而無陰，死為陰而無陽，此以陰陽相生不離，凸顯神之生生義。

---

[25] 同註1，《王廷相集》，頁964。
[26] 同註1，《王廷相集》，頁488。

陰陽之氣，雖同為無形者，但陰、陽其表現狀態各有不同。陰乃氣氤氳渾沌之象，若氣動而揚中有氤氳之象；陽乃氣流動升發之狀，若氣凝而靜中有動而揚之貌。如此可知陰陽不可分為不同之二氣。又可由火與物論陰陽與人之關係，火因物得以發光，物因火之附而證明存在，所以必須具有陰陽二氣具體之條件，才能彰顯無形之神用。所以無形之神用藉有形之氣而顯，有形之氣藉無形之神用而生。如陰陽之附於人有神用；當陰陽之精離於身，則人死魂升，回復神之無形不顯之狀。可知不論陰陽附身顯神用，或離身魂升，陰陽之神皆普遍存於身與無身之中，有形與無形之兩間。

> 愚則以為萬物各有稟受，各正性命，其氣雖出於天，其神則為己有。地有地之神，人有人之神，物有物之神。[27]

當天化生出不同之萬物，物各稟其陰陽偏勝之理，即有其各個不同陰陽比例之形氣。因元氣生生之神凝為性不得已之用，但此神亦受限於偏勝不同之氣質。故地有地之神，人有人之神，物有物之神。故雖有普遍性生生之神用，但亦受限於偏勝之形氣，故此時神非無限，而專指為此偏勝形氣之神。

> 聖人心有是神，則觸處動然，故曰「聲入心通」。聖人心有是理，則隨感而應，故曰「左右逢原」。[28]

人之本質直承元氣而來，故人身具有元神之生生作用，而此元神之作用表現在人身者即心。心具此神，則可表現為目之能視，耳之能聽之感官見聞；此外，更可表現為判斷是非善惡之思慮作用，然其判斷標準則由性之道德內涵為基礎。人心具有生生神用，自會不斷地展現此兩種能力，但無形之能力須藉外物之引發，才能表現成具體之人倫事功，藉此彰顯心本具之神用。

然而形氣之外物無所不在，並具種種不同狀態，因其與元氣之關係是由凝結而來，凝結分成常與變，故外物亦有常變之別。但因心具

---

[27]　同註1，《王廷相集》，頁973。
[28]　同註1，《王廷相集・慎言》，頁763。

神用，故其可知覺元氣流行之各種變化，不同形氣之來遇，皆可以靈動恰當地回應。心經由耳目感官與物遇，直接經由思慮判斷，遂展現成如理的言行，此即常之回應；但若所遇之物，不合於氣化之常道，並會影響心之判準，使心不能順利展現神之作用。則心需透過耳目感官之見聞認知氣化常道，心先經此學習之過程，再做正確之思慮判斷，進而表現出合於氣化常理之人倫常情，此即變之回應。當心可以正確掌握氣化之種種常變關係時，即可通貫常變不同之物，做出最恰當之回應，此乃「聲入心通」之境。

心因有神之作用，故可靈動之回應外物，但其可準確判斷之因，則在於心有是理。因心乃氣化流行之心，而氣化流行中之陰陽偏勝、生生不息、神妙靈敏、常變不測之規律條理本具心中，此即心有萬理能「左右逢原」之因。心之主體雖可不斷發出認知思慮之作用，但王廷相卻不強調心動態之主動發用義，而是將重心放在心靜態之被動接受義。其接受外物之刺激而感時，心依據其內所含之氣化萬理，發動其回應外感之合理行為，此行為之內在規律即稱為「心有是理」。

就心之主體而言，心對外感之反應，因物之由外而內刺激，故由內而外去回應。而心之狀態則由寂而感，又由感回歸寂，此乃由靜而動，又由動復靜之心思感應循環，其中之過程規律稱心有是理。心有是理是以元氣的凝結和消散的循環做為基礎，故心之寂感動靜變化之循環，皆依據氣化之聚散、升降、浮沉而不斷變化。故雖然強調心之發動都是由於外感刺激而發動，但卻無損心之無限義與主體義，因心之本質同於無限之氣化主體，故心體神用仍是遍在兩間中，由此視角來說，心之神用實無相對界之主動或被動之分別。

朱子不具道德內涵之理性之形氣心，須藉由認知萬物之事理，再存於形氣之心中。王廷相其心如同朱子之理性心，可認知形氣層面事物之理，但其心乃跡理合一，則與朱子有異。因外界事物之理，與其心所含之萬理皆氣化流行之常，因此心雖然屬於理性之性質，但心之內涵直承氣化流行而來，其含有陰陽偏勝、生生不息、常變不測、靈妙不測等氣化之理。故心中有氣化之理，心自不須外求事物上

之理，而是透過格物學習，使理性心達到理跡是一之內外合一之境即可。

> 氣神而精靈，魂陽而魄陰。神發而識之遠者，氣之清；靈感而
> 記之久者，精之純，此魂魄之性，生之道。氣衰不足以載魄，
> 形壞不足以凝魂，此精神之離，死之道。[29]

　　無形之氣中有生生神用，當氣之神貫注在形質之人身中，使人之形體亦具此生生之能則稱「精」。人形體之精本具認知與表現道德之動力，若其可表現成恰當合於氣化之常之具體言行，則可言「精靈」。陽即氣之神之無形動力，在人身則稱為「魂」；陰即形之精之有形形質，在人身則稱為「魄」，人乃透過陰陽合和，才得以創生，故人之身即具陽魂之氣與陰魄之質，兩者依附而不離，才能表現人倫日用之善行。

　　人魂陽之神具有認知思慮之動力，則可認知無形無限氣化之常理。但魂陽之神須藉由人魂陽之氣展現，若人魂陽之氣清暢，則魂陽之神可順暢無礙的全然展現，則魂陽之神可無限廣遠地，知覺元氣流行中客觀機率所決定之種種變化狀態。人魄陰之精亦具有認知思慮之用，但其可認知者乃有形有限之具體事物。若人魄陰之質純粹，則魄陰之精可順利表現其耳目感通與記憶長久之功。此外，亦能將所感通記憶之物累積，透過此記憶之作用而可靈動的回應外感，表現成合理之言行。

　　形氣之人的知覺即是陽魂陰魄相和之過程，故人身魂魄之性本具「氣神」與「精靈」兩種作用。所謂「氣之神」乃氣盛而能攝質者；「精之靈」乃質盛而凝氣者。故氣不盛則不足以載質之魄，氣之神不顯；反之，質不盛不足以凝氣之魂，故精之純不彰。若有氣不盛或是質不盛之狀況，則精之靈與氣之神則無法互相依附，而使精神相離，魂魄之性與陰陽相生之架構崩解，則為神識與靈記無從作用的「死之道」。

---

[29]　同註1，《王廷相集·慎言》，頁768。

二、神與見聞互資

> 心者棲神之舍，神者知識之本，思者神識之妙用。自聖人以下，
> 必待此而後知。故神者在內之靈，見聞者在外之資。物理不見
> 不聞，雖聖哲不能索而知之。使嬰兒孩提之時，即閉之幽室，
> 不接物焉，長而出之，則日用之物不能辨，況天地之高遠，鬼
> 神之幽冥，天下古今事變，杳無端倪，可得而知之乎？[30]

　　心主體冥契會通之作用稱作「神」，故人可認知與思慮，並能理
解外在事物，因此神乃學習知識之本源。但若此內心之神展現成外在
之動作，則稱作「思」，此乃神識之妙用。前有言只有聖人可全得穎
悟之識，故不待學。反之可知聖人以下之常人，皆須透過知識之本的
神，與神識妙用之思，再資以見聞之助，才有可知。

　　神乃心內認知理解之能力，但此能力須透過外界氣化流行事物具
體事物之刺激，再通過耳目感官見聞之掌握，再進入內心透過思慮之
判斷，才得以具體印證心含氣化流行之萬理，進而可藉由心所具之氣
化流行之規律，靈動恰當地回應外界事物之感，而此神用才得以呈現。
如同嬰孩若由小至大皆關在密室之中，不接受耳目聞見之刺激，其雖
內具神之作用，但思之靈妙因無聞見之資助而無法學得日用、鬼神、
天下古今等實有之事與理。

　　但外界之耳目聞見之刺激，雖是求得知識必要之條件，但耳目聞
見對心神之刺激，因氣化有常與變之不同，而亦有不同。合於氣化常
理之耳目聞見，對心之學習有正面功效，心藉此涵養印證內在所具
之氣化萬理，順此涵養表現思之神妙作用。但相應於氣化之變之耳目
聞見，則會影響心神，使其不順氣化常道展現成靈妙之思。故耳目之
聞見，善用之足以廣其心，不善用之適以狹其心。因此心之神是否接
受耳目聞見之刺激，則以氣化之常理為取決之標準。

---

[30]　同註1，《王廷相集‧慎言》，頁836。

> 良知不由見聞而有，而見聞莫非良知之用。故良知不滯於見聞，
> 而亦不離於見聞。若主意頭腦專以致良知為事，則凡多聞多見，
> 莫非致良知之功。[31]

　　陽明以良知為道德判斷的最高主宰，而道德判斷是藉耳目見聞作為實現的工具，再致其良知於聞知所掌握的事物上，以判定其是非。如此聞知乃落為第二義，只有成就良知之工具義，本身是依附良知而存在的。只有在作為呈現良知之工具時，才有存在之意義。王廷相則以神思來掌握氣化常理，以見聞認知形氣萬端，二者是內外相須，互相成就知覺的作用。意即在其尊重萬物各具主體性的觀點下，抬高了聞知的地位，與神思齊平，故對當代多有輕聞知之說深致不滿之意。

> 夫神性雖靈，必藉見聞思慮而知。積知之久，以類貫通，而上天
> 下地，入於至精至細，而無不達。殊不知思與見聞必由吾心之神，
> 此內外相須之自然。德性之知，其不為幽閉之孩提者幾希。[32]

　　人心中本具無形神識之作用，但此知識本源，須藉由外在耳目聞見之資助，才得以認知事物之理，並刺激內在之神用，表現理解判斷之思慮作用，彰顯心中本具氣化萬理之常善。如此外在形氣之理，與內在氣化之理便可互肯印證，心認知理解之過程才圓滿完成。

　　心之學習過程並非一蹴可幾，心之神透過見聞思慮累積日久，才可以相類事物之理互相貫通，如此即可貫穿無形元氣與有形形氣，或元氣凝為形氣與形氣回應元氣等不同層面，進而消融彼此之距離，體悟彼此之一致性。故立於神與思，見聞並重的立場下，自然反對不重視見聞，及與見聞分為上下兩層的德性之知。

> 心拘於氣，人有至死不能盡虛盡明者，不可一概論。以是人而
> 責之復初亦迂矣。[33]

---

[31]　【明】王守仁撰：《王陽明全書》一、《傳習錄》中、《答歐陽崇一書》，台北：正中書局，1983 年 7 月，頁 58。

[32]　同註 1，《王廷相集・雅述》，頁 836。

[33]　同註 1，《王廷相集・雅述》，頁 855。

　　因陰陽偏勝之故，有人生而氣質清暢，易順利將性之識完全展現，達到穎悟氣化流行之常理；有人生而氣質濁滯，不易表現性之識，故氣質渾濁者，至死不能窮盡虛明氣化流行之理。也不易將心之認知實踐作用表現出來。故須先透過他律之約束與自律之學習，來擴充其氣質之性之道德義理，使心知作用能突破氣拘之障礙，順暢表現為氣化流行之常道。

> 理無窮盡者，心有通塞者。墳記之載，非吾心靈之會悟；先入之言，梏吾神識之自得，惟自信以俟後聖可矣。[34]

　　氣化之理乃無限普遍之存在，但因陰陽偏勝二五比例不同，使氣質之清濁影響人心作用之表現，而有通塞之別。基本上，吾心之作用可穎悟氣化流行之理的境地，但若心未透過理性判準來思慮與篩選聞見典籍，則聞見典籍反會滯梏吾心神識之作用，而無法達到印證心中本具氣化流行之常理的自得之狀態。

> 耳目開而視聽生，魂魄拘而思識生。萬物之情，其入我也，以耳目之靈；其契我也，以魂魄之精。耳目虛，物無不入；魂魄之精有主，蓋有不受之物矣。不受也者，逆於性。[35]

　　人之耳目展開其功能，即有視聽之作用，此乃心作用之基礎。故王廷相言心特別提及思須與感官見聞相交涉，才能展開認知之作用。人之耳目為吾心之神識所主宰，然吾心神識之產生，是因元神之作用凝結於形質中，產生魂魄之精，此乃將魂魄之精凝於形氣中，使生生動能轉化為表現神識妙用之思的功能。耳目感官能接受外物之感，進而表現其視聽之功，故可認識萬物。魂魄之精亦能表現判斷思慮之能，對於受氣化之客觀機率影響的萬物之情，亦能默契其所以有善惡不同之因。故有耳目才有視聽之知覺，以掌握氣化之現實；有魂魄之精，才可主宰心神之思慮，以為善去惡。

---

[34]　同註1，《王廷相集》，頁520。
[35]　同註1，《王廷相集・慎言》，頁767。

綜上可知心神既會受到氣質、典籍、見聞等拘限，又不可缺少耳目之靈、魂魄之精的資助，此皆桎梏心神為有限之主因。

第三節　心為智體

一、心以思為主

> 「然則心以思為主，何謂？」曰「在應事可也。謂靜以思為主，此儒者之自苦。有感則思，無感則不思，亦足以養神，何膠於思而為之？」[36]

心於氣化流行中感通應事不已，彰性之理而顯情於日用之中，當物之來，以耳目察物之實，進而深思以致其事之理。當應事已畢，心體復歸於氣化之寂，心之思慮亦隨之不顯應事之作用。故有感則有思，無感則思亦不顯，思介於心與事物之間，其主在應事之理，使心順氣化之常理而發，當物之來，可言心以思為主宰。但此所言之思，非他儒所謂靜坐獨處之意識流動。故物之來遇，心以思之能而應之；但當心物合於氣化之理時，思則歸息於不顯，絕非獨守一虛寂之體的意念而已。

心以氣化流行不已為其本質，心將透過見聞掌握事物後，才能思慮事物之理，此知覺作用乃順氣化而顯，故任何時空皆存在。待心感外事，即回應此事物，回應方式是將心中含藏有任何可能性之萬理，尋求一相應之事理以回應，便可具體感受心思之存在，如易傳言「無思也無為也，寂然不動，感而遂通天下之故。」心思隨時存於元氣流行中，故心思乃一無所不在、無所不為之自由無限作用。

> 故事物之不聞見者，耳目未嘗施其聰明；事理之有未知者，心未嘗致思而度之也。故知之精由於思，行之察亦由於思。[37]

「知之精」指心知之思慮整合後，便可深思致理，即表一氣流行之理一與形氣各異之理萬，皆條理明晰清楚。所謂「行之察」言其行

---

[36]　同註1，《王廷相集·慎言》，頁779。
[37]　同註1，《王廷相集·慎言》，頁777。

為於對應氣萬理萬之森然萬物時，皆能循氣化之常道，表現合宜恰當之理以應事，故知行之精察皆由於思。由氣化之知行論心之思，「知之精」乃由於對形氣之理的掌握，「行之察」亦由於對氣化流行中氣萬理萬的判斷合宜而發，此皆心思的功能。思不僅具認知作用外，更會精察事理之緒，而於心體涵藏理萬中，擇一恰當之理以應物。此外，心又具判斷之功能，對形氣認知之整合，對萬殊事理之精熟應對，而後判斷一相應之理，發而中節，故思不僅向外具備知精行察的功能，又內具實踐回應之動力，有形之事物與有形之理應對間，思乃最關鍵之無形作用，思不僅可掌握外在氣化各種可能性之萬般事理，亦可判斷實現心體內在各種可能性之性理，在二者之間，順之以氣化之常道常理而行，如此充盡心知之廣大無限，自可會通於氣化之常道，以致於神妙不測。

> 事物之實覈於見，信傳聞者惑；事理之精契於思，憑記問者粗；事機之妙得於行，徒講說者淺。孔門之學，多聞有擇，多見多識；思不廢學，學不廢思；文猶手人，而歎躬行之未得。後之儒者，任耳而棄目，任載籍而棄心靈，任講說而略行事。[38]

　　王廷相重視形氣界森羅萬象之實有，而此實有必待耳目見聞之稽覈乃得以成立，故必親見其形色、親聞其聲息、親察其生理，乃可曰實有。事物指具體的形氣，事理指形成此形質之二五比例，藉由思慮去分辨事物之理間不同之二五比例，而後再予以恰當之回應。機即元氣生生作用在形氣之發端，事機之妙即表在人倫日用上，表現出如理之行為。由氣化言形氣世界之各種可能性，在人與物上真實呈現，人與物之萬殊皆一氣生生之萬象，因其各具主體性，可知見、思、行當並重。事物必親見聞而為真有，當物之來，心則以思慮察處研究之，末再予以一恰當之回應，此中以心思為主體。心又具實踐之動能，可發動言行以回應事物之理，故既須由見聞而學，亦須思而精擇，如此思學並進，才是孔門正學。對心物間之察處而言，王廷相具三段論之

---

[38]　同註1，《王廷相集・慎言》，頁771。

特色，有形之形氣萬物、無形之心思作用、機發為有形之氣化言行；形氣之見聞、內在之思慮、合內外氣化常理之言行。如物由見而有，心以思為主，機由行而發；有形之見與物，無形之思與心，合有無之行與機構成一立基於氣化的實有世界。

> 見聞梏其識者多，其大有三：怪誕梏中正之識，牽合附會梏至誠之識，篤守先哲梏自得之識。三識梏而聖人之道離矣。故君子之學，聞也、見也、先哲也，參伍之而已。[39]

　　見聞可考察事物之實，精思可知覺事物之理，合二者心則得擴充廣大會於氣化流行之道。但見聞亦有侷限之處，所謂怪誕，意指氣化流行之變；牽合附會則是氣化流行被扭曲之義；若篤守先哲便限定氣化之無限義，而桎梏自我之理性判斷不得自由自主。反之，三識不梏即聖人之道。三識即「中正」、「至誠」、「自得」，此乃心思解悟氣化之常的三種能力。三識若梏於見聞，表見聞既有承載氣化常理實現之作用，但因其為具體有限者，故仍會梏限常理之展現。但具耳目見聞方能體究萬物之實，進而掌握氣萬理萬之形氣世界，故王廷相仍十分強調見聞之重要性，因氣化之各種可能不斷產生，見聞亦不斷擴充，故氣化與見聞皆具無限性。但當形氣之變化已成見聞，此時亦使氣化成有限之形式，如怪誕、牽合或篤守先哲，皆為不同程度氣化有限之形式，此乃不得不有的氣化之變，故須由思學並進，彰顯氣化之常如古今名教等。唯於此思學並進過程中，仍須參考見聞先哲等有限之實然。但經此一辨證歷程後，見聞之正面義凸顯，負面限制義便消退。

二、思與見聞之會

> 孔子曰：「蓋有不知而作之者，我無是也。多聞，擇其善者而從之；多見而識之，知之次」孟子亦曰：「心之官則思，思則得之，不思則不得。」周子亦曰：「思則睿，睿作聖」夫聖賢

---

[39] 同註1，《王廷相集・慎言》，頁770。

　　之所以為知者，不過思與見聞之會而已。世之儒者乃曰思慮見
　　聞為有知，不足為知之至，別出德性之知為無知，以為大知，
　　嗟乎！其禪乎！殊不知思與見聞必由吾心之神，此內外相須之
　　自然。[40]

　　孔子多聞多見而擇其善者，即廣博認知各種形氣，而後循氣化之
善者表現。因形氣事理有常與變，常者循之而行，變者則應改善之，
此為「擇善」之意。所謂「多聞多見」，表應廣博地透過見聞掌握各
種事物之理、質，以對氣化之實質面有所掌握，進而藉實質之形氣成
就意義上之實有。孟子所言「心之官則思，思則得之，不思則不得」，
若順王廷相立場來詮釋，所謂「心之官」，意指思乃心認知與理解之
功能，但此功能則需透過見聞掌握外界事物之動作中才可被感知。若
「思則得之」，因心認知理解之神用，透過見聞掌握外界之事物與事
理，便可掌握任何不同形氣中的質與理、常與變、內外為一等層面。
故心思暢達則能通氣化之微妙，能暢達通微則於氣化常理無不通徹。
如此人倫日用雖變化無端，但不過只是元氣流行之不同樣態。

　　「思與見聞之會」，表思定要透過見聞，才能掌握各種形氣事物
與事理，如此才能無所不知。王廷相重視「見聞之知」，以形氣心之
神用，其所表現之認知思慮功能便為見聞之知。但透過此詮釋，可知
心既有神用之功能，自應也有冥契相通之掌握元氣與形氣間，和形氣
與形氣之間種種狀態之功能，所以並非一定要德行之知才能自由無
限，見聞之知同樣可以冥契相通，此即藉思與見聞之會，而有「內外
相須之自然」的功用。

　　心中理解認知作用稱神，神表現在心之外時，便會認知形氣事物，
此作用稱作思，故思即心之神表現在形氣上之作用。而思應如何認知
呢？需透過耳目見聞，故思與形氣之見聞應重疊，此稱思與見聞之會，
所以思與見聞相資相成時，思便會透過見聞專門來掌握事物事理。

[40]　同註 1，《王廷相集‧雅述》，頁 836。

故心之表現有兩層作用，於心之內稱神，於心之外稱思，由實有說則是內外相須之自然。所以在形氣層面，心之思雖無形，但可掌握有形之耳目知覺，此亦有形、無形為一之模式。因此「德行之知」與「見聞之知」不能割裂為二，因二者本內外相須。以心內之神與心外之思本就具有形、無形之別，但等同言之，則皆統貫於形氣層面。故不應純談德性之知，而脫落見聞之功能。因若將一孩童關於房內，從未接觸外物，便無法由見聞知事物之質與理，亦無能進一步由其質與理判斷其為氣化之常或變，再轉化為道德義之善與惡。此些過程與轉化皆由耳目而生，亦皆由耳目而完成。故可以耳目見聞為形氣之主體，加以重視之，而不應如同朱、王將耳目見聞視為次要之輔助工具。故對王廷相而言，見聞之知與德性之知等同重要，不需將德性、理性和道心、人心二分。因人只有一心，即知覺之義，而此知覺作用於道德層面時，稱道心，即德性之知；知覺作用於人性情慾時，稱人心，即見聞之知。而德性之知與見聞之知皆統於一心中，不應截然二分，不僅如此，王廷相更由「思與見聞之會」為「內外相須之自然」的立場，不單提德性之知，而以見聞之知為主而涵攝了德知之內涵，並將德知之道德義之心體，調整為以氣為本之心體。

德性之知乃判斷是非善惡，並非認知事物之作用，但小孩若從未認知事物，其長大後亦無法認知事物，此非屬良知所能探究之範疇，而屬理智認知之問題，故廷相對陽明之批判並不精確。反之，此批判亦顯陽明之良知思想仍缺少理性認知之功用，因其只具判斷是非善惡之作用，而無法認知事物，故王學之良知便較輕忽見聞。廷相雖誤解陽明，但其所誤解之處，亦為陽明理論輕忽見聞之處。王廷相之心不論由德性或理性言，皆具認知、思慮之能力，其可認知、思慮無形價值層與有形事物層之事理，依此便較陽明之良知更貼近合內外有無為一之氣化實有。

> 耳目之聞見，善用之足以廣其心，不善用之適以狹其心。其廣與狹之分，相去不遠焉，在究其理之有無而已。[41]

41　同註 1，《王廷相集・慎言》，頁 773。

　　思與見聞應內外相須，故善用見聞便能認知氣化之各種可能性，進而使心掌握氣萬理萬種種，而後心對無限生生之氣化世界就可應對自如，依循氣化之常道無不中節、無不為善，此乃心得其理，此理自為氣化之常理常道，此時心與氣化之無限生生同大，而言其為廣。若心不知善用見聞，或執守一理，或錯循氣化之變，則心為桎梏，自不見氣化之大道，而言其狹。因此心會受見聞與氣化之理之常變，而影響其廣狹之程度，故知心透過後天人為的努力可以擴充全知天理，見聞之桎梏可以突破進而全知形質，氣化之常變可以調整以全現氣化之常。王學言心本為純善，因被外物所掩蓋，故心不能表現善。但王廷相明言心有廣狹之別，若能善於掌握名教知識與知覺經驗而不為所限，則心自然擴大，此時心中存有無限氣化之事理；反之，心中若受限見聞只存少量氣化之理，此時心狹小。故王廷相強調人應尊重現實之氣化見聞，以其對心量之廣狹有決定性之影響。亦云

　　　　心理貴涵蓄，有所得而固存之，日見其充積。[42]

　　心量可充可超越或解決二五比例與耳目見聞對心知之限制，因心量可日漸擴充，則心知通貫至氣化流行層面，神思作用於人身可表現自由自主之本然狀態。王廷相之心既有形下受限制之層面，同時亦通貫到無限形上之層面，此則如同朱學；同時王廷相之心又似王學之自由無限心，朗現在人倫日用中，此即元氣流行之知覺作用，在人身之表現。就形氣之心而言，王廷相之心有無限神思作用，但因受二五比例與見聞之限制而有限，但可藉學習見聞，以超越二五比例與耳目見聞之限制，便可回復氣化流行之心知，神化不已之狀態，此即在後天人文意義上說心日見充積之觀念。

　　當王廷相以心思之知覺作用在事物上時，不能如同陽明直接以心來判斷事物之是非價值，而必需先掌握事物之具體形質，故王廷相極重視耳目見聞，如此才能掌握形氣事物。王學心之作用重點在於判斷事物在道德之對錯與否，而不在於其認知事物之形成條理；但朱學之

心又比王學踏實，氣之靈之認知心，雖可經由窮理而判知事物是否合於道德仁義，但仍可認知事物之條理。其實王廷相兼顧朱王所重視之兩層面，因元氣生化時有常和變之不同，故心受此影響而認知善與惡之不同，故其有所謂「常」之認知道德仁義，與「變」之認知非道德、非仁義之理之狀態。此外，心亦會認知事物形成之質與之理，故心需掌握形氣之物的內在之理、外在之形與內外相應之機等層面。綜上所論，可知廷相所言之形氣心，既要掌握自然氣化之各式各樣條理，又須認知形氣事物之善或惡，亦重耳目見聞之功能，此皆因由氣化論心而有之特色。

三、解悟者心

> 耳聽，目視，口言，鼻嗅，心通，天性也。目格於聽，耳格於視，口格於嗅，鼻格於言，器局而不能以相通。解悟者心，注於聽則視不審，注於視則聽不詳，注於言則嗅不的，注於嗅則言不成，神一而不可以二之也。[43]

耳聽、目視、口言、鼻嗅與心通可判斷外界形氣的聲音、色彩、言語、味道與考察思慮，為氣化賦予的感官認知與思慮能力。此耳目感官的認知亦為氣化生生之必然者，即耳目口鼻之官能，與形氣之萬狀皆為氣化所生，二者為同質同層者，只是耳目口鼻是形氣之認知官能，但可掌握形氣與外界、形氣與元氣間之認知、溝通。

耳目口鼻認知外物皆為實有，集眾感官之知乃為見聞之知，惟耳目口鼻各擅一能而已，彼此有其偏限無法互通。故思與見聞之會便能會通形氣各感官之知，始得掌握氣化之萬狀，此乃對見聞之知的肯定，同時亦說明心之思與見聞之會之重要性。故唯有心之會通，使心之神貫注流行於耳目口鼻之內，使感官不斷生發認知之能，及思慮事理之作用，共構萬物不同之情狀於一心。此由具體之形氣萬殊，進而得彼此相應之理，此因心對形氣感官與作用間有其一貫性，是謂「解悟者

---

43 同註1，《王廷相集‧慎言》，頁768。

心」。故「思與見聞之會」即為對外在形氣事理之貫通，而「解悟之
心」則是對形氣之感官及所發之作用，亦即在有形之形氣與無形之作
用間，透過心神之貫注，而成就感官之用，此用仍由心神來主宰貫穿。

由元氣論神，神貫注於無形元氣與有形形氣之內，是元氣凝為形
氣神妙不測之各種可能性，即氣化流行生生不已之作用。由形氣論神，
心能認知並掌握元氣與形氣間種種凝結與回應之狀態，此即心之神用
表現。同時，其可恰當靈妙地掌握知覺，並貫注此知覺於耳目口鼻中，
而使之發出認知作用，而心再運用思與此耳目見聞之知內外相須，方
可得事物之理。在此過程中，心之神須專注感官與作用、有形與無形
之相應上，此稱為心之解悟。

站在形氣之性回應元氣之立場，耳、目、口、鼻、心現實功能雖
然有限，但此乃眾人性中本具之內涵，因此五者皆為感官知覺之作用，
故人可看、聽、吃、聞、思，此乃形氣能回應元氣之主要基礎。故解
悟之心得其一理尚不足，因形氣萬端，事理紛紜，欲掌握不同感官與
相應之作用，須物物精思，事事熟習，使感官與作用相應，才能會契
於氣化之常道，呼應元氣之神用。

> 心理貴涵蓄，久之可以會通冥契。何也？心之神，斂而存，蕩
> 而亡者。有所得而固存之，日見其充積；有所聞而固蓄之，日
> 見其暢達。故「中心藏之，何日忘之」，由於不言。[44]

心之內涵有二，其一，天生本具之氣化流行變化不已之任何可能
性，形成心具眾理；其二，心必須認知來自元氣生生之古今名教與仁
義理智，將之轉化成心中之事理為其價值主體。以上二者，一為元氣
狀態，一為形氣狀態，雖於狀態上有所不同，但本質上同為一氣之聚
散，故可會通，而視為一體。但因一有形、一無形，故需透過心之神
用來貫通心與感官，以會通無形元氣與有形形氣之間，彼此能相應之
處。心能掌握外在事理，神發揮其靈明，將事理與事理間內在氣化之
常道作印證，若符合於氣化常道者為善，不合者為惡。故心知注重擴

---

[44]　同註1，《王廷相集‧慎言》，頁776。

充並涵藏萬理於其中，當心對外在之眾理之掌握，與內在本具之萬理相應相合時，則內外心物同為一氣流行之常道，形氣之心與氣化常道合而為一，此為心之「會通冥契」。

會通與冥契之事皆由神來推動與完成。所謂「會通」，將氣化中不同之感官與作用能恰當地相暢通；所謂「冥契」，乃對於有形形氣、無形元氣間，與不同樣態之形氣間的條脈理序如理地對應與肯認，此乃心神之主要作用。但所謂「斂存」，表心神順暢地貫注在心與耳目之間，和形氣與形氣之間，有所會通或冥契於氣化之常道；所謂「蕩亡」，即表心之神或窒於氣質、形氣之執，而不能順暢地表現，故心自不能會通、冥契於氣化常道，表現於外者為惡行，故心之神應當保持其靈明順暢之作用。

此外，心之神可擴充，乃是對會通冥契之作用愈熟習，便越能順暢表現而無礙，故其對元氣之理與形氣之理、元氣之道與人倫之道、元氣之神與心之神間之種種關係，皆能掌握，此乃心之「日見充積」義。

此中有須釐清者，若從心為絕對價值主體言，則所謂「心日見充積」，是指後天功夫上，須將為氣質染蔽之先本本性，重新回復其本來無限主體之面貌，亦即習稱之「復性」說。但若從王廷相以氣化生生為心之主體義時，因氣化涵攝有無兩層，所以從形氣層之心言，其內在本為無限之神用，但心神於形氣之言行中展現時，則已成有限。所以將形氣有限之心神能脫落氣質之拘限，盡量相應於本然無限生生之狀態，便是所謂「日見充積」。此與「復性」之差別在，「復性」本價值層是可一現全現的，但在氣質層則極難達到。但王廷相之心神是涵攝價值、氣質兩層為一的。所以心神之流行，是價值與氣質的同時雙彰；不流行則是價值與氣質的同時受限。此時「日見充積」便指形氣心由有限氣質層，邁向一永恆氣化常流的主動性與不已性。從當下形氣論，此永無可能化為永恆之氣化，但已凸顯其人文努力之義，此已可為氣學乏人文價值義的誤解辯。但若立於各具主體義之形氣，可共構成一無限氣化流行之立場言，則小我之形氣，已融入大我元氣流行中，無分彼此，元氣必涵攝形氣，形氣必共構元氣；

心神可充積至無限，而無限氣化世界乃為無限人之心神所共構互體而有。立於此視角論「充積」，若由人說，則是人在元氣流行中的一小步；若由氣化說，氣化便是此無限多「日見充積」的人文努力的總和。亦即心之「日見充積」至無限，非由個人完成，而是由生生不已的眾人來完成。

四、脫去載籍，從吾心靈

> 心乃體道應事之主，故程子曰「古人之學，惟務養性情，其他則不學。」雖然，君子欲有為於天下，明經術，察物理，知古今，達事變，亦不可不講習，但有先後緩急之序。[45]

應事即明經術、察物理、知古今、達事變，此皆為氣化流行之道所產生不同階段與層次之事，所謂應事即體道，體道即應事。何謂「體道」？心能以氣化流行之善道為心靈之主體，即表心能主宰知覺、掌握解悟事理、會通氣化之善道，此時心以氣化之常道為主體。何謂「應事」？心能回應氣化流行之萬事萬理，即表心用其涵容之種種事理，以回應外在事物與之相符之特定事理，如見父知孝、見兄知悌。心之作用在於體現氣化之道與回應各種事物。在元氣與形氣間，唯有人體氣化之大德而得回應以人文之道；在人與人間，則唯有此心，可體道而契之，循道而應事，乃溝通氣化常道與萬事萬理間最重要之作用，故心為體道應事之主。

心並非只掌握氣化流行之常，因若只言此則為純粹理性而與價值無交涉。道即氣化之常轉化成氣化之善外，須合於古今名教之道德義者，才可稱作道。在此情況下，可知其所言「心為道主」，表其心由氣化之常提昇轉化成氣化之善，故其心由氣化之常論道德之善，以與王學所言之道德本心有所區隔。心為表現與掌握氣化之常道或善道之主體，道本屬氣化流行之層次，但心為形氣之心，故其需回應元氣流行外，亦應掌握呈現己身之本性。如此透過心之神用，才能將氣化流

行之道，或形氣間之性和情，具體展現出來。

由上可知，王廷相言心分析細密，其一，心具認知作用外，需透過耳目見聞來認知事物；再者，其又為理性之判準，更具思慮與判斷是非善惡，與解悟元氣和形氣之作用；此外，心更須呈現氣化善道並將性體和情表現出來。其二，心之神以無形之姿態，而專門會通冥契元氣與形氣，及形氣彼此間之種種關係；心之呈現可區分為表現仁義之道心，與表現情慾之人心。就王廷相而論，其以為人心並非惡，因情慾乃氣化流行之自然表現，故心既表現價值層面，亦應展現情慾層面。然不論為惡或為善、認知或思慮、冥契或實現，皆以心為「體道應事之主」。

> 今君采之談性，一惟主於伊川。豈以先生之論苞羅造化，會通宇宙，凡見於言者盡合道妙，皆當守而信之，不須疑乎？不然脫去載籍，從吾心靈，以仰觀俯察，恐亦各有所得，俟後聖於千載之下，不但己也。夫論道當嚴，仁不讓師。但反求吾心，實有一二不可強同者，故別加論列，以求吾道之是；其協聖合天，精義入神之旨，固遵守而信之。[46]

上述從道體與應事凸顯心體之主宰義，亦即心乃氣質中認知作用之主宰，心思會通耳目見聞而得事理，進一步更可會通冥契以體道，而使事理之各種可能性，與心體本具之萬理相應，後再循氣化之常道發而為情善，使可見之形氣與不可見之道體，皆得心為之貫通而無間。心又為理性判斷之主體，就氣化之體察與回應而言，人當從形氣之心契合氣化常道之判斷，雖然價值之主體在氣化之常道，但判斷之主體卻在形氣之心，同時又因萬物皆各具其主體義，故更可凸顯心體具獨立判斷之主體義。

氣化具各種可能性，故心之體察會通須不斷思慮判斷，以因應新事物，王廷相反對固守先哲之言，主張「脫去載籍，從吾心靈」。雖然先哲與經典之言亦符合氣化常道，但氣化之創造具無限的延展性，

---

[46]　同註1，《王廷相集》，頁517。

因此先哲之規範只為合於當代時空的氣化形式之一，豈可盡信，而桎梏心體自由之認知，進而限定氣化順時空發展下去而有之各種可能創造。因此王廷相並非否定先哲與載籍之貢獻，只是不拘泥於既定之形式，而以無限生生氣化之常道為準，以凸顯心體為獨立判斷之主體。

雖然廷相凸顯心體本身之獨立判斷，但廷相「從吾心靈」與陽明「致良知」不同，陽明之說乃以心之道德義為價值主體，再由心將價值賦予於萬事萬物；廷相所言之「從吾心靈」，則主張心應會通冥契於氣化之常道，故言「求吾道之是」，此道具「協聖合天、精義入神」之客觀與內在主體義，心須先合於道，方得依之以為判斷標準，此因王廷相以為心合道，較典籍合道之距離與本質更為接近。雖然心與氣化常道本質相同，但心尚待心知之擴充，方能漸合於道，二者所言心體之主宰義同但內涵不同。

> 學者於道，貴精心以察之，驗諸天人，參諸事會，務得其實而行之，所謂自得也已。使不運吾之權度，逐逐焉惟前言之是信，能知味也乎。[47]

心體雖為體道應事之主宰，但價值之主體對廷相而言並非心體，而是指氣化之常道，故心最重要在體氣化之道。「精心以察之」則表思與見聞之會之理性判斷；「驗諸天人」則言驗證氣化流行之人與天相應之情況；「參諸事會」言解悟事理與參詳人倫典章之經驗。以上三者之要在掌握氣化的天人實理，並於氣化流行之天、地、人中實現。若能完成三者，便可「自得」。但對形氣主體而言，最重要在「運吾之權度」，展現心統攝兩間的主宰義，此指能充分展現心體認知、思慮與會通冥契等作用，及心體之體察驗證等工夫，則所得之理，方為實理。所發之情，方為善情。

---

[47]　同註 1，《王廷相集・慎言》，頁 772。

第四節　心氣可以完養

一、統明萬善

> 知覺者心之用，虛靈者心之體，故心無窒塞則隨物感通，因事
> 省悟而能覺。覺者智之原，而思慮察處以合乎道者，智之德。
> 宋儒乃以覺為仁，終非本色。但智之為性，統明萬善，心體苟
> 無昏昧，於仁則覺其所以為仁，於義則覺其所以為義，而於眾
> 善無有不覺。[48]

　　王廷相從元氣凝為形氣，形氣回應元氣的架構論，可知心神乃無
限自由，故性之知覺表現亦應該自由無限，但除此之外，性中亦具無
限氣化之常善之內涵，所以性中自由之知覺便會表現成氣化之常之善。
　　智乃形氣層面之思慮察處之行為，其本質為性。此性中具種種之
知覺功能，其所欲知覺之對象在於「統明萬善」。性中本來具萬善，
是因氣化生生之必然與應然之價值義皆在氣性中，故外在表現行為之
思慮察處之智，其內在本質便是此知覺之認知能力，其對象目的乃為
彰顯形著性中之萬善。具體形氣之智其作用乃來自氣質之性，而此性
之知覺作用即氣化之神。此形氣之神具生生動力之外，亦為無限遍在
的，並含順氣化之常而有的諸般條理之萬善，三者合而為一。於是此
生生不息之知覺，除表現對耳目見聞之認知能力外，同時，亦能思慮察
處氣化諸般生生之價值義，各具主體性之事理義等能合乎氣化之常道者
即為善。故「統明萬善」即指心知能將由生生義、二五比例殊異義，及
價值義所構成之性中的仁義等善理，依其呈現為仁義等不同之善行。亦
即在形氣各具主體性之立場下，性中萬理，亦有不同方向之展現，非僅
以生生統說為一善理而已。

> 人心如匱，虛則容，實則否。道義者，心之天理，知之必踐之，
> 以為實而匱之；戾乎道義者，心之私慾，知之且禁之，以為沙
> 礫而棄之。匱之未盈，猶足容，故私欲之感或可乘虛而入；至

---

[48]　同註1，《王廷相集・雅述》，頁838。

於天理充滿，無少虧欠，匪盈而無隙可乘，夫安能容？故學者
當蓄德以實其心。[49]

心中蘊藏天理即為道義，因氣化生生，有其必然與應然如此之價
值義，即氣化層之道義。「知之必踐之，以為寶而　之」，知此道義
即天理，便去實踐此心中之氣化常理。「戾乎道義者，心之私欲，知
之且禁之」若心有私欲，遂不合道義而有限，心便知之而禁之，因有
限凌駕無限氣化上，會限制無限成有限。由「蓄德以實其心」來說，
心似可被充滿，則能被充滿者，其心量應屬有限。但由「心之天理」
論，氣化流行不已，故為其知覺之心，自亦應流行不已，有其自由無
限的知覺作用，如此則人心當無限量。故「人心如　」，當指心量廣
大，可容攝萬理與萬善，且順心生生之發用義，則必於日用間實現萬
理與萬善。此即「　盈而無隙可乘」之義。同時王廷相主張元氣中蘊
藏萬般之種子，故作為氣化知覺之心中，當亦涵藏無限多太虛種子，
亦即心所涵攝之萬理與萬善，此亦為心「天理充滿」之義。

亦即由形氣耳目感官之思慮察處，得有形事物之真實萬狀，透過
心之思與見聞之會通，乃得解悟事物無形之理，擴充累積萬事萬理以
會於心，心之神用進而冥契氣化之常道，則心之所發乃合於道義天理
而無不善，以致於「統明萬善」，以達形氣之心回應性體之萬理之相
應互體為一的境界。故王廷相之心既具理性之認知思慮，其生生之知
覺本身即具道德天理之價值義。知王廷相雖具強烈的理性色彩，但未
減弱道德之善。只是其強調道德之判斷，是建立於耳目見聞之實理與
實務上而已。

此外，心知既可認知形氣種種事物之理，又欲通過耳目見聞掌握形
氣事物不同，如此可知其所欲掌握者乃氣化所有之條理。因心知乃元氣
神化不已在人身之展現，但元氣有無窮變化，故心知亦具無窮變化，
心知所藉以表現的形體具常與變之不同，而使人之氣質才性亦皆不
同。故心知透過不同之氣質才性，表現不一定順暢，因此需透過心「日

---

[49]　同註 1，《王廷相集·慎言》，頁 777。

見充積」，以超越氣質才性之限制。王廷相雖然非常重視形氣，但必須先肯定其具主體性，故對形氣所組成之二五比例皆須重視，包括心藉由耳目見聞掌握，因三五比例不同而產生形氣之不同外，更應認知形氣事物之理之善與惡。但耳目見聞會有限制認知能力之可能，故若見聞能夠順暢表現，對於事物之理與善惡便能清楚掌握，此即「統明萬善」；反之，則會阻礙心認知作用，如此心「日見充積」便有困難。

二、存養與省察

> 「何以謂存養？」曰：「心未涉於事，虛而無物，明而有覺，恐恐焉若或泪之。」「何以謂省察？」曰：「事幾方蒙於念，義則行之，不義則否，履冰其慎也，恐一念不義，蹈於小人之途。」[50]

先天之性既善惡都有，後天之習又可善可惡，則善惡之保證何在？聖賢之名教，六經之所寓，固可為一依循之道德標準，但現實中具體之事理萬端，道德之判斷有各種可能性，如何得為一既合形式之名教，又合道德之標準者？故外在六經名教之學習固然重要，但內在心性涵養更不可輕忽。心氣可以完養，可從知識論說明心有清明之理性，也可從修養論言心氣之虛靜不雜，能契合於氣化之常道，而得以變化性之氣質以抑惡揚善。因此王廷相亦有所謂「存養在未有思慮之前，省察在事機方蒙之際」的存養功夫，並且由身之行為貫徹到心之涵養，由思慮之未發，到事幾方蒙，工夫都是內外交致的。

> 無事而主敬，涵養於靜，有內外交致之力；整齊嚴肅，正衣冠，尊瞻視，以一其外；沖淡虛明，無非僻紛擾之思，以一其內，由之不愧於屋陋。此學道入門第一義。[51]

「以一其外」，外在一定要整齊嚴肅；「以一其內」，內在亦要沖淡虛明，無非僻紛擾之思。重點在於內外交致，外會使人正衣冠，

50　同註1，《王廷相集・慎言》，頁778。
51　同註1，《王廷相集・慎言》，頁775。

尊瞻視，內會人人沖淡虛明。故學道入門第一義，乃重視內外之彼此相應，故王廷相常論及「內外有無是一之道」。至於如何達到內外有無是一？方法在於主敬和涵養，所謂主敬表專一，因專一便可默契於氣化流行之常道，但若只專一顯然不足，故應加上「涵養於靜」，此靜非周敦頤之靜，而是言氣化之常不改變之靜。

主敬表人要非常專一嚴肅地涵養氣化之常，而氣化之常之內容既有內亦有外，其內指無形氣化的生生，其外表具體氣化之萬物。若態度專一，以之涵養氣化之常之靜，而氣化之常內既本具無形氣化生生，又合外在具體之氣化流行，如此內外交養，表面上稱主敬涵養，其實是以氣化之常為生命最高之境界。

> 學者始而用功，必須主敬存誠，以持其志，而後有進；久而純熟，動靜與道為一，則誠敬不待養而自存，志亦不待於持而自定。[52]

儒家論修養皆不離主敬，但其所主敬專一之內涵各有不同，如朱子在於天理，佛家在於佛性，而王廷相則專一主敬於氣化之常。《中庸》之誠表生命最真誠之主體，即道德主體之義。而王廷相之誠，指氣化流行下之具體生命之主體，且合內外有無言，故其以為現實生命之主體與無形氣化之常道相連貫，才是真實之誠。

「持其志」便要貫徹氣化之常，使其日起有功地實行氣化之常，習熟此後，便可達成動靜與道為一。當靜之時，生命順氣化之道；而動之時，任何被人感受到之言行亦皆氣化之常之表現。故不論具體言行表現之動，或未表現之靜，皆氣化之常道，此即動靜與道為一之境地。

若能如此，則「誠敬不待養而自存」，因誠敬能使人掌握氣化之常，此即實有層之誠。既然為誠，便是生命本有之內在，此乃不需養便有者。若由修養論言，此「不待養而自存」，代表氣化之常乃先天本有，但對比朱子，可知其乃先涵養後察識；王廷相則是不待養而自存，因氣化之常本具，故不用涵養；陽明乃先察識後涵養。王廷相以為氣化之常，若在氣質清暢之情況下，便可順暢表現，此即應先

---

[52] 同註 2，《王廷相集·雅述》，頁 834。

察識後涵養；但若於氣化濁惡之情況下，便應先涵養後察識。王廷相認為正常狀態應以氣質清暢為主，故言氣質清暢乃不待養。另外，因人氣質清濁兼具，故先察後養，與先養後察並重，乃內外為一之主張的延伸。

「志」乃內在本有者，表生命本身便會要求實行氣化之常，如《易傳》云：「一陰一陽之謂道，繼之者善，成之者性。」[53]因此繼善成性，便是持志之內容。因所持者乃氣化之常之志，能使人繼善成性，以不斷實踐道德作為氣化本性不待持而自定如此的要求。

> 人心當思時則思，不思時則沖靜而閒淡，故心氣可以完養。或曰：「心不能使之不思。」曰：「涵養主一之功未深固。苟未深固，則淆亂而不清，豈獨思擾於晝，而夢亦紛擾於夜矣。深固則淵靜而貞定，無事乎絕聖棄智，而思慮可以使之伏矣，然非始學者之物也。」[54]

心有感於外則動，心氣不涵養省察，自會為物感所惑，或「思擾於晝」，或「夢擾於夜」，是心亂於氣化之變而不契於氣化之常，因此心內在之涵養省察十分重要，其不只為外在行為之嚴整，內在態度之專注，更是超越氣質之清濁順暢限制之工夫，且以會通冥契於氣化之常為歸，故曰「深固則淵靜而貞定」。此絕非老莊之絕聖棄智，寂然心死之說，最大之差異在於心乃靈明有主，並非以良知為主體，而是在氣化具體事物中，深契其背後所蘊藏氣化之道，在此道上淵然不動，貞定而守，故其有主。

> 明道莫善於致知，體道莫先於涵養。求其極，有內外交致之道，不徒講究以為知，而人事酬應得其妙，斯致知之實地；不徒靜涵以為養，而言行檢制中其則，實致養之熟塗。[55]

---

[53] 《周易正義》，魏 王弼、韓康伯注、唐孔穎達等正義、十三經注疏，台北：藝文印書館，1976 年 5 月，頁 148。
[54] 同註 1，《王廷相集·慎言》，頁 775。
[55] 同註 1，《王廷相集·慎言》，頁 778。

　　氣化之常與變，應以理性心認知，然後才能進一步以道德心去判斷。所謂「體道」，表將氣化之常道身體力行表現出來，但在此之前，則需先涵養氣化之常，因人之生命本質皆氣化之常，但若氣質清暢，便自然將氣化之常表現，此時再多涵養亦可；但若氣質濁惡，氣化之常無法順利表現，此時便應以變化氣質之方，來涵養濁惡之氣質，使其轉化。

　　故氣質清暢亦應涵養，所謂氣質清暢者如聖人，但聖人並非不需涵養，其優點雖在氣質清暢，能將氣化之常順暢表現。但若只言此，表其不需藉由人為努力，便可成聖成德，此乃命遇佳所致，並不具人文教化之義。故王廷相強調氣質清暢之聖，亦需涵養，此乃聖人名教具人文義之所在。

　　「內外交致」，表氣化之常要與外在典籍、禮教、法治互相融合，不可只說而不具體實踐，故六經之典籍和法治、禮教皆要具體實踐於人倫日用中。人事應酬表人際交流之間，其關係非常複雜，但任一人之一言一行又皆為其氣性之展現，或為善或為惡，萬般皆異，故需內外交致，知行並進，以氣化之常為正鵠，方能正確地為善去惡。

　　「不徒靜涵以為養」，此靜涵是涵養氣化之常之不變義，此養即表內外交致之道。再者，應檢點與規範言行表現，使皆應合氣化之常，才可稱「致養」。而養非只是靜養，還應動合於天。合以上兩者，即表動靜是一。故養即動靜內外皆養，而非只是靜養之默坐誠心，而應使人倫日用之事皆合於氣化之常，才可稱內外交養。「致知」則是知行合一，重在實踐上，因王廷相以為虛玄之太虛其表現即成為具體之太和，因此致知非只是理論，更應由現實說致知，使致知與涵養成一事。但需藉由「道」來聯繫二者，因「道」即氣化之常之具體表現，而氣乃有無、內外是一。

　　「明道莫善於致知」，對道而言，人明道之關鍵便在致知，便是透過心之思慮見聞來掌握氣化之常道。「體道莫先於涵養」，所謂「體」指身體之體，即道乃藉由形體之身力行展現其為實有者，此外亦須藉涵養，保證身體言行表現為氣化之常道。「內」表應掌握氣化之常之

理;「外」即是掌握形氣上種種事物間不同之關係和道理,合二者即「內外交致之道」。故內外交致之道分兩層,其一,乃致知之交致之道;其二,乃涵養之交致之道。經由二者,對虛無之內與具體之外,種種氣化常變之世界皆能掌握。除可討論無形之事理外,對具體事物之關係,與人事應酬可得其妙,才是內外交致之「致知」。至於如何「致養」?其一,應掌握氣化之常變之理;其二,再使氣化之常變之理在現實上恰當如理地表現為中則之言行。

三、內外交相養

> 「持其志」者,存其心而不放也;「無暴其氣」者,視聽言動以禮而不任情也。心存,則所發者自不肆;氣不暴,則所守者愈固。此內外一致之道,故曰「交相養」。[56]

王廷相之修養論,其理論基礎為「變化氣質」,氣質清濁駁雜,表現善惡皆有,加上習之所遷與善日遠,故需化惡為善使合於氣化之常善,變化之方乃內外交養之工夫。外在以聖賢古今名教為標準,學習六經為行為的規範;內在則重在心氣的完養。合而論之,心一方面要涵養省察,不斷廓清氣質之駁雜,一方面要不斷格物窮理,在具體人事中習熟實踐。「持其志者」存心而不放,此乃存養心之清明無擾,使心能順暢的格物致知,以得其事理之真,作適切的價值判斷;「無暴其氣者」以禮而不任情,「禮」是一合於氣化之常的規範,亦即心之所感,相應內在之性理,復回應以合於氣化之常的禮節規範,是乃所謂「言行檢制無不中其則」,是不順任氣質之私,而一以氣化之大公為依歸。

> 君子之於道也,精於人物之理,達於天地造化之秘,而無不明;明則進退取捨、死生禍福咸有一定之擬,加之義集而氣充,所謂「介如石」者有之矣,安有利害之恐以動其中乎?安有鄙吝自私之心而反自蝕其氣乎?故明道者養氣之助,氣充者明道之成。[57]

---

[56] 同註1,《王廷相集‧慎言》,頁775。
[57] 同註1,《王廷相集‧慎言》,頁770。

　　人物之理有二，簡而言之，其一，表元氣凝為形氣之生生之理，其二，則指人倫、事物之理，而天地造化之秘既存其中。所謂造化之秘當屬於無形氣化流行之規律或理序人倫與事物之理，二者皆為氣化之理，表現在形物之間稱物之理，表現在人倫之間稱人之理，其本質上皆為一氣生生之理，皆有必然如此應然如此之道德義。因其範圍天地造化與人倫世界，故「精於人物之理，達於天地造化之秘」是君子致知之方向。

　　「明進退取捨，死生禍福」，則言君子之力行實踐，當事物之來，以氣化之義理為準，合於仁義則進則取，不合則退則捨，又何困於一時死生禍福之變？但最重要在「義集而氣充」。「義集」即表他律，孟子之義集表將許多行善之事，總合一起。若能如此，便可感受到行義之力量。孟子本意雖在表現道德本心，但亦主張透過種種義行之總持，而達「沛然莫之能禦」，浩然之氣充滿之境，此即「加之義集而氣充」。此在強調人應不斷實踐道德，並不斷累積善行，如此由內心朗現人物之理，由外在「義集而氣充」，內外交相養，自能達成其介如石之地步。

　　「明道養氣之助，氣充明道之成」此言致知力行是相輔相成之工夫，以致知涵養心氣，使人對天地造化之秘之認知有所增進；以力行集義，則可透過道德實踐以助人呼應氣化世界之完成。因此「明道」使人認知氣化天道之創造，「氣充」則使人可呼應創造人文之氣化世界，故明道與氣充又表另一種形式之內外交養。

> 養性以成其德，應事而合乎道，斯可謂學問矣。氣質弗變，而迷謬於人事之實，雖記聞廣博，詞藻越眾，而聖哲不取焉。[58]

　　學問之內容是「養性以成其德，應事而合乎道」，可知王廷相強烈之道德取向，對內言心氣涵養，使氣質清暢順遂表現性理之善；對外則是呼應以氣化之義理，以合乎氣化之常道。此從「養性」與「應事」言內外交養，性之內涵為德，應事標準為道，內在之性理與外在之形氣，兩者本質皆屬道德範疇，自於氣化流行中可相貫通。

---

[58]　同註 1，《王廷相集・慎言》，頁 779。

因此王廷相不是耽於外在格物之學，而缺乏道德主體義；反之，其學問之結穴正在道德義理之實踐與創造，其重內在氣質之變化，強調外在應事之合理。其學問之目的，對形氣本身而言，在變化氣質以成其德；對元氣流行而言，則為應事合道之道德創造。故王廷相強調，若不內外交養此心，使學問落實在變化氣質與道德創造上，則「記聞廣博，詞藻越眾，而聖哲不取」，此即所謂捨本逐末之學。

> 學之大要有三：父子、君臣、夫婦、兄弟、朋友，存乎性義焉；動靜云為、起居食息，存乎禮則焉；進退取捨、死生禍福，存乎義命焉，學成而道全矣。聖人盡性弘道，亦不過此。[59]

學之大要應從三方面著手，其一，人倫之互動存乎性義；其二，個人之動靜起居存乎禮則；其三，出處進退之抉擇存乎義命。「性義」表關乎內在心性的涵養省察，使性之氣質清暢表現義之所在；「禮則」乃心之回應外在事物之行為，應符合古今名教之規範；「義命」表在現實上實踐氣化流行之德業之抉擇，雖然由三個不同角度詮釋，但性義之內涵、禮則之規範、義命之取捨其本質皆為氣化流行之常道，貫徹並呈現在個人心性、行為、事業上。合而論之為「盡性弘道」，盡性是內在之涵養省察以變化氣質；弘道是表現在人倫日用與出處進退上的實踐，又為其內外交養之學的另一形式之展現。王廷相云：

> 人一受元氣以生，天地之美無不備具，故知至於道，行極於德，謂之完人，足以答天矣！[60]

天地之美即氣化道德創造之展示，個體之身中皆本具此，故可「知至於道，行極於德」。由此觀之，似為一完整之狀態，但若真如此，王廷相何以言性有善惡？若人受於元氣以生，天地之美無不備具，代表人即純善，但因其言「謂之完人」，自然仍有不正常之人。如有人天生便能順暢表現氣化之道德，但有人天生便不能表現，而大多數則

[59]　同註1，《王廷相集·慎言》，頁777。
[60]　同註1，《王廷相集·慎言》，頁780。

屬氣質善惡皆有之中人。

若完人表「上智與下愚不移」之上智，但其又言「知至於道，行極於德」，此便論及知行合一。但知行所產生之問題有「知可至於道」與「知也未必至於道」。而「行極於德」之人，是在言行中能完全表現道德，期間便牽涉知行之進程。簡而言之，人需從不知道進到全知，從不行進到全行，才能夠稱作完人，故此間應有人為努力之過程。知至表後天，行極亦為後天，但人一受元氣以生，天地之美無不具備，則為先天之部份。但完人之狀態不只上智而已，必須把先天之美和後天之努力合而為一，才可稱為完人，唯有心氣能先後內外交養之完人才足以答天。所謂「答天」，表天理雖周流無間，但天理不能具體真實創造道德世界，需藉由人為具體努力才可，此即人參贊天地化育意義之所在。故知至於道、行極於德便是答天；「人一受元氣以生天地之美無不具備」，則是「順天」，順天乃先天本有，答天為後天人為，而王廷相之心乃先天和後天、本有與人為並重者。

所以「受元氣以生天地之美無不具備」此即先天之善，「知至於道，行極於德」則是後天之善。但若言先天本善，後天就不需為善，應只要率性而為即可，為何仍需修道之教？明顯可知，人性含有惡之可能，故仍需變化氣質，才可以「答天」。王廷相表示先天本性有善，亦有惡；善者需以氣化常道來護持，惡者需由變化氣質來改善，此才可稱為「知至於道，行極於德」之完人。人心將三綱五常在現實中如理表現，總合各種不同形氣完人之綜合表現，便是氣化流行如理合道之世界，此即所謂答天之義。

元氣凝為形氣，形氣中有很多作為，但最終仍要回歸元氣，此乃王廷相思想之重心。因元氣乃天生本有，不具人文實踐意義。人之形氣從元氣來，人卻可答天應天，所以人為努力與自覺皆在形氣世界凸顯出來。亦即形氣雖有常、變，但形氣之心須發揚氣化之常，去除氣化之變，再回歸答天，此乃心能主宰形氣，凸顯人文自覺義的特點。

第七章　真知力行論

　　朱學的知行觀，主張先知後行，先涵養再察識，此說雖貼近日用，便於格致窮理，且重視萬物自身存在之條理，但萬物存在之位階仍在天理之下，不能做為第一義的存在。陽明講致良知，講知行合一，是主體心的朗現與遍潤，在價值賦予萬物意義的作用下，萬物乃為有意義之存在，但此存在是在道德義關懷下之存在，本身之意義與地位，並未凸顯。故王廷相主張知行兼舉，既重萬物本身之條理，更將此理序，歸為氣化之常，如此理與氣能上下貫通而無隔；同時由強調氣質之性，提昇形氣本身之意義與地位，所以知是氣化之常的知，行是氣化之常的行，而知行兼舉，便是貫通天理與日用的徹上徹下之工夫。

第一節　由物上言格致

一、格物

> 格物之解，程朱皆訓「至」字，程子則曰「格物而至於物」，此重疊不成文義；朱子則曰「窮至事物之理」，是「至」字上又添出一「窮」字，聖人之言直截，決不如此。不如訓以「正」字，直截明當，義亦疏通，既無屋上架屋之煩，亦無言外補添之擾。[1]

　　王廷相主張格當訓「正」，不當訓「至」，下即分析其與朱子、陽明之異同。

> 格者，正也，正其不正以歸於正之謂。正其不正者，去惡之謂；歸于正者，為善之謂。夫是之謂格。[2]

---

[1]　【明】王廷相著：《王廷相集・雅述》，北京：中華書局，1989 年 9 月，頁 838。
[2]　【明】王守仁：《王陽明全書》〈大學問〉，台北：正中書局，1976 年 3 月，頁 122。

> 致吾心良知之天理于事事物物，則事事物物皆得其理。致吾心
> 之良知者，致知也；事事物物皆得其理者，格物也。[3]

陽明把「格物」之「格」當「正」，主張人先天即有道德主體，
只要順著道德主體而為必是善；且人會順道德主體表現價值判斷或價
值賦予的能力。王學的格物是應用在道德心的事物判斷，心為善去惡
便是正，此為王學的「格物」。「致知」是道德主體不斷地把是非善
惡認知與判斷的能力表現出來，對王學心物是一立場來講，致知就是
格物，致知就是致良知，致吾心之良知在事事物物上，讓事事物物都
具有道德意義，或著對事事物物都作一個價值判斷。此時之事物皆已
涵攝在良知中，而為良知之事物，與氣化無涉。朱子注〈大學章句〉
「致知在格物」云：

> 致，推極也。知，猶識也。推極吾之知識，欲其所知無不盡。
> 格，至也。物，猶事也。窮至事物之理，欲其極處無不到。物
> 格者，物理之極處無不到。知至者，吾心之所知無不盡。[4]

朱子的「格」是「至」之義，因為朱學為一形下氣質的理性的心，
心的認知能力可以考察認知事物，以窮至事物之理，使心之天理與外
物之天理相印證。格物是心知的認知判斷能力用在事物上，使萬物之
表裡精粗無不到。致知是致心之理性的知覺功能，用在萬物上，窮知
萬物客觀之理，使心之全體大用皆明，如此即物而窮理便是致知。格
物是手段，致知是目的；若從主體而言是致知窮理，從對象而言當為
格物。此時心與物為有對，借格致工夫來說明理氣之關係。

王廷相則以為心表現形氣之性的內涵，心亦認知外在事物之
理。所以虛靈之心，會藉見聞思慮來知覺體察人倫日用等事理，此即
是「致知」。同時使萬物皆順元氣生生，表現為合理之人倫日用，便
是「格物」。所以當心表現內在性理時，格物不能說「至」，因心為
性之知覺，心性本質是一，不可說由心至理的「至」。當用「正」，

---

[3]　同註2，《王陽明全書》，頁37。

[4]　【宋】朱熹撰：《四書章句集注》，鵝湖出版社，1998年10月，頁4。

因性之內涵有道心、人心，所以心當正道心，改人心，使心知由耳目聰明，察知氣化常變之理，而存常去變，重構一相應於氣化常道的人文世界。

陽明則是心物無對，事理即天理，致心之天理便得事物之理。朱子則是心物有對，先知物再得物之理，以印證彼此之關係。王廷相則由元氣流行說與物無對，因事理即氣化之理，氣之理由事而顯，事之理由氣之理而有。知王廷相與陽明同為與物無對形態，但廷相是攝有無為一氣而無對，陽明則是攝形氣於良知中的無對。廷相似與朱子異，但朱子肯認理、氣二者之存在，及彼此有相應之內涵，只彼此分為有無不同之二層；廷相亦肯認理與氣同時存在，只是將理氣二層，及彼此相對應之關係皆涵攝在元氣流行中。遂形成三者格致說的不同。

> 格物者，正物，物各得其當然之實，則正。物物而能正之，知豈有不至？知至則見理真切，心無苟且妄動之患，意豈有不誠？意誠則心之存主皆善而無惡，邪僻偏倚之病亡，心豈有不正？[5]

朱子在理氣二分架構下，論及理為「物之所以然」，物為所以然之理的承載實現處。王廷相進一步探究物之所以為物，是從元氣陰陽偏勝，有各種的二五比例而得以成立。即陰陽五行之生生動力、生生次序、生生之善，皆凝於形質中而成不同的事物，因是形質中的各種二五比例，各有其氣種，當然物物各具其主體性，心知能相應此萬般氣種之理，即為「物各得其當然之實」，就是「正物」。

此「正」非「修正」之義，而是氣性各正其性命，非只強調其價值義，乃強調物之所以為物，乃因物物皆以元氣為本，有其在生生理序與形質氣種上的獨特主體性。

若「格」從修養上來講，氣各正其性命為格物，乃一氣化常態。然現實上萬物卻未必全各正其性命，因有氣化之變而有偏差扭曲，所以必須透過修養方法去各正其性命。其一是言行上的表現，但言行表現是從心所發動，心能發動思慮和見聞，以認知掌握外在事物，此一

---

[5]　同註1，《王廷相集・慎言》，頁775。

層面純由知識層來論，此時物有得或不得其正的情形，是由陰陽偏勝所造成。其二則是氣性各正其性命的形氣，在形氣世界也會扭曲，是受形氣彼此之間的影響，如三綱五常，會導化氣化之變為常，如此修養的基礎就是天、道、心、性，在氣化流行中彼此位階、功能不同，卻能既凸顯對方又能應合於對方。使形氣和形氣之間，君臣父子夫婦兄弟之間，關係雖複雜，但在物各得其當然之實的基礎下，既挺立自我，亦諧和於氣化萬端，此即「格物」之義。

　　物物各得其正，即物物皆得氣化之常而各具主體義；心本氣化之知覺，自可知覺氣化中之物物是否各正其性命，此乃「知至」；而真知物物皆各得其氣化當然之實，便是「見理真切」；心「見理真切」則心稟氣化常理所發之意，自亦合人倫名教，此之謂「意誠」。意合人倫常道，是因心之存主皆善無惡，故意能誠必因心為正。

　　如此心存氣化常道而為正，意為心所發之人倫日用而為誠；能真切見人倫日用之理為知至；使人倫日用等物皆各得其氣化當然之實乃物格。可知王廷相之「格物」，與陽明皆訓為「正」，但非同陽明之以良心之當然正物，而是以物各得氣化之實然為正。論「致知」，雖似朱子將知覺推至於事物，以知其所以然之理，但王廷相由見理真切說知至，語意上似有知之主體，與所認知對象之理為相對二者，實則能知與所知皆融攝於一氣流行中，本質無別，位階有異而已。論「正心」，則以氣化流行有常變，故心能無苟且，在於心以道為體而能存善去惡言，非如陽明之絕對道德本心，廓然天理，毫無私欲之間雜者；論「誠意」，非陽明之道德本心之發必為意誠，亦非如朱子使心外之理存於心中，則所發之意為誠。而是心順氣化常道而行，而所發於人倫之意中，實有氣化神用貫注其中，故雖有心、意現象上位階之不同，但實皆一氣神用之流行而無別。然王廷相仍凸顯心、意位階不同，意在彰顯物物皆有「各得其當然之實」的主體義，此形物之主體義，才是統有無內外的真實存有，不可僅以無意義之形氣視之。

二、物感、真感

> 夫龍興而雲集，月彩而蚌胎，氣之冥格，行於無所要取之途，
> 而物自相與感之。時義大矣。雖然，有物感，有真感。何謂物
> 感？贊德以廣譽，分貲以通義，拔滯以登仕，排難以舒憤。何
> 謂真感？去雕存朴，其心忳忳，萬變沓來，守吾之忱，利害險
> 僻不入於靈府，而羲軒堯舜於至誠之域而不厭者是也。[6]

「感」是知覺感通認識的作用，為形物認知的能力，此感既言內在的會通，也包含外在其他形氣之認識，故王廷相有魄識之感和思念之感之別，另有物感和真感之分，這是一般較少提的。

「感」是王廷相認識論架構下一個分流，其意是知覺絕對不只限於道德主體的表現作用而已，從形氣而論，形氣本身除心靈的認知道德天理外，感官認知對現實的種種形氣也有一種感受，所以他要提出「感」。所謂「贊德、分貲、拔滯、排難，一有加於人，孰不感我哉？則其感也，徒以物矣。」[7]

「物感」是所謂「贊德以廣譽，分貲以通義，拔滯以登仕，排難以舒憤」，此言氣化常理蘊於形氣與形氣間的對待關係中，也是事物之理必然應然的條理。即當物之來，耳目見聞當識其物之形，會通於性理內涵之任何可能之理，由心回應以恰當之理義，使之廣譽、通義、登仕、舒憤，使人倫日用事理符合於氣化之常道。

「真感」為「去雕存朴，其心忳忳，萬變沓來，守吾之忱」，此乃心會通眾理，冥契氣化之常道而行，故事理之變雖萬殊，但吾心之隨感隨應，皆為一氣之流行變化，故利害險僻不入靈府，是為氣化神用之感通。故真感是王廷相知識論的最高標準，即契會於元氣流行之忳忳之心。

物感是處理現實上形氣事物的感覺，是神用落於形質中的作用。真感則是處理事物上道德判斷的感受，是神用在人倫之常上的表現。

---

[6]　同註1，《王廷相集》，頁408。
[7]　同註1，《王廷相集》，頁408。

　　王學只注意真感，道德判斷的感受，不注重物感；而朱學雖然也
講真感，畢竟較偏向物感，皆無如王廷相明白說物感和真感之別，且
朱子之真感是內心與外理為一後，心所發之感，是心與理為二之模式。
但王廷相則是心、理、氣三者是一的型態，是由元氣之神用統攝有形
與無形兩間，故對倫理與存有兩面向皆並重而不偏。

> 何謂魄識之感？五臟百骸皆具知覺，故氣清而暢則天游，肥滯
> 而濁則身欲飛揚也而復墜；心豁淨則遊廣漠之野，心煩迫則跼
> 蹐冥寶；而迷蛇之擾我也以帶繫，雷之震於耳也以鼓入；飢則取，
> 飽則與，熱則火，寒則水。推此類，五臟魄識之感著矣。[8]

　　形體之氣為魄，體之感官認知能力即是魄識，認知的能力不僅只
有心，形體的五臟百骸一樣能表現知覺能力，五臟百骸各具其能、各
司其工，此皆為魄識之感。從重視物感、魄識之感官認知來看，王廷
相和王學之心的認知有很大不同，王學的心只是一個道德主體，只覺
知價值，不重視對事物的客觀認知；朱學的認知心也只限定思慮的作
用。可是王廷相非常重視形氣的主體性，且進一步王廷相更有神識，
精識，魄識之種種差別，很明顯的，王廷相的認知意涵較寬廣，凡元
氣的種種生生可能性，化在形氣身上可以表現知覺者，皆為識之一種。
　　故心之認知、耳之能聽、目之能視、口之能言，甚至五臟百骸
感受飢飽冷熱變化，種種的認知作用皆屬體之靈的魄識範圍。彼等
是形氣認知外界事物的基本感官，其中氣質之清暢濁滯也會影響耳
目魄識之感，氣清者耳目心知和五臟百骸，較能順暢的表現出來，即
耳聰目明、心思敏捷之類；反之，則肥滯而濁，對於外界的變化，無
法敏捷的回應。同樣地，心思也會受到煩躁或其他思慮的干擾而不清
明，故耳目見聞飢飽冷熱皆屬魄識之感。王廷相的魄識之感是知識論
的基礎，即對外界的種種知識是建立在形氣的感官知覺的作用上；其
次，王廷相將認知的範圍擴大了，不是只有心知，心知只是眾多感官
的一部份而已，其他耳目口鼻五臟六腑也會有認知作用，它們所得的

8　同註1，《王廷相集・雅述》，頁861。

也是重要的知識，都是形氣世界真實的一部份，這是王廷相認知上的客觀義。

實則此魄識來自元氣之神用，因萬物各具主體義，故對萬物甚至是形體內之五臟當亦有知覺之神用流行其中，故有魄識之感的定位。綜論之，神用在元氣中是為生生流行之神識，於形質五臟中則受限只為魄識或精識，以具體知覺形質層之內與外。如此由元氣下貫於形氣而有魄識，若再由形氣回歸元氣，則種種魄識，又會消融於元氣神用中而為神識。如此由無而有，由有而無，所建構成的融攝有無而為一的氣化實有，其中生生之知覺亦由神識而魄識，由魄識而神識，亦通徹於氣化中，而不僅只是受限於形質才有知覺。

> 何謂思念之感？道非至人，思擾莫能絕，故首尾一事，在未寐之前則為思，既寐之後即為夢，是夢即思，思即夢。凡舊之所履，晝之所為，入夢也則為緣習之感；凡未嘗所見，未嘗所聞，入夢也則為因衍之感；談怪變而鬼神罔象作，見臺榭而天闕王宮至，反覆變化，忽魚忽人，寐覺兩忘，夢中說夢。推此類，人心思念之感著矣。夫夢中之事，即世中之事，緣象比類，豈無偶合？要之漫淚無據，靡兆我者多矣。[9]

「魄識之感」是感官的認知，「思念之感」是心對應外物的認知，當物之來，心之官則會思，未寐之前為思，已寐之後為夢，故「思即夢，夢即思」，皆是心對物之感應。一般人皆受心思之擾而不絕，王廷相以為唯有至人方能無擾，即思擾就會斷絕，實則思擾並非斷絕，思一斷絕就違反元氣生生之道，當是至人其思順隨氣化之運行而順應無礙，未受氣質干擾之故。

其次，「舊之所履，晝之所為」就是有具體經驗的有形之識，此識入夢後，即化為思後，乃為「緣習之感」。「未嘗所見，未嘗所聞」則為無具體經驗的無形之識，此識入夢化為思後，便是「因衍之感」。所以不管「緣習之感」或「因衍之感」，王廷相皆是在形氣界中論識，

---

[9]　同註1，《王廷相集·雅述》，頁861。

此形氣界之識分兩層：一是無形的識，一是有形的識。心知神用流行
不已，緣習而有的感，是已知的經驗的氣化常規；因衍而有之感，則
是未知的非經驗的氣化之理。故心既要覺知具體的人倫之理，亦要掌
握非具體的、未被經驗的氣化之理，知其對經驗的、非經驗的理並重。

魄識之感很明顯重點在見聞事物上，思念之感是心對有形事物和
無形事理的掌握。故魄識之感和思念之感合起來就是物感，即形氣本
身感官的感知與對外在事物的掌握。另外所謂真感，就是道德判斷的
感知。所以魄識之感，思念之感屬於物感，道德判斷屬於真感，很明
顯王廷相把見聞之知加以擴大而且分析的非常細密了。此為其在重實
立場下，欲將無限之氣化，試圖能鉅細靡遺的描繪出來的特色。

不少理學家都把見聞之知看得比德性之知為輕，但王廷相則把見
聞之知分得非常細。其次，王廷相將見聞之知和德性之知一樣重視，
即物感和真感一樣重要。物感是對事物的感知功能，真感是對道德判斷
的感知功能，他都全部掌握。事實上他是站在形氣之心的立場，心會認
知掌握形氣種種經驗的或非經驗的事物和事理，同樣的，形氣之心也會
對種種經驗的或非經驗的事物或事理做道德判斷，且二者不會偏廢。

三、致知

> 中和而曰「致」，豈虛靜其心性者可以概之哉？夫心固虛靈，
> 而應者必藉視聽聰明，會於人事，而後靈能長。赤子生而幽閉
> 之，不接習於人間，壯而出之，不辯牛馬，而況君臣、父子、
> 夫婦、長幼、朋友之節度？而況萬事萬物，幾微變化，不可以
> 常理執乎？[10]

王廷相以為形氣心能真切認知外界種種變化之理曰「致知」，致
知首言「中和」，「中」是耳目見聞之功能，與心之思慮作用未發之
狀態；「和」是見聞與思慮回應外在事物變化以恰當之理。而「致知」
須要耳目見聞與心思發揮清暢的認知作用，以察知萬物之萬理，所得

---

[10] 同註1，《王廷相集》，頁604。

之見聞再由心思慮會通，回應以性中相應之理。故心當理性清明在躬，
方得知理真切靈明回應於氣化之常道，使物得其各正於氣化之常，心
也不斷集義擴充，內外合一而得曰「致知」。「致中和」的致，已由
中和規定其定義，即當致者必為由見聞思慮，符應父子、夫婦、兄弟
等人倫日用的氣化常道。

　　故致知的內容在考察萬物氣性內涵之殊異，探知氣性如何各正其
性命，以「見理真切」。此即格物、正物，而知氣性各正其性命，是
來自元氣中陰陽偏勝，任何二五比例的氣種有定等萬理。形氣之心神
能認知形氣事理、形氣之性，所以表現認知思慮的心的「致知」，是
屬於形氣之知覺作用的，而被認知掌握的也是形氣的種種條理，因此
能知之心與被知之物在形氣層上是同質同層，雖有內外而本為一氣，
是「內外有無是一」的觀念，在知識論的範疇中的展現。所以王廷相
以心為認知主體，在無形之知覺和有形之形氣間，可由心知之知覺推
至於事理上，而覺知種種事理皆合於氣化之常道，進而肯認心知之理
即氣化常理，此乃「致知」之實義。

> 浚川子曰：「斯人也，空寂寡實，門逕偏頗，非禪定則支離，
> 畔於仲尼之軌遠。何以故？清心志，怯煩擾，學之造端固不可
> 無者，然必有事焉而後可。中庸曰『致中和，天地位焉，萬物
> 育焉』。」[11]

　　為讓心保持虛靜，使氣質較清暢，使形氣之耳目感官可更順暢的
發揮敏銳的知覺作用，才能更完整的觀察外界形氣之種種殊異，使所
得之見聞之知更能見理真切，更能掌握一理與萬理之殊異，故須清心
志、怯煩擾，非獨守一自外於事物之心體，淪為空寂寡實之學，離開
氣化實有之道；清心怯擾的目的非為排除形氣之萬理，是為更清楚的
掌握外在見聞之萬理，由其強調「必有事」的重實有之論點，由物各
得其正，致見聞思慮之知的工夫，而得以「致中和」。

---

[11]　同註1，《王廷相集》，頁604。

　　心本虛靈，具備自由無限的思慮和見聞掌握能力，才能妙應氣化無限的常變，此為心之「回應」義。回應要靠視聽聰明，視聽聰明成其見聞，會於人事之日用。視聽思慮是感官，人事是形氣，心將感官作用和形氣，透過心靈感通與解悟，把無形的事理和具體的形氣合一，如此物得其正，知徹有無，自然使心知，能順清暢之氣質全現，而不為氣質所限，此乃「靈能長」之義。

　　所以「致中和」是為神感神應之「靈能長」之目標；視聽聰明、會於人事皆是致知之表現；掌握見聞、思慮與事物間的關聯和條理，這是致知的作用。如此致中和之「致」就是致知的「致」，可知知識論上的「致中和」，是把自由無限能夠回應氣化之常變之心，透過思慮和見聞之功表現在人倫日用中。心是自由虛靈的，心知透過思慮和見聞之功能，表現道心以抑制人心，成就氣化世界之善，便是由致知之特色來講的致中和。

第二節　反對德性之知

一、思與見聞由心神

> 心者棲神之舍，神者知識之本，思者神識之妙用。自聖人以下，必待此而後知。故神者在內之靈，見聞者在外之資。物理不見不聞，雖聖哲亦不能索而知之。殊不知思與見聞必由吾心之神，此內外相須之自然。德性之知，其不為幽閉之孩提者幾希。[12]

　　關於見聞之知和德行之知，宋明儒者論之已詳，尤重德性之知的養成，但對王廷相而言，「見聞之知」一詞未必恰當，應是「見聞思慮之知」較好，可涵攝德性之知於其中。

　　見聞之知的主體在心知，心知對外在事物的體察為見聞，王廷相在心與物之間，指出其溝通關鍵在心之神用，使心能透過見聞知覺萬事與萬理，能經由思慮作用，判斷事理為氣化之常或變，此為人之所

---

[12]　同註 1，《王廷相集‧雅述》，頁 836。

能知覺之基本能力，非聖人所能獨有者。由此可知，見聞之知有其普遍性。至於神何以得貫注在心物而無間？以神本為元氣生生之用，而心物皆為一氣之所生，同為一氣故也。因此王廷相的見聞之知是需具備認知之主體（心），認知之對象（事物與事理），再加上溝通二者的神用（思慮會通），方為一完整見聞之知的架構。其中可知，王廷相以心之神用為元氣生生之用，神既已是生生，則生生之必然與應然如此義，便已是價值義之展現，且氣化雖有常變之不同，但心以體道為主，亦展現出心有為善去惡之價值趨向，故由心神所說的見聞之知，實已涵價值之判斷於其中，故只說「見聞之知」，不另分別出「德性之知」。

> 嬰兒在胞中自能飲食，出胞時便能視聽，此天性之知，神化之不容已者。自餘因習而知，因悟而知，因過而知，因疑而知，皆人道之知。父母兄弟之親，亦積習稔熟然耳。何以故？使父母生之，孩提而乞諸他人養之，長而惟知所養者為親。塗而遇諸父母，視之則常人焉，可以侮，可以詈，此可謂天性之知乎？由父子之親，近世儒者觀之，則諸凡萬事萬物之知，皆因習因悟因過因疑而然，人也，非天也。[13]

「天性之知」指氣化神用於胞中能知飲食，出胞時能知視聽，此天性指形質由氣化而本有之耳目飲食等感官作用。陽明有云：

> 良知者，孟子所謂是非之心，人皆有知者。是非之心，不待慮而知，不待學而能，是故謂之良知。是乃天命之性，吾心之本體自然靈昭明覺者。[14]

陽明以良知為天生本有，不待後天學與慮才有，故為重後天形氣的王廷相所不許。且在王廷相統有無兩間為一氣的理論下，其後天之形氣，本質上仍與先天之元氣相關聯。故其詮釋天性之知，自與屬形上本體層之良知或德性之知不同。

---

[13] 同註1，《王廷相集・雅述》，頁836。
[14] 同註2，《王陽明全書》，頁122。

「人道之知」則指在形氣之日用中，因習因悟因過因疑而知的，因氣化常道具體展現在人倫日用中，可透過見聞思慮等心知以認知。故見聞思慮之知，非只是形質之耳目感官之知，而是由耳目感官以彰顯氣化常道之知。此知既已涵攝具價值義之常道於其中，故便不再多出一德性之知！

若如德性之知所論，人天生有判知是非之能力，則由他人養大之小孩自亦有判知誰為生父與養父之能力，但在現實上卻無此可能。然論者或可質疑德知用在價值之判斷上，判別生父或養父則非價值判斷，而屬形氣耳目感官之判斷，故王廷相對德知之質疑為非。然王廷相非分德知、聞知為二的理氣二分之理論，而是理氣是一的主張，所以見聞思慮中已有價值認取之能力，價值判斷即氣化常道必在見聞思慮中呈現。

因此王廷相不能接受王學「致良知」之說，因為人道之知本是價值本體，也是認知感官，此知對內除感官外，更須心之思慮神用，對外亦要體察萬事萬物之殊異。由實踐言，此即所謂因「習、悟、過、疑」，重視後天學習過程，與彰顯氣化常道之重人文努力的知識工夫。

> 近世儒者務為好高之論，別出德性之知，以為知之至，而淺博學、審問、慎思、明辨之知為不足，不知聖人雖生之，惟性善近道二者而已，因習因悟因過因疑之知，與人大同，況禮樂名物，古今事變，亦必待學而後知。[15]

以「德性之知為知之至」者，是以心為最高道德主體，具有判斷是非，為善去惡之功能。且此德知為人本有，不待學與思而得者，陽明有云：

> 心之體，性也，性即理也。故有孝親之心，即有孝之理。心雖主乎一身，而實管乎天下之理，理雖散在萬事，而實不外乎一人之心。[16]

---

[15]　同註1，《王廷相集・雅述》，頁836。
[16]　同註2，頁35。

　　如此眾理具於一心，自然忽略由學問思辨以窮理盡性的工夫。勿論德知之性是否為人人所有之質疑，即便生知的聖人，所天生本有者，亦只性善與近道兩項，至於一般人則性中善惡皆有，心又有義理與情慾不同之趨向，則離生而有的德知更遠。且凡萬事萬物如已化為氣化實然之禮樂名教，古今事變，在萬物各具主體性的原則觀照下，自非只知覺形氣內在之理而已，而是具體之古今名教，本身便是天理之真實示現。故對具主體義之禮樂名教本身，須致以學問思辨等工夫，才能如理如實地予以掌握。

二、真知

> 其云以力行之精熟為知之真，尤所相契。孔門博文約禮，一時並進，但知、行有先後之序，非謂博文於數十年之久，義理始明，而後約禮以行之。大抵孔門凡言為學，便有習事在內，非如近世儒者，惟以講論為學，而力行居十之一。雖天賦之神靈不齊，亦偏滯於講說，而不於人事之內以求知之過。細讀論孟，當見此義。[17]

　　「力行之精熟為知之真」，指不只透過見聞思慮掌握事物之理，而也要力行其所知，掌握了氣化常變之理還不夠，一定要在現實言行上展現，表現道心，強調古今名教，以契合於氣化之常來抑制流蕩人心，如力行之精熟，方為知之真。所以王廷相真知是「知行是一」，此「知行是一」是把所知的氣化無形之理具體實現成氣化具體言行，故真知包括有認知與實踐兩種意涵。

　　「博文」是「知」，「約禮」是「行」，在實踐上兩者同時並進，博文之知具體化便是約禮之行，約禮之行由博文之知而得以成立。此亦一氣流行統內外、有無為一的模式。但在理論秩序上，則應先知氣化常理再行此常理人倫常道。若由元氣凝為形氣之步驟言，應是氣化先行其常理，人後知此常理；若由形氣回歸元氣之人為言，則應是先

---

[17]　同註1，《王廷相集》，頁485。

知氣化常理，再行此氣化常理。若由元氣與形氣循環不已言，則無先後可分，而為知行是一。

> 知，行常相須，如目無足不行，足無目不見。論先後，知為先；論輕重，行為重。[18]

朱子是由形氣之靈的心先去認知形上天理，再將之落實為情之善，因是心、性、情三分的格局，心本不理，所以在時間上是先知後行。王廷相也說先知後行，則是由理氣是一言，則與朱子理氣二分者有別，差別在理氣是一的先知後行只是知行相契為一的一個段落與過程；但理氣二分者，知行除有先後外，尚為不離不雜的合一，而非廷相的一氣流行下的知行是一。

> 《大學》指個真知行與人看，說如好好色，如惡惡臭。見好色屬知，好好色屬行；只見那好色時，已自好了，不是見了後，又立個心去好。知行如何分得開？[19]

陽明由其致良知便是致吾心之天理於事物，以判斷是非，為善去惡的立場說知行；亦即全由道德層面說，且涵攝形氣之日用於其中。所以形氣見好之知，即是道德本心判其為好而去實踐此好的行。且好此色時，知覺的好與實踐的好是同時在言行上發生，無時間之先後秩序的；另外陽明之知由心發，心之發可為知，亦可發為行。故陽明所謂知行合一，若指心所發之意是知好且行好的，因意為所發，本身即是動詞，是可以成立的。但若心發為行，行由氣質所承載，亦為氣質所限制，則會有心有所好，行未必去好的落差，在現實上未必真能知行是一。

然若由王廷相一氣流行之心神貫注於知行，使心之知是知此氣化常理，心所發之行是行此氣化常理的立場說，則所知者即所當行者，所行者即所當知者。故在人倫日用，以人為主體的階段時，理論上當

---

[18]　【宋】黎靖德編：《朱子語類》卷九，文津出版社，1986 年 12 月，頁 148。

[19]　同註 2，《王陽明全書・傳習錄》，頁 3。

是先知事物之理，再行此事物之理，故曰「知行有先後之序」。若在
工夫上，則應是知行並進，因知非單獨之知覺作用，而是一氣流行之
心神在知覺上之妙用，故知中即有氣化之神用，而知遂有行之義，故
曰「博文約禮，一時並進」，知行是一矣。所以他反對世儒惟以講論
為學，力行只居十之一，只偏重知而不重行的學風。主張知行當因時
自得之妙，因應不同的人事變化，在不同時空下知其事理，行其氣化
之常道，故王廷相特重在人事中的熟習。

> 傳經討業，致知固其先務，然必體察於事會，而後為知之真。[20]

　　王廷相認為傳經討業是氣化流行在人文事功上的表現，是知識講
論的部分，須靠形氣之心的思慮見聞之功能，去掌握傳經討業的事
理，此為「致知固其先務」。但還要「必體察於事會」，對於傳經討
業之事理，不能只有純粹理性的認知，也要在事會之中實踐，使氣化
之萬理，能條脈明晰地相印相合，如此經由現實形氣萬物驗證之理，
才是實理，能驗證實理之知，才是真知，此是原則的說。體察於事會
是要在父子、君臣、夫婦、兄弟、朋友的關係之中，體悟其中氣化之
常與變，亦即真知要放在氣化流行上論，才有實義。故在氣化流行上
體悟君臣有義、父子有親之事理，與由君臣有義、父子有親事會中所
得之事理，印證為一，才可知覺父子、君臣皆有各具主體義的氣化常
理，且各各不同，以相應人倫事變之萬端，如此才是真知，此是實然
的說。

　　王廷相重視「真知」，但和朱、王的「知」不同，王學的知是道
德的判準；而朱學的知除了有道德的判準之外，也有認知事物的功
能，朱子的心雖然也強調見聞之知的重要，但其見聞之知的背景是一
個只存有不活動的道德「天理」。而王廷相強調見聞之知，其理論背
景是元氣流行主體，真知就是強調以實然氣化流行為背景的見聞之
知，此為其大別於二家之處。

---

[20]　同註1，《王廷相集》，頁605。

> 近世學者之弊有二：一則徒為泛然講說，一則務為虛靜以守其
> 心，皆不於實踐處用功，人事上體驗。孟子曰：「君子深造之
> 以道，欲其自得之。」此萬世學道者之荃蹄。然謂之「自得」，
> 非契會於身心者不能。謂之「深造」，豈徒泛為講說，虛守其
> 心，而不於事會以求之哉？謂之「左右逢原」，非實體諸己，
> 惡能有如是妙應？故曰：「講得一事即行一事，行得一事即知
> 一事」，所謂真知。[21]

　　心為氣化神用之知覺，故有致知事物之理的能力，同時也有把事
物之理實現成氣化行為之能力，因氣化生生同時貫注在知覺與形化兩
層面，所以氣化既有心知，也有實現的能力，統於日用上論，所謂「講
一事即行一事」指心知便是實現；同樣的「行得一事即知一事」指實
現便是心知的完成，此乃「真知」。

　　在講論與實踐並重的要求下，「自得」指氣化生生之萬理，能契
會於身心，形著為人倫上的萬事萬物，是形氣我的對越氣化之常；「深
造」指不徒講說氣化諸般事理，且將其參之於事會酬酢中，是形氣之
理的冥契氣化之常。簡言之，知行並進的真知，通貫於人與天、事與
理間，以期居安資深，進而左右逢源於人倫常道，此乃由氣化論所說
的聖人氣象與道德世界也。

　　「徒為泛然講說」和「務為虛靜以守其心」乃批評陸王，空虛無
實不重實踐。王廷相的力行是致知的具體化，致知則是對無形的事理，
有形的事物，及元氣的常善加以掌握，故致知的具體化才是力行。知
王廷相強調實踐和人事的重要性，因為都得通過致知力行才能呈現氣
化之常善。

　　「往往遇事之來，徒講說者，多失時措之宜」徒講說者是只說空
理，卻不落實在日用生活上實踐，一旦面對「事變無窮，講論不能盡
故」，因為氣化世界有無限的可能性，如何講論都無法掌握全部的規
律，且規範是有限的，只能解決有限的事物，不能解決任何可能性的

---

[21]　同註 1，《王廷相集》，頁 478。

發生。所以「徒守心者，茫無作用之妙」，只靠掌握道德主體心，面
對事情則毫無應對能力，其弊在於「虛寂寡實，事機不能熟故也」，
因其不為掌握事物事理與氣化萬變的相應或相資的關係。因此要掌握
氣化之道，就要把現實的見聞轉化成內心對氣化萬理的體悟，進而使
皆統攝於氣化的知覺與實現的能力中，綰合彼此，資成彼此，乃所謂
的「真知」。

> 格物，《大學》之首事，非通於性命之故，達於天人之化者，
> 不可以易而窺測。天之運，何以機之？地之浮，何以載之？月
> 之光，何以盈缺？山之石，何以敧側？經星在天，何以不移？
> 海納百川，何以不溢？是皆耳目所及，非騁思於六合之外者，
> 不可習矣而不察。[22]

致知的目的在窮氣化諸般事理，窮理的範圍不僅在道德層面，也
包括耳目所及的萬事萬物之理，因氣化本具生生價值等義。故天有運
行之理，地有承載之理，日有經行之理，月有盈缺之理，是形氣各有
其理，其理雖氣化流行之種種條理，但皆只能由事上知之驗之，而絕
無事外之理。故要通於性命之理，達於天人之化，就當由耳目所及，
探究天地山川等實物之實理，至於六合之外，非氣化實然層面者，則
可置而不論。

王廷相在此表現重視客觀事物之理的實證精神，這種精神和現代
科學有些相近，但王廷相並非為了科學，它的目的在求得「理之實」，
是為了瞭解掌握氣化之種種具體的內涵，目的仍是儒家的通性命之
理，達天人之化，回歸氣化常道的一貫主張。

> 義理明，天下無難處之事，固也；緩不能斷，弱不能振，亦明
> 而不能行。是故窮理養才與氣，不可偏一。窮理在致知之精，
> 養才氣在行義之熟。[23]

22　同註1，《王廷相集》，頁539。
23　同註1，《王廷相集・慎言》，頁772。

　　窮理之目的即在求得中正至誠之理,因心之虛靈無所不認知思慮,且藉由耳目感官察知萬事萬物,即心會通有形之事物與無形之事理,最後契合於氣化流行之中正至誠之理。此理非一固定之死物,或形上之絕對天理,其內涵正是形氣世界的各種可能性之條理,因此對中正至誠之理的掌握,將順應各各不同事理之必然與應然發展,亦即「義理明,天下無難處之事」;若執守而不變通,不能恰當回應事理之無窮,則「緩不能斷,弱不能振」,故知理尚嫌不足,能窮盡萬變之理,才真得心知之自由。

　　「養才與氣」,指氣質可以順氣化常理而改變,才性也可由禮樂教化培養擴大,因氣質和才性都屬於氣質之性,是上承氣化之天命,下開形氣之日用的關鍵,所以與窮理同等重要。窮理既要窮氣化之生理,以游心於造化;又要體究萬物之實,窮物各不同之理,如此心知才可藉由才與氣之導化承載,以窮盡生生之理一,與萬般之理萬的不同,而二者不可偏廢之目的,便在知此與行此氣化中正之理。能窮常變、多寡不同之理,是致知的極致表現;涵養才氣可保證行義不受氣質限制而能完成。故致知便是不斷窮究事物與內在性理有無對應,行義便是不斷擴充存養才氣,突破氣質才性之侷限,彼此相資互體,致知的目的在行義;行義的完成靠致知,如此知行並進,以至義理大明,應事無礙的地步。故窮理不僅止於窮事物之理,其最終目的,仍在日用言行中,實現氣化中正之理。

第三節　知行並重以感通

一、致知與力行

> 自得之學,可以終身用之;記聞而有得者,衰則忘之,不出於心悟故也。故君子之學貴於深造實養,以致其自得。
>
> 廣識未必皆當,而思之自得者真;泛講未必脗合,而習之純熟者妙。是故君子之學,博於外而尤貴精於內,討諸理而尤貴達於事。[24]

24　同註 1,《王廷相集・慎言》,頁 776。

　　王廷相對知行的命題提出「知之精、習之熟」的「真知」，真知即主博文與約禮一時並進，為學當在習事之中，真知之深造實養，以至於自得之學。「自得」非如王學以「致良知」為主，獨守心體之靈明，王廷相的自得是建立在致知與力行的基礎上，透過耳目見聞的考察，心之思慮察處，使氣化之常道契會於身心，再應用在習事上。這樣由外而內，再由內而外，最後內外合一契會於己便是「自得」。若只記聞，使知脫落上承生生氣化之本質，則所記聞，失其生生之永恆性，自然衰則忘之。所以當深造耳目思慮與人倫事物彼此相資相成的關係，進而達到耳目思慮之知與事會之行，皆契會於己之身心，使心之知身之行，能悠遊於人倫之常中。

　　只有廣識之知，未經心之思慮的取捨，是心外之知，氣外之理，自不足取。脫離萬般氣化之現實，所講論者未必為氣化之實理。唯有在習熟之人倫事物上，所知覺者才是實理。故為學之知，既須由見聞以博外，也須由思慮以精內；為學之行，既須究明事理之萬端，更須肯認是通達於日用事會的實理。如此知貫通內與外，行統攝事與理，知行並進，內外、事理是一，是為君子契合氣化常道之「自得」之學。

> 君子之學，博文強記，以為資籍；審問明辯，以求會同；精思研究，以致自得。三者盡而致知之道得。深省密察，以審善惡之幾；篤行實踐，以守義理之中；改過徙義，以極道德之實。三者盡而力行之道得。[25]

　　「博文強記」、「審問明辯」、「精思研究」是致知的三個層次，第一個要資料掌握，作為依據；第二個要分析歸納，以求會通；第三個要精思體悟以求自得。前儒論致知一般分兩個層面，王廷相則是分三個層面，由思與見聞之會掌握資料，是形氣的層面。分析歸納也是形氣層面，對有形見聞與事物間，當審問明辨其中之異同曲折，以求形氣間彼此之會通。精思則是究明元氣與形氣間，無而有有而無的循環的關係，使形氣事物能冥契於氣化之理，以達中正至誠之道。所以

---

[25]　同註1，《王廷相集・慎言》，頁778。

致知既含知識義與道德義，復因氣化生生之貫穿，使知識義便是道德義等，而有三個階段的轉化。故致知不是簡單的格物博文而已，致知是掌握形氣層面以後，由形氣之知進而為形氣彼此之知，再至形氣之理之知的由有而無的所有過程。

「深省密察」、「篤行實踐」、「改過徙義」是力行的三層次，深省密察為心之思慮判斷，用在言行之善惡上，此為無形之行；篤行實踐為行為之具體發用，用在實現氣化之至理，此為有形的行；改過徙義指將叛離於中正至誠之道的言行，藉由知行並重之工夫，重新回復到仁熟義精的地步，此為導化由變而為常之行，是加上人為努力義的有形之行。故力行不只是約禮實踐而已，而是在形氣日用層面，由無形之行上提至有形之行，再臻於中正至誠之行。

因此力行，第一層在形氣層面判斷善惡，是以博聞強記為基礎；第二層在形氣層面實踐義理，是由思辨萬理才得以會通彼此。第三個層是在形氣元氣是一的情況下實現道德價值，是由精思而得默契中正至理所完成。

所以王廷相的知行觀，是以元氣形氣合一為基礎。分析的說，致知是耳目見聞的考察，心的思慮判斷，以至於形氣中正之自得；力行是生活中的實踐，義理的判斷，以至於改過徙義，人文價值之凸顯。實則改過徙義的變化氣質工夫，即是自得之以常應變，由變復常。故致知力行皆在形氣中論認知與實踐，以求上達氣化之常道，知其知行觀之探究，最後目的仍是論價值義的人倫日用！

> 《正蒙》，橫渠之實學。致知本於精思，力行本於守禮；精思故達天而不疑，守禮故知化而有漸。[26]

從精思與守禮看知與行，精思是心審問明辨之作用，會分析形氣事物的各種條理，最後上契氣化之理，而得知之真的致知，知精思是轉化為致知的關鍵，故「致知本於精思」。禮是已具體化、規範化的氣化常道的表現，是符合形氣之日用的行為標準，故心之回應善理發

---

[26]　同註1，《王廷相集‧慎言》，頁821。

為善行，當先本於禮，乃不背於氣化中正之道。氣化常道為無限無形之本體，禮則是特定時空下形氣世界有限的氣化規範，常道須由禮來實現，才可現其為常，故「力行本於守禮」。

但對無限氣化之道而言，有限之禮仍不足以完全彰顯氣化常道。唯因氣化是不斷生生，還當不斷守禮，透過審善惡守義理復常道等工夫，不斷突破各各禮教加諸在彼此之限制，且在此進程中，體悟禮教所蘊涵的力行動力，是為「知化而有漸」。故致知是氣化之心知神用在人倫禮教中的示現，須由精思而得知；力行是氣化之生生動能在人倫禮教中的實現，須由守禮而體悟。如此知行並進，生生之守禮與神用之精思，可綰合為一道德的、實有的知行觀。

> 聖人之道，貫徹上下。自灑掃應對，以至均平天下，其事理一。自格物致知，以至精義入神，其學問一。自悅親信友，以至過化存神，其感應一。故得其門者，會而極之；異其塗者，由之而不知。[27]

自事理而言，灑掃應對以至均平天下，知孝知弟之事理雖萬殊，若皆體究習熟之，則皆生生之理，在人倫事會上不同之展現。自格物致知言，耳目聞見之感，心之精思會通，使日用皆見理真切而各得其實，所言所行皆合氣化常道，此乃為學之唯一途徑。自感應常道言，悅親信友乃心面對親友時，彰顯氣化之性理，使發而為中節之禮，如見父知孝之理，表現為孝之行，以至於舉手投足無不是氣化之常道的表現，此乃過化存神，即感即應。故致知力行其妙在靈明感通，因能感通而知氣化萬理，實指一生生之理；格物致知，實只一為學工夫；親友與化神，皆只一氣的感應與流行。亦即知行是感通之工夫，感通是知行所生之作用，透過知行可達感通事理、學問感應皆一氣流行的貫徹上下之道。

---

27 同註1，《王廷相集‧慎言》，頁760。

　　必從格物致知始，則無憑虛泛妄之私；必從灑掃應對始，則無過高躐等之病。上達則純乎熟。[28]

　　王廷相論知行必自具體之形氣事理始，如論知則自格物致知始，即始於對具體事物的掌握，故格物致知必求物各當其正且見理真切，便無憑虛泛妄之弊。論行必自灑掃應對始，即從日用常行下手，由形氣之個人擴大至五倫，皆順中正至理來實踐，就不會過高躐等之病。而「上達純乎熟」，指知行並進，所知者具體明白，所行者平易近人，習熟久之，自能冥契氣化常理，上達中正至道。此乃知行感通的終極目的。

　　形氣回應元氣除了「心能盡性」、「心統性情」之外，在知識論的作用上，就是「致知力行」的延伸。至於心如何能盡性？心如何能統性情？在於氣化神用貫注於心中。心如何能知行？亦因元氣流行中之神用，本既涵有生化與分別各各不同氣種之功能，及此神用落於心中後，心除有生生顯性之動能，心亦有知覺事理之能力，且知覺遍在形氣中而有神識、魄識、精識等不同，表示心知之作用在無形、有形等層面皆存在，及為冥合神用之知而無所不在。此時在凸顯心知在現實上有知覺的功能，尚未涉及心知的對象。

　　而格物致知則是心對所知覺對象與範疇加以掌握的工夫。由於知非只單純之認知功能，知是氣化生生之知覺，另外氣化生生之動力，會主動承載及完成其知覺之功能，此為知行之先天作用義。但所知之對象或範疇，非只一死物而已。此對象仍是氣化生生之具體示現，所以知行之功能除知覺此對象之事與理外，亦有默識肯認此對象之事與理，即氣化生生所有之事與理的功能，此乃知行之感通義。因此感通功能用在默識與契會元氣與形氣間，互相承襲與實現的循環關係上，以彰顯知行工夫對人認知氣化實有之重要性。

---

[28] 　同註1，《王廷相集・慎言》，頁778。

先儒謂「聖人氣象難學，必學賢者，庶易造進，庶不躐等」。此
自宋儒接引中人以下，故設此論。僕觀名理，殊為不然。自灑掃
應對以至均平天下，自格物致知以至精義入神，只有一理，有始
終之序，無聖賢之分。始而學賢，終而學聖，是二道，是兩截。[29]

灑掃應對是可具體認知的單純事理，均平天下是有形無形既分立
又交融的複雜事理；格物致知是見理真切使物皆得其正的工夫，精
義入神則是思與見聞契於人倫事會的境界。同時灑掃、均平、格致、
精義，全都由氣化流行之常理貫穿其間，彼此只是所處之位階，所具
之功能有所不同而已。所以聖賢不輕灑掃，也不只重均平天下，而是
重在自格致精神以感通萬物的氣化常道上。此常道雖只一理，但有由
格物致知工夫以至精義入神境界的先後秩序，此秩序實為氣化由自然
狀態入於人文價值的秩序。

蓋發處固當察識，但人自有未發時，此處便合存養。豈可必待
發而後察，察而後存耶？且從初不曾存養，便欲隨事察識，竊
恐浩浩茫茫，無下手處。此程子每言「孟子才高，學之無可依
據，人須是學顏子之學，則入聖為近，有用力處。」[30]

朱子由理氣二分的架構，主張形氣心當先涵養性理，及發為情後，
再察識情是否依性理而行。故主張先涵養於未發時，再察識於已發之
後，如此為學遂有先後秩序。並稱說孟子無可學，顏子為可學，由可學
與否而有聖賢之別。然王廷相以為氣化萬端只有此一理，在形氣層上須
由格致以至入神的地步，故為學有先後秩序，此似同朱子。但朱子是在
理氣二分下言先後，廷相則是在理氣是一下言先後，二者本質不同。

另外，朱子以為聖賢有別，聖由賢造進而至。但廷相以為學問之
道，由灑掃至均平，由格致至精神，皆只一氣化生生在人倫日上的伸
展、遍潤，雖有灑掃與格致的方向不同，與過程有別。唯此氣化之伸

---

[29] 同註1，《王廷相集》，頁 666。

[30] 陳俊民校編：《朱子文集》第三冊，德富古籍叢刊，德富文教基金會，2000 年 2 月，
頁 1274。

展於不同之方向與步驟，則是聖或賢皆須面對下手而無分別的，故反對有學聖或學賢二道之說法。

二、知行兼者上

> 學博而後可約，事歷而後知要，性純熟而後安禮。故聖人教人，講學、力行並舉，積久而要其成。故道非淺迫者所可議。[31]

「學博」是耳目見聞的致知，廣泛的透過學習，掌握外在的事物，「可約」是心知的精思會通於人倫名教；「事歷」是累積體察事物變化經驗的力行，「知要」是由力行而知貫穿事物的至理。學博與事歷要並進，講學與力行並舉，致知力行在心神之發動下，能上達氣化流行之常道，並與規範之禮教相感通，是為「性純熟而後安禮」。「性純熟」指心透過學博歷事的知行並舉，將外在種種之事理與內在涵藏之性理相應，證其為氣化之常理。「後安禮」是性理因應心所表現出的行為，符合氣化之常道的規範。此時性理與氣化流行之理本質一貫，舉止無不循禮而行無不中節，是形氣回應元氣最具人文意義的表現。

王廷相言知行皆落於實有之形氣立論，由耳目感官之實見實聞入手，以體究萬物之實，強調博文強記之致知，也不廢灑掃均平之力行功夫，知與行要並舉不悖。心之精思會通知與行，再上達元氣流行之常道，但上達並非要掌握一形上虛無的本體，還要將之落實下貫到形氣中的知行層面，此時的知方為真知，行為無不中節的禮則。如此知行是一的目的便在由知識層面來詮釋、認知，進而肯定建構一包羅萬有、內外是一的人文世界。

因此，王廷相知識論的架構，是知與行並重，既重致知格物之功夫，又重力行履事之實踐，強調理性的認知，與實務的體察。但知識論的目標是詮釋元氣之流行，所以知識論又與修養論的變化氣質銜接，使內在的變化氣質與外在的古今名教一致，此時強調理性認知的一面又轉向為道德修養層次，其中的關鍵便是知行並重。

---

[31]　同註 1，《王廷相集‧慎言》，頁 772。

> 學之術二：曰致知，曰履事，兼之者上。察於聖途，諳於往範，
> 博文之力；練於群情，達於事幾，體事之功。雖然，精於仁義
> 之術，優入堯舜之域，必知行兼舉者能之。[32]

　　學習的途徑有致知履事二途，實則二者並兼，致知於「聖途往
範」，指體察這些事實背後的道德精神，此為致知之博文；履事於「群
情事幾」，指練達於萬物萬理之殊異，與物理變化之端倪，此為力行
之體事。可知致知是由心思來掌握體悟形氣中的道德事理，力行是用
道德精神來相應形氣的變化，彼此可成就無形和有形之間的溝通。
陽明也有無形和有形之間的溝通，陽明是用一個無形的道德心來解決
有形善惡的問題，是將主體之價值義賦予在形氣上，使形氣也具有主
體義，也成為上下相貫通，但形上本體與形下形物本質仍不同。如
其云：

> 天地、鬼神、萬物離卻我的靈明，便沒有天地、鬼神、萬物了。
> 我的靈明離卻天地、鬼神、萬物，亦沒有我的靈明。如此，便
> 是一氣流通的，如何與他間隔得。[33]

　　朱學則是利用形氣之心認知形上事理，然後表現成形下具體有形
的情，這也是有形和無形的溝通，但有理氣二分的問題。朱子云：「所
覺者，心之理；能覺者，氣之靈。」[34]

　　對王廷相來講，重視有形和無形之間的差別，但對無形之事理與
有形之事物，二者皆不偏重。致知是從具體的事物透悟到背後的道德
事理，是由有形到無形；力行則是將道德精神貫注具體事物，是從無
形到有形，所以「致知履事，兼之者上」，便是不論由有入無的知，
或由無為有的行，都只是一氣流行中有無循環不已過程中，或偏有或
偏無的階段，都不足以見氣化之全，只有內外是一，有無並重，才足
以詮釋、彰顯並觀照氣化實有之全貌。

---

[32]　同註1，《王廷相集‧慎言》，頁788。
[33]　同註18，《朱子語類》，頁85。
[34]　同註2，《王陽明全書》。

　　王廷相承認氣化的任何可能性，所以強調致知力行統攝氣化全貌
的功能，但也承認有能「師心獨見」氣化常道者，此必氣質極為清暢
之人物，故不須致知博文之工夫，但其最多只能暗與道合，亦即先天
之氣質清暢與理無違，但不能保證後天之人為日用，在沒有格物致知
工夫護持下，還能恰當順應具人為義、經驗義的禮樂規範。故不管是
師心獨見或透過學習的途徑，都需要致知力行的功夫，才能精於仁義
之術，上達於堯舜之域，因此致知力行在後天學習上，尚有避開先天
氣質之清或濁，使有暗合或滯塞天道者，或知而不行，行而不知等種
種氣化之變等弊病的功用。

> 說者曰：朱子之論，教人為學之常；陸子之論，高才獨得之妙。
> 陸之學，其弊也鹵莽滅裂，不能盡致知之功；朱之學，其弊也
> 頹隋委靡，無以收力行之效。夫學者所以學聖人者。合二子之
> 道而一之，將近聖人之軌與？[35]

　　前已論及，知行觀非只一理論上原則上的表述，有其防備氣化之
變，泯滅人為努力的功能。此句更舉朱、陸之例，為說知行當並舉，
不得偏廢之重要。朱子有云：

> 理未嘗離乎氣。然理形而上者，氣形而下者。自形而上下言，
> 豈無先後！理無形，氣便粗，有渣滓。[36]

　　朱子以理為形上是精，氣為形下是粗，形上理主宰引導形下理的
理氣二分形態，此時能凝結造作的雖是氣，但能凝結造作的所以然則
是理。故無理則氣不能動，此對主張一氣流行生生不已的王廷相而言，
是降低了氣的主體義與能動性，自會有朱學乏力行之功的批評。另象
山有云：

> 心只是一個心，某之心，吾友之心，上而千百載聖賢之心，下
> 而千百載復有一聖賢，其心亦只如此。心之體甚大，若能盡我

[35] 同註1，《王廷相集·雅述》，頁848。
[36] 同註18，《朱子語類》，頁3。

之心，便與天同。為學只是理會此。[37]

象山的心是形上絕對的道德主體，其心包羅萬事萬理於其中，故主張心即理，為學也只在伸展、遍潤、朗現此心而已。此對主張氣化流行中，萬物皆各具主體義的王廷相來說，少了對所知萬物的尊重與認識，忽略能知之心有思與見聞之會的神用，故批評象山不能盡致知之功。

王廷相既重視無形氣化之常的道德精神，也重視有限氣化之實的道德規範，即致知是對無形的元氣和有形的形氣兩層面的觀照與詮釋；力行是對形氣和元氣兩層面的肯認與實踐。所以不僅要有朱子現實規範的力行，還要有氣化之常的力行；不僅要有陸子的獨得高妙，還要致知形氣的事理，以上契元氣的高妙，此為「合二子之道而一之」。既要致知力行元氣之常，也要致知力行形氣之理，這就把陸象山和朱子合在一起，用一氣流行的知行並重說來涵括二者。

在形氣回應元氣的模式下，性中有生生義、價值義、氣種有定義等，可以氣質之性的內涵回應元氣的生生之大德；心會透過思慮和見聞，感通和解悟，和性相契合，以致變化氣質和習與性成，這是心的回應義；從知識論而言，氣化生生之知，會求現實上將氣化無限具體展現為「行」。但在現實上不可能，因為形氣聚散無常，聚為形氣而有限者，是不能回應無限之元氣。不過無窮多的聚散不已的形氣則可回應無限之元氣。故心除可知氣化常變之理外，心的思慮知覺也可觀照無限氣化之常變。如此先「知」無限氣化常變之理，再「行」、回應、實現、對應、修正無限氣化常變之理，就是知行的回應元氣義。

---

[37]　【宋】陸九淵著：《陸九淵集》、卷三十五、語錄下，台北：里仁書局，1981年1月，頁444。

第四節　順勢知幾

一、勢乃不得不然

> 天地之生物，勢不得不然，天何心哉？強食弱，大賊小，智殘愚，
> 物之勢不得不然，天又何心哉？世儒曰天地生物為人耳。嗟乎！
> 斯其昧也已。五穀似也；斷腸裂腹之草，亦將食人乎？[38]

　　天地生物是氣化不得不然的創生，也是氣化必然的作用，而「勢」
便是氣化具體落實為形物的變化萬端之總稱。即氣化因其生生不息的
創生作用，最大功能便是不已地創生具體萬物，使各具主體性之萬物
皆能各正其性命，由品類萬端說明氣化是真實又多方向的；同時此具
體萬端的生化，除有存在空間義外，尚有時間永恆的延續義於其中。
故氣化之生生由作用層落實為實有層時，其中橫貫面的自由方向之發
展，與縱貫面的持續不已地變化，以任何方向為形化之方向，任何速
度為形化之速度，所建構成的萬般事物之總相，謂之「勢」。在強調
生生作用化為具體物勢之觀點下，自有「強食弱，大賊小，智殘愚」
為物勢之必然的說法，此似削弱了道德意識。

　　但在王廷相由氣化，指出生生中有必然義與應然義，亦即有道德
義的觀點下，實則是由生生之形化說勢，再由勢中點出合氣化之常者
為綱常名教，而氣化之變如所謂「強食弱」等，除在反顯綱常名教的
道德正當性，也借由氣化有常有變，有自由自主義，以凸顯其有最高
道德義。在此生生大德的觀照下，氣化之常固有道德義，氣化之變之
為非道德，亦由其叛離氣化之常而來，故氣化之變仍有由氣化而來的
道德義，只此道德義落於有限界，而被判為非道德，實則本質仍是氣
化生生之德，只是生生之德的另一種展現方式而已。船山亦有此義，
如云：

> 陰陽顯是氣，變合卻亦是理。純然一氣，無有不善，則理亦
> 一也。有變合則有善，善者即理。有變合則有不善，不善者

---

[38]　同註1，《王廷相集・慎言》，頁806。

> 謂之非理。謂之非理者，亦是理上反照出底，則亦何莫非理
> 哉！[39]

同時，形上氣化之常不易為人體會，經由知行並重的變化氣質工夫的護持，使「強食弱」能化為綱常名教，則人參贊氣化生生之人文意義，才得以被落實與彰顯，人的主體義才不只由形上說，而可由實有說。

所以王廷相是將一氣生生在現實上所有的種種常變的總相，名之為「勢」。同時將有善有惡之形氣皆涵攝於生生之善中。故在挺立一氣流行為最高本體之立場下，不欲以形氣之小惡，否定或降低了本具價值義之氣化的主體義及位階，故反對世儒以為「天地生物為人」的說法。

> 夫姦宄之興，不在末流勢不可為之日，而在於勢已形見，上下
> 因循，不以為異之際；國家危亡之禍，不成於尾大不掉，無所
> 措手之時，而成於機事萌動，苟且目前，眇不知遠大之圖之始[40]

「勢」是順著氣化之常而來，清明之勢較易表現人倫之善；濁惡之勢乃遭遇氣化之變的惡。王廷相以性中善惡都有，性中之善會表現成名教，性中之惡會表現成現實的惡，也都是現實上勢之不得已而然。但勢較偏向集眾人之總相來說，如朝廷中之君子，會表現出龐大的善勢，而朝廷中的小人，也會表現出龐大的惡勢。而惡之來源，不再從道德主體的被掩蓋來說，惡的來源也可能是現實氣化之變的惡不斷累積出來。可知勢的產生來自於氣化之常變，其非一朝可成，來自於漸進累積，善勢乃不斷的生發善行而成，惡勢的形成也同樣是眾惡所積。

但氣化不已，故善勢惡勢亦不已累積外，彼此又如常變有互動之關係般，善惡之勢亦互相影響，總此所有面向言，便是「勢」。

---

[39] 【明】王夫之著：《船山全書・讀四書大全說》，湖南：嶽麓書社，2002 年 12 月，頁 1055。

[40] 同註 1，《王廷相集・雅述》，頁 874。

所以作為形氣層常變，善惡等發用實現的勢，是將氣化生生之無形作用，落實具體化為實有之萬事萬物，皆不停地運動、激盪、交融互攝，甚或排斥雜揉等不同方向、速度、形態的展現。故中有常變、善惡、事理等相反或相成的勢，實即無形氣化在形氣層之自由如實全然多向的伸展與實現。

> 危亂乃積勢而然。治不遽治，亂不遽亂，漸致之也。斯時也，人心為積勢奪者多矣。夫危亂有幾，預見而能返之，使人心固結而不變，此善致治者也。勢已抵於危亂，非素負節義，才足撥亂者，不能返。[41]

形氣之間有種種之物勢，在人事也有紛紜萬緒之形勢，此乃氣化之過程中常變不齊之故。同時各種方向、過程、樣態又有時空的延續性，使種種事勢、物勢、理勢等皆順氣化而積漸而成。及心為積勢所奪，善者愈善，惡者愈惡。乃因心固著於氣化之常，而與其生生義價值義互相應和同途；心若執著氣化之變，與其生生義結合，而無價值義為之導正，則變者愈變，亦會與其他事理之變者應和，而為積勢難返。此時唯以積累善勢，即「素負節義」者，能以生生之價值導化並挽回非理義之生生積勢，在形氣現實上，重回常道善勢。

可知氣化生生之氣化之初始是「幾」，此時知行用在幾上方為有功。幾之發為形氣萬端日用，不論常變、善惡皆順氣化有時空之延續性，所表現的事、物、理等不同樣態的總相即是勢。知行用在護持善勢，導化惡勢上，使由變復常，終成一人倫日用層面的善勢。即氣化生生之大德，非只是虛的作用，是可落實於實有層化為形氣運動層中的種種積勢與事會。統言之，無形氣化之「神」化為具體形氣之初始是「幾」，神幾在不同時空中有不同方式的展現則是「勢」。故勢是氣化神用，在現實上自由多向，既具體又有無窮可能的示現，此時不是只有虛玄之形上才具無限義，勢即可在日用中展現氣化之無限可能義。王廷相以一氣貫通有無、上下兩間的理論，使有限與無限不再是

---

41 同註1，《王廷相集‧雅述》，頁888。

截然對立之二者，而是相融互通為一的，而能真實証成此說的，便是
實有層中的「勢」。

> 人之德性聰明和厚者，本非小人之儔。但有欲者必貪賄，背道
> 者必固寵於人；異己者必愧，愧必忌，忌必絕之，不欲與之共
> 事，形跡判然，即成小人之歸。然終非其本心，事勢之必至者，
> 可不慎乎哉？[42]

　德性和厚者，乃順氣化之常而為；貪賄愧忌入於人，則為順氣化
之變而為，與行善之形　判然有別，其為惡之勢乃氣變之積累所漸致。
形氣運動之方向，即動靜語默由善轉惡所生之錯誤，此為王廷相由勢
來說惡產生之因。其實善變惡，是由於認知與自覺之失其正所造成，
故須由知行工夫來知惡去惡變化氣質，由貪忌轉為和厚。至於積累成
惡勢者，則因禮樂教化作用不彰，使貪忌作主，則應習熟禮樂教化，
使不正者歸於正。此乃因氣化有善有惡，所以形氣具體化之初幾，亦
有善有惡；進而為氣幾具體又自由流行的勢，自也是有善有惡。但幾
與勢中的心神則能透過知行工夫，表現出道德判斷與實踐的功能。

　所以勢與習表面上看似相同，只是慣性作用，勢與習之物自身不涉
道德義之善或惡。如純粹之習只是一物質性的慣性作用，但王廷相之
勢，則非只一慣性作用，而是有生生價值義之神與幾貫徹其中的。故王
廷相之勢，看似中性，以詮解氣化萬端之不得不然；實則順氣化之生生，
不由某一時空斷面如氣化之變言，則勢仍蘊涵了道德義於其中。

> 練事之知，行乃中幾；講論之知，行尚有疑。何也？知，在我
> 者；幾，在事者。譬久於操舟者，風水之故審矣，焉往而不利
> 涉？彼徒講於操舟之術者，未涉江湖，而已不勝其恐，安有所
> 濟之？蓋風水者，幾之會，非可以講而預者。故程子曰：「得
> 而後動，與慮而後動異。」[43]

---

[42]　同註1，《王廷相集·雅述》，頁871。
[43]　同註1，《王廷相集·慎言》，頁790。

「幾」乃作用層之氣化具體凝結為形氣層之初始狀態。因氣化沒有時空、方所層次的限制，所以氣幾之發端，亦遍在形氣層之任何時空，方所與層次中，如見父便生知孝之幾，見兄便生弟之幾。然氣幾之發順氣化之常而有善端，若順氣化之變則有惡端，如操舟者所遇之風水有順有逆，所以要言行合於日用流行之氣幾，便要心能知覺流行之常與變，使所發之知覺與判斷，皆能相應與掌握氣幾之常與變，此即「行乃中幾」。

但此在日用上發為中幾之行的知，是由元氣之神用凝為心知之神用，此為先天的稟賦；及再應用為言行之知，則須經由練達事會的後天修養，才能完成知幾應事，此即「練事之知」。所以知行是貫通氣化、心知與氣幾流行等不同層面，由縱貫轉換為橫貫的工夫。「知在我」指心為知覺事物之是非順逆的主宰，「幾在事」指是非順逆發端之氣幾在事物上顯。所以將能知是非順逆之心，致其知於有不同是非順逆之事幾上，知事幾為常者發為常行，知事幾為變者，亦導化變者為常行。如此作為氣幾之會的風水，亦可經由知行工夫之護持，而「焉往而不利涉」？故知外在之幾，會影響言行之表現，此為他律；而內在心知也會主動對應外在事幾，此為自律。如此自他並重，知行為一所中之幾，才是真幾。

二、與神合幾

> 靜，生之質，非動弗靈；動，生之德，非靜弗養。聖人知乎此，精之於人事，和之於天性，順之於德義，其機若謀，其成若符，其適若休。常之謂天道，純之謂大德，是謂與神合機，非求於動而能若是哉？[44]

王廷相由動靜相生說一氣之流行，以生生之靜因有動而有靈妙之用，生生之動因有靜而有生生之大德。亦即由動靜的相生相成而有氣化之神，將此無形之神貫注於有形的人事、形氣之本性，與人倫綱常

---

[44] 同註1，《王廷相集·慎言》，頁772。

等不同層面中。此乃神可流通於有形、無形與價值等範疇中，以顯其在形氣層中無上下，方所限制的自由流行義。「若謀」指動靜之神發為日用之事幾，必順常理而行，若謀定於未發之前；「若成」指神用於日用中完成之創造，符合氣化創造之要求；「若休」指神用在日用間順自然之事幾表現，合於氣化生生之自由自主之本質。如此神用如常不息，展現為各各事幾，便是天道之流行。神用為物不二，以展現為各各事幾，便是生德之遍潤。綜上所述，可知「幾」由「神」來規定內容與作用，同時「神」由「幾」而得以發端於日用中，是謂「與神合機」。

> 喜怒哀樂其理在物，所以喜怒哀樂其情在我，合內外而一之道。在物者感我之機，在我者應物之實。不可執以為物，亦不可執以為我，故內外合而言之，方為道真。[45]

「理在物」指喜怒之情發在物上，此情之理自亦在物上，實則具體之情無形之理相合為一；「情在我」指所以喜怒之理發為情，此情便在吾身上發用，如此無形之理在吾身化為具體之情用，二者貫通而無別。

「在物者，感我之機」指發在吾身的喜怒之情，其理則在物上。因為在喜怒物上的理，是形氣運動所發的喜怒之物的理，此物上之理會發為感通吾身以表現為喜怒之情的事幾。亦即事幾在外，但事幾之理可為我與事幾間溝通之橋樑。「在我者，應物之實」指回應喜怒之理，發為外在事幾之主宰即吾身。因為吾身是氣化凝於形氣日用上之自具物自身主體性的獨立存在，自可回應外在所以有喜怒之理，並使之具體化為喜怒之情的主宰。亦即回應事幾之主宰在吾身，但回應事幾所發之情，則可作為外幾與內我間感通之媒介。

故知王廷相是將氣化既貫於外在之事幾，也貫於內在之吾身中，於是彼此遂有位階對立之不同。如此強調吾身與事幾之對立是要肯定各各形氣皆有其價值與定位，彼此相成互資，缺一不可。故若立於個

---

[45] 同註1，《王廷相集・雅述》，頁854。

人存在之有限時空處，便須先確立應幾之我，與感我之幾的對立，確立彼此在人倫日用中的互動後，再消融掉對立，重顯彼此之本質為一，又包羅萬有的世界。而「幾」便是將氣化由虛轉實，「方為道真」的發端作用。

綜論之，幾是融通轉化事與理的中介。由義理言，幾是由物之理化為心之理的發端。故幾雖因物而起，由心而應。但在常理之範域內，心理與物理無別。從形氣言，幾是由無形之氣凝為有形之物的初端，所以幾是由氣而起，由形完成。

> 世變有漸，若寒暑然，非寒而突暑，暑而突寒。聖人拯變於未然，在平其勢而已。平其勢，在理其人情而已。故將怨者則德之，將渙者則萃之，將昂者則抑之，此聖人先幾之神也。[46]

「世變有漸」指氣化之生生在時間序列中向前推進，既不能跨越尚未來到之時間，以免截斷時間的延續性；也不能泯除先前已行之時間，使淪於無法成立之倒退中。所以形氣之運行是由古至今，由寒而暑的漸進。但氣化非只單純時間之行進，而是於漸進中收攝過去、現在、未來，不同時空軸線所承載的所有古今名教之意涵。所承載之生生義、價值義、氣化凝結義愈多，發為形跡之勢與幾，自亦沛然莫禦，無方所之限隔，此乃氣化循時間序列漸進之所必至，推論之所必得者。

故若知「世變有漸」之勢與幾，便能「拯變於未然」。期使對順氣化之變漸進累積所必成之惡，在時間序列上，雖不能抽掉其漸變為惡之過程，卻可在當下使幾發之方向改變，導變為常，為善去惡。在順其生生義，日漸積累豐富其在時間行進中，所收攝的綱常名教，自可使怨者德之，渙者萃之。故能掌握此勢與幾變化的必然性與延續性，便可謂「先幾之神」。

> 順事者，無滯者；知時者，應機者，故聖哲如神。[47]

46　同註1，《王廷相集‧雅述》，頁835。
47　同註1，《王廷相集‧慎言》，頁764。

王廷相從人之機上言，順事機之進行，待恰當之時機，回應以適切之言行，此人之機具體的表現為神機。神機放到氣之機或人之機上言，放到修養論上言，神機能提供心應機的能力，有應事機、應治機幾種。從表現的事機和治機言，這是掌握機的能力，至於掌握機的方法，在機還沒發生前就要掌握是先機，機發之後掌握是乘機。

> 能有為者，才也；權自由者，位也；事會幾者，時也。三者失其一，皆不能以有為，故聖人得位而猶俟時。[48]

具體事功的成就，非徒守一道德心即可，即如廷相所言合致知力行合一之功，則對事物之理，氣化之常變可謂了然矣，此為「才」。但有才仍不足，事功的成就需要多方面的條件，如「機」的配合。何謂最恰當的機呢？還需要「時」與「位」的配合，因此心之應機當體察氣化之常道，但何時應？則須時與位，故王廷相在此言要「知時」，最恰當的時機，又適得其位，當可謀其政，因此事功的成就，需要內在的致知力行，可使我們具備足夠的能力應變，還需要靜待外在時機的成熟，方得成就。

> 事理之常，順以應之，得吾心之樂也易；事勢之變，預以圖之，釋吾心之憂也難。[49]

氣化有常變，形下之事理亦變化紛紜，心之所應之機亦自不同，當事之來循氣化之常，則心自當順應之以義，反之，若事勢之發展，循氣化之變而行，則心當見微知著，盡早防範。因此對事理的掌握，心當見機而動，或當順以應之，循之以常理，或當及早制止，阻止禍患之生，因此對「機」的充分掌握，積極的意義在彰顯氣化之義理，消極而言，則在防止禍害的成形。

> 《中庸》曰：「致中和，天地位焉，萬物育焉。」中和而曰「致」豈虛靜其心性者可以概之？夫心固虛靈，而應者必藉視聽聰

---

[48] 同註1，《王廷相集・慎言》，頁764。
[49] 同註1，《王廷相集・慎言》，頁780。

明，會於人事，而後靈能長。赤子生而幽閉之，不接習於人間，
壯而出之，不辯牛馬，而況君臣、父子、夫婦、長幼、朋友之
節度？[50]

　　心必自由無限虛靈，才能妙應氣化無限之常變，虛靈之心靠思慮
和見聞，回應人事之紛紜，心之感應要靠視聽聰明，而視聽聰明經過
思慮和見聞，最後會通於人事之處理。視聽聰明是感官，人事是形氣，
心就把感官作用和形氣具體會通，再發動以恰當之行，此為中和之道。

　　由知識論上言，心對外在事物幾微變化都能掌握，是致中和之
「致」，心有一虛靈無限掌握氣化可能性的認知主體，就是「中」，
心的思慮和見聞又能把氣化任何可能性之性表現在外，即是君臣、父
子、夫婦都能相對應，就是「致和」。

　　「幾微變化，不可以常理執」重點放在氣化之變，「致中和」重
氣化之常道，但先天氣化之常變都有，加上現實氣化之常變會互相交
叉配合，造成事情更是複雜。所以從現實上來講致中和之「致」，除
了把性中有陰陽偏勝之任何可能性稱為「中」，更要表現成外在的君
臣、父子、夫婦都中節合度，這乃「致和」之外。而致中和和致知還
包含另外一層，心思會紊亂，人心多道心少，就不能致中，但可以靠
致知來解決，不能致中就是不能表現君臣、父子、夫婦恰當之對應，
就不能致和，所以必須用致知去從不和變成和，所以致知有從知識論
上說之意，也有從修養論上說之意。

---

[50]　同註 1，《王廷相集》，頁 604。

第貳編
明代之氣學思想

　　明代氣學上承張載「太虛即氣」，將氣提至本體高度的思路，及與當時理學與心學的相互激盪、融攝下，理論已臻成熟，並有多面向的發展。明代氣學家多以宋明儒學傳統所關注的道、理、心、性、人心道心、德知聞知、格物致知等論題，做為論述的重心，且強烈的以仁義禮智等價值意識貫注其中。所以不論由思想範疇或道德主體二方面說，氣學皆應為儒學中既具創造性又重視實有的一條路徑。且在明代學術發展自由的氛圍下，除有王廷相、吳廷翰等以元氣為宇宙本體的純粹氣本論外，尚有由朱學理氣二分轉為理氣是一的發展。另外主張理氣是一者，又不乏強調道德自覺的重要，故又有心與理氣是一的發展。純氣本論者，可視為擺脫理學、心學的糾纏，而自創新局者。理氣是一論者，則應為對朱學理氣二分，及近佛老的修正。心理氣是一論者，則為理氣是一論者，進一步加強道德心而有的發展。同時氣學除以陰陽五行之生生作為一氣流行的詮釋條件外，又有不少學者由《易》之兩儀四象八卦系統說氣化生生，故又另立「由易說氣」一路，以見明代氣學在學術方向與詮釋系統上之多樣性。

第一章　以氣為本

明代氣學除王廷相標舉新說外，吳廷翰、呂坤、高拱等人，亦在元氣為本體的視角下，皆以理在氣中取代理在氣之上的說法；以單由氣質說性，回應性分義理、氣質二者的主張；以人心道心是一，重新回復心一非二的立場。唯對德知與聞知是一或二的主張，則彼此有不同之看法。而高拱主張性善可徵情善，則非主張理氣二分者所能提出。

第一節　吳廷翰

吳廷翰字嵩伯，號蘇原，明南直隸無為州人（今安徽無為縣），生於明孝宗弘治四年（西元一四九一年），卒於明世宗嘉靖三十八年（西元一五五九年），享年六十八歲[1]。吳廷翰生平事蹟不見於《明史》及《明儒學案》，據《無為州志》[2]卷十五〈仕績・吳廷翰傳〉所述，吳廷翰少年穎悟向學，為官不畏權貴，清廉自守，督學撫民，外厲內仁，平亂事，立軍功，因而政績有聲，也因個性剛嚴疾惡，因而忤上意、彈時貴，不為當政所容。致仕後居家三十餘年，據《墓誌》所述「足不跡城府，口亦絕不及城府事，有託為干請者，遜謝而已。」可謂將餘生全然投入於學問著述中，主要著作收錄在《吳廷翰集》，一九八四年中華書局出版，其中以《吉齋漫錄》為其主要思想著作。

一、一陰一陽之謂氣

> 何謂氣？一陰一陽之謂氣。氣之渾淪，為天地萬物之祖，至尊而無上，至極而無以加，則謂之太極。及其分也，輕清者敷施而發散，重濁者翕聚而凝結，故謂之陰陽。陰陽既分，兩儀、

---

[1] 據《濡湏吳氏宗譜》〈吳國寅撰〉《先考參議府君墓誌》，明嘉靖癸亥年（1563）刊刻本。

[2] 常廷璧修訂，《無為州志》，清乾隆十八年（1743），卷十五，〈仕蹟・吳廷翰傳〉。

> 四象、五行、四時、萬化、萬事皆由此出，故謂之道。太極者，
> 以此氣之極至而言。陰陽者，以此氣之有動靜而言。道者，以
> 此氣之為天地人物所由以出而言，非有二。[3]

　　吳廷翰以氣為本體，而所謂太極、道、陰陽、理等，由所指涉之
對象、體段、樣態、作用、位階、功能不同，而隨處異名。但又將此
些異名統攝為一氣，而不容分別。一陰一陽之謂氣，是以陰陽相生為
氣之本質。所以不是以形上之理為本體。亦即作為萬物最高本體的太
極，不是理而是氣。所以太極非氣外之理，而是指此氣為最高之本體。
陰陽非獨立於氣外的生生作用，而是氣中能動靜生化的作用。道非離
氣獨存之本體，而是氣化萬物所出的根本。所以太極、陰陽、道皆氣
之不同體段、位階、稱謂而已，而本質皆同為一氣。如此不再將太極、
道視為本體，也將陰陽由形下，上提至本體層次，不再只是為形上之
道、理所指引承載的工具。所以由太極說氣是本體，由陰陽說氣能動
靜，由道說氣為萬化根本，而綜合此三者之本體義，作用義與根源義
的最高實有便是氣。

> 然其曰「所以為陰陽」，終是有一物以為陰陽先也。其曰「道便
> 是太極」，「太極生陰陽」，終是有道而後有陰陽也。其曰「離
> 了陰陽便無道」，其下以形影喻之，似又先有陰陽而後有道也。
> 其曰「當離合看」，夫可離可合，終是道自道，陰陽自陰陽也。[4]

　　「所以為陰陽」指陰陽落在本體之外。「道是太極」、「太極生
陰陽」指太極、道是本體，陰陽落於本體之後才有。「離陰陽無道」
指陰陽為本體，相生作用才是道。彼此又有離合，則道與陰陽為二物。
綜上分析可知，彼等是以此道、太極為本體為在先，陰陽為形下動靜
為末為後，道、太極與陰陽截然為二物。而吳廷翰則站在太極是氣之
本體、陰陽是氣之動靜、道是氣化根本的立場，視三者只體段、位階、
功能不同而已。故反對道與陰陽不一，太極與陰陽為二的主張。

---

[3]　【明】吳廷翰：《吳廷翰集·吉齋漫錄》卷上，北京：中華書局，1984 年，頁 5。
[4]　同註 3，《吳廷翰集·吉齋漫錄》卷上，頁 6。

「太極動而生陽」云云，即一氣之動處為陽，靜處為陰。蓋太極，
一氣耳，據其動靜而以陰陽名之，非陰陽至此而始生也。「動靜互
為其根」，言陰陽之體本一。分陰分陽而兩儀立，乃其用之二。[5]

　　此段主張太極即是氣，據氣之本體有動靜，而以陰陽為氣之動靜
的名稱。亦即氣之動處為陽，氣之靜處為陰。所以陰陽即是氣之動靜，
非太極是有動靜之本體，而陰陽是繼太極動靜之後才有的。所以太極
有動靜，便是太極生陰陽。而動靜互根，則指太極之陰陽相資互成為
氣之體段作用。而分陰分陽乃太極動靜化生萬物之用，所以太極便有
氣的本體義。

天理，即天之道。天道，即元亨利貞。元亨利貞，即陰陽。陰
陽，即一氣。一氣，即所謂「於穆不已」者。「於穆不已，天
之所以為天。」天之所以為天者在此，非天理乎？[6]

　　天道以元亨利貞之生成作用為內容，而此作用具體之呈現，便是
相資互成之陰陽。但陰陽非只無形之生成作用，而是「動靜無端、陰
陽無始」能具體生成真實萬物的氣。且此氣即「於穆不已」的天道。
所以天之所以為天的本質，即此「於穆不已」具體生成萬物的氣。此
即以陰陽收攝元亨利貞，天道等體性於氣中，而說明陰陽即氣。

天為陰陽，則地為剛柔，人為仁義，本一氣也。陰陽則得天之
理，柔剛則得地之理，仁義則得人之理，故皆曰道。道者，理
之可由者；統而言之曰氣；分而言之曰陰陽、柔剛、仁義。以
得其理謂之理，以由其理謂之道。若如理氣之說，則陰陽必待
理而後行，仁義必假氣而後生。[7]

　　在氣之統攝下，陰陽由天所以為天之理而有，剛柔由地所以為地
之理而有，仁義由人所以為人之理而有。而在一氣流行中，由陰陽、

5　同註3，《吳廷翰集‧吉齋漫錄》卷上，頁8。
6　同註3，《吳廷翰集‧吉齋漫錄》卷上，頁17。
7　同註3，《吳廷翰集‧吉齋漫錄》卷上，頁17。

剛柔、仁義之理，而生成不同位階的天地人三才，便是道。可知陰陽
剛柔，得其所以為陰陽剛柔之脈絡條理，便是理。而陰陽剛柔，由其
所以陰陽剛柔之理而具體生成，便是道。所以氣由其理的道，與氣得
其理的理，皆是氣，只是彼此之位階、體性不同，而有異名。由氣即
道即理的立場，自然反對理與陰陽二分，仁義與氣二分的說法。

> 程子謂「動靜無端，陰陽無始」，此言已到極處。蓋既謂動靜
> 陰陽，已是兩端循環，如何分得先後？所以說「動前又有靜，
> 靜前又有動，陰前又是陽，陽前又是陰」。如曰「動靜」、「動
> 靜有常，剛柔斷矣」之類，是以動為先、靜為後；如曰「陰陽」、
> 「一陰一陽之謂道」之類，是以陰為先、陽為後。[8]

　　動與靜或陰與陽，彼此是兩端循環，互有作用，不可以離合論，
也不可以分先後的氣之體性。如此便沒有動與靜，陰與陽孰為先後，
孰為體用的分別。由此可見以陰陽動靜為體性，以具體生成萬物的氣，
才是最高最先之本體。若動與靜，陰與陽分先後，則既表示彼此為可
離合之二物，非氣中無離合之兩端的相生作用。也表示先者為體，後
者為用。如此也不符合氣為體，陰陽動靜為生成之用的主張。

二、理為氣之理

> 氣之為理，殊無可疑。蓋一氣之始，混沌而已。無氣之名，又
> 安有理之名乎？及其分而為兩儀，為四象，為五行、四時、人
> 物、男女、古今，以至於萬變萬化，秩然井然，各有條理，所
> 謂脈絡分明是已。此氣之所以又名為理也。若其雜揉不齊，紛
> 紜舛錯，則誠若不得其理，然亦理之所有。[9]

　　此是就一氣分為兩儀、四象、人物、男女的萬變萬化中，指出其
秩序井然、脈絡分明的條理是理。亦即有氣才有理，理依氣而有，無
氣則無理，此乃先確立氣之先在性，再說理是氣化之條理。所以理既

---

[8]　同註3，《吳廷翰集·吉齋漫錄》卷上，頁13。
[9]　同註3，《吳廷翰集·吉齋漫錄》卷上，頁7。

非是超然立於天地之先的先在又形上之理,亦非落入形氣中,又與形氣不同層次的理。同時氣化之條脈分明,固是必有如此氣化之理。但氣化有任何可能性,故亦有雜揉不齊之可能發生。但氣化有雜揉,自有氣化所以有雜揉之脈絡在其中,故不論氣化之順暢或雜揉,指出凡是氣化其中必有所以如此之脈絡便是理。故說氣即理,是指氣是流行之本體,而理是流行之條理,只是指涉的角度有別,但本體則仍是一氣。故在泯除指涉角度不同,以避免理氣為二之產生,及強調氣之本體性、先在性的特色下,乃說氣即是理。

> 或謂:「張子言:『太虛不能無氣,氣不能不聚而為萬物,萬物不能不散而為太虛。』又言『氣之聚散於太虛,猶冰凝釋於水。』是皆以氣言性,特以聚散而分氣與虛耳。」曰:「『太虛不能無氣』,『氣之聚散於太虛』,謂氣與虛為一物可乎?謂氣散為虛,聚為物,則虛為散,氣為聚,天為氣之散,道為氣之聚乎?要之,虛實也,聚散也,皆氣也。其曰天、曰道、曰性、曰心,皆此一物,隨處異名,不容分別。強為之言,不覺其差矣。」[10]

張載「太虛即氣」的說法,是早自宋代即有的氣本論說法。但吳廷翰由其純氣本論的觀點,檢視張載的文句,卻仍不能無疑。因為由張子「太虛不能無氣」等的字面看,氣與虛是有相對關係的二物。同時無形之虛是氣之散是天,有形之物是氣之聚是道。如此則聚與散、物與虛,天與道皆是相對的二物。但吳廷翰以為不論虛或實,聚或散皆是一氣而已,非真有截然為二相對待之關係,實指一氣不同的體段、樣態而已。亦即在強調氣的絕對本體性的主張下,自然反對虛只是散,氣只是聚,而應是虛是氣之散,物是氣之聚,虛是氣聚之根本,物是氣散前之表現,只一體二面。所以對天、道、心、性,所指涉的角度雖不同,但由此氣貫穿其中,而為彼等不同體段的本體。如此透過「皆此一物,隨處異名,不容分別」的理論,強化了氣的貫穿性與包容性。

---

[10] 同註3,《吳廷翰集・吉齋漫錄》卷上,頁19。

太極圖:「陽變陰合而生水、火、木、金、土,五氣順布,四時行焉。」是四時之行,人物之生,皆有待於五行。據造化至理,似未必然。蓋太極始生陰陽,陽輕清而上浮為天,陰重濁而下凝為地,是為兩儀,蓋一氣之所分。陰陽既分為天地,天地又各自為陰陽。曰少陽,曰太陽,曰少陰,曰太陰,是謂四象,蓋二氣之所分。四者變合交感,凝聚極盛,乃成其類,則少陽為木,太陽為火,少陰為金,太陰為水,乃其自然之化。則此四物,是亦四象之所為,而與人物並生,同化於天地者。豈有水火金木既生之後,質具於地而氣行於天,四時乃反待之以行,人物乃始感之以生乎?無是理也。[11]

先由太極生兩儀生四象的偶數進位法說宇宙生化的模式,但反對由周敦頤與陰陽五行家將五行先於四時的作法。因為太極生陰陽,陽浮於天,陰凝為地,而天地又各自有陰陽二氣,於是有少陽、太陽、少陰、太陰的四象,四象仍是未形之氣的體性,又因四象有進退消長,以漸而變的作用,乃凝成為成質的水、火、金、木及人物等。但若如〈太極圖〉陽變陰合而有體質之水、火、金、木、土,另外同時有無形之五氣順布,再生具體之四時。則質與氣同時具有,五行又在四時與人物之生的前面。完全違反造化至理應是無形之陰陽,分為四象,四象漸變為具體成質的水、火、金、木及人物等由微而著,由無而有的氣化秩序與過程。

吳廷翰是理性的氣本論者,凡事以反求吾心而自信者為真。主張由氣化論五行,反對緯書天一生水、地二生火、天三生木、地四生金、天五生土的說法,其云:

水火二物,造化妙用,天地之先氣。蓋天地初分,陰陽二氣,其閃爍晶熒者則為火,火騰而上,天之陽也;濡濕浸潤者則為水,水滲而下,地之陰也。然水火雖同出,畢竟火先於水,猶天地初生,畢竟是天先地後。[12]

11　同註3,《吳廷翰集‧吉齋漫錄》卷上,頁9。
12　同註3,《吳廷翰集‧吉齋漫錄》卷上,頁20。

水火是造化天地之先氣，即水火尚非成質。及天地初分，陰陽二氣之閃爍者為火，騰上為天之陽。濡濕者為水，滲下為地之陰，此時水火已成物質，且為天陽地陰之體質。但因陽屬飛揚創造故先化為天，地是沉潛完成故後化為地，所以水火雖同為天地之先氣，但火在水先，而非天一生水，地二生火的秩序。

> 《正蒙》「木曰曲直」一段，解五行處，殊有精義，不類習見。其曰：「水火，氣也，故炎上潤下，與陰陽升降，土不得而制焉。」則火生土、土克水之說，非矣。既曰「木金為土之華實」，豈非有土而後有金木乎？既曰「得水之精於土之濡，得火之精於土之燥」，豈非水火亦出於土乎？夫土既是地，與天同生，所以造化水、火、金、木者也，而豈四物之類乎？後人泥於天五之說，不得其理，則謂土兼四行，隨在寄旺，豈有生居四者之後而反能兼體四者之全乎？[13]

吳廷翰藉張載解五行說法，將五行重新排列成火、水、土、金、木的秩序，且與同時代王廷相所論的五行秩序一致。如云：

> 天者，太虛氣化之先物也，地不得而並焉。天體成，則氣化屬之天矣；譬人化生之後，形自相禪也。是故太虛真陽之氣感於太虛真陰之氣，一化而為日星雷電，一化而為月雲雨露，則水火之種具矣。有水火，則蒸結而土生焉。日滷之成鹺，煉水之成膏，可類測矣。土則地之道也，故地可以配天，不得以對天，謂天之生之也。有土，則物之生益眾，而地之化益大。金木者，水火土之所出，化之最末者。五行家謂金能生水，豈其然乎？[14]

可知王廷相亦以為因先有能升降之陰陽於其水火中，故能炎上潤下，所以水火是同為天地先氣，而火又先於水。且火水又在土之前。由「木金為土之華實」，及金木得水火之精於土，則知土在金木之先。

13　同註3，《吳廷翰集‧吉齋漫錄》卷上，頁21。
14　【明】王廷相著：《王廷相集‧慎言》，北京：中華書局，1989年9月，頁752。

同時是因土中有水而為木,土有火而為金,所以水火又在土中。而土是地,與天同為造化水、火、金、木的根本。亦即在秩序上是先火而水而土再金、木。但在具體氣化中,水火雖是先氣,但具於土中,再由土而生成金、木及人物等萬物。可知土是統火水金木於其中的基礎。所以反對緯書以天五生土,土之秩序最後,卻反能兼體四者的說法。

三、以性即氣

> 所論與先儒不同處,只是以氣即理,以性即氣。其曰:「有是理而後有是氣。但氣之清者為聖賢,如寶珠在清水中;氣之濁者為愚,如珠在濁水中。」亦分明把作二物。若如予說,則氣之凝聚、造作,即是理;水清、水濁,即是性。如布喚做布,其絲縷、經緯錯綜,則是理;故言布則即布是性。若曰所以為布,乃為理、為性,則教人於布之外尋理、尋性,哪裡去討?推其類,必有超然一物立於天地之先以為理,爍然一物懸於形氣之上以為性,終屬恍惚。[15]

所謂「以氣即理,以性即氣。」是指理為氣之條理,性為氣之體段,若去掉條理與體段等隨處異名的差別,則理與性皆與氣為同一本體。若主張理先氣後,則理為超然立於天地之先的形上理,此理落於人為性,則此性為爍然懸於形氣之上的形上之性。理、性與氣質分隔為形上、形下不同之兩層。但吳廷翰則以為氣之凝聚造作有其條理脈絡便是理,理由氣而有,不能離氣說有獨立於氣外之理。水之有清有濁便是水的真實體質,便是性;性由氣而立,不能離氣說有獨立於氣外之性。譬如布是氣,布之絲縷是理,布本身之氣質便是性。此乃將一氣流行之實然,與流行之條理、體質,先統合在一氣本體中,而為理即氣,性即氣。然後論述重心由本體之氣,轉移到以氣之條理、體質為重心。

> 蓋人之有生,一氣而已。朕兆之初,天地靈秀之氣孕於無形,乃性之本;其後以漸而凝,則形色、象貌、精神、魂魄莫非性

---

[15] 同註3,《吳廷翰集‧吉齋漫錄》卷上,頁34。

生，而心為大。其靈明之妙，則形色象貌有所宰，精神魂魄有
所寓，而性於是乎全。故曰：心者，生道也；性者，心之所以
生也。知覺運動，心之靈明，其實性所出也。仁義禮智即天之
陰陽二氣，仁禮為氣之陽，義知為氣之陰。及其感動，則惻隱
而知其為仁，羞惡而知其為義，則性之名所由起也，亦非性本
有此名，因情之發各有條理而分別之。[16]

　　人之生本是氣，未生前陰陽、仁義等各各條理皆孕於無形之氣中，
此乃性之根本。及漸凝為形貌、精魂，此皆依性所有的陰陽仁義各各
條理而生。同時因心之靈明知覺運動，便是性之創發作用。所以有陰
陽仁義各各條理的心，既是形貌之主宰，也是精魂之所寓，而且此心
之全體便是性。而性中陽氣之仁、陰氣之義，若受感動，則發為惻隱、
羞惡之情，而性便由情各順陽氣為仁、陰氣為義之條理發而有仁義之
名。所以心是具體日用的生道，而涵具陰陽仁義各理的性，是心所表
現的內容。如此心性合於儒家心性皆是即存有即活動的道德主體，只
是更推進一步，將此主體統攝於一氣流行中，亦即一氣本體既有陰陽
動靜的創生作用，也有仁義禮知條脈分明的道德義，所以是即存有即
活動之氣。

　　　蓋性即是氣，性之名生於人之有生。人之未生，性不可名。既名
　　　為性，即已是氣，又焉有「氣質」之名乎？既無「氣質之性」，
　　　又焉有「天地之性」乎？性一而已，而有二乎？耳目之類，雖曰
　　　氣質，而皆天地所生；仁義之類，雖曰天命，而皆氣質所成。若
　　　曰仁義之類不生於氣質，則耳目之類不生於天地，有是理乎？[17]

　　高拱亦云：「人只是一箇性，此所謂性兼氣質而言，又有何所謂
性者不兼氣質而言乎？」[18]可知其亦主張只有氣質之性。吳廷翰主張性
即氣，是將陰陽相生之作用與氣陽之仁、氣陰之義統攝於性中。而人

---

[16]　同註3，《吳廷翰集·吉齋漫錄》卷上，頁28。
[17]　同註3，《吳廷翰集·吉齋漫錄》卷上，頁28。
[18]　【明】高拱：《高拱論著四種》北京：中華書局，1993年，頁190。

有生才有性。既名為性，便已是由陰陽仁義之氣說性，故不必再說氣質之性，否則便是氣質與性為二物。又仁義本即為氣之陰陽，故仁義即是氣之性，非仁義與氣性為二物。可知性即氣，氣即性，實無所謂氣質之性，或天地之性的不同存在。同時耳目雖是氣質，但仍是天地之氣，依陰陽之理序而生；仁義雖是天命陰陽之理序，但此理序即是氣質之理序。所以氣質與天命本一不二，只一氣的隨處異名而已。

> 形有長短，有肥瘠，有大小，雖萬有不齊，莫不各有手足耳目。其性之有偏全、有厚薄、有多寡，雖萬有不齊，莫不各有仁義禮知，故曰「相近」。及乎人生之後，知誘物化，則性之得其全而厚且多者，習於善而益善，有為聖人者。性之得其偏而薄且少者，習於不善而益不善，有為愚人者，故曰「相遠」。[19]

此乃由氣即性的主張，重新詮釋孔子「性相近習相遠」的論題。一氣陰陽動靜，相生流布，凝為體質便是形，凝而有條理便是性。所以人之形雖萬有不齊，必皆有手足。人之性雖偏全不齊，必皆有仁義。所以不論形或性有何偏全多寡之差別，但皆以一氣陰陽仁義為其體，此則不論聖凡皆無差別的，故曰相近。此乃由氣化說萬物，由無而有，有又不齊，但一氣本質不變故可說相近。及人生後，先天得陰陽仁義之性全且多者，後天又習善而為聖人。反之先天得陰陽仁義之性偏且少者，後天又不習善而為愚，此乃相遠。此乃由氣質說人先天受性有偏全之異，後天有無教化，則又更增益其性之不同說相遠。

四、性有善惡

> 太極渾淪一元之氣，其時未有陰陽之分，善且不可名，而況惡乎？及陰陽既分，絪縕太和，化生人物，其時無有雜揉，猶是太極之初，但已有陰陽二物相對，所以說「繼之者善」，雖未有不善，而善之名立矣。及夫人物化生，形交氣感，雜揉紛紜，則氣之所秉萬有不齊，而陰陽善惡於是乎分。但其初生未感之

前，其時善惡不萌，亦如二氣絪縕之始，故亦無可言。及性有感動，而情欲出焉，則各得本生氣稟，而善惡皆性。[20]

此段說明由氣說性，是善惡皆有，及惡從何而來的問題。先由本體之絕對性論性之本源，為陰陽未分，太極是渾淪一氣。此氣為絕對之本體，自然沒有相對待而言的善或惡。再論本體之內涵，即一氣初生未感之前，氣中已有相對之陰陽，此時無有雜揉，純是陰陽無始，動靜無端之作用與理序，而人物即依此陰陽而化生。因陰陽相生有其必然如此之條理，而必然如此之理序，本身便具有道德義。而且氣之陽是仁，氣之陰是義，可知以陰陽為體的氣中，便有仁義之理。故曰此時雖無不善，但已有善名。最後由此陰陽之善理凝為人之條理來說性。及人物化生時，會因形交氣感，雜揉紛紜，使氣所稟之陰陽之理萬有不齊，於是有或善或惡等不同。此由陰陽相生之客觀機率有任何可能來說性，則在現實氣化中，自然性會有善、惡不同之可能。但性不可見，故性之為善或惡，須待性感發為情，由可見情之善或惡知之，故惡是來自氣性中陰陽之理的薄濁不齊所致。如此說之氣性若無形上本體作支撐，會落入客觀唯物之路。但吳廷翰此氣化客觀機率決定之性，無主觀意志的宰制，自由自主，順理性分解而有各種可能性，又能符應具體日用層面的人性論。

口之於味，目之於色，有是口目之人，則有是食色臭味之心，人之大欲，故為人心。仁之於父子，義之於君臣，有是仁義之道，則有父子、君臣之心。道之大倫，故謂道心。曰人與道，心本則一。人心道心，性亦無二。人心人欲，人欲之本，即是天理，則人心亦道心；道心天理，天理之中，即是人欲，則道心亦人心。[21]

氣流行於人，其中本然一定之則，便是心性。性有陰陽仁義之理，而其陰陽之理的表現，便是心虛靈知覺之發用。心又有人心、道心之

20　同註3，《吳廷翰集‧吉齋漫錄》卷上，頁 26。
21　同註3，《吳廷翰集‧吉齋漫錄》卷上，頁 31。

分。人有口目，便有藉口目以知覺味、色的心，此知覺口目之欲的心
即人心。有仁義之道，便有藉父子、君臣以知覺仁義的心，此知覺仁
義等人倫的心即道心。可知雖有人與道的不同，但認知此不同對象的
虛靈主體，仍只是一心。雖因心知覺運動的角度不同，而有人心道心
的分別，但知覺的本質，仍只是一性。

　　故性發為知覺，可有人心、道心不同之方向，而心之知覺也可認
知不同之人與道。可知互為體用的心性，可貫穿人與道中。亦即不論
人或道中，皆有心性為其體性。如此則可進一步說人心即道心，道心
即人心。而人心、道心只因指涉對象而有異名，本質仍只一心。而非
人心、道心截然為二。

五、聞見為真知

> 德性之知，必實以聞見，乃為真知。蓋聞見之知，自是德性所
> 有，今以德性為真知，而云「不假聞見」，非也。嬰孩始生，
> 以他人母之而不識，長則以他人為母，終其身不知。或閉之幽
> 室，不令人見，不聞人語，雖天日且不識，而況於他乎？故嬰
> 孩之知，必假聞見而始知。其呼父母與飲食，皆人教詔之。[22]

　　此段順前面人心、道心不分，接著主張德知應實以聞見，才是真
知。譬如嬰兒之於父母，非天生能知其為父母，而是後天聞見教詔的
原因。由聞見的教詔而學到道德判斷，此即真知。吳廷翰反對有一絕
對的心體，其知覺判斷不須聞見之知的輔助，便可無所不知。因他主
張心之知覺，乃陰陽二氣之良能，故知覺必用在氣化之萬物上。而德
知或聞知，皆是心知覺之發用，只是發用的對象不同。同時「聞知是
德性所有」是因陰陽仁義之性，發而為知覺之心，此心同時能知覺聞
見，與道德二層面之對象。所以由仁義之性所發於聞見與道德的知覺
作用，彼此本質相同，而可互相涵攝。

22　同註3，《吳廷翰集·吉齋漫錄》卷下，頁60。

蓋知行決是兩項，如治骨角者一切一磋，以為切不可不磋則可，
以為切即是磋則不可。舟之有槳有舵，謂同以進舟則可，以為
槳即是舵則不可。由此言之，則知之與行，自有先後，自有作
用，但不可截然為二途，豈可混而一之？[23]

此段仍是立於一氣流行中，有道、理、心性等不同，但只是體段、
位階的不同，本質仍只是同一氣的觀點來說知行。切與磋是治骨角的
不同方式，且是彼此相成缺一不可的方式。同樣知與行是學問缺一不
可，彼此互資相成的兩端。而且應是先知後行，不可以知為行，否則
只須知而不須行。所以知與行只有彼此功能與位階不同，而統於求學
一事中，故曰「不可截然為二」，也不可「混而一之」。

今人為「格物」之說者，謂：「物理在心，不當求之於外。求
之於外，為析心與理為二，是支離也。」此說謬矣。夫物理在
心，物猶在外。物之理即心之理，心之物即物之物也。萬物皆
備於我，天下無性外之物，故求物之理，即其心之理，求心之
物，豈有出於物之物哉！若謂格理者為在外，則萬物非我，而
天下之物為出於性之外。求為一本而反為二本。[24]

吳廷翰反對「物理在心」的說法，因為物之理在心，則物在心外。
主張「物之理即心之理」，因為萬物只角度、樣態、體段有所不同，
實皆只一氣，故可說萬物皆備於我，天下無性外之物。所以格物是至
物以求萬物之理，便是因各物之具體條件、體段不同，所以物之理各
不同，而格物便是致其心之知覺於理各不同之萬物上，以與心中之理
相符應。另外「心之物即物之物」指心中之物，即是備我性中之萬物，
所以心之物即是萬物的物。此時物是主體，心與萬物只是此物不同之
體段與位階而已。但若將心之物與物之物二分，則格理者為在外。因
為理在物中，格理者在物之外，則理所在之萬物，便在我這格理者之

23 同註3，《吳廷翰集·吉齋漫錄》卷下，頁56。
24 同註3，《吳廷翰集·吉齋漫錄》卷下，頁45。

外，於是我與物為二，而萬物非我。若萬物不在我性中，而在性外，但因天下無性外之物，故萬物不應在我性之外。否則原為一本，反支離成二本。

第二節　呂坤

　　呂坤字叔簡，別號心吾、新吾，晚號抱獨居士、了醒居士，河南開封府寧陵縣人。生於世宗嘉靖十五年（西元一五三六年），卒於神宗萬曆四十六年（西元一六一八年），年八十三，贈刑部尚書[25]。自幼魯鈍，年十五讀性理書欣然有會，穆宗隆慶五年（西元一五七一年）進士，授襄垣知縣，歷官吏部主事、山東參政，山西按察使，陝西布政使，刑部右侍郎等，為官清正，不務虛名，崇真尚實，講求實效，每遇國家大議，不為首鼠，故遭小人所忌。萬曆二十五年（西元一五九七年）上《憂危書》，不報，遂以病乞歸。家居講學不倦，其學多所自得，《明史》云：「坤剛介峭直，留意正學，家居之日，與後進講習，所著述多出新意。」[26]呂坤氣學思想多集中於《呻吟語》六卷，《去偽齋文集》十卷中，此二書收錄於《呂新吾全書》。

一、天地只是一氣聚散

　　　　天地萬物只是一氣聚散，更無別箇。形者，氣所附以為凝結；
　　　　氣者，形所托以為運動，無氣則形不存，無形則氣不住。[27]

　　此先確立天地萬物只是一氣之聚散，一氣凝聚則生天地，一氣分散則形成萬物，此聚散間潛藏兩個因素，即無形本體之氣與被本體之氣所生生的個體之形。所以形、氣兩者在聚散之間，有其特殊對應關係。亦即具體有形之形物，是由一氣聚散所凝結，而讓形體能夠運動生化、或有或無之本體則是氣。可知本體之氣與凝結之形結合，即是

---

[25]　鄭涵：《呂坤年譜》，鄭州：中州古籍出版社，1985 年 4 月，頁 1。

[26]　【清】張廷玉撰：《明史》，台北：鼎文書局，1991 年。卷二二一，頁 5825。

[27]　【明】呂坤：《呻吟語》，〈天地〉卷四，台北：志一出版社，1994 年 7 月，頁 192。

創生萬物之基本條件，其彼此關係是內、外之異，無限、有限之別。而此內在無限之氣可能凝結為萬種不同有限之形。反之若無各個不同之形者，則氣只是一種無形流盪之物，屬於虛之狀態。可知呂坤先確立一氣之聚散能生天地萬物，而天地萬物之間，是由無形之氣和有形之形二者的結合所生成的。

> 自有天地以前，以至無天地之后，一氣流行，瞬息不續而乾坤毀矣。草木之萌蘖之后，以至摧萎之前，一氣流行，瞬息不續而榮枯決矣。飛潛蠢動之物，自胚胎之后，以至死亡之前，一氣流行，瞬息不續而生機絕矣。是天地萬物所賴以常存者恆故耳。[28]

　　言一氣流行在天地未生之前，以至於天地消融之後，都是「一氣流行」運行不已。亦即氣具有永恒性、普遍性，是超越在時空之上的最高本體。呂坤並將此氣化無限本體貫於具體形氣世界中說明，將草木及飛潛動植之物由初生至死亡視為一氣流行之不同變化過程和結果。可知一氣流行是生化不息，且一氣流行所產生草木、飛潛動植各種不同形氣，各個都是妥妥當當，而氣則是無形無跡，不可測知的。此種分化代表氣之凝結是有其條理，而此條理又各自不同。故可知「天地萬物賴以常存恒故耳」，不管過去、現在、未來，草木、飛潛各個不同之物都是由這個超越時空之上的唯一氣化本體來形成的，而各個不同的物體，因同樣來自於一無限的元氣，所以各個形氣之所生亦非常完整奧妙。

> 元氣賴穀氣以存，無穀氣則無元氣，毋令傷食而已。火傳薪而有，無薪則無火，毋令生煙而已。理乘氣為有無，氣散則理還太虛，毋令害道而已。[29]

　　言做為氣化本體之元氣，存在於穀氣之中，若無具體之穀氣亦無法得知元氣之存在。可見呂坤所強調的並非形上虛玄之元氣，而是形

28　【明】呂坤：《呂新吾全書・去偽齋文集》卷六，〈明恒〉（彙集明萬曆至清康熙間刊本），頁34。

29　同註28，《呂新吾全書・去偽齋文集》，頁14。

上虛玄之元氣與形下具體呈現之穀氣是一的狀態。譬之「火傳薪而有」,薪火乃共存共容。亦即呂坤不再強調形上氣化本體,而是視氣化本體乃萬事萬物之總合。故「理乘氣為有無」,氣聚時有其所以聚之條理,氣散時亦有其所以散之原因。但當氣散時,氣會回歸於太虛,所以氣散之理必然也會回歸太虛。可知氣中自然如此聚散之條理,即是所謂「理」。

由此可知,呂坤除了主張「理一」之外,也有主張「理萬」。「理一」是理無所謂聚散,故說「氣散理還太虛」,所以理一指的是元氣之狀態。同時他又重視「理萬」,即萬種不同之形氣皆有聚散,則形氣之理必有聚散。呂坤由先天、後天來說理一、理萬,即無聚散之理一指的是先天,而有聚散之理萬指的是後天,此乃呂坤有別於其他氣學家之特色。

> 有在天之天,有在人之天。有在天之先天,太極是已;有在天之後天,陰陽五行是已。有在人之先天,元氣、元理是已;有在人之後天,血氣、心知是已。[30]

氣學主在討論形上、形下如何具體描述與掌握的問題,以及形上、形下透過分析掌握,如何能夠總合成一個氣化流行?綜觀諸儒有從形上、形下分,也有從有形與無形來分。呂坤則順著前賢詮釋宇宙的內涵與層次之思路,有進一步發展。即以先天、後天分氣化宇宙為不同層次與區塊。故做為形上本體之天,分為在天之先天的太極,與在天之後天的陰陽五行。在天之先天的天,即所謂氣化本體。此氣化本體是無形無狀之最高主宰,故為「在天之先天」。在天之後天的天則是天已經落在氣化的世界之中,陰陽五行亦是具體氣化流行的陰陽五行。可知天是一個氣化的本質,此氣化之本質從本體而言為在天之先天,即太極。而氣化本質若已經開始具體表現生化之作用,則為在天之後天,即陰陽五行。而在形氣人身上,在人之先天指的是人的無形生化本質,即元氣、元理。元氣是最開始之創造本體,元理則是元氣

---

[30]　同註27,《呻吟語》〈天地〉,頁193。

中運動生化的條理，所以人天生有一無形之元氣做為創生之主體，又
有必然如此之元理做為氣化之條理。同理，在人之後天是元氣、元理
之氣化具體表現於人身上，即血氣、心知。亦即元理在人身上具體表
現，即是做為本體之元氣在人身上表現之條理，即血氣運行的表現。
可知呂坤之本體思想保持了天人的界線，在天人之間分先天、後天，
並將天、人之間做對應結合。亦即天之先天太極落於人身上，成為人
之先天的元氣、元理；而天之後天陰陽五行在人身上，則為人之血氣、
心知的表現，彼此具有相關連性。呂坤先天、後天各有天人之分，即
是天、人各分形上、形下的表現，此種先天、後天相應，天、人相對
之分法，使天人關係脫離「不離不雜」的觀念，而讓天人真正是一。
而天人真正是一的方法，就在於天、人皆有先天、後天之對應關係，
且先天、後天之形上、形下一貫。如此不同層次緊密結合之中，便達
到氣化流行中有不同氣化之機制與條理，讓天人進一步接近是一而非
合一。

二、陰陽相生，各從其類

> 噓，氣自內而之外也；吸，氣自外而之內也。天地之初噓為春，
> 噓盡為夏，故萬物隨噓而生長；天地之初吸為秋，吸盡為冬，
> 故萬物隨吸而收藏。噓者上升，陽氣也，陽主發。吸者下降，
> 陰氣也，陰主成。噓氣溫，故為春夏；吸氣寒，故為秋冬。一
> 噓一吸，自開闢以來，至混沌之後，只是這一絲氣有毫髮斷處，
> 萬物滅，天地毀。萬物，天地之子也，一氣生死，無不肖之。[31]

可知噓、吸是從氣化開闢天地以來，一直到萬物毀滅重新回到混
沌之狀態，有此氣化循環，則一氣必有間斷之處，即天地乾坤之毀滅。
由此確立一氣流行必然是創造天地萬物的條件。而一氣創造天地萬物
則由天地之噓、吸為之。噓氣自內而外，吸氣則由外而內。譬之「天
地之初噓為春，噓盡為夏」，故萬物隨氣之發用而生長。「天地之初

---

[31] 同註27，《呻吟語》（天地），頁186。

吸為秋，吸盡為冬」，萬物隨天地之氣之內斂而蘊涵。亦即藉著吐氣
而生長，吸氣而收斂，天地萬物即在此生長、收斂完成一個生命循環，
也代表氣之聚散循環。同時呂坤又把噓、吸與陰、陽之觀念結合，則
噓即是陽氣之發用，吸即陰氣之內斂與完成，如此一噓、一吸即氣之
一次聚散，亦即一次陰陽相生而完成萬物之創造。但此種噓、吸絕對
不會終斷，即噓、吸是陰陽自然如此而產生的。可知藉著噓、吸來說
明氣之聚散、陰陽相生、萬物生滅，都包涵在一氣流行之中，即把一
氣流行置於形氣層面言，順著天之先天之太極與天之後天之陰陽五
行，同時降衷在人身上，於是人身上便有人之先天的元氣、元理對應
於太極；也有具體之表現，使人之後天的血氣、心知對應天之後天的
陰陽五行，呂坤詮釋一氣流行的基本架構，即順此緊密結合完成。

> 吾無論氣運之天，後天也。有三：一曰中正之氣，一陰一陽，
> 純粹以精，極精極厚，人得之而為聖為賢。二曰，偏重之氣，
> 孤陰孤陽，極濁極薄，人得之而為愚為惡。三曰，駁雜之氣，
> 多陰多陽，少陰少陽，不陰不陽，或陰或陽，雜揉而不分。人
> 得之而為蚩為庸。至於五行之氣，根陰根陽。其所生者，各從
> 其類，得金氣多者，善為堅貞，為果斷。惡為頑復，為刻削。[32]

　　呂坤將氣運之後天分三種氣，「中正之氣」是陰陽相生，純粹以
精，在人則為聖為賢，此即陰陽相生最正常狀態。「偏重之氣」則是
「孤陰孤陽，極濁極薄」，表示天地雖然皆陰陽相生，但在氣化二五
相生有任何可能性之原則下，也會產生孤陰或孤陽之狀態，此種狀態
之下的人則為愚為惡，亦即所謂氣化之變。駁雜之氣則是「多陰多陽，
少陰少陽，不陰不陽，或陰或陽」，即二五相生有各種可能性，各種
多陰多陽，少陰少陽皆非正常，故是「雜揉而不分」，雖然不多，但
還是具體存在，在人則為蚩、庸等氣化之變的狀態。由五行之氣化而
言，五行相生是根陰根陽。呂坤「根陰根陽」是陰陽互為其根生生不
已，而「其所生者，各從其類」，即陰陽互為其根相生不已，讓五行

之氣的陰陽比例，有一陰一陽、孤陰孤陽、多陰多陽、少陰少陽的種種可能性，於是五行之氣也會各自不同。只有陰陽相生正常狀態的中正之氣，才能將五行之氣凝結成完整之形體，由兩儀成性，讓形氣人之本性為一純理純善的狀態。其餘諸賢人，皆受五行之氣陰陽互根，做為內在動力的影響，使每個人的氣質有所不同，個體並為其氣質所限制。

由此可知，呂坤仍然順著王廷相陰陽偏勝有任何可能性的思路出發，同時又把王廷相之「二五相生」，「客觀機率決定一切」的模式向外推展。亦即王廷相認為任何事物都在二五相生的詮釋系統之中，只有極少數例外。但呂坤則是把此二五相生之詮釋系統之外所有可能變異之狀態，全部凸顯出來，故有偏重、駁雜等等在氣質上所產生的各種差異性的表現。把二五相生之詮釋系統，所能表現的各種差異性總合起來，所得到之結論，都是一氣流行之聚散所成之不同事物，此不同事物在二五相生之下，都是「各從其類」的，此各從其類也就是順著王廷相氣種有定的觀念而來的。且此具體不同之萬物，皆是由二五相生而來，則萬物都具有其主體性。對呂坤而言，既便是偏重、駁雜之氣，仍然有天之後天的陰陽五行在其中，只是天之後天的陰陽五行之氣落於人身時，則人之後天的血氣心知也會偏頗，則於形氣展現便為愚、庸。既便是偏重、駁雜之氣，仍然有一個天之先天的太極，即氣化創造的本體，此本體在偏重、駁雜之氣的人身上，即是人之先天。而人有其元氣、元理，此純善之理落於氣質之中，則產生有善有惡的不同。可知呂坤承王廷相氣種有定之觀念，發展成萬物各具其主體性的思路。以天有先天、後天，人有先天、後天之緊密結合的模式，把萬物各具其主體性，透過二五相生的系統，以及溢出二五相生的系統兩種狀況的總合來，加以說明。

> 大抵陰陽之氣，一偏必極，勢極必反。陰陽乖戾而分，故孤陽亢而不下陰，則旱無其極，陽極必生陰，故久而雨。陰陽和合而留，故淫陰升而不舍陽，則雨無其極。陰極必生陽，故久而晴。草木一衰，不至遽茂，一茂不至遽衰。夫婦朋友失好，不

> 能遽合，合不至遽乖。天道物理人情，自然如此，是一定的。
> 星殞地震，山崩雨血，火見河清，此是偶然的。[33]

　　因陰陽二氣是相生不已的，陰陽偏勝萬物有不同形體和發展的可能性，順著陰陽偏勝繼續發展，便有「一偏必極，勢極必反」的結果。亦即陰陽偏勝除了強調陰陽是相生不已之外，更重要是說明如何由陽而陰，由陰而陽的過程。可知陰陽是相生不息、交互變化生成萬物的，此觀念凸顯呂坤對氣化實然的了解和掌握。譬如「孤陽亢而不下陰」，孤陽極盛地則苦旱，「陽極必生陰」萬物的世界便在此陽極生陰，陰極生陽的過程中產生，同時由天地萬物的旱久而雨，雨久而旱之具體實然，證明陰極生陽，陽極生陰是可以禁得起驗證。此外非所謂驟變之「衰不至遽茂，茂不至遽衰」，即孤陽漸漸生陰，陰慢慢增多終至陰極，陰極而生陽，陽亦漸聚而為陽極，陽極復生陰。此乃氣化流行漸進的速度，在陰陽相生狀態之下，做為氣化之條件。

　　又陰陽相生是「自然如此」，但亦有陽而陰，陰而陽的理論狀態。譬如星殞、地震是偶然的，即非理性推論所能掌握，卻又真實存在之氣化狀態。如此表面上似乎以非氣之常者為偶然，但他仍然主張對偶然者，仍應包含於氣化任何可能性之中，即表示呂坤知道以二五相生的方法，來詮釋氣化有無限可能性之不足，但未有更周全詮釋方法之前，仍然只採用二五相生的方式，做為詮釋宇宙氣化的基本的規律。同時在默認二五相生在方法上有其侷限性以後，在統合氣化之一定的與偶然的皆於氣化之中，就可以知道呂坤所要描繪一個包含推論可得，且是真實存在的氣化實然的世界，而不是一個在方法上借用二五相生所虛構出來的世界。此乃呂坤透過先天後天之天，及先天後天之人做為他詮釋系統之後的反省，及以為氣化之變的偶然，也應該包含在這個氣化實然之中。

---

[33]　同註27，《呻吟語》〈天地〉，頁186。

三、道器非兩物

> 道、器非兩物，理、氣非兩件。成象成形者器，所以然者道；
> 生物成物者氣，所以然者理。道與理，視之無迹，捫之無物，
> 必分道器、理氣為兩項，殊為未精。《易》曰：「形而上者謂
> 之道，形而下者謂之器。」蓋形而上，無體者也，萬有之父母，
> 故曰道；形而下，有體者也，一道也凝結，故曰器。理氣亦然。
> 生天、生地、生人、生物，皆氣也；所以然者，理也。安得對
> 待而言之？若對待為二，則費隱亦二矣。[34]

　　若順著呂坤一氣流行之理氣觀而言，具體創生天地萬物之本體是
氣，能創生天地萬物之自然的條理則作為理，所以「理在氣中」，理
氣不能分成兩項，同理形上之道與形下之器，亦不能分成兩件。亦即
氣化論之創生作用、原因以及總合，屬於無形層面之道 ；而創生具體
天地萬物之種種不同則為器。雖於名之上「道」、「器」有別，實際
上乃一氣流行之有、無兩種狀態而已。但假使沒有一個本體包含形上、
形下，而形上之道與形下之器，是屬於不同層不同質之關係。亦即沒
有一本體能夠涵括無形之道和有形之器為同層者，則形上道和形下器
為兩間便有可能。所以呂坤順著他一氣流行「理在氣中」的觀念，先
天之太極落於人，即成人先天之元氣，落於人身上，人就有元氣相生
的作用，這是屬於無形不可見層面，亦即是道。然而天有陰陽五行，
而天之後天陰陽五行落於天地萬物間，萬物便有不同表現，故由天之
陰陽五行，落於天地間之各種成象成形者，即是各種之器用。能指使
天之陰陽五行，化為天之知覺運動者，便是天的太極本體落實為天地
萬物之元氣。可知具體產生萬物之器，即是成象成形之氣；而氣中之
作用，則是產生萬物之道。故道、理皆天人之中無形先天之層次，自
然是無形無跡。所謂器與氣，皆天人間後天之狀態，故皆具體有形。
亦即無形指的是形而上，能夠產生萬物之本體，即所謂「太極」或「道」。
形下即萬物具有形體之後天，亦即「一道也凝結」，即道凝結於後天

---

[34]　同註27，《呻吟語》〈談道〉，頁80。

之氣中成為器。王廷相將元氣中二五相生之作用及其無窮比例，以及二五相生必然如此、應然如此的道德意識全都凝結而落實於人之形氣中。呂坤順此思路加以完整說明，即「一道也凝結」把天之先天太極之生化主體，和天之後天陰陽五行真實創造之作用，全部視為道，凝結於萬物之中，做為器用，於是天地萬物之器用中，自然也有太極。此即人之元氣、元理，自然也有陰陽五行、血氣心知的運動。

> 道本自然，不假作為。至于子而天自開，至丑而地自開，至而萬物自生。道不著力，靜以俟其自消息自變化耳。然天地之所以成變化而行鬼神者，不外陰陽兩字，陽盛則勝陰，陰盛則勝陽，自然之勢也。[35]

「道本自然」指氣化流行是自然如此、應然如此，而非人為或他力所能主宰的。譬如「子而天自開，丑而地自開」，即萬物皆順著二五相生不已而有的。而「靜以俟其自消息自變化」之「靜」，指陰陽相生氣化不已之狀態是不改變的，和其他氣學家比較強調一陽復始，強調氣化相生動的狀態是有所不同的。因為假使強調氣化之靜，即是強調氣化不已是一常道，則較偏重氣化不已做為宇宙最高本體。反之，較強調氣化之動，則重點在氣化生生的作用上，以氣化為常道。亦即呂坤偏靜是以氣化為體，而偏動者則是以氣化為用。可知「道本自然」說氣化是靜的，將氣化當成本體來看；有些比較偏氣化是動的，把氣化的作用當成本體來看彼此有所不同。因為強調氣化是本體，所以認為陰陽相生聚散消息之變化，自然產生在氣化本體之中。亦即氣化本體自然包含由陰到陽，由陽到陰不斷消息循環之過程，且此氣化運行的作用都是自然而然的。可知將此自然而然之狀態，全部合為氣化之道，也就是說氣化中間有陰陽消息變化循環不已之狀態稱之為「道」。

> 道，猶行也；氣化流行，生生不息，是故謂之道。《易》曰：「一陰一陽之謂道。」《洪範》：「五行：一曰水，二曰火，

---

[35]　《呂新吾全書‧去偽齋文集》卷六，頁13。

三曰木，四曰金，五曰土。」行亦道之通稱。舉陰陽則賅五行，
陰陽各具五行也；舉五行即賅陰陽，五行各有陰陽也。[36]

　　可知戴震亦由陰陽五行、動靜消息來說生生之氣化乃道之實體，
此時強調的是道為生生之實體，非只一形上之虛。此則與呂坤由陰陽
鬼神之變化而有天地之產生的說法相近，皆由氣化流行說道。

四、氣質之性

義理固是天賦氣質，亦豈人為哉？無論眾人，即堯、舜、禹、
湯、文、武、周、孔，豈是一樣氣質哉？愚僭為之說曰：「義
理之性，有善無惡；氣質之性，有善有惡。」氣質亦天命於人，
而與生俱生者，不謂之性可乎？程子云：「論性不論氣不備，
論氣不論性不明。」將性氣分作兩項，便不透徹。張子以善為
天地之性，清濁純駁為氣質之性，似覺支離。其實，天地只是
一箇氣，理在氣之中，賦於萬物，方以性言。故性字從生從心，
言有生之心也。[37]

　　可知呂坤反對程子「論性不論氣不備，論氣不論性不明」，將性
氣分做兩項，亦反對張子「以善為天地之性，清濁純駁為氣質之性」，
將氣質之性與義理之性分開。因為程子與張載之氣化論思想，非明確
以氣化為本體，故以一氣為本體的呂坤，自然提出不同的看法，認為
氣質固然是天賦，義理亦是天賦之氣質。順呂坤先天、後天之說法，
義理指在天之先天的太極，而此在天之先天太極在人身上，即是在人
之先天的元氣、元理。亦即由天而人，太極順此而為人的元理，此元
理是天所賦予在人身上之義理，故為天賦之義理。同理，在天之後天
的陰陽五行，具體落實在人身上，成為在人之後天血氣、心知的表現。
可知「義理之性」是天之先天的太極落實在人身上，而為人之先天的

[36] 戴震撰：《孟子字義疏證》，合肥：黃山書社出版，《戴震全書》，卷中，1995 年
10 月，頁 175。
[37] 同註 27，《呻吟語》〈性命〉，頁 28。

元氣、元理。「氣質之性」則是在天之後天的陰陽五行，落實在人身上，成為人之後天的血氣、心知。所以不管是義理或氣質，皆天所落實在人身上的本性，此為必然如此，應然如此之條理，具有價值意義且是純善無惡的。氣質之性因是由天之後天的陰陽五行相生，在氣化過程中會有不同偏頗之狀態，落實在人身上則為血氣、心知，會有種種的不同，此種種不同的氣質之性，具善惡之別。可知呂坤將理、氣之兩個層次皆規定成人本性的內涵，所以純善之理若與氣分開，則理純粹是善的，即義理之性。但理、氣合而為一，因為五行的紛擾雜亂，會造成有善有惡之狀態，即是氣質之性。純論義理之性，天之先天落在人身上，是純善的義理之性，聖人、凡人皆一致。氣質之性，是天之後天的陰陽五行，落實在天之後天的血氣、心知，則不管是聖人、凡人，其氣質之性皆萬種不同。可知，呂坤義理之性是聖凡皆同，是一。氣質之性則是聖凡皆異，是萬。既強調理一，也強調理萬。但是義理之性是落實在氣質之性中，所以義理之性是氣質之性的道德本質，此道德本質順著陰陽五行不同之氣質表現出來，能夠順暢表現道德者，則為善，反之，義理之性不能順著氣質順暢表現，則是非道德者為惡。顯然呂坤說法與王廷相不一致，王廷相認為性中善惡皆有，順善性表現是為善，順惡性表現則為惡。呂坤則認為氣質之性本質是純善的，透過五行紛擾不同之氣質，能順暢表現純善性理即是善，不能順暢表現純善性理便是惡。黃宗羲有云：

> 夫不皆善者，氣之雜糅，而非氣之本然，其本然者，可指為性；其雜糅者，不可以言性也。……是故氣質之外無性，氣質即性也。第氣質之本然是性，失其本然者非性。[38]

順著王廷相性有善惡，氣質有清濁之不同，於是性之善、惡順著清濁有兩種不同表現。呂坤透過先天之太極為人之先天的義理之性，則人的義理之性是善的，以性為善的主體。黃宗羲則認為氣質本然、

38　【明】黃宗羲：《明儒學案》（北方王門學案）卷二九，台北：里仁書局，1987年4月，頁650。

應然如此之狀態即是性。但氣質會有雜揉不同而不善，便不能稱之為
性。可知黃宗羲氣質之本然謂之性，可比擬為呂坤太極落實在人身上
而為人的義理之性，陰陽五行落在人身上，有中正或偏頗之氣種種不
同的產生。呂坤是以一氣為本體，黃宗羲則是偏向於心氣是一，但兩
者對氣質之本然與氣質本然之純善，和氣質之雜揉有善有惡的狀態，
在理論模式上則是相近的，並非其本體是一。因為呂坤的氣化本體和
黃宗羲的心氣是一本體有一定的區隔，重點在呂坤的陰陽相生必然如
此的中正之氣，是氣質之本然，亦即善性。呂坤又有偏頗的氣質雜揉，
此氣質雜揉不是性，而是義理之性透過雜揉之氣質來表現，如能順暢
表現當然就是善，反之不能順暢表現者即為不善。所以此種會讓義理
之性有善惡不同表現的雜揉之氣質，黃宗羲認為是氣質而非性，和呂
坤的說法有某種程度的相似。

> 先天之氣，發洩處不過毫釐；後天之氣，擴充之必極分量。其
> 實分量極處，原是毫釐中有底，若毫釐中合下原無，便是一些
> 增不去。萬物之形色才情種種可驗也。[39]

因後天之氣可擴充，人可以任氣質而為，如此則氣本論有客觀機
率決定一切的傾向，但氣質後天之向善或惡，是由自己決定並非由天
造，突顯萬物各具主體性，不只在二五氣質的不同而已，更在各任氣
質之為善或為惡。所以人的價值行為率由自造，不是由天定，則呂坤
的氣質之性脫離了氣化所造成的命定結果，反而凸顯在氣化客觀機率
決定一切之中，其氣化論之「萬物各具主體性」，具有極強烈的人文
意義，故「後天之氣擴充必極分量，其實分量極處，原是毫釐中有底」，
比王廷相「氣種有定」說，加上了後天之氣可擴充至極的可能，此即
人文意義的表現。呂坤此氣性可以擴充，為王夫之、戴震等人「命日
降，性日升」，「性量可以擴」之說的先河。由此可知先天之氣是不
變的氣質，此不變之氣質決定氣種在後天的表現。而後天之氣是可變
的氣質，氣種會順著氣清而為氣之善。反之氣種順著氣濁便表現成氣

[39] 同註27，《呻吟語》〈性命〉，頁26。

惡。其次外在道德修養可改變能擴充分量之氣質，此氣質因能擴充分量，即顯示氣質有可變性。所以外在名教、後天教化可以改變氣濁之氣為氣清，也可使先天的氣種順此變為清純之氣質發展成善。而教化滲透入氣質中，道德義便是改變氣質與否的標準，同時也是氣化先天之性。所以變化氣質，不是以外在力量改變，而是氣性本具道德意，本來就會與形於外的教化規範作內外的呼應。而先天之性改變濁氣為善氣，不論其氣質之清或濁，皆在具有道德義的同一形氣層中進行。所以立場上有自律、他律的內、外分別，實則只是一氣流行的內、外自我相呼應、相印證。此種內、外互證不離一氣流行的修養上之變化氣質，不會有理氣二分、心氣二分，也不會有理或心，如何能融入氣質層中的問題。所以如此消融自律、他律的對立，而只是一氣流行，仍具主體義，率由自造的人為意義，便特別突顯，因為愈強調氣質，愈可見氣質可以有擴充至極的道德義。

五、人心道心不兩個

> 性字從生從心，道心是天生之心，人心亦天生之心，此二心者，與生俱生，與形俱形。道心不是先，人心不是後。道心不是內，人心不是外。譬之玉在石中，破石得玉，果有殼核，去殼去核，果始可食。人心石，而道心玉；人心殼核，而道心果實也。道心者，義理之性，人心者，氣質之性。人心道心不兩個。[40]

此段順著義理之性來自於先天之太極，而氣質之性來自於後天之陰陽五行模式說道心、人心之關係。「性字從生從心」即從生化不已之層次說心，則心、性關係便由生生不已做為連結基礎。「道心」、「人心」皆天生，順著一氣流行的創造作用，在人為心的知覺作用，是一氣流行生生不已的本質，即人生生的本性，此乃心性是一的表現。順著一氣流行道心和人心具體表現為義理之性與氣質之性，可知道心和人心皆心，不分先後內外。但呂坤義理之性在氣質之性中，是一氣

40　同註 28，《呂新吾全書・去偽齋文集》〈論性〉卷六，頁 25。

流行有無的兩種狀態，彼此是緊密是一，雖有先天、後天之分，只是
指有形無形的差別。而義理之性和氣質之性同時存在一氣流行之中，
當然道心、人心也是同時存在一氣流行之中，所以道心、人心也是不
能分先後內外。亦即不分內外指道心不是全然的內，人心不是全然的
外，而是道心、人心的內外彼此是互通的，道心是人心的內在，而人
心是道心外在的表現，所以他們是內外是一，不能截然分道心為內與
人心是外。順此義理之性在氣質之性中，則玉的道心自然在是石的人
心之中。

> 義，合外內之道也，外無感，則義只是渾然在中之理，見物而
> 裁制之，則為義。義不生於物，亦緣物而後見。告子只說義外，
> 故孟子只說義內，各說一邊以相駁，故窮年相辨而不服。孟子
> 若說義雖緣外而形，實根吾心而生。物不是義，而處物乃為義
> 也。[41]

　　言義是合外內之道，指心將義理之性順著氣質之性表現成為具體
道德之義。亦即無形太極，落實為人之義理之性，透過血氣、心知來
表現，才成為一完整的道德狀態之義，此作用就是由心完成。心既能
綰合內、外兩個層面，當「外無感」時，心中本具義理之性便不會凸
顯出來。亦即道德之義乃心中本具之天理。但「見物則制裁之」，心
會主動知覺判斷外界之事理，有而所制裁，此則為義。而「義不生於
物」，道德之義是心把它的道德義在制裁事物上表現出來才是義，此
種義是合內外而為一的。亦即把心內之義理之性，藉著對外在事物的
制裁表現出來，此種義既不能說是義內，也不能說是義外，因為在一
氣流行之中，氣化必然如此之條理即是義，而此義必須透過一氣流行
的知覺之心，對外物有所制裁的時候，才能表現出知覺與事理的對應
關係，所以此義不是義內，也不是義外，而是「緣外而行」，即對外
界事理的裁制而突顯出來。但義本身仍然在氣質之心中，所以心是管
攝心之天理來對應制裁外界事物之理的一種作用，這種心仍然是順著

---

[41] 同註27，《呻吟語》〈談道〉，頁80。

羅欽順以來所說的「心一也」，即順著一氣流行所生的萬事萬物，就會和一氣流行知覺作用之心互相對應，在這種狀態之下說義是合內外的，而不能有義內或義外之分。

六、格物之外無學

> 物外無道，格物之外無學，易言窮神知化，窮理盡性以致於命，知至至之，知終終之。孟子言盡心、知性、知天皆格物之謂也。是物也，為上帝所降之衷，是天純粹之理。在陰陽五行之先，為陰陽五行之主，陰陽五行屬氣質，合下便有善惡，萬物形陰陽五行之形，安得無善惡乎。……是物也，渾然在中，則為仁、義、禮、智、信；隨感發見，則為惻隱、羞惡、辭讓、是非。[42]

呂坤之格物是把氣化之各個形氣內在純善天理發覺出來，此乃順著心將內在天理與外在氣化事理彼此對應說法是一致的。「物」即是太極純粹天理在人身上之狀態，此太極之理乃陰陽五行氣化作用之先，亦是陰陽五行氣化作用之本體，是純善無惡的。然而陰陽五行之氣化作用一落入氣質層面，就有陰陽五行相生不已之狀態，自然產生有善有惡的區別。所以所謂上帝降衷之天理，也就在陰陽五行有善有惡之氣質的萬物中。亦即氣質之萬物中有降衷之天理，則萬物氣質中之仁義禮智表現為外，即是惻隱、羞惡之情。可知格物的目的是將太極天理降在人身上，成為所謂義理之性後，再將仁義禮智信之理發覺出來。亦即義理之性的仁義禮智信會表現為氣質上的惻隱、羞惡之情的表現，從氣質之情的表現，可以了解氣質之性的內涵。但氣質之性有雜揉之有善有惡之氣質，與降衷之純善天理的仁義禮智信之區別，而「格物」即是將氣質之性中仁義禮智信的義理之性的天理內涵加以掌握，所以呂坤之格物是格氣質中的天理、太極。雖然呂坤認為二五相生有中正之氣、偏頗之氣之不同，但不論中正、偏頗之氣，都有純善之太極在，只是偏頗之氣之陰陽五行比例讓太極之理無法表現而

---

[42] 同註28，《呂新吾全書·去偽齋文集》〈答孫冢宰立亭論格物第二書〉卷四，頁2。

已。所以呂坤的格物，是對中正和偏頗之氣中間的太極之理全部都要加以掌握和發覺，可知他的格物工夫仍是具有普遍義的。

> 嘗謂物有四格，有一事之格，有全體之格，有焂忽之格，有漸積之格。[43]

> 格物有四境，有夢境、有意境。有眼境、有身境。夢境幻也。[44]

從物有四格和格物有四境可知，不論有形或無形、先天之義理或後天之氣質，心知皆要有所解悟。亦即心知要解悟先天義理之性，即所謂「明明德」的工夫，亦要了解後天氣數之天的種種事物。可知義理之性聖人、凡人皆同，心知要去了解。而氣質之性則是聖人、凡人殊異，心知更要掌握殊異之氣質之性。由人而言，心知對殊異的氣質之性及萬事萬物種種要有所掌握，所以心對氣質層面的古今事變，及種種的名教事理都要加以掌握。同時也要對聖凡皆同的氣化道德層次的義理之性加以掌握。故格物既要將一氣流行中的形氣層面的種種殊異之事理加以掌握，也要對一氣流行中，純善天理中的價值義層面加以掌握。

> 聖人懸虛明以待天下之感，不先意以感天下之事。其感也，以我胸中道理順應之；其無感也，此心空空洞洞，寂然曠然。譬之鑑光明在此，物來則照之，物去則光明自在。[45]

此強調心有掌握一氣流行有形之形氣的種種事理，與內在理一之理的作用。既然氣化之萬理都具於吾心，則各種古今事物之理也要加以了解，所以心便可將外在古今種種名物事理，和心中本具之眾理，透過格物工夫加以融貫消化，則氣化之道內外皆能和諧貫通。順此原則，所謂「感」即是「以我胸中道理順應之」，因為氣本論之一氣融貫內外為一，而凝結是所謂「一道也凝結」，把太極和陰陽五

43　同註 28，《呂新吾全書・去偽齋文集》〈答孫立亭論格物第四書〉卷四，頁 10。
44　同註 28，《呂新吾全書・去偽齋文集》〈答孫立亭論格物第四書〉卷四，頁 10。
45　同註 27，《呻吟語》〈存心〉，頁 41。

行，全部凝結在人的元理和血氣、心知之中的模式。亦即感就是溝通外在氣化之萬事中之萬理，和心中氣化有任何可能性之氣種彼此相應，同時各個氣種有其發生的過程和結果，使氣種之生化的過程和結果等種種之理，從縱貫是由無而有，從橫貫而言則是內外相應的主客體之互相呼應，此仍然非理氣二分之說法，形上、形下亦不是相對，一氣中只有內外、有形無形之差別，但仍由一氣之理來貫穿之。

站在萬物各具其主體性之立場言，先天、後天之理融在氣質之中，此時萬物既具主體性，自然沒有非主體之氣要順從主體之理的理氣不相應的弊病。且萬物各具其主體性，則本身便是標準，不須要接受外在的指引而成立，此亦是天人合一的主張的一。此一不是天、人不離不雜之二者合而為一，而是天、人是非有非無、即有即無，既不是純粹之天，也不是純粹之人的一種全新的存在之形態。此種全新形態的實有存在，就是各具主體性的萬物，所以萬物就是氣化之道真實的表現，道不再是虛玄的。順著無感而言，無感是氣化流行暫時不發用的狀態，說他不發用，其實一直在發用流行，只是暫時沒有外在的事物來與內在心所具的眾理相呼應，相印證而已。等到有外在的事物或事理產生，自然具眾理之心會與之互證互印。有感無感只是指外在事物有對應與否，但完全不影響他的本質，就是一氣流行的知覺是心有無限知覺作用的本質。這都是從感和無感來凸顯心之知覺作用是唯一的作用。

> 離石無玉，然石惡而玉美，不去石不能得玉。道心雜于人心之中也似之。精之云者，分道、人心而二之也。初見人欲中人欲，漸見人欲中天理，又漸見天理，又見天理中人欲，又漸見天理中天理，則精乎其精矣。然天理、人欲同行異情。[46]

順著義理之性在氣質之性中，說天理就在人欲中表現，當然天理和人欲彼此的關係，也順著呂坤的由陽到陰有一段的時間和過程，陽還會慢慢地變化為陰，陰也會慢慢地變化成陽，陽也會再慢慢地變化

---

[46] 同註28，《呂新吾全書·去偽齋文集》〈虞書十六字解〉卷七，頁2。

為陰，這個陰陽相生必有一段漸變的過程，便會產生人欲中有天理，還有天理中有人欲，又漸見天理中有天理的種種不同的情況。所謂「天理人欲同行異情」，則是指出天理和人欲的關係是在人欲中表現，比如聖人是純粹之理落在清純的氣質中，眾人是純粹之理落在或清或濁的氣質中，下愚是天生有太極純粹之理落在極濁之氣質中。總而言之，太極純粹之理是「同行」，此則聖人、眾人、下愚皆是一致。此種同行的純粹天理都在氣質之中，但氣質清濁比例不同狀態，即所謂「異情」。可知同行異情即天理在人欲中表現，雖然是同行，但絕對是異情的。且同行與異情是互為體用，彼此滲透漸成的。

此異情強調的具體世界之所以會萬有不齊，有善有惡的原因，乃在於氣質是有限制，是不一致的，所以才表現異情，故學問功夫就用在異情之中，變化不同氣質，再讓氣質全部回歸統合為都能恰當地把太極天理表現出來的狀態。即透過變化氣質的功夫，將偏頗之氣改變成中正之氣，順清純的中正之氣，就能完成把先天的純粹之理表現出來的狀態，所以同行異情強調仍然是一氣流行之下，理一在分殊之中的表現。強調種種分殊之氣和種種分殊之理應該透過變化氣質，消弭分殊之氣異情的表現，而全部回歸成清純之氣質來表現純善之天理，這就能夠將氣化流行有常有變的狀況，重新從氣質層面加以解決維護住天理純善的層面。

第三節　高拱

高拱字肅卿，河南新鄭人，生於明武宗正德七年（西元一五一二年），卒於明神宗萬曆六年（西元一五七八年），享年六十六[47]。嘉靖二十年（西元一五四一年）進士，選庶吉士。逾年，授編修，累遷侍講學士，拜太常卿，掌國子監祭酒。擢禮部左侍郎，尋改吏部，兼學士，掌詹事府事。進禮部尚書，召入直廬。撰齋詞，賜飛魚服。嘉靖

---

[47] 【明】王士禛撰，沈雲龍選輯：《明清史料彙編－嘉靖以來內閣首輔傳》，文海出版社，卷六，頁321。

四十五年（西元一五六六年），拜文淵閣大學士，備受恩寵。高拱負
經濟才，在位時清整吏治，留意選才舉士，對外安靖強兵，使北方俺
答歸附。後遭中官所讒，遂致仕，居家數年而卒[48]。廷議論高拱功，贈
太師，謚文襄。所著有：《高拱論著四種》、《本語》、《問辨錄》、
《春秋正傳春秋正旨》、《高文襄公集》、《程士集》。

一、元氣為生化根本

> 蓋天地有大德焉，乃其體之總括處，元氣之根本，敦厚盛大，
> 而生生化化，其出無窮，此所以並育並行也。[49]

　　高拱理氣論的重心，已不偏重由理論層面言元氣本體，只略說「元
氣根本，敦厚盛大」，萬事萬物由此生發，是落實在天地萬物的形氣
層面來論述，但其重心仍是以氣為本體，而不在析分元氣與形氣二者
的差別，及如何建構一氣本論的理論架構，與氣化的過程。

> 物，氣之為；則，理之具。有物必有則，是此氣即此理也。[50]

　　「物」就是氣所為的物，理在氣所為之物中就是「則」，理是氣
所以形成萬物的理則，沒有氣，就沒有氣中之理。由此可知，理乃依
氣而有，而為氣中之理，並非氣之外另有一理，所以本體只有一氣，
氣中的理序才是理，故曰「是此氣即此理也」。

> 形色，氣之為也，而天性即此焉。氣之未始，不為理也。天性，
> 理之具也，而形色即此焉。理之未始，不為氣也。人生則形色
> 完而天性具，氣與理俱存；死則形色毀而天性滅，氣與理俱息。
> 是氣即理，理即是氣，不得以相離。[51]

---

[48]　張萱撰：《明代傳記叢刊──西園聞見錄》，台北：明文書局，1991 年 1 月，卷二
　　　十八，頁 119。
[49]　【明】高拱：《高拱論著四種》，北京：中華書局，1993 年，頁 283。
[50]　同註 49，《高拱論著四種》，頁 213。
[51]　同註 49，《高拱論著四種》，頁 219。

「氣之未始」，仍然只是渾沌的元氣狀態，中有二五變化不已的機制與作用，只是尚未發為形體，那就不成為理，亦即作為氣化事物內在生生規則之條理，在形氣事物未形成前，不得說是理。由此可知，有氣才有理，氣未成形，則理亦不成立。落實到人身層面而論，形色乃是氣化中二五不同所凝成的，作為氣化成形之內在條理的天性，內俱於形色之中，是為理為性。可知一氣未分時，中間只有生生之機制與作用，尚不成其為理，及至氣化開闢種種形氣之後，即有所以生此種種形氣之理在，因此有氣才有理，但非指在時間上，氣先而理後，而是指氣為本體，理是氣化成形的內在條理，理不可離氣而獨立。所以嚴格論之，高拱不可謂其為「理氣合一」，因為合一是指理與氣為不同兩者，而合成一個新的主體，因此高拱只有一氣，氣中之條理，即謂之「理」。那何謂之理？

> 理者，脈絡微密，條派分明之謂。天下之理皆理也。而性字從生從心，則人心所具之生理也。性乃定名，理為虛位。性含靈而能應理，具體而無為。性存郭廓之中，厥惟恒秉；理隨事物而在，各有不同。[52]

高拱認為「物，氣之為」與「形色，氣之為」，即具體世界為氣化所生成，理是不同事物中，不同的細密脈絡之條理，萬物皆具不同的脈絡條派，故萬事萬理皆不同。此各理具體內容雖不同，但皆為一氣之萬化，表現氣化之無限可能性，及理依氣而有的共通性，即「理一」。合而論之，高拱主張，在氣中之理既有共通性之「理一」，亦有各別性之「理萬」；而明清之際的氣學家，多有「理一」與「理萬」並重的趨向，重視「理萬」即重視現實事物的不同，重視「理一」則重視氣化本體的絕對性，而「理一」與「理萬」並重，則表示元氣層與形氣層應該並重，強調能夠統括上下、有無於其中的一氣流行的氣化世界。

何謂「性」？高拱認為，因為氣化不已，其中生生不已之生理，內具於人心，即是性。所以性就是以生生不已之生理為其內容，能虛

---

[52] 同註 49，《高拱論著四種》，頁 102。

靈感通回應不同之生理，而不同之生理就隨著不同的形氣而存在。因此在高拱「理在氣中」的說法下，氣化不已中間有氣化之脈絡條派，這種脈絡條派在事中則為理，在人身則為性，所以性、理皆統攝於氣化不已之中，只是性、理所處的位階不同，故理即形氣事物中的理，性即形氣層的人我之性。

二、理具於氣

高拱主張「氣與理俱息」，所以對朱子的「理氣二分」是不贊成的，朱子有云：

> 只是這個天地陰陽之氣，人與萬物皆得之。氣聚則為人，散則為鬼。然其氣雖已散，這個天地陰陽之理生生而無窮。[53]

朱子以性為形上之理，自然沒有聚散的變化，有聚散者為形下之氣的變化，而精神知覺等造作思慮認知，這些具體又各有作用及限制的，則是形下之氣所為，所以會有聚散的分別。而形上之性理，則是指導形下氣化各個不同的原則而已，所以朱子強調的是具有共通性的「理一」的重要性。但高拱有云：

> 氣具夫理，氣即是理；理具於氣，理即是氣。原非二物，不可以分也。且性從生，生非氣歟？從心，心非氣歟？而後儒乃謂理屬精純，氣或偏駁，不知精純之理緣何而有？偏駁之氣別何所存？氣聚則理聚，與生俱生；氣散則理散，與死俱死。理氣如何離得而可分言之耶？[54]

吳廷翰有云：「若如予說，則氣之凝聚、造作，即是理；水清、水濁，即是性。如布喚做布，其絲縷、經緯錯綜，則是理。」[55]此以理為氣條理之立場，言理不能離氣而獨存。高拱亦以為精熟之理，不可離氣

53　【宋】朱熹著，黎靖德編：《朱子語類》，卷三，台北：文津出版社，1986年12月，頁46。

54　同註49，《高拱論著四種》，頁191。

55　【明】吳廷翰：《吳廷翰集·吉齋漫錄》，北京：中華書局，1984年，頁34。

而獨存,而偏雜之氣中,仍有所以為偏氣的條理,既然氣中有理,而理具氣中,自然會有「氣聚理聚,氣散理散」之可能,所以高拱強調「理隨氣而立」,氣不存而理亦不存,以確立氣為理之主體,理為氣之脈絡條理的理論。同時在高拱「理一」與「理萬」並重的思路之下,氣有聚散,理亦有聚散,是順著「理萬」的思路說,因「理萬」的形氣層有聚散;但順著「理一」的思路下,則氣未分而理亦未分,自然沒有聚散的問題存在。由此合言之,高拱是由「氣有聚散」,而「理亦隨之有聚散」,確立其「理在氣中」、「理隨氣聚散」的理論,並藉此與朱子「理氣二分」又「不離不雜」的說法,作一區隔。簡言之,高拱的「理」之重心,不再屬於形上層,而是將理的重心放在形氣層,作為有聚散的萬理。

上述高拱有云:「性存郭廓之中,厥惟恒秉;理隨事物而在,各有不同」,由此可知,高拱主張性不是理,因為性和理在氣中所處的位階是不同的,這是「性非理」的原因;此外,人性中有「生之理」,此「生之理」是具有永恆不變性的,而且為人我皆同的,可是理是隨事物而在,所以理又各個不同。因此高拱的「性」是強調本質是一的,但是「理」則是強調萬有不同的,所以高拱主張「性一」而「理萬」。

三、只有氣質之性

> 言天之生人,既與之氣以成形,就付與他慈愛之仁,裁制之義,節文之禮,辨別之知,誠實之信,渾然全具而不待外求,這便是人所稟受的德性,所以說「天命之謂性」。[56]

天以氣而凝結為人之形,因此天的生生之理即賦與在形氣之人的身上,而生生之理有其必然如此的理序和永恆不變性,然而生生之理序與永恆性又皆有道德意義,所以二者賦予在人身上,則為性中的「仁義禮智」,而這些「仁義禮智」就在天凝結成人的時候,就同時存在於人的形氣之中而成為人的本性,而天的全幅給予以及人的全幅接受,可以知道此「性」即為善性。

---

56 同註 49,《高拱論著四種》,頁 259。

日本學者荒木見悟有云：

> 高拱又評程明道「性即氣，氣即性」，「善固性也，惡亦不可
> 不謂之性」之說，雖大體同於孔子之教，但明道所說，「自家
> 本完全自足」表示出過份身信的善惡一體觀。在高拱看來，必
> 須預防放任自心而導致「惡」滋生蔓延的可能性。這和王廷相
> 一樣，同樣強調聖人的特殊性，故而必須阻止人心創發而導致
> 蠻撞無節制，因此善惡的判斷標準不能放任由心自由決定，而
> 必須限制在一定的範圍之內。[57]

此段以為高拱為防止心自由流蕩，強調心所舉之性應有其限制，除
少數聖人之外，必須承認氣性隨順二五相生，有精純氣則必有精純之善
性，反之有偏頗之氣，自有偏頗之惡性，故高拱以為「性非理」也。

> 夫人有人之性，物有物之性，豈以人之性猶牛之性，牛之性猶
> 犬之性歟？且盈天地之間惟萬物，凡草木土石，諸件皆物也，
> 若謂人物之生，各得所賦之理，以為健順五常之德，則不知草
> 木土石其健順五常之德若何？若謂人物各循其性之自然，日用
> 事物之間，莫不各有當行之路，則不知草木土石其當行之路若
> 何？理難通矣。[58]

高拱認為人性與物性不同，人得「健順五常」之德為人之性，人
又可循性之自然而有當循之路，此為人性的特色，但是草木則反之，
既無「健順五常」之德，亦無當循之路，此由形氣人物各自殊異，所
以其所賦予之理，自亦不同的觀點，點出人和物的不同。由此可知，
高拱既不廢天命於人的善性，又把天命之善性，放在氣化殊異的現實
層中，如此則成為天命二五之德以為人性，另命草木之特質為草木之
性；反而推之，可知能命人物殊異之天，其本質自應能統攝造化人物
殊異之性的所有可能，此種天，自非純以生德為絕對本體的天，而應

[57] 荒木見悟：〈對氣學解釋的質疑——以王廷相為中心〉，《大陸雜誌》卷九三，六期，頁251。
[58] 同註49，《高拱論著四種》，頁102。

是指向具有生化無限多可能性的元氣本體，較能符合高拱對人物之性各異的要求。譬如朱子在《中庸》的註解中，對於「天命之謂性」此句，有云：

> 天以陰陽五行化生萬物；氣以成形，理亦附焉。於是人物之生，因各得其所賦之理，以為健順五常之德，所謂性也。[59]

此即明言人物之性中，有健順五常之德，自然和高拱以為「氣化殊異」所以人物之性亦為殊異的立場，是相反的。高拱問曰：

> 問：「性相近也，習相遠也。」謂何？曰：千古論性斷案莫的於此，學者必當以是為準焉。曰：伊川云：「此言氣質之性，非言性之本也。」何如？曰：人只是一箇性。此言氣質之性，又有何者非氣質之性乎？曰：朱子云：「此所謂性，兼氣質而言也。氣質之性，固有美惡之不同矣。然以其初而言，則皆不甚相遠也。」何如？曰：晦翁遵伊川之言，然不敢自定，故以為兼氣質而言。人只是一箇性，此所謂性兼氣質而言，又有何所謂性者不兼氣質而言乎？曰：張子亦云：「善反之，則天地之性存焉，氣質之性，君子有弗性焉者。」朱子又云：「有天地之性，萬殊之一本也；有氣質之性，一本之萬殊也。」何如？曰：人只是一箇性，又有何者是天地之性？何者是氣質之性？且氣質非得之天地者乎？[60]

可知伊川以「性相近」之性為氣質之性，而並非性之本然，如此則性分為「氣質之性」與「本然之性」兩者，但高拱則主張：

> 人生則形色完而天性俱，氣與理俱成。[61]

天生人成的時候，生生之理存在於形色中而為性，所以本就由氣化所得者為性來說，因此離形色則無性，生理俱於形色中方可為性，

59　【宋】朱熹撰：《四書章句集注》，鵝湖出版社，2000 年 8 月，頁 17。
60　同註 49，《高拱論著四種》，頁 190。
61　同註 49，《高拱論著四種》，頁 219。

此即「性即氣」、「氣即性」之義，如此自然反對伊川「性分為二」的說法。高拱又以朱子是承伊川之言而論，以為性之初不相遠，亦即本然之性本應為善，朱子有云：

> 性者，人之所得於天之理也。生者，人之所得於天之氣也。性，形而上者。氣，形而下者也。人物之生，莫不有是性，亦莫不有是氣。然以氣言之，則知覺運動，人與物若不異也；以理言之，則仁義理智之稟，豈物之所得而全哉？此人之性所以無不善，而為萬物之靈也。[62]

可以知道，朱子以性本無不善，但形上善性，雜於氣質後，因氣質有清濁不同，所以氣質之性，自有美惡不同，且又因習而更相遠，朱子是由「性即理」的立場，言天理賦予人而為性。但高拱反對「性即理」，主張人物之性各異，且性是由氣質層面而論，故主張只有「氣質之性」一種性：

> 人生則形色完而天性具，氣與理俱存也，死則形色毀而天性滅，氣與理俱息也。是氣即是理，理即是氣，不得以相離也。而宋儒乃分而二之，曰有「氣質之性」，有「義理之性」，夫性一而已。將何者為氣質之性？又將何者為義理之性乎？且氣質之性謂其雜於形氣者也，義理之性謂其不雜於形氣者也，然氣質之性固在形氣中矣，而義理之性乃不在形氣中乎？不在形氣之中，則將何所住著乎？蓋天之生人也，賦之一性，而宋儒以為二性，則吾不敢知也。[63]

從前述中，可知性有定名亦有恆性，而理隨事而在，所以高拱反對「性即理」，但此處云「形色完而天性俱」，如同氣在理在，其中似有矛盾之處。實則反對「性即理」，是由性與理內容不同說，性在形中如理在氣中，則指理和性同為氣性中之內涵，有其理論模式上的

---

[62]　同註59，《四書章句集注‧孟子‧告子》，頁326。
[63]　同註43，《高拱論著四種》，頁219。

相似處。而宋儒將性雜於形氣中，即為氣質之性，性不雜於氣質中，則為義理之性，如此性有雜與不雜形氣中之兩性，但由高拱天生人只一性，即「形完性俱」的立場，則不能接受有不在氣質中的義理之性的存在。兩家說法的分別在於，主張「性一者」，以氣化為本體，氣化之本凝為形氣，滯為氣質一性，此為「理即氣」、「氣即理」的思路；主張「性分二者」則以絕對性體為主，此絕對性體為形上層者，及落入形氣層中，夾雜氣質後，只成氣質之性，於是就使性有純然本體，與雜於氣質中的兩種狀態，此即「理氣二分」思路的表現。

四、情善

> 蓋物則各俱，彝德同好，則人性之善明矣。非大賢引詩及聖言以正之，何以知其然哉？想其答公都子之義，若未以情善而徵性善，吾之論性，故若此已。始有物而無則，是氣之離乎道也，而何以為氣乎！使秉彝而不好德，是情之弗其性也，而何以為情乎？[64]

高拱以為有物有則，是指氣中必有道，無道於其中之氣，不成其為氣。同理，有秉彝卻不好德，就如同情中無性之情，不成其為情。可知情之好德，乃因情所出之性中有善，則性發之情才會為善，如此善乃可貫通同屬於氣之內外有別之性與情，而使性發必為情善，所以有情善而徵之性善。但是朱子主張「心性情三分」，就由形下的認知心，去認知形上的善理，而發為形下的情善，但若認知心無法認知善之性，則無法發為善之情，於是形上善與形下情則非同質同層，所以性發為情，必須能有貫通形上形下不同位階的必然性，才可以使性善必然發為情善。但在朱子「理氣二分」的架構下，沒有能貫通形上理與形下氣的必然機制與體質，反而在高拱「形色完而天性俱」的思路下，一氣貫通形上形下兩層，則氣性發而為同屬形氣層之情，即能順

---

[64]　【明】高拱：《程士集》，明嘉靖年間（1522-1566）吉水廖如春校刊本，台北：國立中央圖書館縮影室，1985年，卷三，頁6右。

暢無礙，如此氣性之善，在理論上，必有發而為情善的必然性。戴震
亦有云：

> 「孟子道性善，言必稱堯舜」，非謂盡人生而堯舜也。自堯舜
> 而下，其等差凡幾？則其氣稟固不齊，豈得謂非性有不同？然
> 人之心知，於人倫日用，隨在而知惻隱，知羞惡，知恭敬辭讓，
> 知是非，端緒可舉，此之謂性善。於其知惻隱，則擴而充之，
> 仁無不盡；於其知羞惡，則擴而充之，義無不盡；於其知恭敬
> 辭讓，則擴而充之，禮無不盡；於其知是非，則擴而充之，智
> 無不盡。仁義禮智，懿德之目也。[65]

　　戴震此語表示性善發為仁義禮智之行，此行為可說是合善之情。
而氣學所主張「情善」必有其理論根據，因為一氣流行所凝成的萬物，
在元氣中的二五相生俱有價值義的必然性，便凝為形氣中的氣質之本
性，此本性應當屬善，雖然此氣質之性屬善，但性外的氣質之清濁，
會造成本善之氣性有美惡不同的表現。但是基本上，順著元氣的氣化
之常，而有的氣質之性，本質應是善的，此善的氣質之性，順著氣化
在人身上展現成的人倫日用，就是形氣之人身具體言行之表現即為
情。換言之，由元氣中的氣化之常，凝為形氣中的善性，而形氣之善
性的表現就是形氣之情，此時情必為善之情，如此則確立「情善」，
而不再如朱子的認知心，必須認知形上性理，讓形上性理充滿於心中，
再發為情，此時的情本身，是由心性所決定的，為心性所承載的工具。
但是由氣學的立場而言，情善本身就具有各自的主體性，情善本身應
該就是元氣的氣化之常具體的表現，此時情的地位就被提高，而非被
心性決定，或者被感性決定的承載工具，情本身就是元氣的氣化之常，
最真實具體的表現。如此說「情善」，把整個生命的重心，由形上的
天道轉化到形氣層，不只是形氣層，而且是形氣層中的日用之常所表
現的情上面。

---

[65]　【清】戴震：《孟子字義疏證》卷中，合肥：黃山書社出版，《戴震全書》本，1995
　　年10月，頁183-184。

五、德性為聞見之主

> 蓋人心虛靈不昧，都有箇自然的知識，天下事物不齊，都有箇
> 當然的道理，這心雖在內，其知實周於物，那物雖在外，其理
> 實具於心。[66]

心可知物，而物理在心，憑藉著是心與物理皆同屬氣化流行的層次，此其一。而氣化有萬殊萬理，則氣化知覺之心，自然會貫通於氣化之萬理，所以「理俱於心」，此乃由「理在氣中」的思維，說萬理俱於心，故反對心與理為一的主張。而所謂格物就是把心知的認知作用，窮究於事物之中，以所有的心量或者心知的作用，去認知事物之理，如此則合於心具眾理的氣化之心，本來虛靈無限的狀態。而高拱又有「知行並進」的狀態，其云：

> 愚聞之孔子云：「知及之，仁不能守之；雖得之，必失之。」
> 夫天下固有知及而仁不能守者焉，惟不能守，故並其所得而失
> 之。若謂「知即是行，不行不可以為知」，則是知及即是仁守，
> 不能仁守，不可以為知及也。與孔子之言不合，吾不敢從。[67]

高拱是主張「理俱於心」，而心與理一，但此非指純粹主體心之知覺是知，而知覺之發動即是行，這種知行在同一層次上說「知行是一」。而是指形氣心雖有其知覺作用，能夠知物之理，且物之理即具於心，但同時必須承認外在事物之理，為氣化之實然，而有其獨立自主性，所以事物之理在形氣層的差別性，是不能任意被泯滅。

高拱本體論的重心，已由形上絕對唯一的本體，逐漸轉至形氣萬殊事理各異的天地間，所以屬於心知的「知及」和屬於行事的「仁守」，一為知，一為行，兩種層面缺一不可，因為心知固為形氣層的內在認知主體，行事則是形氣層的具體事物之表現，二者皆為形氣實有中不可或缺的重心。換言之，從高拱重視形氣實有的立場上，形氣層仍然

---

66 同註 49，《高拱論著四種》，頁 236。
67 同註 49，《高拱論著四種》，頁 117。

分生命之內在與外在，生命的內在與外在二者是並重的，生命內在心
知的「知及」與生命外在行事的「仁守」，二者缺一不可，如此才能
建構一個內外有無皆是一的氣化世界，此即高拱「知行並進」之說的
理論基礎。簡言之，高拱的「知行並進」之說，是形氣中的「知行合
一」，與陽明的形上主體心的「知行合一」說是不同的。

王廷相亦有「知行兼舉」的說法，其云：

> 學之術二：曰致知，曰履事，兼之者上。察於聖途，諳於往範，
> 博文之力；練於群情，達於事幾，體事之功也。[68]

從王廷相亦主張「知行兼舉」可知，雖然說知一事者即行一事，
而行一事者亦知一事，但知行仍是二而非一，此事若由形氣層論，而
知行並存於一形氣之人身，此時可以說「知行是一」，但若由純粹心
體言，則「知即行」、「行即知」，則為另一種模式的「知行合一」。
所以高拱與王廷相皆云「知行並進」，看似雖以知行為二，但若統合
於形氣人身上言，則知行仍然是一，順著「知行合一」的理論，再探
討高拱對於「德知」與「聞知」的解釋，高拱云：

> 譬之食以穀氣為主，而肉味所以佐之者。若純是肉味，穀氣無
> 存，則失其所以為主者矣。且聞見之知，乃德性之資；德性之
> 知，為聞見之主。[69]

前述以知行在形氣人身中可為一，但是在形氣人身中，知行其實
又是並進的關係。由此而言德知與聞知的關係，德知是道德的知覺，
聞知則是事物層的知覺，從高拱重「理俱於心」的立場而言，可以知
道德性層和事物層的知覺，皆為同一心的知覺作用，只是彼此的關係
是聞知為德知之資，譬如：日常飲食，是以穀類為主，肉類為輔，但
若無以主要的穀類為食，而只以輔佐的肉為食，如此則失落重心。所
以高拱以德知為主，聞知為從，此即順著高拱由氣化論性，但仍以天

---

[68] 【明】王廷相：《王廷相集・慎言》，北京：中華書局，1989 年 9 月，頁 788。
[69] 同註 49，《高拱論著四種》，頁 128。

所賦予的仁義，為性之主體的路數，來說心知仍以內在道德義為主，外在的事理只是輔佐心知的一種資助而已。所以吾人可知，高拱的心之道德義，並不會由形氣論心，而失落其道德義，此即是氣學不因由形氣論心性，而失落儒家的心性以道德義為主宰的特色。

第二章　理氣是一

　　習稱的朱學後勁如薛瑄、羅欽順，其實皆已轉為理氣是一的路徑。
雖說理氣是一，但因諸家皆主理在氣中，故知仍應是以氣為本體，只
是不降低理道之位階，否則將面臨理或氣孰為本體的理論困境，故此
派對理與氣之關係，著力甚多。擺脫理氣二分後，便確立以理氣是一
的立場，說氣性有不齊，及心為氣之靈等論題，其中羅欽順的良知非
天理，則為明白區隔氣學與心學的宣言。

第一節　薛瑄

　　薛瑄，字溫德，號敬軒，山西省河津縣南薛里（今屬萬榮縣平原
村）人。生於明太祖洪武二十二年（西元一三八九年）。曾任廣東道、
雲南道監察御史。任大理寺少卿，險遭王振殺害，削籍歸里。曾於河
汾講學二次。[1]官拜禮部左侍郎，卒於明英宗天順八年（西元一四六四
年）六月，詔贈禮部尚書，諡文清，享年七十六歲。相關著作經後人
整理有《文清公薛先生文集》二十四卷、《薛文清公讀書錄》十一卷、
《薛文清公讀書續錄》十二卷、以上皆收錄於山西人民出版社所發行
之《薛瑄全集》中。

一、即陰陽而指其本體

> 無形而有理，所謂「無極而太極」，有理而無形，所謂「太極
> 本無極」；形雖無而理則有，理雖有而形則無，此純以理言，
> 故曰「有無為一」。老氏曰「無能生有」，則「無」以理言，
> 「有」以氣言，以無形之理，生有形之氣，截有、無為兩段，
> 故曰「有無為二」。[2]

---

[1]　閻禹錫著：〈禮部左侍郎兼翰林院學士薛先生行狀〉。《薛瑄全集》下，《薛文清
　　公行實錄》卷三，山西：人民出版社，1990 年 7 月，頁 1617。

[2]　同註 1，《薛瑄全集·薛文清公讀書錄》卷一，頁 1029。

薛瑄有云「以無聲無臭而言,謂之『無極』,以極至之理言,謂
之『太極』。」[3]可知「太極」是不分上下,四方,遠近,內外無所不
在的理,而「無極」則指此太極是無形狀,無聲臭,無方所的極至之
理。太極雖無形,但為萬物所以存在之理,所以是實有的。雖是實有
之理,但太極又不會被時空氣質限隔成有限而失其無限性,所以是無
形的。所以有無是一,是從太極是無形之實理來說的。所以反對老子
以為無形之理可以生出有形之氣的主張。因為理氣不同質,實難說無
能生有。薛瑄不從理生氣,無法解釋無如何生出有的困境來說,而將
有無統一於理,即太極之中來說。因太極與陰陽不離,又能為動靜,
故可統攝有形之氣與無形之理而為一。

> 無極、太極,理也;陰陽、五行,氣也。無極、太極非有離乎
> 陰陽,即陰陽而指其本體,不雜乎陰陽而為言,是理雖不離乎氣,
> 亦不離乎氣也。是則萬物、男女、五行一陰陽,陰陽一太極,
> 太極本無極,初無精粗本末之間,則理、氣不相離,可見。[4]

「陰陽而指其本體」,表示屬理之太極,與屬氣之陰陽,看似理
氣不同層次而為二,但太極是作為陰陽氣化之本體的,若無陰陽便無
陰陽本體之太極。所以陰陽所生之萬物,其中之本體便是太極,沒有
精粗本末之間隔。薛瑄此種理與氣不離不雜與朱子理氣不離不雜之理
論模式相同。但薛瑄主張理氣是一,所以不離不雜不妨礙其本質是一。
而朱子主張理氣二分,所以不離不雜,是在強調兩者本質上有別。薛
瑄又云「易者,陰陽也,充滿天地,流行古今,無一物之不體,無瞬
息之有間。」[5]可見陰陽與太極皆是充滿遍在,流行不已而不分的。

> 臨川吳氏曰:「太極無動靜,故朱子釋《太極圖》曰:『太極
> 之有動靜,是天命之流行也。』此是為周子分解太極不當言動
> 靜,以天命有流行,故只得以動靜言。」竊謂天命即天道也,

3　同註1,《薛瑄全集‧薛文清公讀書錄》卷一,頁1017。
4　同註1,《薛瑄全集‧薛文清公讀書續錄》卷二,頁1344。
5　同註1,《薛瑄全集‧薛文清公讀書續錄》卷二,頁1345。

> 天道非太極乎？天命既有流行，太極豈無動靜乎？朱子曰：「太
> 極，本然之妙也；動靜，所乘之機也。」是則動靜雖屬陰陽，
> 而所以能動靜者，實太極為之也。[6]

　　薛瑄以天道流行，便是太極流行，而主張太極能動靜，反對元代
吳澄「太極無動靜」的說法。薛瑄主張理氣不分，所以氣在理亦在，
陰陽動靜不已，其中主宰便是太極，所以太極便是氣化動靜循環之理，
氣化無此主宰動靜之理，便不能生化。此理又不能離氣而立，所以說
太極是能動靜的。但所引朱子太極動靜之說，實則與薛瑄說法有別。
朱子之太極為氣化動靜的所以然，是形上的，本身不能動靜的理。能
動靜的是氣，而非理，是理氣二分的。而薛瑄則是統攝能動靜之氣，
與能動靜之理為一太極，所以薛瑄雖引朱子太極與動靜之文，但已由
朱子理氣二分轉為理氣是一的模式。

> 此太極常包涵乎天下萬物。如大海之水包涵夫水之百物，所謂
> 「萬物統體一太極」也。就天地萬物觀之，各有一太極，如海
> 中之百物各得海水之一，所謂「萬物各具一太極。」[7]

　　由太極常包涵萬物，知太極為無限之本體，雖在氣中，但不會被
形氣所限隔，而失其本體義。因太極不離陰陽，若無限太極充塞於無
窮氣化中，則物各一之太極，不會因充塞於無窮陰陽中而有分別。但
若無限之太極落於有限陰陽中，而為此陰陽所限隔，便可由形式之所
以然的立場，說萬物各具之太極仍然是一。若由太極受限於某陰陽中，
而以此陰陽為表現之形體，則萬物各自之太極即有不同。但薛瑄主張
太極是無內外遠近分別的極至之理，所以不會限制於陰陽中，而可能
為有限之太極。又由「萬物統體一太極」可知，萬物所各具的一理，
不是指限於陰陽中的有限之太極，此一理仍是無限遍在於萬物中。而
同出一原的萬理，是指極至之太極於萬物中而為萬物之理，而有不同
理之稱，但此萬理是太極不同之表現狀態。而表理上雖有理萬之別，

---

[6]　同註1，《薛瑄全集・薛文清公讀書錄》卷九，頁1252。
[7]　同註1，《薛瑄全集・薛文清公讀書續錄》卷一，頁1307。

但本質仍是一理，此是立於各一之有限中，說統體之無限為其共同之本體。

> 先儒「月映萬川」之喻，最好喻太極。蓋萬川總是一月光，「萬物統體一太極」也；川川各具一月光，「物物各具一太極」也。其統體之太極，即各具之一本；其各具之太極，即全體之萬殊。非有二太極也。[8]

　　此由理一分殊來說，統體與各具之太極，只所處之或屬理，或屬氣的位階不同。消融理氣位階之不同，統體與各具，仍只一太極，非有二。月光無所不在，即太極充滿遍在，是萬物統體共一太極。川川皆有月光，是萬物皆各有一太極。但川雖不同，所照之月光則無不同。但此時不是說太極受限於陰陽而是否為有限的問題。而是在說太極在不同萬物上，仍保其是一太極的一貫性。又由統體各具之太極非二，可知理一分殊的一，指太極為唯一本體，而殊則非指太極有殊，而是指太極處不同時空，仍不改其為分殊萬物之主體性。綜言之，在理氣是一的主流下，「理一」是強調統攝理氣二層為一的太極，是一團理氣的實體，此時消融氣化的差異性。「分殊」是一團理氣之太極，化為千差萬別的萬事萬理，此時強調氣化的差異性。但不論由強調或消融氣化差異來說太極，太極不能離陰陽氣化而獨存是可以肯定的。

> 細看天地萬物，皆氣聚而成形。有聚必有散，雖散有大小、遲速之不同，其散一也。[9]

　　一氣充塞上下四方，毫無間隙，是氣的無限遍在性。進而由陰陽動靜循環而有的聚散，化生大小遲速不同之萬物，此乃氣之聚散不已性。薛瑄又就實然面論證氣化不息。

---

[8]　同註1，《薛瑄全集‧薛文清公讀書錄》卷九，頁1243。

[9]　同註1，《薛瑄全集‧薛文清公讀書錄》卷四，頁1119。

二、氣化有人物之種

> 天地之初，人物無種，純是氣化；自人物有種之後，則形化雖
> 盛，而氣化亦未嘗息。試以一片白地驗之，雖掘至泉壤，曝曬
> 焚燒其土，俾草木之遺種根荄皆盡，一得雨露滋澤，風日吹曬，
> 則草木復生其處，此非氣化而何？[10]

天地初始只氣化生生而無人物，及人物有種形化已盛，然使形化
盛之氣化仍貫穿於形化中，使之聚散不息。氣化既貫注於形化中，又
與形化同時並進，則所生之具體有限之形化之物，可總合成一真實又
無限的氣化世界。如此氣化聚散成眾多具體又有限的形化物種，此為
由無而有。及總合眾多形化之物種，為一無限之氣化世界，則是由有
而無。透過此無而有，有而無的相資互成的過程，則統一氣化與形化
的真實完整的一氣世界於焉成立。另外由草木復生說氣化，雖有實証的
精神，但以今觀之，仍非實証之科學，只可說是由氣化實然層，來強化
其氣化論的可驗證性，此可見他有由氣說理，不喜純粹說理的傾向。

> 然則明暗孰為之哉？曰：氣機一動而群陽辟，晝之明從焉；氣
> 機一靜而群陰翕，夜之暗隨之。動靜翕辟，皆機之所為，而實
> 未嘗有為也，是皆循環相推而不得已焉爾。[11]

因氣化無一息之停，所以動靜翕辟之氣亦不止息。而氣機萬起萬
滅，無須臾之停，不是有心有為的，而是氣化陰陽之動靜，循環相推必
然如此表現的。可知一氣中有一不易察覺，又毫無差爽的必然如此之晝
必明，夜必暗的氣機作用。因薛瑄主張理氣無間隔，故作為有動辟靜翕
規律之氣機，不可只視為一無形的動靜聚散機制看待，而應視為一實有
氣化的作用，且透過此具體之作用，才有真實的天地萬物的產生。

> 「沖漠無朕之中，萬象森然已具」。竊意萬象如人與鳥獸、草
> 木、昆蟲之類，莫不有一定之象具於沖漠無朕之中，及陰陽流

---

[10] 同註1，《薛瑄全集·薛文清公讀書錄》卷四，頁1125。
[11] 同註1，《薛瑄全集·薛文清公讀書錄》卷三，頁1099。

行之後，其可見之象，即沖漠無朕中之象。[12]

　　此段主張與較他晚八十五年之王廷相氣種有定說相同，應是由理氣是一的本體，說理氣可貫穿無形與有形間的必然發展。在一氣未形的沖漠無朕中，已具有一定之象，與一定之理，及一氣陰陽聚成有形後，一氣中本具之一定之象與理，便凝聚成一本具之定象與理而有的各各不同之人物。人物雖各自不同，但都源自一氣之本體中，故人物皆各自具有主體性。另外萬物各具之一定之象與理，不論在一氣未流行前，或在凝聚成形後，都是緊密無隔一齊俱在的。此則是薛瑄順其理氣不分先後的說法，進一步再提出以一定之象貫穿已形與未形兩間，以更豐富完整其理論。其實朱子也討論過人物有種的問題。如云：

　　天地間人物草木禽獸，其生也莫不有種。定不會無種子白地生
　　出一個物事，這個都是氣。若理，則是個淨潔空闊地世界，無
　　形迹，他卻不會造作；氣則能醞釀凝聚生物也。但有此氣，則
　　理便在其中。[13]

　　朱子雖也說理在氣中，但其理是不造作的形上本體，能凝聚生物的則是氣。理是氣的形上之所以然，所以理在氣中，不是理與氣本質同地在氣中，而是超越地為氣之所以然的在氣中。另外朱子理不造作動靜，而薛瑄的太極之理則是能動靜的，此為朱子與薛瑄之理不同之兩點。朱子以為人物之生必有種子，此種子便是在氣中之理，而氣便順此理之種凝聚成萬物。可知朱子以理為本，而說理為氣之種。薛瑄以理氣為一，所以說一定之象，於陰陽流行後為人物之種。但種內涵之理與象則早具氣化未形前。如此可避免形上理與形下氣未必全然相應無隔的缺點。王廷相則由元氣中二五比例各有不同為氣種，及陰陽流行凝聚不同萬物，萬物之所以有不同，則是由元氣中各不相同之氣種來規定。此是順薛瑄以一定之象貫穿無形前與有形後的說法，進一步將氣種定位為先天之氣種，且更清楚地以元氣中不同之二五比例，

[12]　同註1，《薛瑄全集・薛文清公讀書續錄》卷七，頁1451。
[13]　【宋】黎靖德編：《朱子語類》卷一，台北：文津出版社，1986年12月，頁3。

取代薛瑄未形前的「一定之象」。可知薛瑄與王廷相皆由「一定之象」
或「氣種」，貫穿氣化前與氣化後，可視為氣本論的天人合一主張的
基礎。薛瑄與王廷相雖仍多採用中庸「天命之謂性」的系統說天人合
一。但以一定之象與氣種貫穿兩間的說法，實已隱然提出可與天命之
謂性系統相呼應的另一套系統。

三、氣有聚散，理無聚散

> 原夫前天地之終靜，而太極已具；今天地之始動，而太極已行。
> 是則太極或在靜中，或在動中，雖不離乎氣，亦不離乎氣也。
> 若以太極在氣先，則是氣不斷絕，而太極別為一懸空之物，而
> 能生夫氣矣。是豈「動靜無端，陰陽無始」之謂乎？以是知前
> 天地之終，今天地之始，氣雖有動靜之殊，實未嘗有一息之斷
> 絕，而太極乃所以主宰流行乎其中。[14]

　　一氣之動靜循環相推，便是陰陽，陰陽互為始終，故動靜亦相生
不息，如此氣化不已，其中合當如此之理，自亦隨順氣化既遍在又不
息，所以理與氣渾然無間，同時俱存，無先後之分。亦即天地未分前，
太極之理已具，及天地開始氣化，太極之理亦同時隨始分之氣化而行。
故一氣有動靜始終循環之不息，如前之終必為今之始，今之始必有後
之終等三世不已之循環。但太極即為此動靜必然如此之主宰，此是由
一氣流行有必然如此之理序說理。若不由一氣說，則理無所依附而不
成其為理。可知薛瑄非如朱子以太極為一形上孤懸，又不造作的理本
體為先，而以能造作聚散之氣為後的說法。

> 其曰「體用一原」者，無聲無臭者，體也，而天地萬物之理無
> 不具，故曰「一原」；其曰「顯微無間」者，天地萬物，顯也，
> 而無聲無臭之理無不具，故曰「無間」。蓋「體」與「微」皆
> 以理言，「用」與「顯」皆以象言，理中有象，象中有理，初
> 無毫髮之間。[15]

---

[14]　同註1，《薛瑄全集·薛文清公讀書錄》卷三，頁1074。
[15]　同註1，《薛瑄全集·薛文清公讀書錄續錄》，卷三，頁1375。

一氣中有陰陽流行生化之用，也有一氣流行所以然之理。氣化之理是無聲臭，具於天地萬物中為其體。天地萬物順此氣化之理體而有形化不已之用。所以未化前，理在沖漠無朕中為體，及形化分天地，便是萬象森然並存之用，此乃體用一原。若由理說，便是理中有象。天地分化後，森羅萬象所顯中，皆有無聲臭的微體之理在象中，顯用之象中有理。薛瑄通過體用一原，顯微無間的方式說明理與象無毫髮間隔，不分先後。

薛瑄主張理氣不分，是立於實有之理氣為天地陰陽流行之本體而說。但又主張氣有聚散，理無聚散，則是在形氣層之動靜聚散中，指出有一氣流行所以然之理的存在，且此理是有其超越性與遍在性的，由此而說理無聚散。

> 理如日光，氣如飛鳥。理乘氣機而動，如日光載鳥背而飛。鳥飛而日光雖不離其背，實未嘗與之俱往，而有間斷之處，亦猶氣動而理雖未嘗與之暫離，實未嘗與之俱盡，而有滅息之時。「氣有聚散，理無聚散」，於此可見。[16]

鳥飛至何處，日光皆在鳥背上，表示如理之日光，必在如氣之鳥背上，亦即理乘氣而存在。但日光也遍在無鳥之處，不因日光無鳥背可照而不存在。理本無所不在，或為聚之理或為散之理，聚散之理雖不同，但不論聚散，中必有理在，此則是不會改易的，不會有氣聚理在，氣散理亡的情形。可知如理之日光，不受限制於某時空形氣之中，而是無所不在的，以見理的本體性。亦即由有聚散的形氣層，凸顯形氣內之理，仍保有其無限義，不因具於形氣中，而成有限之理。

> 薛文清《讀書錄》……有云：「理氣無縫隙，故曰器亦道，道亦器。」其說當矣。至於反覆證明「氣有聚散，理無聚散」之說，愚則不能無疑。夫一有一無，其為縫隙也大矣，安得謂之「器亦道、道亦器」耶？蓋文清之於理氣，亦始終認為二物，

> 故其未免時有窒礙也。……嘗竊以為，氣之聚便是聚之理，氣之散便是散之理，惟其有聚有散，是乃所謂理也。推之造化之消長，事物之終始，莫不皆然，如此言之，自是分明並無窒礙，雖欲尋其縫隙，了不可得矣。[17]

羅欽順由實然面主張氣散有散之理，故質疑薛瑄「理無聚散」之說，惟薛瑄說「理無聚散」是強調理之遍在義，故羅欽順有疑義，然理有遍在義則聚之理，散之理自應皆有，此為二人視角不同，所生之差異。但在由理本體轉化為氣本體之過程中，詮釋路徑各有其意義，二者雖大方向是理氣是一，但亦不須強求其全同！正可反顯氣學自由發展之特質。

> 理無窮而氣亦無窮，但理無改變而氣有消息。如溫熱涼寒，氣也；所以溫熱涼寒，理也。溫盡熱生，熱盡涼生，涼盡寒生，寒盡復溫生，循環不已，氣有消息，而理則常主消息而不與之消息也。「氣有聚散，理無聚散」，於此又可見。[18]

氣是陰陽聚散萬端之實然。氣聚成形，散則回歸一氣，故聚散只一氣之兩種樣態，但本質仍只是一氣。若從一氣流行不息，說聚散亦不息，則亦可說有不已地聚散，才可成其為一氣流行。順此角度，也可說是氣無聚散。可知若由形氣層可說氣有聚散，立於一氣流行角度，則可說氣無聚散。

而理本是無改易無滅息的氣化合當如此之條理。所以有氣即有理，現實上不會有無氣卻有理的可能。氣化雖有聚散之不同，但太極之理既具於其中，而有聚之理，散之理不同之名稱。但從理氣無所不在的本質說，只是理或在聚，或在散的不同樣態，不礙其仍是一理。且氣之或聚或散，仍只是一氣。故隨氣而有之聚散之理，便是氣在理亦在。氣在理在之原則既立，則既沒有無氣有理之時，也沒有有氣無理之時，則理不受限於聚散，而為有或為無的說法便成立，此即「理無聚散」。

---

[17] 【明】羅欽順：《困知記》，明嘉靖十六年吳邵陸粲刊本卷下，頁 20 上。

[18] 同註 1，《薛瑄全集・薛文清公讀書錄》卷六，頁 1162。

　　所以薛瑄由一氣流行說氣有聚散，或無聚散皆可，但專言氣有聚散，是對實然面作客觀的描述。專言理無聚散，則是對太極之理的超越義與主體義的肯定。兩者論述之重點看似不同，但從理論之整合性的觀照下，只是所重不同，卻並不衝突。

四、合當是如此者為理

> 凡大小有形之物，皆自理氣至微至妙中生出來，以至於成形而著。[19]

　　天地萬物由微而著而行，皆是由實有之理氣生出。而天地是廣大無窮氣化不息的，則生此天地之理氣，自亦永恆遍在，行健不息，且彼此間是無絲毫間隔的。理氣不分的先在性，主體性確立後再說理為氣化之條理，如其云：

> 天地之間，物各有理。理者，其中脈絡條理合當是如此者是也。大而天之所以健而不息，地之所以順而有常，皆理之合當如此；若天有息而地不寧，即非天地合當之理矣。[20]

　　理是天地萬物中，合當如此健順有常，生化不息的脈絡條理。此是就天地氣化中指出運行之理序為理，非跳至天地之前之上說理。天地健順不已是常理，是以氣化來規定理。不如此則非理，則是以理來要求氣化。可知一氣流行、聚散不已中，作為氣化條理之理，可保證氣化必然如此運行。作為氣化運行本身之氣，則順內在當如此之理，而真實成就天地萬物。故理氣相依而立，不可二分。

> 大氣之始混沌未分，只是渾淪一箇該得如此，及至開闢，氣分為陰陽，則理亦有健順、五常之別，缺一則不可以為造化。二五錯綜變化萬殊，總是一箇該得如此而無不同，在這裏便該得如此，在那裏便該得如彼，做出千萬箇該得如此底出來。其實只是一箇該得如此，故能隨在具足到處圓成，充塞流行，更無空闕。[21]

---

[19]　同註1，《薛瑄全集・薛文清公讀書錄》卷二，頁1049。
[20]　同註1，《薛瑄全集・薛文清公讀書錄》卷一，頁1022。
[21]　【明】魏校：《莊渠遺書》卷十六，台北：台灣商務印書館，文淵閣四庫全書本，

魏校亦由該得如此說理，不論混沌未分，開闢分陰陽，都有一個
該得如此之理在，此說可與薛瑄「理合當是如此者」相參照。

> 竊謂理氣不可分先後。蓋未有天地之先，天地之形雖未成，而
> 所以為天地之氣，則渾渾乎未嘗間斷止息，而理涵乎氣之中也。
> 及動而生陽，而天始分，則理乘是氣之動而具於天之中；靜而
> 生陰，而地始分，則理乘是氣之靜而具於地之中。分天分地，
> 而理無不在；一動一靜，而理無不存。[22]

薛瑄主張理氣不分先後，而異於朱子理先氣後的原因，是他統括天
地之先與天地之後的無形與有形兩層，說在其中的理氣皆不分先後，以
彰顯理氣是一的普遍性與先在性，而為宇宙最高之本體。天地未形前，
生天地之氣已存於渾渾中，而合當如此之脈絡條理，同時也涵具其中。
及氣化形成天與地與種種萬物，此時理亦乘氣之陰陽動靜而具於所乘之
天、地、萬物中。但理具氣中的具，在理氣是一的立場下，是本質地，
同質同層互為乘載的具。不是如朱子形上、形下理氣二分的關聯不同條
件組成的具。通過此種氣本質地具理，而可說理在氣中，不分先後。

至於薛瑄以理氣是一為本，未必純粹是氣本論，亦非理本論，在
學術上的意義，是因他落在實然層上論理氣的緣故。純粹之理本論或
氣本論在理論上，本體義上較完整清楚，是無可置疑的。但若由純粹
之理本立論，則易忽略實然之氣化如何產生，及如何定位的問題。而
純粹氣本論也須對氣化必然如此之原因作解釋，否則氣化便失去理序
義與道德義。故若由理氣是一，說天地萬物前渾是一團理氣，固然未
回答理氣孰為先後，孰為主從，亦即有無絕對主體性成立的問題，但
卻解決了天地萬物生成之本源是真實存有的，而不會落入無到有如何
可能真實成立的困境中。亦即一團理氣既統括又貫穿於天地萬物未形
與已形兩間的說法，是較純氣本或理本的主張，表現出更重實然氣化
之完整性與一貫性的傾向。

1983 年，頁 10。
[22] 同註 1，《薛瑄全集·薛文清公讀書錄》卷三，頁 1074。

五、理有萬殊，實只一性

> 水、火、木、金、土五行雖各具一性，卻總是一個太極之理，
> 但五行之氣各有所偏，故所得不全耳。如普照萬物總是一個日
> 光，而得其光者有偏全，由物有大小不同，而日光本無不全也。
> 朱子所謂「五行各一其性，而太極渾然之全體無不各具于一物
> 之中，而性無不在」者，此也。[23]

太極之理本至善無限，落入人為性，則性自應無限至善。但太極
之理落於氣質中，即受二氣五行等條件限制，未必能全然接受及表現
至善之性理。如物有大小，則所得日光亦有偏全。可知由氣化實然層
談，無限之性理受氣質限制，只能得其一偏，而為有限之氣性。所引
朱子太極之理遍在萬物而為性，是說性如太極有遍在性，及落入氣質
中，性雖仍可保持他的遍在性，即形氣之人皆有氣質之性，但此性已
有偏全的不同。故不論由遍在或偏全論，性都是無所不在的。

> 仁義禮智即是性，非四者之外別有一理為性；道只是尋此性而
> 行，非性之外別有一理為道；德即是行此道而有得於心，非性
> 之外別有一理為德；誠即是性之真實無妄，非性之外別有一理
> 為誠；命即是性之所從出，非性之外別有一理為命；然則性者，
> 萬理之統宗歟！理之名雖有萬殊，其實不過一性。[24]

此由仁義禮智規定性有道德義。薛瑄順其理氣是一而說氣化之條
理是性，而氣必然如此之道德義便是仁義禮智，實則性即是理，即是
仁義。所以順此絕對太極之理的性而行，便是道，行而有得便是德。
所以道、德、誠、命等在性即理即道即德的統括下，皆只是性在一氣
流行中，因不同位階與功能而有殊名而已。如此性能統攝萬理，則所
有人倫日用的呈現發用，便都為仁義之性所範圍與貫穿。

---

[23]　同註1，《薛瑄全集‧薛文清公讀書錄》卷九，頁1252。
[24]　同註1，《薛瑄全集‧薛文清公讀書錄》卷五，頁1151。

「無極而太極」，天地本然之性也；陰陽太極，氣質之性也。
天地本然之性，就氣質中指出不離者言之；氣質之性，即本然
之性隨在氣質中者，初非二性。[25]

　　由無限之太極說本然之性，此性稟受太極之理當是至善的。由太
極落入陰陽說氣質之性，則此性受限於氣質而為有限之性。但有限是
指稟受太極的多寡有不同，但在本質上所受之太極，則仍是至善的。
亦即量上有限，本質仍無不同。而由質無不同，則可縮合本然與氣質
而為一性。因為本然之性，非離開氣質而說的另一種性，而是專就此
氣質中，指出有不同於氣質層面的至善之理，此即本然之性。而氣質
之性，則是專指至善之理隨在氣質中，不會離氣質而獨存之理，亦即
氣質中必有此理，即氣質之性。可知就氣中說理是本然之性，就理在
氣中則是氣質之性，論說角度不同，實則仍只是由理氣是一說的一性。

太極，性也；陰陽，氣也，論太極而不言陰陽，則徒知太極為
至善之性，而不知氣有昏明、清濁之殊，故曰：「論性不論氣，
不備」；論陰陽而不言太極，則徒知陰陽之氣有昏明、清濁之
異，而不知太極為至善之性，故曰：「論氣不論性，不明」[26]

　　此段論述性與氣不可形上、形下截然二分，而當為同一實有。太
極落於陰陽中為人之性，此乃是縮合理與氣為一而說性，如此性與氣
不應相離。故若言性不言氣，則性無氣可依附，成一孤懸無著落之性。
同時為至善之理的性，落於氣質之清濁中，會有昏明不同之表現，固
不可專言性善，忽略清濁會造成不同之善惡，此即不備。若言氣不言
性，則只隨氣化莽然蠢動，而沒有合當如此之理序，以仁義禮智來貞
定人倫日用，則綱常毀矣，此即不明。可知只論性，則善無著落，只
論氣，則氣失常理。此乃薛瑄立於其理氣是一立場，而對朱子性氣二
分的說法所提出之修正！

25　同註1，《薛瑄全集·薛文清公讀書錄》卷九，頁1241。
26　同註1，《薛瑄全集·薛文清公讀書續錄》卷一，頁1285。

薛瑄在論理氣，與論性上，皆自其理氣是一的立場，不自覺地對朱子作了修正，亦即將朱子形上本體不能造作之理與性，落入一氣流行中，而修正為太極之理與性，皆是能動的。但在由實然之氣論心這點上，則仍循朱子之思路。

> 性純是理，故有善而無惡；心雜乎氣，故不能無善惡。朱子曰：
> 「心比理則微有迹，此氣則又靈。」又曰：「心是氣之精爽。」[27]

性由太極之理說，自是善的。心由一團理氣的知覺作用說，因心已落入陰陽氣質之限制中，而有善惡與昏明的不同。而如朱子所云，心介於理於氣之間，有統合形上與形下的功能。而心又是氣之精爽，則知心仍定位於氣中，而為認知之主宰。薛瑄又云：「視其色在目，而知其色之理在心；聽其聲在耳，而知其聲之理在心；食其味在口，而知其味之理在心。此心所以為一身之主宰。」[28]心是知覺視聽之理的主宰作用。但因薛瑄以性為本體，故此主宰非指心為本體，而是指心有主宰管攝萬物，以知其理的作用，如此心與理為二，心非理，理不是心所本具的，而是通過心之主宰認知作用，來關聯地具理。心知理後，再論述心與性情之關係。

六、心統性情

> 心統性之靜氣，未用事，心正則性亦善；心統情之動氣，已用事，心正則情亦正。心有不正，則情亦不正矣。[29]

性未發時純然至善天理，心不受氣質限制，而統攝此善性，是心正性亦善。及心順氣質而發為情，則是心正情亦正。但若心受駁濁氣質限制，則雖統善性仍是惡。同樣所統之已發之情，也是惡。可見未發之性與已發之情，皆統於心之主宰中。而心所統之性情是否為正，則由心所順之氣質的清或濁來決定。

---

[27] 同註1，《薛瑄全集・薛文清公讀書續錄》卷八，頁1458。
[28] 《薛瑄全集・薛文清公讀書續錄》，卷七，頁1212。。
[29] 同註1，《薛瑄全集・薛文清公讀書續錄》卷八，頁1459。

薛瑄順氣質來說性，則性因受所稟氣質清濁之多寡而有偏全之不同，而透過變化氣質的工夫，變其昏濁之氣質，回復本然之善性，此即著名的「復性」說。先言由氣稟區分氣質之性為四等。

> 元亨利貞，天之命也；仁義禮智，人之性也；四者惟人與天合而得其全。就人中細分之，又有氣質清濁、通塞之不齊。有全之全者，有全之半者，有全之少者，有皆不能全者，其品蓋不可勝計也。[30]

天命元亨利貞之生德，為人性中之仁義禮智。故天同以生德之理賦與人物，人能不受氣稟所限，而能全得此理。物則受限一偏之氣質，而不能得理之全，故人與物有別。不只如此，人乘此清濁通塞不齊之氣質，則亦會使生德受氣稟所限，使所得之生德有多寡偏全之不同，而有全之全、全之半、全之少、皆不全等四種可能。多數強調氣化流行的氣學家，皆有以所稟氣質清濁之不齊，來分人性為不同層級的主張。此乃是對強調人只一善性說法的修正。

> 張子曰：「形而後有氣質之性，善反之則天地之性存焉。故氣質之性，君子有弗性者焉。」此言氣質昏濁，則天地之性為其所蔽，故為氣質之性，善反之而變其昏濁，則天地之性復明。若氣質本清，則天地之性自存，初無待於反之之功也。[31]

上文是眾多理學家論變化氣質最清楚的一段話，蓋因薛瑄扣緊由氣質之清濁先說人性有不齊，再說人所有之天地之性本善，但受限於所稟氣質有清濁之不同，氣清者善性自然暢發，不待復性之功，本即是善。氣濁者限制善性不能暢發而為惡，故須變化濁惡氣質為清暢之氣質，使本有善性能自然暢發，此即復性之功。

可見薛瑄之復性說重點在變化濁惡氣質為清暢氣質。與純粹性善論，主張去掉遮掩善性之氣質，視氣質本身為惡之說不同。亦與王廷

---

30 同註 1，《薛瑄全集·薛文清公讀書錄》卷五，頁 1149。
31 同註 1，《薛瑄全集·薛文清公讀書續錄》卷七，頁 1448。

相等純粹氣本論,視性有善有惡,要變化惡的氣性為善的氣性的說法也不同,而是介於二者之間的。

> 格物所包者廣。自一身言之,耳、目、口、鼻、身、心,皆物也。如耳則當格其聰之理,目則當格其明之理,身、心則當格其動靜、性情之理。理雖在物,而吾心之理則與之潛會而無不通。始之通也,見一物格一理;通之極也,則見千萬物為一理。朱子所謂「眾物之表裏精粗無不到,吾心之全體大用無不明」者,可得而識矣。[32]

朱子釋致知格物有云:「推極吾之知識,欲其所知無不盡。窮至事物之理,欲其極處無不到。」[33]可知致知是由內向外,將心所具之眾理,用來察知對應萬物之理。格物是由外而內的,即事物而窮究其所有之理。如此積久貫通,則可明天下之理。薛瑄雖主理氣是一,與朱子理氣二分不同。不同點在理的解釋上不同,但在屬方法論的格物工夫上,則不易顯現彼此之差別。亦即薛瑄仍是順朱子格致以明理的路數說格物。

綜言之,天地皆氣化所生之實然,故將由一身自天地萬物,人倫綱常皆視為物,皆須格此物中之理。如耳當格其能聽之理,身當格其所以能如此動靜之理,心當格其如何統性情之理。此因太極能陰陽動靜化生萬物,萬物中便有太極之理。此理又限於氣質、時空條件而為萬事與萬理。所以吾心當窮究萬物中之萬理,以與心所具的太極之理呼應相通。如此格一物知一理,久之心具之理,與萬物之萬理會通無隔,而萬理只是太極一理。因由太極遍在萬物而說萬理,由萬理之本原說,仍只太極一理而已。

---

[32]　同註1,《薛瑄全集‧薛文清公讀書錄》卷二,頁1067。

[33]　【宋】朱熹撰:《四書章句集注》,鵝湖出版社,2000年8月,頁4。

第二節　黃潤玉

　　黃潤玉，字孟清，號南山，浙江鄞縣人，生於明太祖洪武二十二年（西元一三八九年），與薛瑄同年生，卒於明憲宗成化十三年（西元一四七七年）。少有至性，侍母疾，夜不就寢。永樂初，徙南方富民實北京，潤玉請代父行，對曰：「父去，日益老，兒去，日益長。」官異其言，許之[34]。永樂十八年（西元一四二〇年）舉順天鄉試，授建昌府學訓導。宣德中，用薦擢交阯道御史，出按湖廣。正統初，詔推舉提學官，擢廣西僉事，提督學政，所至彈劾權貴，頗有政聲，後謫含山知縣，以年老歸。先生之學以知行為兩輪，曰：「明理務在讀書，制行當在謹獨」[35]，學者稱南山先生。有《南山黃先生家傳集》五十六卷（明藍格抄本）、《海涵萬象錄》一卷（明隆慶王文祿輯刊本）、《寧波府簡要志》五卷（民國二十四年四明張氏約園刊本）等書。

一、合理與氣為道

　　　　蓋三極之道，一理氣而已。然理為體，氣為用，合體與用，斯名曰：「道」，且以天道言之，寒暑晝夜，氣也，寒往而暑來，日往而月來，則有理焉；以地道言之，物生水流，氣也，物生而不窮，水流而不息，亦必有理存乎；至言人道，凡色容言動，皆氣也，動而中乎禮，發而中乎節，何莫非理所寓，合理與氣，斯之謂道也。或曰：道即理，理即道。如云：率性之謂理，可乎？此道之所以不明也，道而明焉，則於衡文也，何有？[36]

　　「一理氣」是指總歸起來，是以理氣同為一實有本體。「理體氣用」在形式上受到朱學影響，朱學的「理體」是形上之理，「氣用」

34　國立中央圖書館編：《明人傳記資料索引》，台北：國立中央圖書館，（1965-1966），頁 661-662。

35　黃宗羲，全謝山著：《明儒學案·諸儒學案》上三，台北：商務印書館，1939，卷四十五，頁 5-6。

36　【明】·黃潤玉：《南山黃先生家傳集》，卷三十三，〈屢典文衡詩序〉，（明藍格抄本），頁 12。

是形下之用，形上理體和形下的氣用合在一起，就是「道」。黃潤玉所指的天地人之道，都是由實然形氣來論，形氣中都有形氣之所以為形氣之理，黃潤玉的理體氣用，不是和朱子的形上之理與形氣之氣二分模式相同，而是另一種體用關係，「氣」是一個形體，形體的流行為氣用，形體流行又有其理存在，形體流行之理就是氣之體，理氣合一就是「道」，和朱子形上之理主宰形下之氣不同。

> 蓋太虛之中，一氣混沌，運而動者曰：「天」，凝而靜者曰：「地」，兼之而能動能靜者，則曰：「人」焉，是天之所以為天者，此氣也；地之所以為地者，此氣也；而人之所以為人者，亦此氣也。觀諸形象，固大小之不侔，至以理而論之，則聖賢之心，誠有以囊括古今，範圍天地者矣，故曰：「人與天地，分氣而治，為此語者，其知道乎。」夫在天懸象，則日月為星斗之君；在地著形，則崑崙為山岳之長；在人鍾秀，則為聖賢出，而為華夷之宗師。[37]

三才之道當中，黃潤玉認為「人」最重要，有別於王廷相純粹氣本論，人的立場顯得很鮮明，黃潤玉是一四七七年過世，王廷相是一四七四年才誕生，黃潤玉過世的前三年，王廷相才出生，比王廷相早很多，黃潤玉之理氣論以人為主，到了王廷相卻以純氣為本、道德義較弱為主，其實應是先有純粹王廷相氣本論，之後覺得道德義太弱，氣本論才加上道德義，但黃潤玉講三才之氣論，說道德義即是仁義之義，人的本位和道德義很明顯。也許是黃潤玉受朱學影響，朱學是形上之理，而道德之仁仍是很重要，於是把朱學的道德之仁保留，把朱學形上之理與形下之氣二分法改進，變成一理氣。到了王廷相時，可能不滿意此角度的說法，就變成純粹以氣為本體，理都是賦予在氣之中，覺得理氣是一還是不夠透徹，要以純粹氣本論，才足以和理本論、心本論鼎足而立。

37　同註36，《南山黃先生家傳集》，卷三十六，〈贈湖廣按察司照摩姑蘇陳君九載考績序〉，頁1。

　　從理論上言，似乎沒有理氣是一之本體，本體不是純理，就是純氣，很難以理氣是一為本體。從主體義言，理氣是一未必是成熟，從現實上言，理氣是一是最多數，儒學可能不是建立純粹理本論、氣本論，而是建立理氣合一，讓形氣有存在根據與道德根據，日用倫常都合於道德義與現實義，於是從實踐上言，理氣是一是最易產生的路數。

　　凡是談到純粹形上本體，王廷相是談純粹形上本體之氣，朱子是談純粹形上之理，王陽明是談純粹形上的道德本心，這些是較重視理論之建構，而重視具體實踐的大概是「心氣是一」和「理氣是一」。亦即主張任何言行都是氣，氣中都有道理支撐，所言所行都是對的，這是「情善」，情是道德義或氣化義的喜怒哀樂來表現之情善，於是重視心氣是一和理氣是一的會主張「情善」。黃潤玉不說純粹形上之氣，而把天地人之氣擴大到無限的主體義，具有時空義的，不由形上說主體，而由形氣說主體。

> 本者，氣之始也，一元之氣貫徹無間，凡物之有形者，莫不本乎是氣，然物物各得是氣，則自本流末。栽者培之，傾則覆之，又皆一是氣之盛衰，則是氣者，誠萬物之本也。乾稱父、坤稱母，萬物之形色不同，而發育同一本也。本乎天，本乎地，萬物之稟受不同，而清濁同一氣也。蓋統而言之，則萬物之氣始乎天；分而言之，則庶姓之氣始乎祖，而吾身之氣始乎親。故天地者，萬物之本；祖宗者，百世之本；而父母者，一身之本也，分雖殊，而同理則同焉。然人知一身之本而敬培之者，或鮮，況克知百世之本乎？知百世之本者既鮮，又奚克知萬物之本乎？[38]

　　元氣之開始就是萬物的生化，天地人都是無窮理氣之組成，形、氣、神在氣化流行之中的功能與位階都不一樣，但都各司其職，才能組成氣化流行，而氣化流行便是一元之氣貫徹無間的展現。

---

[38] 同註36，《南山黃先生家傳集》，卷四十，〈氣培堂記〉，頁18。

　　元氣除統括古今、範圍天地之外，也包含有形與無形之氣，元氣會生出無窮萬物之氣，每一個不同之氣都有栽培和傾覆的盛衰不同，一直在變化，萬物的形色都不同，一是因為物物各得是氣，二是每一氣都有盛衰，三是萬物清濁稟賦不同，這三個原因造成萬物之不同，但萬物發育都是同一本於天地之氣。統攝來說，不管是各得是氣的盛衰之氣、清濁之氣，本質都是天地之氣。但細分來說，有橫剖面的說不同之氣都始於天地之氣，又從縱貫面的說每一姓、每一親人之氣都不同，天地之氣再由各姓之祖之氣，再變成親人之氣，之後再變成我之氣。除了橫剖面之外，又會縱貫的繼續生生下去，這是氣化生生不已的內涵，有無窮多生氣之可能，每一種生氣之可能都會繼續生生下去，變成縱橫皆無限多生生之方向，每一個方向都會繼續生生不已，變成縱橫所組成的立體架構也是生生不已，氣就變成立體之縱貫橫貫都無限表現下去的龐大之氣，亦即是萬事萬物之本質。反過來說，此一元氣是本體，有其生生之理，這是「理一分殊」，無限龐大之氣中有縱貫的生生之理，也有橫貫的多向之理，是通徹無間，於是無限多向又生生之氣，當中有無限多向生生不已之理，這和朱子絕對不同。

二、氣化各異

　　　　夫儒者，通天地人之謂也。蓋天有五行，而陰陽之運無勝；地
　　　　有五土，而寒暖之候不齊；人有五方，而剛柔之稟亦異，是三
　　　　才之道廣大精微，自非讀聖賢書之窮造化之妙，烏足以盡其道
　　　　哉。且夫天人善惡之相感，必有禎祥妖孽兆之未萌，若地之境
　　　　土有邪氣，則象見于天。人之臟腑有邪氣，則色形于面。惟善
　　　　相善醫者，灼知夫邪之所在，而變理之，斯有以扶正抑斜，而
　　　　致和平之效，苟知扶正抑邪，而或計功謀利焉，則亦非仁者之
　　　　用心矣，儒術云乎哉。[39]

---

[39]　同註36，《南山黃先生家傳集》，卷四十二，〈宗儒堂記〉，頁15。

此段和董仲舒及《白虎通》的陰陽五行相感在形式上是很類似，但在本質仍是不同，因為兩漢的氣化宇宙論中有人格神，是要制衡君王之權力，對於明代的黃潤玉來說，指涉的仍是宋明理學所要討論的心性、天道、理氣這些問題，是從理氣是一的立場來詮釋天有五行、地有五土、人有五方。

天地人之中有陰陽五行之相生，作為有各種可能性之表現，天地彼此相感，而人是內外之氣會相感，即是理和氣會相應，理氣是不能分形上形下，氣之反應必是理之反應，而不是人格神之相感。

> 天地間一氣運化而已，氣初化水，水能滋木，木能出火，火化為土，土中孕金，金之氣復生水，此造化相生之道。而水即貞也，以圖書言，則天一生水，地二生火，天三生水，地四生金，此以陰陽對待言，非始生也。[40]

水木火土金是相生的，「氣初化水」，是指陰陽二氣相生，第一個是水，再來是木火土金，之後再回到水。天是奇數、是陽，地是偶數、是陰，這從陰陽相對待來說的秩序，應該是一氣流行之內在，第一個是水。

> 天者，太虛氣化之先物也，地不得而並焉。天體成，則氣化屬之天矣；譬人化生之後，形自相禪也。是故太虛真陽之氣感於太虛真陰之氣，一化而為日星雷電，一化而為月雲雨露，則水火之種具矣。有水火，則蒸結而土生焉。金木者，水火土之所出，化之最末者。[41]

然王廷相則主張真陽之氣化成火，真陰之氣化成水，水火相感生出土來，土中再生出金木與萬物。黃潤玉在王廷相之前，他的說法可能比較接近兩漢的五行之說法，而認為氣生五行，當然不會受到王廷相陰陽生出水火，水火再生出土，土再生金木與萬物的氣化次序之影響。

---

[40] 【明】黃潤玉：《海涵萬象錄》，卷之一，〈五行〉，（明隆慶王文祿輯刊本），頁 101-423。。

[41] 【明】王廷相著：《王廷相集》，北京：中華書局，1989 年 9 月，頁 752。

> 人之面備耳、目、鼻、口、舌,猶天之五行也,腹備肝、肺、脾、
> 腎、心,猶地之五行也。耳鼻縱而孔竅凹,靜而陰也;目口橫而
> 睛舌凸,動而陽也。肺屬耳,脾屬鼻,反動而為陽;肝屬目,腎
> 屬口,反靜而為陰。心舌居動靜之間,而心聲形於舌,舌音發於
> 心,是心舌者,又一身之主也。然頂圓而頷方,天地定位也;鼻
> 岳聳,而口淵深,山澤通氣也;眼外耀,而舌下津,水火不相射
> 也;喉出響,而耳收聲,雷風相薄,皆與天地造化相肖也。[42]

　　此種詮釋方式很像《白虎通》的觀念,把天人感應在人的身上表現出來,黃潤玉的理論模式和此是接近的。天、地兩才都在人的身上,天在人的表面,地在人的內在,當然天地之五行也都在人的身上,天的耳鼻是陰的,目口是陽的,地的肺脾變成陽,肝和腎變成陰,天地是陰陽相生的關係。在人身上,天之陽一定要搭配地之陰,同樣的,地之陽也一定要搭配天之陰,才符合一氣之中陰陽是相生不離之原則。亦即是天地相生不離,突顯了人的尊貴與重要。對天而言是舌,對地而言是心,心舌是一身之主,是動靜都有,就沒有四時配五行之困難,陰陽相生不離要附著在以人身之主的心舌上面。天地五行是用陰陽相生不離來說,而黃潤玉也透過八卦卦象來詮釋,鼻子是高的、是山。嘴巴是深的、是澤。眼睛是向外看的,舌頭是往下吞的,這是水火不相射。喉出聲音,耳朵會收聲音,是相反的,就像雷風相薄。喉出聲像雷,耳朵收聲像風,是與天地造化相肖。

　　面上的耳目鼻口舌是天之五行,人之肚子的肝、肺、脾、腎、心是地之五行,天地之五行在人身上具備,依照陰陽相生不離之原則,以心舌為主宰。又用八卦種種的說法來詮釋,有山、澤、水、火、雷、風這六卦,再加上天地之乾坤二卦,共是八卦,便把陰陽、五行、八卦合在一起。

> 天道流行一理氣而已,氣寒而陰,氣熱而陽,寒來暑往分為四
> 時,時而春焉,元之發也。時而夏焉,亨之發也。時而秋焉,

42　同註 37,《海涵萬象錄》,卷之一,〈五行〉,頁 101-423。

利之形也。時而冬焉，貞之形也。故生育者元之端，長養者亨
之端，收斂者利之端，閉藏者貞之端，四端發見四時循環，中
氣定時無過不及也，此天道之中也。人具天德自然有中，君子
時中是曰：「王道」，當仁而仁惻隱中節，當義而義羞惡中節，
當禮而禮辭讓中節，當智而智是非中節，藹然四端，隨感而應，
猶天四時，無不中節。[43]

一理氣流行可以解釋潮汐、天地人三才、乾坤、五行等，天道是
一理氣流行之內涵。陰陽是由氣來，氣中有陰陽，氣又化為五行，元、
亨是發，利、貞是形，由生發而有形之成。四端發見四時循環是必然
如此，這是天道之中。王道是當仁而仁惻隱中節，當義而義羞惡中節，
當禮而禮辭讓中節，當智而智是非中節，是隨感而應，猶天四時，把
氣化相感和道德仁義判斷實踐結合在一起，氣化流行中有彼此「感應」
之作用，透過感應包含了道德判斷、陰陽的運行、五行的運行、八卦
的組成，可見黃潤玉的氣化感應，道德義非常明顯。

> 仁者，有天地之仁，有人之仁，有動物之仁，有植物之仁。蓋
> 植物皆生氣中寓仁理，如桃李核中名曰：「仁者」，若瓜仁砂
> 仁之類，故云仁如穀種也。動物亦生氣寓仁理，如麒麟角端不
> 踐生草，鷹隼必縱溫爪之雛與。凡生乳者，皆知母子相愛，死
> 離者，必在雌雄躑躅之類，雖虎狼猶有母子恩也。夫人本生氣
> 寓生理，而心有識解，故孩提知愛其親，及其長，而能推親親
> 之心，而仁民愛物，天理流行無私欲之間，而視人猶己，物吾
> 與者皆仁也，故醫書云：「手足萎痺為不仁。」至如天地之仁，
> 正生氣中寓生理，萬物皆一氣發生，故曰：「天地之大德，曰：
> 『生』。」然仁也，非大德而何。[44]

仁在天地、人、動物、植物都有。植物之仁是生氣寓仁理，如桃
仁、李仁、核仁都以果核做為本質的仁。動物有仁存在，如麒麟角端

43　同註 37，《海涵萬象錄》，卷之二，〈道〉，頁 101-425。
44　同註 37，《海涵萬象錄》，卷之二，〈仁〉，頁 101-426。

不踐踏生草,鷹隼必縱溫爪之雛與。人也是生氣中有生理存在,心有認知作用,孩提知其親,長大能推親親之心,再推廣變成仁民愛物,天理就在人是生氣寓生理之中。人會知愛其親、人會推親親之心、進而仁民愛物,就是黃潤玉說的「生氣寓生理」。此中皆有元氣流行貫徹無間,使任一生氣中皆有其所以如此之生理存在。黃潤玉「生氣寓生理」的說法,與前述「合理與氣為道」的說法是一致,即主張理體氣用,由現實的動物、植物、天地和人,說明生氣中一定寓有生理。

三、氣性本不齊

> 北溪曰:大抵人得天地之理為性,得天地之氣為形。理與氣合,方成簡心。有簡虛靈、知覺,便有身之所以為主宰處,然這虛靈知覺,有從理而發,有從氣而發,又各不同也。心之體虛而氣靈,若心之動,皆氣動也。動於理則善,動於欲則流於惡,非理與氣各有所發也。[45]

黃潤玉反對理和氣各有所發,心之虛靈知覺可以順理而發,也可以順氣而發,心只有一個,不可以說有理之心與氣之心,表示理與氣都統攝在心之中,心本身是一氣化層面的虛靈知覺,當然是氣之心。氣化流行之世界有其理則,認知作用的心中當然也有理則,這是氣學家說「性即理」之原因,氣化流行之認識作用就是心,這是「心氣是一」,氣化流行有種種不同的次序與條理,當然也在知覺作用的心中,氣化之理就在氣化之心的中間,這是氣學家也說「心即理」之原因。黃潤玉的「心」是站在氣化立場上說,具有主體義之心,心之發動就是氣之發動,氣之發動也是知覺之發動,這是在「心氣是一」的立場上而說,順理而發是善,順欲而發是惡,可知惡不是在氣上面。

> 孔孟傳授,道統是宗,性之一言,旨趣攸同,其曰:性習,兼指所秉清濁厚薄,其始也近。高明就燥,卑污流濕,善惡異趨,是之謂習,其曰:性善,獨舉本然仁、義、禮、知,其受也全,

---

[45]　同註36,《南山黃先生家傳集》,卷二十六,〈北溪字義標題〉,頁11。

大人弗失赤子，無染純粹不雜，是之謂善。惟天生民，稟固莫
齊，質之不美，惟學可移。虛靈或昧，在復其初，稟惟上智，
超脫物累，質惟下愚，終干暴棄，物本有則，具于五官，性發
為情，見乎四端。人而非仁惻隱孺溺；人而非義羞惡譸食。凡
此性天誠由分定，弗待思勉，隨感即應。嗟彼告子，認氣為性，
卒於鹵莽，不得其正，杞柳之喻，必藉矯揉，湍水之辨，欲使
逆流，苟其何人，迺曰：性惡，遺禍秦斯，悖天妄作，揚混為
一，性豈兩途，韓品三質，則萬殊。惟我濂洛，克繼絕學，表
章中庸，開我後覺，氣質之性闡發微言，天地之性究極大原。[46]

　　這段話可分成三點，一是「性習」，每一個人的氣質清濁厚薄皆不
同，但是至少都由氣為主說清濁厚薄，這是相近。二是「性善」，性
一定是純粹不雜的善，以全受於天的仁義為內涵。三是「性稟」，每
一個人的氣稟都不一樣，透過學可移，因從本質上而言，性應該是善
的，故須復其本然之狀態。「物本有則，具于五官，性發為情，見乎
四端。」每一個氣化之物，都有一個他之所以為氣化之物的條理、次
序、二五比例，這是「物本有則」，人我本性透過五官會表現成情，會
表現惻隱、羞惡、辭讓、是非這四端之道德意義來，表示氣質的本性是
善的，透過氣質之五官來表現為情，必為道德之四端，把性、氣質的五
官和表現情之四端，都視為同一形氣層不同功能，這也是黃潤玉之特
色。「凡此性天誠由分定，弗待思勉，隨感即應。」每一個人的天性都
是被決定擁有多少，「分定」是天生就被決定作為人我主體的氣性之
內涵，是生生不已的表現惻隱、羞惡之情的，是不需要思慮，是隨感
即應，但這不是心有所感應，應該是氣質之性自由自主的感應。

　　黃潤玉認為人都有一個虛靈之心，去掌握事物之理，透過五官來
表達，五官中所具的事物之理，就在本性之中，本性把事物之理發為
情，就表現成四端，亦即把事物之理用合於道德義之四端表現出來。
虛靈之心的內在是性，性中間有物理，這物理是不思勉，有感即應的，

[46]　同註36，《南山黃先生家傳集》，卷二十七，〈性學贊〉，頁1。

是一自由自主能夠隨機反應、具有主體義的道德心之自我實現。故道德不是形上之主體本心，是在性所發的情中間，及道德義收攝在氣化條理之性中間。黃潤玉反對揚雄善惡混為一、韓愈把性分三品，又告子認氣為性不好，純以氣當性，當中少了道德義。性本是善的，氣質才有清濁之差別，不可以像揚雄說性中有善惡。性中是善的，是不會像韓愈說的性中有三種內涵，可知黃潤玉認為性是具有生理與道德義的，亦與王廷相以為性有善惡不同。

> 天賦人物而所謂性者，生理是也。生之理在天，曰：「元亨利貞」；在物，曰：「始通遂成」；在人，則曰：「仁義禮智」，是四者皆根於人心，而云：「心之德」，以統夫性者，仁而已。先儒曰：「仁猶穀種」，則生之理，夫豈不本於仁乎？惟人心有本，則自親親而仁民，仁民而愛物，等殺有差，而仁民之事，亦必秩然不亂，若方長啟蟄，萌孕不傷，數罟斧斤，淵藪有禁，皆所以克達不忍人之心也。自古聖賢，克盡其性，而盡人物之性者，惟本心德時時出之，以極夫參天地，贊化育之盛，夫豈外心德而私智小慧之所能哉。[47]

　　元亨利貞較偏於形上無形之生用，始通遂成則偏向具體之作用，元亨利貞之生用的意義即仁義禮智。程明道說的「仁猶穀種」，由一個核桃仁的種子說仁，此仁亦如稻穀之種子有生長作用是「性」，一定會長成具體稻穀之結果是「情」，一定是順著稻穀生長的方式與次序是「心」。「等殺有差」是指萬事萬物應有分別，由道德心來說這說法好像不太好，應該一視同仁才對，無限之仁面對現實差別有等差，表示人的道德心被現實差別給限制。但若從氣學而言，我是氣化的一個人，你是氣化的另一個人，元氣凝成形氣，你我都是有限而必然不同，我要順著元氣來表現我這形氣，和你順著元氣表現成你的形氣，形體是有差別，但道德心一樣由元氣而有，則是無差別的。

---

[47] 同註36，《南山黃先生家傳集》，卷三十六，〈贈郡守孝感張公述職序〉，頁20。

　　天賦人物而有「性」，性是生理，生理在天之表現是元亨利貞，即是生生的動力和次序，生理透過物之表現是始通遂成，由始到終的生成之生長次序和條理，生理透過人是仁義禮智，是道德上應然和必然如此之理序。這三種都是生理，而我們本心之德具有這種種之條理，此種種之條理就是氣之生理，就在天、地、人不同的氣中間。有天地、剛柔、仁義六爻之差別，當然也有不同之理，陰陽之理就是天地之理，剛柔之理是萬物之理，仁義之理是價值之理，但仍在性之生理中。

四、心為氣之靈

> 大凡必得乎氣而後靈，塊然天地，雖然人物，苟無是氣，其於靈也，何有？蓋克塞乎兩間，氤氳乎方寸者，此一氣也。然氣以虛言，則曰：「天心」，曰：「人心」；以靈言，則曰：「天」，曰：「心神」，其理一而已矣。[48]

　　有氣才有生生之靈，心要得乎氣才靈，不然只是意識自由之靈，氣學不認同有純粹意識流動之層面，認為一切流動都在氣化層面之中，氣化世界是克塞兩間，不論有形無形或在方寸間全都流行於氣中。氣會靈和虛，因氣本身就是自由無限之氣，不然所謂氣是一，順著朱子理氣二分來說，氣是非常有限，當然不可能是虛靈，對於氣學來說，氣是虛靈，虛靈之氣的認知表現是心，心當然也是虛靈。

> 道在天下，即性情之在人也，喜怒哀樂一不中節，即非率性之謂。人而庸言庸行，其可不致謹大德乎。蓋天道流行，一理與氣而已，人之心稟是理氣，是曰：「性情」。性具夫理，道之體也，情發乎氣，道之用也，體不外乎五德，用莫要乎五官，在禹疇所謂視聽言貌思者，官也；明聰從恭睿者，德也。然耳目口體，各司其事，而心之官則思，又所以統夫百體者也。[49]

48　同註36，《南山黃先生家傳集》，卷四十，〈家慶堂記〉，頁20。
49　同註36，《南山黃先生家傳集》，卷四十二，〈彝德堂記〉，頁2。

　　道體有五德，是明聰從恭睿，是本性所具之理。道用是五官，是視聽言貌思，五官的表現即是氣所發之情，性具有五德之理，藉著氣之五官而發為情，理在性中間，性要靠情支持，氣之表現就是情，這是從理到性到氣到情，雖然理、性、氣、情的階級功用不同，但全在一氣流行之中，各司其職，展現出道德之氣的表現，如此說黃潤玉的一氣流行，當然是由元氣之心來主宰，是由一具有虛靈作用之心來主宰。

> 宇宙間，一氣充塞流行而已，是氣也，運日月，實水土。而星辰雲漢之周旋于沉濚之表者，得之以成象；岳瀆人物生聚而陸海之內者，得之以成行。然形象之中，有氣清靈者，謂之昊天，清靈而神，斯尊曰：「上帝」，帝則主宰天象之萬靈，造化地形之萬類，故人稟天之正氣，貫注百體，而心窩之氣靈若昊天，曰：「心神」，所以主宰一身，而應萬事也。是心也，華夷同體，而用則殊者，乃習氣使然。若今中國之人，吾儒則欲誠其心，老氏則欲虛其心，佛氏則欲死其心，是三者習用不同，而心之本體固一也。世之能言者，不原其本心之同，而欲同其習心，亦猶遺其一氣之生成，強欲牽合百卉花果之形而同之，雖無知孩提知其不可必也。[50]

　　氣可以運日月，又可以具體的完成水土，「運日月」是星辰雲漢之流行成種種的天象，「實水土」是產生山川人物聚集在一起，生成種種萬物之行。天是上帝，在人是心神，上帝是主宰天上種種星象之萬靈，也創造地上種種萬類之形物。人稟受上帝之正氣，貫在百體，這是一種天人形體相通的觀念，上帝和人心也是相通，在理氣是一立場之下說的天人無間。黃潤玉之心的本質是華夷同體，每一個人的心都是一致，不直接說心是無限普遍，卻用具有文化差別的華夷說同體，代表是從現實的氣化層面考察，不是玄想，是從現實上言。心受習氣影響，儒則誠其心，老氏則虛其心，佛氏則死其心，老莊和佛家都不由理氣是一來論心，卻從習慣論心，這非黃潤玉所認同。儒家和佛老

---

[50]　同註36，《南山黃先生家傳集》，卷四十五，〈題道德經三教玄同合論〉，頁17。

之區別，他是從理氣是一來論儒家，佛老卻不是從此論心，而張載由「太虛即氣」來反佛老，亦是站在氣之立場來反佛老，凸顯佛老是不重氣的。

> 告子若曰：「生理之為性」，便不起人爭端。天地間只是生氣
> 中有此生理，在人亦然，故名曰：「性」，而總謂之仁。是仁
> 即係天地生物之心，又只是生生之理，又曰：「氣質之性」，
> 又即告子生之謂也。故張子曰：「君子弗性也。」[51]

告子主張「生之謂性」，孟子則以「如此則犬、牛之性，亦如人之性」反對告子之論，黃潤玉從「氣寓生理」立論，討論這一段公案，他也認為生是氣化之成形，而氣中寓生理就是性，性是生氣中有生理，把每個人的性合起來是「仁」，這「仁」是天地生物之心，也是生生之理。亦即性由氣之生理說，不可只由氣說性。

> 程、張所謂心，皆指其虛靈之氣而言，氣本寓理為性，理從氣
> 發為情，而心能主宰者，亦氣也。[52]

心性情都從氣來說，氣本寓理為性，理從氣發為情，心可以主宰能寓生理之氣性。故心既可以主宰氣之性，發為氣之情，當然心也是氣之主宰，這是在一理氣流行的情形下，心、性、情位階不同，但是都在一氣流行之下各司其職，完成氣化流行道德實踐不已的展現。

五、善以性言，誠以心言

> 大學之書，自三句綱領後，其知止以下至此謂知之至也，正係
> 格物、致知章，內包說八條目，所謂當格之物在身心家國天下，
> 當知之事在脩齊治平，及引淇澳之詩訓曰：「道學者，正釋致
> 知、格物」，曰：「自脩者，正釋誠意、正心、脩身，皆明德
> 也。」曰：「恂慄，曰：威儀，正釋齊家、治國、平天下，皆

51　同註 37，《海涵萬象錄》，卷之二，〈性情〉，頁 101-426。
52　同註 35，《海涵萬象錄》，卷之二，〈心〉，頁 101-426。

新民也。」曰：「盛德、至善，釋止於至善。」曰：「前王不
忘，乃三綱領之效也。」下文雜引詩書，又釋三綱而云，此謂
知本，此謂知之至也，貫前知所先後以結之，但宜挑出誠意一
章於其後，則全書也。[53]

　　大學之書三綱領是「明德、親民、止於至善」，其後知止一直到
知之至也，其中所講的是格物、致知，內包八條目，就是格致誠正脩
齊治平，格物之物是身心家國天下，當致知之知是脩齊治平。及引淇
澳之詩說，如切如蹉就是道學，正是釋致知、格物。如琢如磨就是自
修。格物致知是學，當格之物是身心家國天下，當致之知是修齊治平。
誠意、正心、修身就是自修，即是明德。「瑟兮僩兮是恂慄」，是指
嚴密武毅讓人顫懼，「赫兮喧兮是威儀」，喧著盛大而有威儀，所以
恂慄、威儀是齊家、治國、平天下，是新民。「盛德、至善」是止於
至善。道學與自修、恂慄與威儀、盛德與至善分別是明德、親民、止
於至善，即是大學三綱領，必須有格物致知之後才能將明德、親民、
止於至善，三綱領與八條目做一番統合，格致之學是提綱挈領之工夫。
格物之學靠切磋，自修是靠琢磨，恂慄是靠瑟僩，威儀是靠赫喧，盛
德是至善。自然能達到民不能忘，前王不忘三綱領與八條目的地步。
能知本、知之至，是知所先後，知道物有本末與事有終始，物是身心
家國天下，事是修齊治平。以明德為本，新民為末。以知止為開始，
以能得為結束，則以三綱八目貫穿本末物事間，便是格物致知工夫之
作用。

　　　孟子云：舜明於庶物，察於人倫，即《大學》所謂致知，《易》
　　　所謂窮理也。由仁義行，非行仁義，即《中庸》所謂率性，《詩》
　　　所謂秉彝，《書》所謂執中也。由仁義則能盡性，察人倫則能
　　　盡人之性，明庶物則盡物之性，此虞夏商周道統所在，而孔孟
　　　所傳，程朱所發明者，不外乎此。然致知所以明善，而其歸在
　　　乎知止，率性所以誠身，而其要在乎慎獨，知所止則善斯明，

---

[53]　同註36，《南山黃先生家傳集》，卷二十五，〈讀大學舊本〉，頁1。

慎其獨則身斯誠。蓋善以性言，誠以心言，而善為《大學》一書之綱維，誠為《中庸》一篇之樞紐也。故朱子之序《大學》言性為詳，序《中庸》言心為詳焉。奈後學莫克慎獨，其行拂乎《中庸》而無成，外教不知所止，其言過乎《大學》而無實，斯身所由不誠，善所由不明，而世道所由不振也。[54]

明庶物、察人倫是致知、窮理。率性、秉彝、執中是由仁義行、非行仁義，由仁義行能盡性，察人倫是盡人之性，明庶物是盡物之性，如此將仁義貫注人物之性中，使人物皆為仁義之實踐者，這就是道統。亦即將《中庸》的盡性、率性，《孟子》的仁義行、明庶物、察人倫，《大學》所謂之致知，《易》所謂之窮理，《詩》所謂之秉彝，《書》所謂之執中，全部統合在盡己、盡人、盡物之性之中。孔孟所傳，程朱所發明者，不外乎此。然而致知是明善，要歸於知止，率性是誠身，要在慎獨。順著《大學》之說法致知能明善，明善要致知，要知止於至善。順著《中庸》之說法率性是誠身，誠身之要在慎獨。慎獨便是呈現道德本性，彰顯仁義之常的工夫。知要止於至善，知至善為明德新民之目標，則止至善，便是明德新民之完成。二者並行不廢，方為孔孟正學。

《大學》所謂致知，致知以明善，明善要止於至善。《中庸》是「率性」，率性要誠身，誠身重點就是以心言慎獨。《大學》是重性、重善，《中庸》是重心、重誠，這種說法和一般的認知有差距，一般是《中庸》說「天命之謂性」，《大學》言心，心是理智心才會去認知格物致知之問題，這是黃潤玉特殊之處。黃潤玉認為《大學》要明善性、止於至善，《中庸》要率性、誠身，當然是誠其心。朱子《大學章句》序中說性較多，《中庸章句》序中說心比較多，意在凸顯「善以性言，誠以心言」，因大學主張以致知明善來說性，而中庸則以慎獨誠身來說心，亦即善因性而明，誠因心而顯，而心能顯性，誠能行善，可見明善與誠身是一事。

[54] 同註36，《南山黃先生家傳集》，卷二十五，〈論學〉，頁11。

六、格物以正己

> 苟中人以下，而習於不善，則凡傅奕飲酒，好貨、私財、妻子，
> 亂夫倫理也，無不為之矣，靜云乎哉。書云：剛者柔克，而克
> 己之功，則又在乎四勿，必也目之於色，非禮勿視，耳之於聲，
> 非禮勿聽，口體之於辭氣動容，非禮勿言勿動。欲來如敵，勿
> 之如魔，果何以策魔而剋敵哉。亦曰：明於燭理，以察其機，
> 強於持志，以致其決而已矣，吁習與性成，聖賢同歸。[55]

　　所謂勿意、勿必、勿固、勿我，與非禮勿視聽言動的四勿和四箴
是格物致知的工夫，性感物而動就變情，四勿和四箴便是要將性情導
正。亦即情發之正確與否，應由能誠身之心去判斷與導正，而方法要
透過格物致知工夫，使外在之色、聲與內在視聽之感官，皆能如理地
相應，便是克己之完成。

> 四明，東南佳山水也，人生其間，多俊偉純篤之士，而且巨族
> 世家，文獻不乏，往往習於見聞，薰陶漸染，厥德以成，迨非
> 他郡比也。嘗從父兄，日與大夫士遊，格言有以擴其良知，端
> 履足以充其善類，故先生器日以偉，才日以俊，學日以篤，德
> 日以純，而凡發為文章，見諸行事者，光華特達，炯出人表，
> 而尤非鄉黨之所能及也。[56]

　　「習於見聞」指在氣化流行中，在不同時空中，或有人文薈萃的
環境，人在其中習於見聞，便因見聞而感知體會到各事物中所透顯出
的氣化之常，薰染既久，便將氣化之常與氣性相應而可為一。「格言」
是氣化之常的經驗法則屬於知，「端履」是道德言行的真實表現。所
以知行並重，既可以擴充良知達至無限，亦可充養仁義而為善類。可
知黃潤玉重視見聞，知行並重，仍為氣學強調格致工夫用在實然層面
的特色。

---

[55]　同註 36，《南山黃先生家傳集》，卷三十，〈靜軒卷題辭〉，頁 12。

[56]　同註 36，《南山黃先生家傳集》，卷三十二，〈贈寧靜鄭先生還京詩序〉，頁 3。

> 百凡處僚屬御吏，胥一言以蔽之，曰：「正己以格物而已」。
> 然為仕者，知之固易，行之甚難，或者不能固窮，一旦獲有職
> 位，輒以宮室之美、妻妾之奉，蠅隙一形，潛為奸邪所餌，雖
> 欲設施，早被其牽制矣。[57]

　　此段由「知易行難」說克己正己工夫之不可輕忽。在認知作用上，是天生本有的，故甚易覺知事理與善惡，但當吾人投身於氣化流行有任何可能之人世時，那麼對善事能流暢自然地相應，對同屬於氣化之常的變，則不易分辨，進而克制的。所以「格物」工夫主要在智能辨別，以存天理去非禮，以達克己為仁之功。

> 古之王天下者，本天德行王道，而天下之士無不學為王者事。
> 周衰，王道不行，伯功日熾，當時孔子純德配天，而無其位，
> 迺刪述六經，明王道，以開來學。顏魯思孟，實紹其傳，若四
> 代禮樂之發其端，七篇仁義之承其緒，洎大學之明德新民，中
> 庸之率性脩道，莫非百王之大法，六經之正宗也。[58]

　　「本天德行王道」指一理氣的本體，除是實有的，也是道德的。順此氣化常道在人間表現，便是仁義王道的遍潤天下。此時既是一理氣的流行，也是人道參贊天道的回應。而「刪述六經」是知，「實紹其傳」是行，知行並進之功，是一理氣流行中所有人物，都要智能辨別，存理去欲的工夫。

　　而要達到天德王道，上下相合為一的目標，仍需秉持氣化之善性，由格物致知以明善性，由率性修道以誠其心，使性善由心而顯現，心因實現善性而為誠身，如此天人是一，心性是一，誠與善也是一。

---

[57] 同註 36，《南山黃先生家傳集》，卷三十二，〈贈徐上舍赴天官詩序〉，頁 18。
[58] 同註 36，《南山黃先生家傳集》，卷三十二，〈贈浙闈解元楊文鄉氏赴會試詩序〉，頁 37。

第三節　羅欽順

羅欽順，字允升，號整菴，江西泰和縣人。生於明憲宗成化元年（西元一四六五年），卒於明世宗嘉靖二十六年（西元一五四七年）。弘治六年（西元一四九三年）舉進士，廷試一甲第三名，授翰林學院編修。十五年；陞南京國子監司業。後因忤劉瑾而被免職，削職為民。等到劉瑾伏誅，羅欽順才回到南京還復舊職[59]。然羅欽順入京為官期間，曾逢一老僧，詢問成佛之道？直到「後官南雍，聖賢之書未嘗一日離手，潛玩久之，漸覺就實，始知前所見者，乃此心虛靈之妙，而非性之理也。」[60]可見羅欽順以四十歲前後為其思想轉變時候，即回歸程朱聖學，拒斥佛學，進而對心學加以駁斥。故多次與王陽明、湛若水等人相辯難。羅欽順之思想，反映在他晚年所著《困知記》一書中，其云：「乃著《困知記》所以繼續垂危之緒，明斥似是之非，蓋無所不用其誠。」其刊印版本有明嘉靖丁酉（十六）年吳郡後學陸粲刊本，共九卷六冊。分卷上下二卷，續卷上下二卷等。

一、理為氣之條理

> 理果何物也哉？蓋通天地、亙古今，無非一氣而已。氣本一也，而一動一靜，一往一來，一闔一闢，一升一降，循環無已。積微而著，由著復微，為四時之溫涼寒暑，為萬物之生長收藏，為斯民之日用彝倫，為人事之成敗得失。千條萬緒，紛紜膠轕而卒不可亂，有莫知其所以然而然，是即所謂理也。[61]

古往今來宇宙只一氣充塞和流行，此氣具動靜、升降之變化，而變化乃循環不已，故理亦相生不已。微而著、著而微指氣化世界由無變有，再由有變為萬物，萬物會回復至無形狀態，此乃具體氣化之聚與散。此外，又有四時和萬物之溫涼生長，此指天地中具不同氣化之

---

[59]　【清】張廷玉等撰《明史》，台北：鼎文書局，1991 年，卷二八二，頁 7237。

[60]　【明】羅欽順：《困知記‧續補》，明嘉靖十六年，吳郡陸粲刊本，卷下，頁 15 上。

[61]　同註 60，《困知記》，卷上，頁 6 上。

生長與收藏。且於人倫日用上亦有成敗得失，故可由氣聚氣散言相生循環外，更可從天地氣化和人事成敗言其具各種不同之變化。故千條萬緒，紛紜膠輵卒不可亂，此表氣化有無窮多變化與可能性，但此變化和可能性則各不相雜且各有理序，此乃自然而然而非人為安排，故氣化中應有一最高主宰，其能各正性命地決定不同事物之理序，此即稱作「理」。而此理乃由氣化立場言之，其為氣化之萬端變化中所各自擁有之理序，故理即萬物變化之主宰，因此理乃氣化運行之最高內在規律。

> 一理氣以主之。理非別為一物，在氣為主，只是氣上該得如此處，便是氣之發用。[62]

魏校以理為氣之主宰說，尚難判定其理是形上之理，或氣中之理。但說理是氣上該得如此處，則知其亦為由氣化之條理或必然處說理，非形上孤懸之理。羅欽順認為理氣應是無隙縫，故其主張理氣是一。

> 薛文清《讀書錄》有云：「理氣無縫隙，故曰器亦道，道亦器。」其言當矣。至於反覆證明「氣有聚散，理無聚散」之說，愚則不能無疑。夫一有一無，其為縫隙也大矣，安得謂之「器亦道、道亦器」耶？蓋文清之於理氣，亦始終認為二物，故其言未免時有窒礙也。嘗竊以為，氣之聚便是聚之理，氣之散便是散之理，惟其有聚有散，是乃所謂理也。推之造化之消長，事物之終始，莫不皆然。如此言之，自是分明並無窒礙，雖欲尋其縫隙，了不可得矣。[63]

薛文清言「理氣無縫隙」，表氣和理應屬同質同層，且器物即道體、道體即器物，因器物乃一氣凝結而成之不同形氣，而氣化流行稱道體，雖然器物乃一氣所凝成形氣之樣態，其與代表氣化總體之道體在作用、位階上有所不同，但兩者本質同為一氣流行。故可藉由器亦

---

[62] 【明】魏校：《莊渠遺書》，卷16，台北：台灣商務印書館，文淵閣四庫全書本，民國72年，頁9-10。
[63] 同註60，《困知記》，卷下，頁20上。

道、道亦器來說明理氣無縫隙，且理因氣而有，故合而言為理氣是一。
但薛文清又言「氣有聚散、理無聚散」。氣有聚散，而理因氣而立，
理應有聚散，但其認為理無聚散，故無所謂聚散之理，此應由形上絕
對層次言，如朱子理氣為絕對形上之理，為指導形下氣化之主宰與原
則，故其理亦無聚散。但羅欽順認為氣有聚散、理無聚散，表氣與理
兩者有所不同。氣聚有其聚之理，氣散亦有其散之理，表氣有聚散乃
氣化自然之變化，而此變化中有其自然聚散之理序，此即稱作理。理
因氣而立，氣有聚散，理應有聚散，但兩者之差別在於，氣有聚散、
理有聚散，此乃以氣為主體，理只作為氣內在變化之理序；氣有聚散、
理無聚散，則主在強調理氣之不同，有聚散者乃屬有限形下之氣，無聚
散者則屬絕對形上之理，此即羅欽順一氣流行、理在氣中和朱子理氣二
分之差別。故羅欽順認為無所謂理散，只有氣散之理而已。其又云：

> 《正蒙》云：「聚亦吾體，散亦吾體。知死之不亡者，可與言
> 性矣。」又云：「游氣紛擾，合而成質者，生人物之萬殊。其
> 陰陽兩端，循環不已者，立天地之大義。」夫人物則有生有死，
> 天地則萬古如一。氣聚而生，形而為有，有此物即有此理。氣
> 散而死。終歸於無，無此物即無此理，安得所謂「死而不亡者」
> 耶？若夫天地之運，萬古如一，又何死生存亡之有？[64]

　　人物是氣化所凝聚之形，氣化有聚有散，人物也有生有死。但天
地是陰陽相生循環不已的，氣聚和氣散之兩種樣態皆存於天地氣化流
行之中，所以氣化本身不能說有聚散，故稱「萬古如一」。但氣化之
「化」指氣聚氣散之兩種狀態，當氣聚而生，自然有氣聚而生的內在
條理，此為「聚有聚之理」；氣散而死就是指氣散又回歸於氣化無形
的狀態，氣散之後無此物即無此物之理，所以只有氣散之狀態與氣散
之理，並無理散之問題。既無理散之問題，此即羅欽順氣化之理，亦
即萬物雖有千條萬緒紛紜膠轕，但卻有其必然如此之理序，此理序本
身不會變化，故無理散；但有氣散之理者，乃指此理序，存於氣聚中

---

[64]　同註 60，《困知記》卷下，頁 8 下。

即為聚之理，存在於氣散中即為氣散之理。故羅欽順主張無理散，與朱子論點近似，但立場不同，朱子之理無聚散乃指理為形上絕對之理與形下之氣相隔為二，但羅欽順主張之無理散，表氣化中有千條萬緒必然如此之理序，此理序乃一絕對存在不變者，故無理散之問題。其雖主張無理散，但卻有氣散之理。

二、由一氣說理一分殊

羅欽順理無聚散，乃因千條萬緒必然如此之理序存於氣之中，此即所謂理一，順此論點反對朱子之說，其云：

> 竊以性命之妙，無出理一分殊，四字簡而盡，約而無所不通，初不假於牽合安排，自確乎其不可易也。蓋人物之生，受氣之初，其理惟一；成形之後，其分則殊。其分之殊，莫非自然之理；其理之一常在分殊之中，此所以為性命之妙也。語其一，故人皆可以為堯舜；語其殊，故上智與下愚不移。聖人復起，其必有取於吾言矣！[65]

受氣之初，雖未具體成形，但除了受氣外，同時亦存有一氣中必然如此之理序之「理一」；具體成形之後，形體分殊，乃因氣化成不同形體，便有不同形氣之萬物，而分則殊之因則由於必然如此之理序分化成不同之「理萬」而來。所謂「理萬」指「理一」之理存於不同形氣中，是使形氣之所以與其他形氣不同的必然如此之理，此時理有萬種。但「理一」仍在分殊之理萬中，表「理萬」應有共通性，此指必然如此之「理一」。「理萬」則指「理一」在分殊之形氣中，便會落實在不同形氣中，成為分殊之「理萬」。羅欽順言此主在凸顯氣化為無限流行之本體，形氣則有分殊有限之差別。故統合元氣與形氣言，兩者可由一氣相貫通外，有形與無形之氣亦可由兩者間共有的本質皆是一氣流行作基礎，而萬種形氣之理中所共通之理一，必與此一氣流行之必然如此之理序相貫通，故有形之理和無形之理可貫通。

---

[65]　同註60，《困知記》，卷上，頁9下。

　　形氣之有與元氣之無可由同為一氣之基礎下相貫通，而元氣中之理一與形氣中之理萬，兩者亦可以由同為一氣中必然如此之理序相貫通，故無形之理一與有形之理萬亦可以相貫通，便可總成一個乾道變化，各正性命，成為一氣流行而理在氣中的世界。其特色就理一而言，人物皆有理一之共通性，即所謂的氣化之常，故人皆可以為堯舜；就分殊而言，則表形氣世界有上智與下愚不移之別，此更肯定現實世界中萬物具差別之真實狀態。朱子對理一分殊看法，如云：

> 近而一身之中，遠而八荒之外，微而一草一木之眾，莫不各具此理。……然雖各自有一個理，又卻同出於一個理爾。如排數器水相似，這盂也是這樣水，那盂也是這樣水，各各滿足，不待求假於外。然打破放裏，卻也只是個水。此所以可推而無不通也。[66]

　　朱子之理一分殊，表不論人生或天地，即大至天地，小到草木，皆是理一分殊，表各物具一理，而天地草木人物雖各有各自之理，但萬理卻同出於同一理一。如不同水缸放在一起，每一缸中之水，皆各自滿足，但將不同缸之水，放入同一缸中，則不見彼此之差別，因每一缸水之本質皆是水，因本質相同之水放在不同形器中，雖成特殊條件之水，但去掉讓彼此不同之因素時，則本質仍同為水，此即朱子所謂理一分殊。而朱子此例證乃由實然層面言之，與羅欽順說法一致，但朱子之理一並不能以實然之水代表之，因其理一是一超越於形氣之上的絕對形上本體，故朱子之立場仍是理氣二分。

　　但朱子所舉之例證，卻可適用於羅欽順之論點，因水乃屬氣化之實然，此氣化實然之水放在不同水缸中，即成不同水缸之水，此表分殊之形氣，但明顯可知分殊形氣中之水與此放在一起的水缸之水，本質皆是氣化實然之主體。故朱子言理一分殊之例，用來說明其理氣二分之理一分殊，未必恰當，但用來說明羅欽順之理一分殊卻很恰當，因其乃順氣化流行而言，表本質同為氣化之水，但在不同狀況下有不同樣態，故物物各有其理，但萬物之理其本質則同為氣化之理。

---

[66]　【宋】黎靖德編）《朱子語類》，台北：文津出版社，1986年12月，卷十八，頁398。

　　「理氣是一」並非先決條件，因先決條件是氣化本體，而氣化必然如此之理序稱氣之理。但若言理氣是一為先決條件，則成理是本體，氣亦是本體，而宇宙、天地間不應同時存有兩本體，故產生矛盾。「理氣是一」乃先確立以氣為本體，理只是氣之條理，而不將二者各自獨立言之，再論理氣同為一實有，因在現實狀況下，絕無理氣相合為一之事。如其云：

> 周子太極圖說，篇首無極二字。如朱子之所解釋，可無疑矣！至於「無極之真、二五之精、妙合而凝」三語，愚則不能無疑。凡物必兩而後可以言合，太極與陰陽果二物手？其為物也果二，則方其未合之先，各安在耶？朱子終身認理氣為二物，其源蓋出於此。愚也積數十年潛玩之功，至今未敢以為然也。[67]

　　物必有兩而後可言合，故周子言「妙合而凝」，一提及「合」，便表「理」和「氣」為二，才可言妙合而凝。但於一氣流行中，其主宰作用稱作太極，太極中便具陰陽兩性質，會不斷相盪循環，此即陰陽相生之機制。但在一氣流行中，作為本體之太極和作為相生作用之陰陽，兩者之功能、位階有不同，但仍同屬一氣流行之內容。因太極與陰陽皆存於一氣流行中，故兩者是一。

　　朱子則將太極視為形上最高本體，可主宰陰陽二氣，能興生創造萬物。此外，又將太極之理和陰陽之氣二者妙合而凝成形氣之天地和萬物。羅欽順認為在天地和萬物尚未形成前，應無所謂形上太極之理與形下之陰陽二氣，故以一氣流行反駁朱子，因一氣流行乃通天地、互古今，故於一氣流行前並無存在一太極之理與陰陽二氣，因兩者應同存於一氣流行中，故其強調「氣」為主體，「理」只為氣中必然如此之理序。而理氣不分，同為一實有。

> 人心之神，即陰陽不測之神，初無二致。但神之在陰陽者，則萬古如一；在人心者，則與生死相為存亡。[68]

---

[67]　同註 60，《困知記》，卷下，頁 7 下。
[68]　同註 60，《困知記》，續卷上，頁 17 下。

陰陽二氣相生不測便生出不同萬物，此作用稱「神」，神在人身稱人心之神。神乃順理一分殊論點來，因陰陽不測之神為一永恆之理一，但當神在人身時即成分殊，但分殊中之神則會隨分殊之形體而氣聚與氣散。氣聚時則人心之神存在，氣散時則人心之神亦消亡，故此仍是順理一分殊來立論。

三、性之理一而已

羅欽順主張「性即理」，反對王陽明之「心即理」。如其云：

> 性之理一而已矣，名其德則有四焉。以其渾然無間也，名之曰仁；以其燦然有條也，名之曰禮；以其截然有止也，名之曰義；以其判然有別也，名之曰智。凡其燦然、截然、判然者，皆不出渾然之中，此仁之所以包四德，而為性之全體也。名雖有四其實一也。莫非自然而然，不假纖毫安排布置之力，此其所以為性命之理也。[69]

渾然無間、燦然有條、截然有止與判然有別乃氣化之理之特色，表其乃自然而然而非人力安排之條理。總而言之，性之理一指氣化之理；分而言之，不論是燦然、渾然皆為分殊之理萬，此不同之理萬中本具必然如此、自然而然之理序為其本質，而理萬便具有此必然如此、應然如此之價值義。於是燦然和渾然之條理便可作為價值義之仁義禮智四德。此乃從一氣流行之理一的必然性言，故其自然可以此必然性之理一作為理萬中具有價值義之本質，此亦表「性」應具仁義禮智之善，故氣化之性中本具氣化中必然性之理一。而此理一之內涵即具渾然、燦然、截然等不同之條理，順生生之謂仁的說法，性之理中即有仁義禮智等不同之價值義。故由一氣之性是理一，其所具之仁義禮智可統括人之價值義。

羅欽順對心性有其特殊看法，如其云：

---

[69] 同註 60，《困知記》，續卷上，頁 38 下。

孔子教人，莫非存心養性之事，然未嘗明言之也，孟子則明言
之矣。夫心者，人之神明；性者，人之生理。理之所在謂之心，
心之所有謂之性，不可混而為一也。虞書曰「人心惟危、道心
惟危」；論語曰「從心所欲不踰矩」，又曰「其心三月不違仁」；
孟子曰「君子所性，仁、義、禮、智根於心」；此心、性之辨
也。二者初不相離，而實不容相混。精之又精，乃見其真。其
或認心以為性，真所謂差毫釐而謬千里者矣。[70]

　　心乃知覺神明之作用，性則為人生本具之氣化生理。心之所以謂
之性，在於能夠將心中氣化生理表現為知覺作用，而在於心者即氣化
生理之性。故兩者有分別乃因心與性之位階和功能不同，但皆屬一氣
流行之內涵。故言兩者位階、功能不同即表性乃氣之生理，亦即心
之內涵。「理之所在謂之心」，表氣化生理之表現作用，稱作心。
羅欽順舉人心、道心，還有仁、義、禮、智根於心，由此可看出心、
性之辨。如其言「二者初不相離」，表心、性都在一氣流行之內容
中；其言「不容相混」，則指心乃為表現與實踐氣化之理者，性是心
所表現氣化之理之內容。故心、性在氣化中彼此位階、功能不同，故
不容相混。因此，心性為兩物表兩者作用、功能不同；但卻又不是兩
物，因兩者同在一氣流行中。可知心具表現作用，性則為被表現之
內涵，兩者有位階、功能的差別，但統體仍為一氣流行。

　　其以為「認心以為性」者為非，但傳統以為心和性本體是一，而
心又具表現性之作用，故心、性本質是一。但羅欽順反對之，因在一
氣流行之中，心、性本質同，在此前提下，便不需強調心、性之辨。
但其仍強調心性之辨之因，主在說明心、性的功能和位階不同。若在
一氣流行中心性的功能、位階全部被消泯，則一氣流行便成一乾枯而
無變化者。一氣流行乃統天地萬物而言，其間之變化自然為乾道變化、
各正性命，此內涵非常豐富多元。故強調不應「認心為性」，因未說
明心、性有差別，但主言兩者在一氣流行中之作用不同，而非於絕對

[70]　同註 60，《困知記》，卷上，頁 1 上。

創造本體之立場言。故其又云：

> 凡賦形於兩間者，同一陰陽之氣以成形，同一陰陽之理以為性，
> 有知無知，無非出於一本。故此身雖小，萬物雖多，其血氣之
> 流通，脈絡之聯屬，元無絲毫空闕之處，無須臾間斷之時，此
> 其所以為渾然也。[71]

羅欽順明白指出在有形無形之兩間，不論是由陰陽之氣凝成形
體，或是由陰陽之理作為形體之性；或者形體之有知，或者無形之無
知，其實都是以一氣流行為本。所以人與萬物雖然有大小殊異的不同，
但是人與萬物在一氣為本之狀態下，可相流通與聯屬，故應無絲毫空
缺與間斷。此立場、觀念說明一氣中既有氣已成形，亦有理以為性，
氣已成形和理以為性兩者其實都在一氣中，且能互相流通聯屬而無空
缺與間斷，此稱為渾然。由一氣渾然之觀念探討心、性之辨，表強調
有知覺之心和有氣化之理之性具不同之功能和位階。

四、人心道心其體是一

羅欽順對人心、道心之看法，如其云：

> 道心，性也，性者道之體。人心，情也，情者道之用。其體一
> 而已矣，用則有千變萬化之殊，然而莫非道也。此理甚明，此
> 說從來不易。[72]

道心為本性，即所謂一氣寂然不動之本體；人心為情，即一氣感
而遂通之妙用。故道心和人心有體用之別，其乃在一氣流行中論兩者
之體用關係。就位階言體用有不同，就本質言則同為一氣，故其言「體
一」而已，此指兩者皆為一氣之內涵。因一氣流行會有二五相生、會
有不同的可能性，則稱作氣化之萬殊。此乃從一氣來論理一和分殊，
而一氣中之理一即道心，一氣中之分殊即人心。形氣雖有萬殊，但本

---

[71] 同註60，《困知記》，續卷上，頁15下。
[72] 同註60，《困知記》，附錄，〈答黃筠谿亞卿〉，頁11下。

質仍是一氣之道，因仍由一氣來，故不論是一氣之本體之道心或一氣分殊之人心，皆屬氣化之道的內涵。此表人心雖為情欲表現，但不可言人心為形下卑微，而道心是形上高貴，因道心和人心之別只在於一是體，一是用，一是理、一是欲之別。但體用和理欲則不可分形上形下，因皆為一氣中之不同位階、功能而已。故不可由人心，道心來論善惡，道心是一氣之體，而人心是一氣之用，不可將道心視為善、人心視為惡。同理可證，在一氣中道心乃人之性，人心乃情之表現，性和情亦同在一氣之中，亦為一，只是一氣內在本質為性，一氣在人倫日用上之表現為情，故不能言性是善，情未必是善，因性與情是一，故性善，情亦善。

　　朱子與羅欽順對人心道心之看法有不同之處。朱子云：

> 心之虛靈知覺，一而已矣，而以為有人心、道心之異者，則以其或生於形氣之私，或源於性命之正；而所以為知覺者不同，是以或危殆而不安，或微妙而難見耳。然人莫不有是形，故雖上智不能無人心；亦莫不有是性，故雖下愚不能無道心。二者雜於方寸之間，而不知所以治之，則危者愈危，微者愈微，而天理之公，卒無以勝夫人欲之私矣。精則察夫二者之間而不雜也，一則守其本心之正而不離也。[73]

　　朱子仍由理氣二分論，故有人心與道心之別，心之虛靈知覺立於「形氣之私」之表現即稱「人心」，虛靈知覺由「性命之正」表現即稱「道心」。心雖可順形氣與天理兩層面表現，但人同具形氣與本性兩者，即便是上智下愚亦必然如此，而兩者不離不雜，故在人身之心自然會有順形氣之私和性命之正表現而成之人心、道心的不同，此乃因朱子其形氣和天性本質不一之故。故其以為人心、道心根於理氣二分，故兩者必然有別。但就羅欽順而言，其反對之因，一氣之理一可凝於形氣之理萬中，所以人雖各具萬殊之理，但因一氣與形氣中可以

---

[73]　【宋】朱熹撰：《朱子文集》第八冊〈中庸章句序〉卷七十八，德富文教基金會，2000 年 2 月，頁 3828。

「氣」相貫通，故理一與理萬中亦以「氣中之理」相貫通。故不可言人心、道心順著理或氣之發而有差別。其認為應是實有之氣即氣化之道，氣化之道作為人之本質就稱作道心，氣化之道為人倫日用之發用即稱人心。

若依朱子理氣二分使人心、道心有別，則道心必然善，而人心則為惡可能甚大。若依氣化之道的主體即道心，人心便是一氣日用所表現之情，而道心固然善，人心亦善。

順著一氣流行之觀念，道心、人心只是一氣之體用，而無天命之性與氣質之性之差別，因人只有一性，即氣質性。但此氣質之性中既包含氣質，亦包含義理，而在一氣流行之融攝下，氣質與義理皆屬於此主體，此即所謂氣質之性。若有氣質之性與義理之性之分，則成義理之性為理，氣質之性為氣之理氣二分的狀態。其云：

> 「性善」，理之一也，而其言未及乎分殊；「有性善，有性不善」，分之殊也，而其言未及乎理一。程張本思孟以性言，既專主乎理，復推氣質之說，則分之殊者，誠亦盡之。但曰：「天命之性」，固已就氣質而言之矣；曰：「氣質之性」，性非天命之謂乎？一性而兩名，且以氣質與天命對言，語終未瑩。朱子猶恐人之視為二物也，乃曰：「氣質之性即太極全體墮在氣質之中」，夫既以墮言，理氣不容無罅縫矣。惟以理一分殊喻之，則無往而不通。[74]

若只論性善為理一，便不會提及氣質之分殊。其若有言性有善與不善，則應提及分殊而未提及理一。故其以為程張本思孟，既提及理一，也提及氣質，此表同時論及一氣中之氣化之氣質與氣質之理，此表理論完整。故順著一氣流行之觀念來論天命之性，因一氣之天命之性本應包含氣質，順此論氣質之性，應當由一氣流行之天命所賦予，所以只有一性。若一性有兩名，於名詞上有相對之天命與氣質，會令人忽略天命與氣質之性皆是以一氣為主體，誤以為人有天命之性與氣

---

[74]　同註60，《困知記》，卷上，頁10下。

質之性之兩性。朱子恐人將氣質之性與天命之性視為兩物，故言「氣質之性即太極全體墮在氣質之中」，看似與羅欽順立論相同，其實不然。因朱子以為太極之理墮在氣質之中，而成氣質之性，故人只有一性稱為氣質之性，但事實上此氣質之性中具形上之理與形下之氣，用「墮」便明白表形上之理與形下之氣屬不同層不同質。但其不贊成朱子說法，因其以一氣為主，一氣中氣化之理即所謂義理，一氣中之氣質即所謂氣質，而一氣將氣化之理與氣化之質同時凝在人身，即成一氣之性，此即所謂氣質之性，而人就只有一氣質之性，此氣質之性中自然包含氣質與義理的生生之理兩條件。雖含有義理與氣質兩個條件，卻不能言一性二分，而成一為氣質之性，一為義理之性，此即違反一氣為天地萬物本體之立場。順一氣之本質來表現者稱作道心；順著一氣中之氣質表現者稱作人心之情。故性為善，情亦為善，此乃氣學家之特色。其又云：

> 陸象山乃從而疑之，過矣。彼蓋專以欲為惡也。夫人之有欲，固出於天，蓋有必然而不容已，且有當然而不可易者。於其所不容已者而皆合乎當然之則，夫安往而非善乎？惟其恣情縱欲而不知反，斯為惡爾。先儒多以「去人欲」、「遏人欲」為言，蓋所以防其流者，不得不嚴，但語意似乎偏重。夫欲與喜怒哀樂，皆性之所有，喜怒哀樂又可去乎？[75]

若欲為惡，則欲屬於氣質層，氣質之欲即惡。但其以為一氣為宇宙本體，自不能視宇宙之本體為惡，故其言人欲出於天，是必然不容已，而且是當然不可易。一氣流行凝結於人身，人身即有必然不容已、當然不可易之情欲表現，一氣流行乃二五相生必然如此而不可易之生化作用，應當有其價值義，此即生生之謂大德。故順具價值義之一氣流行凝為人身而必然表現之情欲，自然亦應為善。而惡應由恣情縱欲而不知返來。若順氣化流行之常表現，情欲應善；若順氣化之常表現之情欲，有過與不及之狀態，則稱作惡。故情欲本身非惡，因其乃氣

---

[75]　同註60，《困知記》，卷下，頁5下。

化之表現，唯有過與不及時才稱作惡。情欲來自於一氣流行賦予人未發之性，此未發之性為善，欲當然為善，只因在發為喜、怒、哀、樂之情後，受到外界影響，情之發會有未必善之狀態，情發未必中節，故稱之為惡。主張理氣二分者，認為氣質之情會掩蓋善性天理，故氣質之情屬惡。但羅欽順則認為善惡之分在於發而中節與否，一氣流行是善，一氣流行在人身上表現之情自然亦應善，此即氣學強調之情善說。

五、良知非天理

羅欽順反對王陽明以良知為天理之說，其以為氣化之理才是天理。故其云：

> 今以良知為天理，即不知天地萬物皆有良知否乎？天之高也，未易驟窺，山河大地，吾未見其有良知也。萬物眾多，未易遍舉，草木金石，吾未見其有良知也。求其良知而不得，安得不置之度外邪？殊不知萬物之所得以為性者，無非純粹精之理，雖頑然無知之物，而此理無一不具，不然即不得謂之各正，即是天地間有無性之物矣。以此觀之，良知之非天理豈不明甚矣乎！[76]

王學將良知視為形上絕對道德創造之本體，無論良知由天來說或是由人心主體來說其作為道德主體，皆表示良知屬絕對形上層面。但羅欽順由一氣化生萬物立場，一氣化生之理即天理，故良知之價值義應由氣化之實然中產生，表應由形下中悟出其形上道德義。在天地實然之氣化中，應有生生之理，亦即善之天理，此生生之善、生生之仁即可成為良知和天理。然王學並非從氣化實然言善，故不被羅欽順所接受，因其主張萬物皆有氣質之性，此乃由一氣之生理而來，故由形氣萬殊之立場，無論有知之物或無知之物皆具氣化生生之理，亦表存有善之天理。但對王學言，只有人才有良知，無知之物之萬物無良知，可知良知只存少數之人中，因人乃可通天地之精靈，故有良知天理，

---

[76] 同註60，《困知記》，附錄，〈答歐陽少司成崇二〉，頁22上。

但無知之物則無，此表良知天理有其侷限性，其侷限性在於其只為一形上本體，此形上本體之良知並不能真正與形氣分殊之萬物為一。

順一氣流行言，一氣之生生之理即良知天理，而此良知天理既存於無形氣化流行中，亦存於分殊之形氣中。分殊形氣中，不論有知或無知，皆具此氣化天理。就良知天理立場言，羅欽順認為由一氣生生之理論之，更具普遍性，故不能接受王學將良知天理限定在形上層次。此可彰顯以一氣來貫通有無、形上形下與內外之特色。其言格物仍順其一氣之理一分殊論點而來。一氣有一氣之理，形氣有形氣無窮之理，格物便是貫通氣化之理一與形氣理萬間之工夫。其云：

> 格字，古註或訓為至，如「格于上下」之類，或訓為正，如「格其非心」之類。格物之格，二程皆以至字訓之，因文生義，惟其當而已矣。呂東萊釋「天壽平格」之格，又以為「通徹三極而無間。」愚按通徹無間，亦至字之義，然比之至字，其意味尤為明白而深長。試以訓「格於上下」，曰「通徹上下而無間」，其孰曰不然？格物之格，正是通徹無間之意，蓋工夫至到，則通徹無間，物即我，我即物，渾然一致，雖合字亦不必用矣。[77]

由「通徹無間」來論「格」，即以一氣流行來消除物我對立，理事對立，不強調位階，只由一氣之立場言及貫通有無之作用。格之作用可使物即我、我即物，兩者渾然一致。一氣可貫通於陰陽之氣所形成之萬物以及陰陽之理所賦予之性，表在一氣之中，形氣萬物彼此之血脈可相連通。因物我皆一氣所產生之形氣，可藉一氣之本質相通，氣、物、我之理亦皆以氣之理為本質，故彼此可渾然一致。故透過格物可貫通一氣流行中有形與無形之氣間不同氣化之理之工夫。其云：

> 凡吾之有此身與夫萬物之為萬物，孰非出於乾坤，其理固皆乾坤之理也，自我而觀，物固物也；以理觀之，我亦物也，渾然

---

[77] 同註60，《困知記》，卷上，頁5下。

一致而已，夫何分於內、外乎？所貴乎格物者，正欲即其分之
殊，而有見乎理之一，無彼無此，無欠無餘，而實有所統會，
夫然復謂之知至，亦即所謂知止，而大本於是乎可立，達道於
是乎可行，自誠、正以至於治、平，庶乎可以一以貫之而無遺
矣。然學者之資稟不齊，工夫不等，其能格與否，或淺或深，
或遲或速，詎容以一言盡哉？[78]

　　吾身與萬物皆出於氣化之乾坤，形氣之理亦是乾坤之理。故由形
氣之我觀之，我與其他形氣之本質皆氣，故可言物固物；以理觀之，
形氣中具氣化之理觀之，其他形氣亦具氣化之理，雖然彼此氣化之理
內容不同，但從形式或從生成義言之，皆屬氣化之理，故我亦物，所
以自然不分內外，此乃於一氣流行中，以一氣作為彼此形氣相通之基
礎，而一氣中之氣化之理亦可作為不同形氣之理相通之基礎。故格物
之重點在於「正欲即其分之殊，而有見乎理之一」。

　　站在形氣分殊立場上，分殊之氣其實源於同一氣，分殊之理其實
亦源於一氣之理一。如此即所謂知至，心之知覺應知不同之形氣或有
無之氣皆屬同一氣，並知形氣分殊之理皆以氣化之理為基礎。故無論
是誠正或治平皆是一氣之理一與分殊。此外理一與分殊，可藉由格物、
致知掌握有形、無形及形氣分殊之渾然不同之世界。此乃羅欽順學說
之一貫性，其透過同為一實的理氣為體，再由氣與理談一與分，但
兩者之一與分皆通貫於一理氣中，藉此反對朱子理氣二分與陸王心學
形上心與形下氣二分之說。

第四節　魏校

　　魏校，字子才，蘇州府昆山縣人，生於明憲宗成化十九年（西元
一四八三年），卒於明世宗嘉靖二十二年（西元一五四三年）。其先
本李姓，居蘇州葑門之莊渠，因自號「莊渠」。

---

[78]　同註60，《困知記》，〈與王陽明書〉，頁2上。

　　魏校乃弘治十八年進士。歷南京刑部郎中。守備太監劉瑯藉劉瑾
勢張，甚或自判狀送法司，莫敢抗者。校直行己意，無所徇。改兵部
郎中，移疾歸。嘉靖初，起為廣東提學副使。丁憂，服闋，補江西兵
備副使。累遷國子祭酒，太常寺卿，尋致仕。校私淑胡居仁主敬之學，
而貫通諸儒之說，擇執尤精。魏校於廣東提學任內，曾頒布《禁淫祠
令》，將該地未著錄於朝廷祭祀典籍的祠廟，盡皆搗毀。《粵大記、
宦績類》中云：「（魏校）首禁火葬，令民興孝，乃大毀寺觀淫祠，
或改公署及書院，餘盡建社學」[79]。有關理學主要著作有《莊渠遺書》
嘉靖四十二年癸亥，蘇州知府王道行刊本。《大學指歸》明嘉靖四十
年，據北京圖書館太原王道行刻莊渠先生遺書本影印。

一、太虛是氣

> 　一理以主之。理非別為一物，在氣為主，只就氣上該得如此的，
> 　便是理之發用。其所以該得如此，則理之本體然也。[80]

　　魏校以萬物的本體是氣，對朱子而言，宇宙分成二部分：一者為
形上之理，理為萬物之所以然，另一者則為實質層面的氣，氣為陰陽
二氣所變化的，是為具體的實然。在這種情況之下，從朱學的角度「理
為氣之主」，簡而言之，理即為氣之主宰，即形下陰陽二氣的變化，
乃是順著形上之理的理序產生。但是魏校與朱子的立論不同，魏校從
「在氣為主」而言「理者，氣之主宰」，所謂的「主宰」是指，理為
氣化當中應該如此的條理或規則，若沒有氣的內在變化，也沒有氣凝
為不同萬物，則理亦不存在。換言之，理就是氣內在如此或如彼變化
的條理規律，理亦為氣之所以化生萬物的條理原則，由此可知，理雖
為氣之主宰，但理是氣化中條理原則，理與氣渾融為一最高之實有。
張立文先生對魏校以理為「該得如此」，有所說明：

---

[79]　同註 59，《明史・儒林傳》，卷二八二，列傳一七〇，頁 7250。

[80]　【明】魏校：《莊渠遺書》卷十六，文淵閣四庫全書本，台北：台灣商務印書館，
　　　1983 年，頁 9。

> 所謂「該得如此」，就是氣運動變化的內在必然性。理不是獨
> 立於氣之外的存在，而是氣運動變化的內在規律。「混沌之時，
> 理氣同是一個」，理隨氣俱而有萬殊之理。[81]

可知魏校由「該得如此」說氣化內在變化的必然性是理，亦即有
氣才有理，氣有先在性。但「一理以主之」，表氣之生化亦由其內在
之規律來主持分劑，故無理則氣亦不得成化。

> 純粹至善者，理也；氣有弗善，理亦末如之何？理該得如此，
> 而不能自如此；其能如此，皆氣為之。[82]

理是純粹至善的，這是儒家的基本主張，那為何理會至善？有兩
個原因，凡理論上該當如此的，如一個理性上該當如此的，它必然是
理性的，如一個德性上該當如此的，它必然合於價值義的。所以假使
理是氣中間的該當如此，此理是必然如此應然如此而具有價值義的，
這雖然是一個推論，但是魏校本身很清楚的解釋，二氣五行相生不已
的條理，即為吾人的性或理之內涵，所以理應為純粹至善的。則不善
從何而來？朱子認為形下氣是有限的，所以會限制形上理的表現，所
以氣有不善，魏校亦認為「氣有弗善」，則氣不善是否理亦有不善？
此處魏校則有所轉變，因其認為理為該當如此的原則，但是在現實上
則未必如此，氣則是能如此的作用和力量，但是氣往往不會如此；簡
而言之，本來很多事情都該當如此，在德性上應該如彼的表現，在理
性上應該如彼表現，這是「理該當如此」，但是現實上，並非事事都
該當如此的表現。而氣可以具體變化不同，這是氣的動能與作用，可
是氣往往會過與不及，所以總合以上兩個觀念而論，假使事事物物都
順著該當如此之理，那現實上一切事物皆能合於德性理性的，而現實
上並非如此，原因則是「氣所為之」。所以理為氣之條理，若氣自然
順暢的表現，理亦在氣中間表現成一個自然順暢之理，如此則是一個

---

[81] 張立文：〈魏校氣即太虛的思想〉，《氣》，頁 205，台北；漢興書局，1994。
[82] 同註 80，《莊渠遺書》卷五，頁 4。

氣化完整的狀態，可是往往氣化變化，產生過與不及的狀態，就不是
「該當如此」，這邊就有一個理論缺陷出現，這個不足就是解釋萬物
不齊的原因。

> 太虛，氣也。大塊，氣之質也。氣聚成質，人物盈其間矣。孰
> 綱維是，一理以主之，理非別一物，在氣為主，只就氣上該
> 得如此的，便是理之發用。而其所以該得如此，則理之本體然
> 也；理本該得如此，然却無為，不能自如此。氣是簡盛貯、該
> 載、敷施、發用底，凡理之能如此處，皆氣所為也。氣滯於有
> 而運復不齊，便有差忒，不能盡如此處，但他原能如此，不害
> 其有所以該得如此底在上，亦未有久而不復其常者。[83]

「太虛」就是元氣，「大塊」就是大地，地就是氣之質，氣凝滯
為具體之質，質就是具體人物。如何讓氣凝成大地萬物，其中有生生
之主宰，魏校認為這個主宰就是理，但是此理絕對不是氣之外的另一
物，此理乃是依著氣而立又依著氣而生，簡言之，氣化中應當如此的
變化，或應當如彼變化，彼此變化的條理，就是理的發用。

這裡魏校提到理之發用，又和朱子不同，朱子之理為形上之理，此
形上之理為「只存有而不活動」，但是魏校的理是能動的，原因是朱
子的理是形上之理，為一絕對原則，以指引形下之變化；魏校的理並
非在氣之上的另外一個本體，其實是以氣為主，氣在未分之時，內在
變化的「可能性」就是理，氣已分為萬事萬物以後，氣中變化規律亦為
理，所以魏校的理是會發動的，這和朱子不同，亦即氣發則理亦發。

魏校理的特色，在理論上或道理上為順氣而說「本該如此」，但
理本身是無為的，理在現實上不能表現任何作用。氣則為「盛貯、該
載、敷施、發用」，氣能具體的表現完成創造事物，理是「該當如此」，
但理卻不能自己如此，所以理的發用一定要靠氣來完成。氣會有停滯
的狀態，即氣化流行停滯，就會產生不同的運行，使氣化有不能「該
當如此」的表現。所以由此而言，氣化有不盡能如此的狀態，如前述

[83] 同註80，《莊渠遺書》卷十六，頁9。

所說氣化是能如此的，理只是「該當如此的」，但是現實上氣化未必
能完全如此，這並不是說理斷掉，或者不存在。而是氣化有停滯，乃
有停滯之理。但氣化不已，故生理亦不已，可知理氣實渾融為一。

二、理具於氣

> 理具於氣，未發則五行通體，而總為五常，已發則五行異用，
> 而散為萬行。[84]

「理具於氣」，假使氣還未發，渾渾一大氣的狀態，陰陽五行的
種種條件素質都在氣中間，所以未發之氣中間就有五常，當氣已發為
萬事萬物，五行相生相剋則有不同的作用產生，此即「散為萬行」。
所以完整的狀態是未發則「五行通體，總為五常」，但是理會有過與
不及的狀態，這就牽涉到現實層面，會有萬般不同的表現，此即是氣
已發則「五行異用散為萬行」。

上述中確立魏校「理氣是一」的立場，譬如說：春天是氤氳和睦，
則此即是天地之仁，此即為「氣順理亦順」，秋天則為肅殺清明，此
為天地之義，此亦為「氣順理亦順」，但是現實上卻有春應溫和而弗
溫和，秋應嚴凝而弗嚴凝，這是非理該如此，而是氣有過與不及所造
成的，換言之，理該如此而氣亦如此，這是最正常的狀態，但是「氣
如此而理未必如此」，這也會發生，此則是魏校面對現實上的善惡，
說明一氣分為二五，再化生萬物，而生化之理乃順氣化而有。化生中
有過不及，便有過不及之理即善惡之產生。

春氣應該溫和，是氣該當如此，可是不溫和就是氣不如此，所以
春氣溫合，當然有一個春氣溫合的理。可是氣在現實上卻不溫和，但
氣當溫和的理仍然存在，此乃保住理的絕對性，假使氣當溫和而不溫
和，且氣當溫和之理也不見，則此世界即失去所以存在的根據。所以
魏校認為春氣當溫和就有一個當溫和之理在，因為氣當溫和之理在，
亦即「未有久而不復其常者」，如此才能保持理的絕對性與價值性。

---

[84]　同註 80，《莊渠遺書》卷五，頁 6。

易曰：「形而上者謂之道，形而下者謂之器」；道即理也，器
能具是理，故謂之器，理一而已，隨氣所具，各各不同，當下
俱有一箇，所以該得如此，其不同處，正是同處，此理所以能
為氣之主。[85]

　　道只是個形上虛無之理，器則為具體形氣，而形氣中有理，這個
說法比較合於氣學，朱王之學都認為有一個形上的本體，指引實然形
下的氣化世界，而吾人都是氣化世界中的形氣之人，所以形氣人物就
屬於第二義，必須接受天理的引導，這即是「理氣二分」的弊病，而
氣學則是「理氣是一」，人本身就是一個形氣主體，本身中就有形氣
的條理在，不必受外在天理的引導，本身就是元氣本體的示現，「理
一而已，隨氣所具，各各不同，當下俱有一箇，所以該得如此」，知
理只是一個，隨著氣俱在不同的器物上，亦俱在不同的人身上，所以
各各就不同了。因為一無限又「該當如此」的理，在每一個人身上的
表現皆受限制而有異，所以每個形氣人身上，都有一個不同之理。這
就解決前述的問題，氣可以如此，但氣有過與不及的狀態，可是理不
會有過與不及，所以當氣處於過與不及狀態時，氣中仍有理。

　　氣可以凝成不同的萬物，每個萬物都該有它成為這個萬物的理，
前面一直強調該當如此，未發的本體和已發的萬事萬物中間，都有該
當如此的理，這是強調理的統一性和絕對性，現在強調「理是該當如
此」而隨氣所具，各各不同，即每個形氣身上都有一個該當如此的理，
這時強調的是理的殊異性或「理萬」的意思。

　　魏校說「其不同處，正是同處，此理所以能為氣之主」，其不同
處即是萬物皆有其該當如此之理，可是萬物都有其「該當如此」的不
同之理的時候，為何會是「正是同處」？因為不管是任何人事物中間，
必然有一個該當如此之理，此即其「正是同處」。所以此即前面說「理」
乃是一個形物變化，該當如此的必然條理，這是理的統一性。而萬物
不同，便有不同的萬物之理，在萬物之中，這是強調「理萬」或者殊

---

[85]　同註 80，《莊渠遺書》卷十六，頁 10。

異性，魏校則把「理一」與「理萬」合在一起說，「理萬」是不同的形氣有不同的理，但是「理萬」卻又具有一個共通性，這時就把「理一」與「理萬」的問題合在一起說，既有「理一」的絕對性、惟一性，亦有「理萬」的分殊性。

> 夫氣之始混沌未分，只是渾淪一箇該得如此，及至開闢，氣分為陰陽，則理亦有健順、五常之別，缺一則不可以為造化，二五錯綜變化萬殊，總是一箇該得如此而分不同，在這裏便該得如此，在那裏便該得如彼，做出千萬箇該得如此底出來，其實只是一箇該得如此，故能隨在具足到處圓成，充塞流行，更無空闕。所當然字說不盡，故更著所以然也。氣、精英不能無查滓，精英則虛而靈，能妙乎異，查滓則塞而不能，但理在渣滓則亦隨其所能，有箇當然處。天渾是一團精英之氣，包運乎外，而地形查滓拶在中間，故天德便健，地只是順，天地氣化，滾來滾去，生了一番人物，又生一番人物。[86]

混沌是氣未分的狀態，其中有一「該當如此」未分的理在，開闢後，氣分為陰陽五行，陰之理為順，陽之理則為健，五行則為五常之理，所以在正常狀態下，氣分陰陽五行，理亦有健順五常之理，但在現實狀態下，陰陽五行是錯綜變化產生不同事物，而二五相生會有萬殊不同的變化，這是「氣能如此」的狀態，中間有該當如此的理在，這種「該當如此」是「理一」。但是二五錯綜有不同的變化，所以二五相生的理也不同，這是「理萬」，而無窮多的理又有個「該當如此」的共通性，這裡和朱子相近，朱子的理是人之所以為人的「所以然之理」，但是朱子的理是形上本體，魏校的理則是形氣世界中，形氣該當如此變化的理，此為二者不同處。

所以雖有萬理，萬理中有共通性「理一」，且因為「理一」，所以該當如此之理可以「到處圓成，隨在俱足」，任何人都可以表現，為一個完整的主體。對於不完整的地方，魏校則解釋，氣有兩種特色：

有精英之氣與渣滓之氣，正常狀態精英之氣與渣滓之氣都存在，精英是氣虛靈無形的作用，虛靈即為自由神妙不可測的作用。簡而言之，氣化會有無窮多不可測的可能性，這是精英之氣「神妙不測」的性能。渣滓是氣所以能夠滯為形體的原因和條件，渣滓則有「塞而不能」的性能。魏校云：「但理在，渣滓則亦隨其所能，有箇當然處」，當氣凝結成人的形體，必然有一個形氣「該當如此」之理，這時是理在渣滓中，隨其所能，而成就不同的人物。

由此可知，天有渣滓是日月星辰，地上的萬事萬物則是地氣的渣滓，所以理可以存於渣滓中，讓渣滓亦有箇「當然之理」，這樣能更接近前述「過與不及」的問題，因此氣化會有過與不及，但理卻無過與不及。因為氣化變化很多，可以凝聚為無限多的人物，假設理不凝結在人我身上，就不是一個「該當如此」的人，而失去其價值，所以當氣凝結成人物時，就有一個理存於其中。可知萬事萬物都是氣之渣滓所形成的，而都有一個氣之渣滓該當如此的理存於其中。因此可說，氣有過與不及的狀態發生，乃因氣中過與不及的渣滓之理。這時理就有兩層，一是絕對價值的「理一」之理，一是「過與不及」之理，只是過與不及之理，必須用絕對價值的「理一」之理來涵攝，如此氣化不已，理亦不已，人物乃生生無限。

三、理氣妙合之心

> 人身小天地，但觀吾身，便可見萬物，這一團氣，其查滓結成軀殼，包裹於外，耳目鼻口手足各有所能而不相通，心都中央，精英之會，無所不能；故能妙是理，眾體不得而與焉！然亦各隨其所能，有箇當然之則，而同出於吾心，手足皆蠢，耳目雖稍靈，然豈能如心之神明也哉！觀此則人物之性固可默識矣！[87]

人身像天地之萬狀，所以觀人身可見萬物之情狀，渣滓之氣結為軀殼，其中耳目手足等都有功能，但不能相通，這是渣滓之氣所造成

---

[87]　同註80，《莊渠遺書》卷十六，頁11。

限制的後果。手是渣滓之氣凝成的，所以有一個凝成渣滓之氣的手之理，而渣滓之氣與渣滓之氣的手之理，可以讓手順暢的表其功能，可是手的形體與手之理卻無法有其他耳目感官的功能，所以耳目手足各有所能而不相通，這是一氣一理。另外氣順著萬事萬物而發動，變成萬事萬物各有其理，但是每個人的氣不同，理就不一樣。當一氣化生為萬物之後，萬事萬物都是彼此無互通性的，這違反儒家「天人合一」的關係，所以要使一氣有一理，生化為萬事萬理，讓萬事萬理彼此能夠溝通連結。這時要靠人們的心，心是生命中的虛靈主宰，氣化流行創造萬事萬物，其中有虛靈的主宰，當氣化流行產生形氣之人，形氣之人就能稟受天的自由無限的創造功能，自由無限的創造在人身上就是虛靈的心，此心可知覺渣滓之氣的手足，與精英之氣的生理，而加以會通，打破渣滓與精英的間隔。

> 耳聽，目視，口言，鼻嗅，心通，天性也。目格於聽，耳格於視，口格於嗅，鼻格於言，器局而不能以相通。解悟者心，注於聽則視不審，注於視則聽不詳，注於言則嗅不的，注於嗅則言不成，神一而不可以二之也。[88]

王廷相亦主張「解悟者心」，亦即手足不同之理，就由心來溝通，心為自由創造的主宰，心可以掌握手足與手足之理，心也可以溝通手足與手足之理。其背後的理論意義就是一氣一理化生為萬事萬物之理，萬事萬物都是各氣有各理，而彼此沒有關聯的，所以要讓萬事萬理匯集於心中，當萬事萬理匯集於心中，所以心即為天，無限的天理在心中，心就能會通冥契手足耳目不同之用處與不同之理，此時氣化之天的運行變化與氣化之天中的氣化之理皆存於吾心之中，而萬事萬物的變化之理亦存於吾人之心中。此時可說眾體與眾理順有氣即有理的原則，使理與氣在形式上，與實然上，雖有有無的不同，但皆可會通於心中。

心為虛靈主宰，能連結溝通耳目手足之理，魏校有云：

---

[88] 【明】王廷相撰《王廷相集》，北京：中華書局，2000 年 9 月，頁 768。

> 虛靈主宰，是之謂心，其理氣之妙合與。氣形而下，莫能自主
> 宰。理自然無為，豈有靈也？氣之渣滓，滯而為形，其精英為
> 神，虛通靈爽，能妙是理為主，氣得其統攝，理亦因是光明不
> 蔽，變化無方矣！[89]

　　能使理氣妙合的虛靈的創造主宰作用即為心，但是魏校云：「氣
形而下，莫能自主宰，理自然無為，豈有靈也」，純粹的氣是屬於形
下的，不能自作主宰而變化，可是理是自然無為的，此處不從「理氣
合一」而論，單指就理而言，理只是「該當如此」的規律條理，是無
法作為的，亦沒有所謂的靈妙作用，所以純氣或純理都不恰當，因此
要從「理氣合一」來解釋，才比較恰當。氣的渣滓變成具體的形體，
氣的精英則會成為形體中的心，所以這時從「理氣是一」的立場來講
心，心有虛靈的作用，便能溝通不同形氣中的氣化之理，以成就完成
手足的運行。所以心當然是精英之氣溝通理氣兩間的作用，但它是立
在渣滓之氣的立場上而論，所以心能夠溝通不同的渣滓之氣與理，這
時心應該是「理氣合一」的心。所以魏校說：「精英之神」能「虛通
靈爽能妙是理」，「妙是理」最主要的是統攝不同渣滓之氣層的不同
形體，然後不同渣滓之氣的不同之理也可以被心所收攝掌握。透過心
的統攝，使理與氣在實然上也渾融無隔。

　　然而對於天和心之間關係，魏校有云：

> 天有元、亨、利、貞，心有仁、義、禮、智，天生萬物，人成
> 其能，以贊化育，天運一日一周，氣形有滯也；心之妙用，即
> 天之神，是故前乎千萬世之既往，後乎千萬世之方來，遠而六
> 合之內外，思之皆在目前，宇宙內事，皆吾分內事，更無古今、
> 遠近、內外之間。[90]

　　天有元的開始創造，亨是繼續創造，利是完成創造，貞是把創造
貞定在道德之上，簡言之，元亨是開始創造或者始，利貞就是完成創

89　同註 80，《莊渠遺書》卷五，頁 9。
90　同註 80，《莊渠遺書》卷十六，頁 1。

造或者終，而元亨利貞合起來是天。天順著元亨利貞的創造與完成作用，產生出萬物，人為何能夠參贊天地的化育？因為人心中有仁義禮智的道德感與道德的秩序，因此有人倫五常和諧的人際關係，正德利用厚生的社會創造。心便是順天之元亨利貞而有仁、義、禮、智等道德行為之主宰。「天運一日一周，氣形有滯也」，天體一日運行一次，因此天體被規律與環境所限制，亦即氣的渣滓凝成天體有限的運行，這是「氣形有滯」。「心之妙用，即天之神」，心可以溝通不同的渣滓之氣，和可以溝通不同渣滓之氣的理，所以心的妙用和天的神用一樣，可以溝通千萬世之前與之後，以及宇宙的上下四方內外，都在心的妙用中，這是因為氣有虛靈創造的作用，在人身上就是人之心。天運不息則理亦不息，其中縮合理氣不使間斷的便是虛靈的心。所以理論上，心應該有無限創造的可能性，因此時間上的過去未來，以及空間上六合的一切事情都可以由心創造掌握。透過心縮合理與氣，使仁義冥契元亨利貞，則心可自由流行兩間，而無古今、遠近的分別。

> 心者，體天地萬物而不遺者也……包乎天地萬物之外，而貫乎天地萬物之中者也，中外非二也，天地無內外，心亦無內外，極言之耳矣。[91]

湛若水亦以天大無外，不論天地萬物之內外，又無非一體物不遺的無限心充滿其中，如此天地與心是一而非二，不分古今、聖愚，皆此一氣的流行，流行之理即氣之理，氣化萬理又皆吾心中之理，此說可與魏校主張相參考。

> 心外無事，事外無理，惟是人欲蔽隔，天理不得流出，到那事上，必須常存此心，凡一事上必有一理，隨事精察其理，而力行之；一事上人欲既不得間，這一事上天理便得流行，積累之久，事事皆天理，從此廣大胸中流出，夫子所謂一以貫之也。[92]

---

[91] 湛若水：《甘泉文集》【清】同治五年資政堂本，台大圖書館善本室，卷二十一，頁1。

[92] 同註80，《莊渠遺書》卷十六，頁3。

萬事中間有「該得如此」的理，氣之渣滓所形成的各種形氣事物，因為彼此不相通，但可從虛靈之心作溝通，所以「心外無事，事外無理」，所要強調的意義是，可以用虛靈之心來統攝，由渣滓之氣所形成的形氣和形氣之理，虛靈之心還可以統攝理氣未分時，理氣相容渾沌和諧的狀態，如此理氣無間隔，自可避免私欲間隔，使理必隨氣流行，人事中必有理在。

四、氣質內生理為性

> 性即太極，氣質出於陰陽、五行；合下稟得，便有清濁厚薄不齊處，氣濁則遮蔽不通，質薄則承載不起，血肉之軀，物慾易致陷溺壞了那良知良能。故性雖本善，而不能免於氣質物慾之不善，此性元是降衷秉彝；人因氣稟物慾有不善處，終亦不能滅其性之善也！[93]

傳統儒道二家都把「太極」當成宇宙的最高本體，而魏校把性當成太極，陰陽五行為組成人人不同的氣質。簡言之，形氣生命當下就有既成的氣質，也有作為太極主體的本性，但是氣質是陰陽五行為有限不同，就會產生清濁之不同，氣質的濁薄易會陷溺物慾，而遮蔽吾人的良心。所以性既是太極的話，性本來就應是「降衷秉彝」，亦即將性由形氣的本質，上提至太極本體的層次，使性為絕對的善。但是人會因為氣稟物慾而掩蓋美德，就變不善了。而魏校云「終亦不能滅其性之善也」，這句話如孟子說本性是善的，但是會受到外界影響而陷溺、制約、梏亡我們的本心善性。魏校也是以為人的本性是天降衷的秉彝是絕對善的，但是人的不善則是為物慾所陷溺。簡而言之，就是道德本性要不斷表現道德創造，和反省自我的能力來，但是物慾掩蓋在道德本性之上，讓道德本性不能表現，可是道德本性會不斷的繼續要表現創造道德和批判的作用，如此道德心會超脫在物慾上，而返照回物慾遮蔽的良心上。如此先確立性體由太極來而為善，再由良知

93　同註 80，《莊渠遺書》卷十六，頁 6。

良能順理氣為一的架構，去除理氣不齊的欲望，回復「性即太極」絕
對善的本來狀態。然而魏校云：

> 上天之載，無聲無臭，人性本來潔潔淨淨，不可添一物，纏被
> 氣稟物慾夾雜，便生出惡；善本固有，惡乃性中元無，逐旋添
> 上，本體被他汙穢，是有了多少聲臭，然惡亦非從外生，只是
> 反著這善，便做成惡，本體不得自如，善固常在，若能翻轉那
> 惡，依舊是善，惡都成空，因其本無，故也。[94]

天道是無法聽之、聞之的無限的本體，可知可聞者皆為有限，性
雖在可知聞的人身，本質卻是無限的。但是被物慾一夾雜就生出惡來，
所以「善本固有，惡乃性中元無」。多數氣學家認為性天生是有善有
惡的，可是魏校雖然是「理氣合一」，但他仍然認為性只有善，因為
「理是該得如此」而氣有「過與不及」，理則不可以過與不及，所以
魏氏由太極說性，性中當然沒有惡。可是惡亦非由外而來，只是本性
一違反善，則就會產生惡。換言之，善的本性，無法自在自如的表現，
便是惡。適才說「理氣合一」的創造作用是心，而「理氣合一」為人
生命的本質則是性，因此氣會如此，而理亦當如此變化者，即為吾人
之本性。所以違反善性，不能將「氣如此變化，理亦如此變化」的「理
氣合一」狀態表現出來，就是惡。此說在確立理氣為最高實有後，即
以此實體為絕對善，相對世界之惡，亦因反於此實體而為惡。若不反
此實體，則只一理氣流行，亦無所謂惡了。

> 夫孟子道性善，正出於夫子；易大傳「繼善成性」之言，古聖
> 賢論性，皆是直指當人氣質內各具此理而命名，不雜那氣質來
> 說，亦何嘗懸空說向天地上去，性形而上者也，氣質形而下者
> 也，若兼理與氣質滾說作性，則無形而上下之分矣！[95]

---

[94] 同註 80，《莊渠遺書》卷十六，頁 6。
[95] 同註 80，《莊渠遺書》卷十六，頁 7。

論性，皆是直指當人氣質內各具此理而命名，指氣質中之理即為性。但反對夾雜氣質者為性，如此理是一回事，而氣質又是一回事，把兩者加在一氣而滾作性，這時本性有兩個主體一個理一個是氣質。但是魏校則不是這樣認為，而是氣化「當如此者」才為理，這個該如此的理在氣中間，此時氣為主體，氣的變化條理才是理，假使沒有氣，就沒有氣「該如此變化」的條理了，所以理是依氣而有的，亦即立於理氣是一立場說，指氣中之理為性。而非是理氣二分，再合理與氣二者為性。

> 論天地之性，則專指理言；論氣質之性，則以理與氣雜而言之。[96]

朱子認為「氣質之性」是理與氣質相雜而言，雜是理與氣質是兩不同的層次。所以魏校反對朱子的「理氣二分」，但魏校又云「亦何嘗懸空說向天地上去」，天地是指「天地之性」，《中庸》最常講「天地之性」是最高的本體，而人我都是形下氣質。陸王心學也認為人的本心是形上的最高本體，而形上的最高本體就存吾人形下卑弱的有限氣質之中，如此卑弱的人卻有無限的最高本體，這是人能高貴之處，但人有無限的主體，卻受限於有限的形體中，而無法做無限的發揮，這是人可悲的地方。所以魏校認為把理和氣質相雜為性如朱子，會有理氣有隔、天人有別的問題。他亦反對陸王直接將形上的道德主體當成性。但是魏校強調「性形而上者」、「氣質形而下者」，並不是朱子將理與氣質混作性，魏校的性是「當人氣質各俱此理」才是性。簡而言之，性就是在氣質內有「該如此」的理，如此說性是形上的，氣質仍然是形下的，但是卻避開了形上的性和形下的氣質是不同層次的問題。因為在形下的氣質層面中間，有一個跨越不同時空『該當如此』的理在裡面，這個跨越不同時空『該當如此』的理一，就具有絕對性、唯一性，且此理一即為人之性。所以表面上看性是形上而氣質是形下，很像朱子的理氣二分，可是從魏校「理氣是一」的立場而言，指出絕對層的理氣實體為人的本性，由此說性為形上。由相對層指出理氣實體，由氣質承載，故說氣質為形下。

---

[96]　【宋】黎靖德編：《朱子語類》卷四，台北：文津出版社，1986 年 12 月，頁 67。

　　在這種情況下，形上的性依然是依形下氣質而存在，就沒有朱子的形上理與形下氣二分的危機，因為性就在氣質之中，有氣質才會有性理，絕對不是在氣質外還有形上的性理。因此合而言之，在形下的形氣層中，形氣中間有個該如此之理，這就是性。因此元氣已發成萬事萬物的形氣層，和元氣未發的萬事萬物渾融為一的元氣層，這兩種不同層次，會從屬在一氣流行的渾融中，所以在已發的萬事萬物的形氣狀態，和未發的萬事萬物相融的元氣狀態，都歸攝在一氣渾淪流行無閒的條件下時，還是可以說形氣層中有一貫通時空「該當如此」的性理存在，如此形上、形下之分別仍在，以撐起有無上下共構成的世界，同時又以氣之理為性，將人全幅融入理氣實體中。

　　推而言之，在有限形氣的氣質之中，會有一個形上的性，因為性就是理，而理有「理一」、「理萬」兩種，魏校所指的形上性理是指「理一」，但是氣質人身也應該有「理萬」的性理在。所以人的形下氣質中，本來應該有兩種理，一是「該當如此」各異性的「理萬」，這應該是形下有限的，但是每一「理萬」中卻又具有「該當如此」的共通性，這是形上的「理一」。所以氣質中有兩理，一是形下有限理萬之理，而這形下理萬之理，必然包括和其他形下「理萬」之理相通的「理該如此」的必然性，此種性理則是形上無限的。如此形上之理一，與形下之理萬，都統攝在氣性之中。

> 人得氣之精英，心含二五之秀，健順五常之德，與天地同。亦惟聖人，全稟精英，能盡其性；其次精英中帶了些查滓，以多寡為智愚賢不肖之等差，惟其性無不同；故皆可以變化，唯一種下愚之人，查滓太多，天地精英之氣偏有所不入，孔子論性所謂不移之質是也。[97]

　　人的精英之氣是心，心有二五之秀，二五相生能生生無限，所以心中就有生生無限的理在裡面，因此心能創生無限多的形氣與無窮多的理，表現為人倫之善行。而魏校把人分成三等，聖人是全稟精英之

---

[97] 同註80，《莊渠遺書》卷十六，頁11。

氣，但聖人亦有渣滓之氣，所以渣滓之氣分成兩種，一是形成我耳目手足的渣滓之氣，第二則是會限制我精英之氣表現的渣滓之氣，而聖人比較不會受到第二種渣滓之氣的影響，能使精英之氣流暢展現。再次第二人是精英中帶一些渣滓，即我的精英之氣是創造無限虛靈作用，可是受到渣滓之氣的影響，則會有限制虛靈創造表現的可能，只限制一點就是賢人。但是渣滓之氣太多，讓虛靈無限創造的精英之心，完全無法展現，就是下愚之人。可是站在儒家教化的立場，人還是比物多精英之氣，物全部是氣之渣滓所成，而完全沒有精英之氣，所以不管是愚或不肖之人，都還有精英之氣的存在，這正是儒家所強調的性本善，只是受到渣滓之氣的影響，讓精英之氣無法發揮，才是下愚之人。物則完全沒有精英之氣創造的可能性，但是物雖然完全是渣滓，但是渣滓中仍然有理。故物雖少精英之氣而不靈，但仍有理於其中，保住魏校理氣渾融的普遍性。並進而以精英之氣之多寡，分性為三等，以彰顯氣化的多樣性。

五、變化氣質

> 各隨其所得，查滓之多寡，以為等差，而有智愚賢不肖之別，畢竟性無不同，但精英中帶了些查滓，故學以變化氣質，則查滓渾化，可以復性之本體矣。[98]

智愚賢不肖，是因為渣滓多寡而有別的，皆以氣之理為性。只是精英之氣被渣滓之氣所掩蓋，所以要變化渣滓之氣，則盡量以道德名教改變渣滓氣質，使渣滓的氣質越來越少，而讓精英之氣重新顯露出來，因為精英之氣是每個人都應該有的，故少者使之多，偏者使其全。

良心是本質，不是數量，對道德良心而言對即是對，錯即是錯，無法以具體的數量衡量，這是純粹唯心主義者的主張。但是對氣學而言，則比較由實然層說，對人而言有氣之精英，但是精英之氣的數量，

---

[98]　同註80，《莊渠遺書》卷十三，頁15。

不及渣滓之氣的限制多的話,渣滓之氣會限制我們原本的精英之氣。所以可知性至善的就是精英之氣,但是精英之氣有多寡的差別,渣滓之氣也有多寡的差別,所以聖人是精英之氣,固然是善的,但精英之氣的數量非常之多,渣滓之氣只是維持能夠組成形體的數量。下愚之人也有精英之氣,只是精英之氣非常少,渣滓之氣很多,這就是從數量上來說。但魏校是質量並重的,亦即精英之氣本質是至善全善的,及落入形氣中因清濁不同才有量之多寡,但仍不礙其質之全善。渣滓之氣也不可全無,否則無法凝成形體,故只有多寡之問題,無質善與否的問題。而取得平衡,便要透過變化氣質讓精英之氣變多,渣滓之氣變少。那要如何「變化氣質」?其云:

> 自大賢以下,纔被些氣稟與物慾夾雜,便生出惡來!惡乃氣稟物慾所為,自與吾性無與,故雖蔽固之深,依然有時發見,但不能當下識取,又被氣稟物慾汨沒了他,不能使之光明不蔽耳!人性惟善是真實,一切諸惡盡成虛妄,非吾性之固有,若當惡念起時,與他照勘,窮來窮去,便都成空矣!夫學而見性不明,則必無為聖賢之志。[99]

賢人的精英之氣,有時仍會被物慾所掩蓋,但是精英之氣依然會有時發現。因為精英之氣是含二五之秀,健順五常之德,且是氣化不已的,故自然會不已地表現道德創造之作用與判斷,以回應無所不在的理氣實體,此即魏校的「有時發現」。此說頗近心學的逆覺體證,或因其將心性提高至太極本體位置,則本體之生生義,自亦貫注於心性中。故讓精英之氣不斷的表現,不斷地充養精英之氣,而抑制渣滓之氣,就是變化氣質的方法。

六、性善情亦善

> 吾性元是聖人,只被氣質自害,學而弗至於聖,卻是隨氣質所使,志反聽命於氣也。或曰:人生而靜,氣未用事,其性渾然

---

[99] 同註 80,《莊渠遺書》卷十三,頁 21。

> 至善；感於物而動，氣得用事，故其情有善有不善。曰：如是
> 則體用二原矣，性善情亦善，靜時性被氣稟夾雜，先藏了不善
> 之根，故動時情被物欲汙染，不善之萌芽纏發，存養於靜默；
> 消其不善之根，省察於動，纔覺不善之萌芽，便與鋤治，積習
> 久之。本體渾然是善，發用處亦粹然無惡矣。[100]

　　氣未用事時，性是渾然至善，及至氣用其事，受渣滓之氣多寡影響，情就有善與不善的分別，但是這樣是「體用為二」，因為性善之體與氣動之用，不是理氣渾融為一的狀態，所以性善未必能決定氣動為情是善，而氣動中「該如此」氣動之理，又未必定能合於性善之必然如此的理序，所以即有「情善」與「情不善」的不同。但若以魏校理氣是一而言，性善之體與氣動之用，同源於渾融一氣，理為氣中該如此之理序，靜時，性善與氣稟相融為一，而非善性為另一物的氣稟所挾持，這是靜時「體用是一」。未發為情時已是善，動時，善性順其是一無別之氣稟發用，因為性之體與氣之用是一，因其中沒有性與氣為二，因落差而生惡的條件，所以已發之情自然必是善，否則性之體與氣之用為二，就不能保證情必善。所以假使由王學的絕對心本論觀之，因為心本善，故心發當為善。但作為另一物氣稟的發用，則未必為情善，因為氣稟與善心不同層次，所以氣稟之發未必順善心而發。

　　假使順朱子「理氣二分」的模式，認為形下的心要認知形上的性理，而發為形下的情，但在這種「理氣二分」的情況下，性情不是同質同層，如此則有「體用二元」之弊，而如魏校「性善情亦善」，其實是順著「理氣相容」的學說所提出的特點，因為情乃是氣化具體的流行，氣化具體流行之情，本質上以及理論上，皆應為正常狀態的善，不應把它當成形下而失去其主體性與道德性，而把情當成形下該被貶抑的對象。

> 天生吾人合下付這道理，散見於日用事物，而總具於吾心，必
> 先常常提省此心，就逐事上一一窮究其理，而力行之根本既立，

---

[100]　同註80，《莊渠遺書》卷五，頁8-9。

則中間節目雖多，皆可次第而舉。若不於心地上用功，而徒欲泛然以觀萬物之理，正恐茫無下手處，此心不存，一身已無箇主宰，更探討得甚道理，縱使探討得來，亦自無處可安頓。故有童而習之，皓首而無成者，古人知行只是一事，方其求知之始，正欲以為力行之資，及其既知，則遂行之而不敢緩。今人於行且放寬一步，只管去求知，既知得來，又必著實去踐履，故有能說無限道理，而氣質依然只是舊人者。[101]

天降氣中「該如此」的理，賦與在人和事物之中，人與事物中種種「該如此」之理，便總攝於心中，心能總攝人物各各理萬之理，而心於人事物上一一窮此涵攝之理，就是用心之理來對應所有外在人事物各各不同之理。魏校的方法是以心在事物上逐一窮究事物之理，並將此「該如此」之理，合其事而一起力行，即表現為具體的人倫日用。「中間節目雖多」，但用「該如此」之具同一性之理，一一貫穿，如此則根本便成立，再對不同事物中，「該當如此」之理萬之理，加以總攝，則所有之理，可以窮盡。而「知行只是一事」指的是，求知乃是力行之資助，簡而言之，知「該如此」之理，用「能如此」之氣來完成。「及知遂行」則是指，於「能如此」之氣的事物上，既知此事物「該如此」之理，則知此理時，已是在氣「能如此」之中，則「及知」就已經是「遂行」。

魏校「知行是一」主張的根據，在由理氣渾融說，人事便是天理的示現，而心可涵攝上下、理氣兩間，不使有落差與分別的產生。所當知覺者在此，所當力行者也在此。故知行工夫之主宰是心，而工夫能完成，亦因為知由心發，行亦由心發。而心藉知行之功，以復性、盡性，進而應天。

---

[101] 同註80，《莊渠遺書》卷十三，頁22-23。

第三章　心理氣是一

　　傳統上習將湛若水視為心學大將，然其以氣為首出的主張，亦極明顯。此派所須處理的問題較複雜，如須先確立以氣為本，故諸家皆主張天地之間只有一氣；進而辯析理氣關係，則仍是以為氣立而理因之寓；接下來處理心性問題時，道德心的價值義與重要性則提高，故諸家多有主張心與理一者。若非先確立天地一氣，理在氣中的基礎，則此派諸人，極易被歸為心學一路。其中劉宗周主張「道其後起」，看似將道的位置移後，實則是由氣化之實有說道的特色，此點亦為許多氣學家所共許。

第一節　湛若水

　　湛若水，生明憲宗成化二年（西元一四六六年），字元明，初名露，避祖諱，改名雨，後定為若水。以居甘泉郡，學者稱「甘泉先生」，卒明世宗嘉靖三十九年（西元一五六〇年），年九十五[1]。湛若水少時凝然莊重，后師事陳獻章，悟「隨處體認天理」之旨。弘治十八年（西元一五〇五年），登進士，歷任南京國子監祭酒，南京禮部尚書、南京吏部尚書、南京兵部尚書等職，嘉靖十九年（西元一五四〇年）致仕。晚年以講學為任，其學以「隨處體認天理」為宗，與王陽明「致良知」分庭抗禮，二家論辯「格物」之說最烈[2]。湛若水著作有《甘泉文集》三十二卷，台大圖書館藏清同治丙寅年資政堂刻本，《聖學格物通》一百卷，《古本大學測》、《中庸論孟測》、《二禮經傳測》、《古易經傳測》等。

---

[1]　【清】張廷玉撰：《明史・儒林傳》，台北：鼎文書局，1991，卷二八三，列傳一百七十一，頁 7267。

[2]　【明】黃宗羲撰：《明儒學案・甘泉學案》，台北：里仁書局，1998，卷三九，頁 876。

一、宇宙間只一氣充塞流行

> 上下四方之宇，古往今來之宙，宇宙間只是一氣充塞流行，何
> 莫非有？何空之云？雖天地弊壞，人物消盡，而此氣此道亦未
> 嘗無，則未嘗空也。道也者，先天地而無始，後天地而無終者
> 也。[3]

　　整個宇宙時空是一氣流行，氣雖為無形，卻是真實存在之實有，
即使宇宙弊壞，一氣亦不消亡，一氣流行即氣化之道，道作為整個宇
宙的本體，本體之道超越在任何時空之上，本體就是一氣流行，「未
嘗空」即指注意到當下氣之流行，指注意氣聚的狀態，假使強調「空」，
就只注意氣散的狀態，所以應該是注意在任何時空中一氣流行是有聚有
散，而聚散不已卻永恆實有的，此即湛若水以氣為本為實的理論基礎。

> 天地之初也，至虛，虛，無有也，無則微，微化則著，著化則
> 形，形化則實，實化則大。故水為先，火次之，木次之，金次
> 之，土次之。天地之終也，至塞，塞者有也，有則大，大變而
> 實，實變而形，形變而著，著變而微。故土為先，金次之，木
> 次之，火次之，水次之，微則無矣，而有生焉，有無相生，其
> 天地之終始乎。[4]

　　虛為無形，塞為有形，一氣由無形至有形，乃有微、著、形、實、
大的種種狀態，此為由無至有的狀態，「天地之終也至塞」，塞就是
具體有形，如何由有形到消散以至無形，即氣如何由聚到散，消散的
過程是經大、實、形、著、微的階段。無形由微以至於大，有形由大
以至於成微，它是從無生有、有又為無來說一氣聚散相生。

　　由無生有是透過五行來說，順序是水、火、木、金、土，反之，
由土、金、木、火、水的次序來說由有至無的過程，是透過一氣的無
形至有形、有形至無形，透過有無、五行相生來說。湛若水和其他氣

3　【明】湛若水：《甘泉文集》，清同治五年資政堂本，卷七，台大圖書館善本室，
　頁3。
4　同註3，《甘泉文集》卷二，頁6。

學家的特殊之處，是由無生有的過程中，主張漸變，漸變則有五個階段，有微、著、形、實、大的過程，這是其他氣學家少提的。論天地之終始，由天地之創造以至天地之結束，天地結束又會重新開始而為初，由天地之初又會漸化為天地之終，對整個宇宙發展的過程和結束做說明。由五行和無生有、有生無，明顯是比較偏邏輯推理的層面，這種模式顯然受到張載「太虛不能不聚而為萬物，萬物不能不散而為太虛」的影響。

> 人之一呼一吸，天地之氣也，氣在天地，吸之即翕，天地之氣通我也，呼之即闢，我之氣通天地也，是故知天地人一體。[5]

　　一氣流行是抽象的說，他把人的呼吸和一氣作結合，作一具體之驗證，人所呼吸即天地之氣，人和天地絪合在一起。吸氣則天地之氣入，呼氣則出，天地和人的關係，由呼吸作連結，進而析論天地萬物及人皆為一體，此一體是一氣流行，透過人的呼吸與天地之氣流通而造成，這裡也隱含有感應的意思。天地只是一氣，人與天地之氣是相通的，人可以感受一氣之流行，表現一氣流行的必然和人的行健不息。湛若水透過一氣流行中虛實有無的變化，又以氣為天地人相應的基礎，又以氣為真實具體的存有，雖有聚散有無相生不已，其不偏於聚，亦不偏於散，而是聚散有無相生真實的存在。

二、氣得其中正即理

> 只是中間這一點生意即是天理。[6]

　　天理是一氣生生不息必然如此應然如此的理序，此氣化生生即是生意，故此生意並非徒然只是感受義，湛若水更偏向強調氣化世界紛然不亂的秩序義，這種生生之理也必然有道德義，故為天理。天理遍在萬物與人身中，人物因之生化不已，此即天地間之生意。

5　同註3，《甘泉文集》卷二，頁3。
6　同註3，《甘泉文集》卷十一，頁17。

> 天理二字，不落心事，不分內外，何者？理無內外、心事之間
> 故也。[7]

天理既在內心主體，也存在萬事萬物之中，可見天理無所不在，不分內外的特性，不偏向道德主體義，但仍具道德義，不是以因理為形上本體，而是因天理生生之理序具道德義，所以和王陽明心本論，以天理為最高價值本體是不同的，湛若水的天理打破本體義和形氣道德義二分的說法，天理既存在形氣萬事萬物之中，天理的生生就具有道德義。

> 謂之天理者，明其為自然，不由安排耳。[8]

天理順一氣流行自然如此的狀態而指涉理出於自然，凡一氣流行自然如此的條理，都可稱為理。一氣流行有生生義，生生就是自然，一氣流行有道德義，道德也是自然，一氣流行有遍在義，自然也無所不在，理不分內外，自然亦不分內外。綜合各義，一氣流行是自然如此，非人力安排，非人格神之造作所為，在理性客觀對一氣流行的天理的描述，自然指出天理有自然之義，此自然之義包含生生義、價值義、普遍義的內涵。

> 陰陽合德，剛柔適中，理也，天之性也；夫人之喜怒，氣也，
> 其中節焉，理也。氣有形，故曰形而下，及其適中焉，即道也。
> 夫中何形矣，故曰形而上，上下一體也，以氣理相對而言之，
> 是二體也。[9]

由陰陽剛柔中正和諧為理的表現，人之喜怒乃具體氣化之表現，喜怒之表現中節即是理，可知理在氣中。陰陽是氣，陰陽合德的表現是理，陰陽二氣中有陰陽二氣之理，人的喜怒中也有中節之理，氣具體有形，氣化適中即合於天理，即是道，道為形上無形的主宰，雖無

---

[7]　同註3，《甘泉文集》卷七，頁59。
[8]　同註3，《甘泉文集》卷廿三，頁25。
[9]　同註3，《甘泉文集》卷二，頁10。

形卻在有形的事物之中，故道與氣不離，道在氣中。理氣不離，理在氣中，但沒有理氣不離不雜的問題，因為不離不雜是形上之理在形下之氣中，理氣仍為不同質不同層。可是湛若水乃以氣中之表現為道，而不是在氣之外另有一道，同樣，人的喜怒中節就是理，而非喜怒之外另有一理，喜怒不中節自然就沒有理，所以理由氣中指點出來，理是氣中聚散變化的條理，理氣為同質同層。

> 甘泉子曰：「吾觀於大《易》，而知道器之不可以二。二也，爻之陰陽剛柔，器也；得其中正焉，道也。器譬則氣也，道譬則性也，氣得其中正焉，理也，性也，是故性氣一體。夫故孟子曰：『形色天性也』，又曰：『有物有則』，則也者，其中正也。《易》曰：『一陰一陽之謂道』，其陰陽合德也手。」[10]

　　由一氣流行中體察形氣中有一不偏不倚無過不及的中正之理，得氣之中正為理，在形色之中指點出天性，在有物中指點出理則，在一陰一陽中指點出道，在形色、在有物、在一陰一陽中，假使氣得其中正，就可以指點出所謂的性、則、道來，形色得其中正為天理，在有物中得其中正為理則，此乃湛若水以氣為本的思想中，理在氣中有價值義，氣得其中正的表現為理，為性。湛若水又強調性氣一體，此種說法暫時拋開氣作為本體義，性作為個人主體義的差別，而只強調個人之本體和一氣之本體，本質上皆由一氣來相通。

> 一陰一陽則便是中，故謂之道，文公乃謂「一陰一陽者氣也，所以一陰一陽者理也」，似覺多了，然則爻之不中不正者，如何？曰：「惡亦不可不謂之性」，故言吉凶悔吝皆易也，但以其偏陰偏陽，不可謂之中正，非易之全體，故難以語道。比如犬之性、牛之性，天地間自是有此許多物事，然以其偏了，謂之天地之全體則不可。[11]

---

[10]　同註3，《甘泉文集》卷一，頁1。
[11]　同註3，《甘泉文集》卷二十三，頁5。

此湛若水回應羅欽順質疑而發，偏陰偏陽如犬牛之性，受限於氣質，偏離天理之中正，不可謂之道。偏陰偏陽的犬牛之性，若得中正之理，則可謂道、理，故氣得中正為標準。形氣當得中正之理，若不得中正之理，則需透過功夫以得其中正方可。中正之氣為最高標準，偏駁之氣需向此中正之氣看齊，此說凸顯價值主體義，忽視循氣化生生會有無限發展之客觀面，自然應有犬牛等不同之性。所以他是以氣為本，但在氣本之中，又強調有道德的主體義。

三、氣之知覺為心

> 氣之知覺者謂之心。[12]

宇宙間一氣流行，一氣流行之生生作用所表現的靈明知覺是心，是由氣之靈明來定義心，心非與氣為二的知覺作用。

> 人心之安，固是天理，然惡人亦且安心為不善，則安與不安亦未可憑據。[13]

此反對由心之安不安論天理之價值義，而強調心只是形氣之知覺作用，本身非道德主體，但要由學問思辨來開發方能為善去惡，此由氣論心，將心作用規定在形氣層。但湛若水又進一步由心得氣之中正之理，使心歸趨天理之中正，來論述形氣心亦具道德義，否則即為經驗層唯物思想的思路。所以可知湛若水反對王陽明「心即理」，心即理是心本具天理，理與心是一而無別，湛若水則由形氣知覺之心可察知天理來論述，但心不是理，心要得氣之中正之理才是理，所以心和理中間還有察知氣之中正的過程，不可忽略此，而直說心即理。

> 心者，體天地萬物而不遺者也。包乎天地萬物之外，而貫乎天地萬物之中者也，中外非二也，天地無內外，心亦無內外，極言之耳矣。[14]

---

[12] 同註3，《甘泉文集》卷十一，頁29。
[13] 同註3，《甘泉文集》卷七，頁43。
[14] 同註3，《甘泉文集》卷二十一，頁1。

由宇宙一氣流行為基礎，落實於人，人乃有知覺思慮之心，一氣流行充塞宇宙，心之知覺亦充塞宇宙而無隔，氣化包含有形萬物與萬物未形之前後，氣化貫注萬物變化之中，而為萬物之體性，則心之知覺亦隨氣化涵融於萬物之內外，而為萬物運化之主體，此心既為萬物之主體，而此主體又非以心為最高本體，此時心之主體義乃立於氣化而有。

> 大其心，包天地萬物而與之一體，則夫一念之發以至天下之物，無不在內。[15]

大其心則心與氣化同體，心既可涵攝氣化中之事、物、理，此三者在氣化中各具不同位階與作用，而心因大心而能與萬物為體，所以一氣流行統攝事、物、理於其中，氣化的知覺之心自亦可統攝事、物、理於心中。張載《正蒙‧大心篇》云：「大其心，則能體天下之物，物有未體，心為有外，世人之心，止於聞見之狹，不以見聞梏其心。」[16]張載此言心非見聞可限，天大無外，故心亦大而無外，此心具無限義，此無限之心，正是湛若水所謂與天下不分內外之心。

> 「心外無事，心外無物，心外無理」三句無病，又云「心即事，心即物，心即理」似欠明。[17]

心外無事、物、理，是形氣心自能相應宇宙之事、物、理，此時心是以宇宙氣化為體，自能與同為氣化之事物在本質上無別，但此中有心與事、物、理是認知主體與客體的對應關係，也就是在一氣流行中彼此位階不同，但皆統合在一氣之中。若心即事、物、理，則是心與事、物、理為同一主體，此時心被提高為最高本體的存在，而非在一氣流行之知覺作用的架構下，因此湛若水反對此說。

---

[15]　同註3，《甘泉文集》卷八，頁17。
[16]　【宋】張載撰：《張載集》，台北：漢京文化公司，1993年9月，頁24。
[17]　同註3，《甘泉文集》卷八，頁17。

> 良知之難信，在以知覺為理。[18]

王陽明以心之靈明知覺為天理，以良知為本體，但湛若水以氣為本，所以不以心為本，自不能接受王陽明以心為天理的說法，在氣本立場下，只以心為氣化中的知覺作用，但此知覺之心又可與一氣充塞無間，所以湛若水之心看似具有心大無外的本體義之疑惑，實則氣才是本體，心只是與氣本體同大無外的知覺作用而已，心本身非本體，但在陽明心本體義的刺激下，湛若水順張載「大其心」的思路，而在以氣為本的理路下，將心擴大充塞無間，和陽明與心為本的理論相抗衡，亦為一自然的發展。

> 即心而事物在，即事而理在。[19]

此強調形氣知覺之心與事物是有認知和被知的對待關係，不能泯除氣化的對待和位階的不同而直接說「心即理」，否則便是以心為本體而非以氣為本體。同時心大無外，所以心可知任何的事、物、理，但心本身非事、物、理，且心亦非價值主體可判斷是非，判斷是非之理，是心體察事物得其氣之中正而後才得。也不是有心而後有理，若先有心而後有理，則為心為本體的思路，而湛若水是以氣化為本體，心與理同時具處於一氣流行中，沒有「心即理」與「心先理後」的問題。

> 吾常觀吾心於無物之先矣，洞然而虛，昭然而靈。虛者心之所以生也，靈者心之所以神也。吾常觀吾心於有物之後矣，窒然而塞，憒然而昏，塞者心之所以死也，昏者心之所以物也。[20]

心未應事前之未發狀態為虛靈，「虛」指心會生生知覺而不息，「靈」指心之體察萬物無所不察照，但心若執於事物，將失其虛靈作用而至昏塞，便不能體事物之中正而明理。心保有一氣流行的本質，

---

[18]　同註3，《甘泉文集》卷八，頁21。
[19]　同註3，《甘泉文集》卷八，頁17。
[20]　同註3，《甘泉文集》卷二十一，頁7。

自能虛明不測，心若執於形氣之某事物上，自會裁斷其心之神用，為塞為昏。故心之虛靈，實因氣無一息之停而有，非心本身即為形上本體的思路來說。

> 聖人心如明鏡，物來妍媸自照，依舊此鏡，鏡何與焉？事物之來，喜怒哀樂，聖人自順應，依舊此心，聖人之心何與焉？[21]

心之清明無物不照，察知事物之理，如明鏡無垢，則物之去來，不將不迎，此表示心與鏡為能照之主體，事與物為所照之客體，如此強調主體與客體彼此位階作用不同，是因主客雖融合為氣化之實然世界，但此氣化實然非一渾沌無別之無形世界，而是將此渾沌無別的氣化世界，具體的分解，讓各具主體性的萬物在形氣層經驗層，展現為一具體真實的森羅萬象的世界，其義不在強調形上的境界，而強調形下的實然，但又非全然忽略形上，而是在實然萬物中指出一形上氣化之道，為萬物之主體，而改變形上形下二分，以形上為體，以主宰形下為用的思路。

我們眼前身處的世界，是本具主體性之世界，本具有形上主體義，而不是形上落於形下不離不雜的狀態，也非形上形下為二物又合為一物的狀態，而是一不分形上形下，且其中之萬物皆具主體性之實然世界，此具主體性的是實然之萬物。再就此實然之萬物中指點出無形的價值義和有無形的萬物的差別。在此思路下，湛若水雖以一氣流行之心知涵攝萬物，卻仍強調心與物的對待關係，即是立於萬物本具渾融於一氣流行中，但不能只停留在一氣流行的立場，來強調一氣流行中有千差萬別之事物，再由千差萬別但各具主體性的萬物中指出絕對之一氣本體來。亦即由心與物的對待分殊中，統合為心物融合為一氣的主張，湛若水此種說法，是由一氣化生萬物，是由理一而分殊，又由各具主體性之萬物中指點出共同之一氣，則是由分殊而理一。此種由理一而分殊，進而由分殊而理一的兩方向相反又相成的思維，是既有形上形下本為一氣的兩層面，而非二分的意義，也即是將天人是一落實在實然層而講，避開理氣二分，心物二分的種種限制。

21　同註3，《甘泉文集》卷八，頁11。

> 虛靈而止于虛靈焉則空，應變而流於應變焉則跡，知虛靈應變
> 而滯于虛靈應變焉則昧，昧與空、跡皆不足以見道，非聖人之
> 學也。必也虛靈以察道之體，應變以幾道之用，虛靈應變而神
> 之，天理得矣。[22]

心止虛靈會失卻由氣化不已中顯現的道德義，心止應變會執著於
事物，以物為主體，忽略氣化才是本體，心若執於虛靈作用，會忽略
氣化才是道體的方向，所以心具無不察照的神用，對象應是氣化之道
理，心對萬物之應變是順氣化之各種可能性，因氣化生生無窮，故落
實於人之心知種種作為，是由氣化生生之神用而來，自然彼此相應。
而相應之目的則指向心察知氣化生生之天理，而此天理即為心之主
體，氣化有其應然如此之道德義即為天理，心以氣化為體，心自然也
具道德義的存在。

四、即氣質而言性

> 以搬運之為性也，不可也；外搬運以求性，不可也。是故搬運，
> 氣也，有搬運之理存焉，是故謂之性。[23]

搬運等為氣化中運動之形跡，此屬於氣，但搬運等之運動中有所
以如此之理在，而此氣化之理序，落實於人，即為人之氣質之性。此
氣質之性非由形上之本體層來說，而是就形氣層之運動中指出其所以
如此之理序為性，因論述主體落實在形氣層，故氣質之性雖非形上，
但實有其為氣化實然之主體義存在，此乃氣本論所主張的萬物各具主
體性的特色，而在湛若水論氣質之性裡展現。

> 天地之性也，非在氣質之外也。是故天下之言性也，皆即氣質
> 言之者也，無氣質則性不可得而見矣。[24]

---

[22]　同註3，《甘泉文集》卷十七，頁71。
[23]　同註3，《甘泉文集》卷二，頁12。
[24]　同註3，《甘泉文集》卷二，頁9。

　　氣質中得中正之理的性為天地之性，氣質中未得中正者，非為天
地之性，然天地之性與氣質之性非二，實為一性，也即是氣質之性。
但此氣質之性有得中正之理的狀態，此為天地之性，但也有過與不及
時，乃非天地之性，是為一性而兩名。一性指流行之主宰在人身時，
即是氣質之性，而流行之主宰為常理，所以氣質本善，氣性正常狀態
即為天地之性，而過與不及則為流行主宰有著跡愚昧的狀態，則非天
地之性。所以由氣得中正，即由氣質來論性，氣質之性合於流行主宰
至善的狀態，就是天地之性，可知兩性只是一性，只是由氣質來論性，
和由氣質之中正來論性的兩種不同方向，才有兩種不同名稱。

> 器譬則氣也，道譬則性也，氣得其中正焉，理也、性也，是故
> 性氣一體。[25]

　　湛若水主張在氣中論理，而氣得其中正便是氣化如此之理序，便
是無過不及的氣化正常狀態之理，此氣化中正之理序就是理，可知湛
若水很重視氣化應然如此之道德義。而此道德義之中正之理，落實于
人而為性，此性自然為善，故此氣之中正為性，專指氣之中正之理，
可知氣與性被限定在氣之中正的規定下而為一體。此時由一氣流行下
說氣即性、性即理的說法，與朱子「性即理」不同，因朱子是以形上
的所以然之理，落實于人而為性，此性即理皆屬形上，而與形下形體
二分。湛若水非常強調氣得其中正才是理，而呂坤則將氣分為在陰陽
五行相生之下，會有相生之氣，指一陰一陽相生的狀態，有偏重之氣
是孤陰孤陽的狀態，駁雜之氣是多陰多陽少陰少陽的狀態。但湛若水
的氣論重點在與心本論的辯證與融攝，不是由陰陽五行相生論宇宙生
成系統來論述，只強調氣化無過與不及之理為中正，不對氣化過與不
及等種種不正常狀態作描述。但強調氣之中正，就使湛若水的氣論的
道德義非常明顯，不會因偏於理性客觀的推論宇宙生化的過程，而喪
失了氣化道德義，此為湛若水的特色。

25　同註 3，《甘泉文集》卷一，頁 1。

> 男女飲食其慾乎？凡欲皆性也，其欲動而為過與不及，則慾也，
> 故君子惟中之為學。[26]

凡欲皆氣質之性，不得其中正者才是欲，得其中正的欲就是性。此與其他氣本論者主張「情善說」一致，氣本論者對氣質之性主性善的，對氣質所發的情，自然是善。但湛若水氣質中有善有惡，如王廷相性中善惡皆有。湛若水由主性氣一體的立場來說氣質之性，中正正常的狀態此為天地之性，自然為善，順此善之氣性所發之欲，自然也得氣之中正而為善的欲，所以不稱為欲而稱為性。

> 人心道心只是一心，先儒謂出乎天理之正者道心，則是；謂發
> 於形氣之私者人心，則恐未幾。凡謂之心，皆指具於形氣者言，
> 惟得其正，則道心也。又謂雖上智不能無人心，雖下愚不能無
> 道心；又謂道心常為一身之主，人心每聽命焉，是有二心相役，
> 此處不能無疑。[27]

一氣流行落實於人，有形氣之知覺察照作用的心，氣只是一氣，心自然只有一心，自然不贊成人並有道心人心的說法，因如此則人有二心。也反對人心聽命於道心，如此亦表人有二心，實此二說皆反對朱子，朱子只以形氣之虛靈知覺為心，雖只有一心和湛若水一樣，但他是理氣二分的架構，所以形氣心會認知形上性理發為道心，順形氣之私而發則為人心，此時道心人心有形上形下不同，會有讓人誤為二心之可能。

但湛若水以知覺為心，心順人情之私為人心，順氣之中正為道心，此時無人心，故心只有一，無人心道心並存之二心：但氣之中正為性理，當氣之中正時，是心即性，心性是一而無別。因形氣知覺為心，此知覺得中正為道心，而無人心，故道心即中正之性理，如氣質之中正即天地之性，實指一氣質之性而已。但氣不順氣之中正時即非性，此時心性為二，亦即心順私情而為人心，此時人心只是順私情而發用

---

[26] 同註3，《甘泉文集》卷二十三，頁26。
[27] 同註3，《甘泉文集》，卷四，頁10。

而已，非中正之性理，如同氣質之性不表現中正即非天地之性，而只是氣質之性。前已論述氣質之性和由氣質中正論性二路之說明，可知心順氣之中正為性的心性是一，是具道德義的常態，如同只一氣質之性的說法。

人只有一心，可由形氣之知覺論心，是為人心，亦可由形氣知覺之中正論心，此時為道心，可知只一氣化流行，人只有一知覺作用之心，得其中正為道心，不得中正為人心。湛若水既說只有一心，又要說得中正與否為道心人心二者，是藉人心道心討論的問題，來彰顯他由一氣論心性，從分殊的立場論心性有二名，有兩種位階與作用，從實然的世界論心性，則又各具一氣，是又不廢氣化種種之萬物仍同源一氣化之道體，乃由形下體驗形上天人是一的新主張。

五、心性是一

> 陽氣發處卻是情。心譬如穀種，生之性便是仁。[28]

伊川以穀種喻心性氣之凝結，其中以生生之理在即性，穀種能真實地生發即情，此乃伊川在理氣二分的架構下，心性情三分的格局，說三者具不同位階與作用，是對實有做分解的說明。唯湛若水對穀種之說有自己的看法。

> 性也者，心之生理也，心性非二也。譬之穀焉，具生意而未發，未發故渾然而不可見，及其發也，惻隱、羞惡、辭讓、是非萌焉，仁義禮智自此焉始分矣。[29]

湛若水對穀種之喻由一氣流行來說，穀種具生意而未發，此無形又如有物躍然未發之生意即性，此穀所具之生意即心所具之生理即性，能發之心將所具之性，因感觸外界人倫日用而發出，便是惻隱羞惡之情，所以湛若水也有能發之心，未發之性，已發之情的三分架構。

---

[28] 【宋】程顥、程頤撰：《二程集》河南程氏遺書，卷十八，台北：漢京文化公司，1983 年 9 月，頁 184。
[29] 同註 3，《甘泉文集》卷二十二，頁 1。

但因性是心之生理，所以性也有生發義，會觸物而發為情，此則與伊川，由形氣心知覺形上性理，性本身為靜態形式之理，本身不能發用是不同的，而伊川以發用便是情，湛若水以為性雖觸物而發為情，但情要順氣之中正為理所要求下，要發為中正才是真情，則對情之發更強調道德義。

另外「仁義禮智自此始分」之義，是不以仁義只是無形的價值意涵而已，因性能發用，即仁義能發用，即發為具體言行，便是惻隱羞惡之情，無形之仁義發為情，而後有仁義之分，有分才是具體的存在，如此由已發之情見未發之性，未發之性由已發之情顯，性與情彼此沒有已發未發有形無形的對待關係，又混融彼此的差別在形氣心的統攝中為一。

> 惻隱之類乃良知也，本體知覺非良知也，所謂養知，非是只養他這一點靈覺知識，乃養其所知之實理。[30]

此湛若水對王陽明良知說的批評，湛若水言「惻隱之類乃良知」，是以良知不是本心知覺的表現，是以心性得氣之中正，發為中正之情的惻隱之情才是良知立說。如此言良知，是由心至性至情的一段過程，由氣之中正貫穿起來，由形氣心所發之情，得氣之中正的惻隱羞惡等，此乃在其一氣流行混融彼此位階下必有的發展。但王陽明的良知是價值本心，是道德判斷和實踐的發用，是最高本體天理，並不僅是心之純粹知覺作用，也非發用言行的情，這是二人對良知基本的差別。

> 性者，天地萬物一體者也，渾然宇宙其氣同也。心也者，體天地萬物而不遺者也。性也者，心之生理也，心性非二也，譬之穀焉，具生意而未發，未發故渾然而不可見，及其發也，惻隱、羞惡、辭讓、是非萌焉，仁義禮智至此焉始分矣。……曰：「何以小圈？」，曰：「心無所不貫也。」，曰：「何以大圈？」，曰：「心無所不包也。」，包與貫實非二也。故心也者，包乎

---

[30] 同註3，《甘泉文集》卷八，頁21。

天地萬物之外，而貫乎天地萬物之中者也，中外非二也。天地
無內外，心亦無內外，極言之耳矣。[31]

　　因心大體物不遺，所以心會貫穿在性、情、萬物等層次中，但氣
的知覺作用是心，心會統攝未發之性，發為情，同時還要知覺天地萬
物之理，此皆位於一氣流行之中來說。同時又以得氣之中正為統性情
及天地萬物的準則，所以是由一氣來包含心、性、情、萬物四層，又
以氣之中正貫穿此四層，如此氣化分四層來清楚準確描述此分殊實然
的世界，可重新組合成無限具體又真實存在的世界。但四層指氣化中
不同位階與條件而已，實皆包含在一氣流行之中，而消泯其分別，同
時又以氣之中正貫穿心、性、情、萬物四層，更能顯出氣化實然的道
德義的重要性。如此先以氣來貫穿心、性、情、萬物為基準，再說心
可以統攝性情和知覺萬物之理，可以說以氣化為本體，但也非常重視
心的無限義，再以氣之中正貫穿心、性、情、萬物四層，加強一氣之
道德義，也加強心體之道德義，但具道德義統攝義的心看似為人之主
體，但此心仍立於一氣流行來說，仍是以氣為本，非以心為本。

　　心察知事物得中正之理，則心即是性，又貫於性中，則性為心的
未發之中。同時，心將內具之生理的性發用而為情，性是心之生理，
故心性皆有發用義，所發之情便是惻隱羞惡之情。心要察知天地萬物
之理，又要統攝性情之理，於是有心、性、情、萬物四層，皆由心統
攝貫穿，可知心之主體義。但此四層又皆為一氣流行所涵融於其中，
亦即以無限多有限的事物所構成的具體氣化的世界，同時又以氣之中
正貫穿心性情萬物四層，而貞定此具體又無限之氣化世界是道德的，
此則又涵融心之主體義於一氣流行中。當一氣流行中分心性情萬物不
同之四層，是氣化之無生有及無形之氣生化萬端，而有萬象森羅之實
然世界，但氣化無一息之停，聚散相生不已，故統觀此分心性情萬物
四層的世界，抽繹出其中之共通本質，而泯除其位階條件之限隔，則
為氣化無生有以後，應有之有回無的發展。此種無限多有限事物自成

一無限又具體世界有回無的思路，不是只有氣化生生之自然義，而是
有呈現人回應天，藉著人為努力泯除心性情萬物四層之差別，重新建
構一混融氣化世界的強烈人文意識。所以湛若水的氣本論並非唯物的
說法，一可由其氣化生生之心來貞定道德義，二可由氣之中正來貫穿
心性情萬物四層，及涵融其差別的人文意識來確定。

> 蓋心與事應，然後天理見焉，天理非在外也，特因事之來，隨
> 感而應耳。故事物之來，體之者心也，心得中正則天理矣。[32]

心的生理是性，心又是知覺，心既具知覺作用，同時又具中正之
性理於其中。「心與事應，然後理見」，指心本具中正天理，未發此
中正之理便是性。及心與事應，若來之事合於中正之理，心即察知事
之中正之理，如此心之氣化內具之理與氣化外在的事物彼此相應，皆
為中正之理，此即「天理非在外」之義。而「心得中正即天理」則在
強調心既體悟不已又是知覺天理的，此見心之道德義與主體義，此與
其他之氣本論相較，其心之道德意識是甚為明顯突出的。

湛若水論心，因心具知覺作用，知覺又用在察知中正之天理處，
可知心既是形氣層的認知心，又是察知天理的道德心，但心只是一心。
因心既是能認知形氣層之萬物，也能發內在生理之性，而為道德義之
情，但不論認知事理或發為道德之情，都必合於氣之中正為標準，即
以氣之中正涵融道德心與認知心為一而非二。

六、知行並進

> 陽明「知即是行，行即是知」不能無病，至於「知者行之始，
> 行者知之成」其說即近也。大抵知行始終只是一理一功夫，如
> 點一燭相似，知則是初燃也。只為後來學者做得卻別，所以便
> 著許多見解，要之不是知行本體。[33]

---

[32] 同註3，《甘泉文集》卷七，頁28。
[33] 同註3，《甘泉文集》卷二十三，頁14。

　　湛若水反對王陽明的知行是一，是因為王陽明以良知為主體，主張吾心之良知即所謂天理也，以為「良知，只是一個天理自然明覺發見處，只是一個真誠惻怛，便是他本體。」[34]，故由一念之為善去惡，即可致其良知，可謂簡易直捷。王陽明又有云：

> 致吾心之良知於事事物物也。吾心之良知即所謂天理也，致吾
> 心良知之天理於事事物物，則事事物物皆得其理矣。致吾心之
> 良知者，致知也，事事物物皆得其理者，格物也。[35]

　　就陽明良知之自覺言，「格物」者即是格其不正之念以歸於正，此「正」者乃復其良知本體也。就良知之發用言，則推至良知之善以及於萬事萬物，使事事物物皆得其理而為善。故有云「為善去惡是格物」，故陽明「格物」之義是歸結於良知之覺與發用，在為善去惡的功夫上。

　　陽明所謂「心」，已不再由朱子之認知心作為起點，而是直下由孟子的良知良能處契入，所謂「良知只是一個天理自然明覺發見處，只是一個真誠惻怛，便是他本體。」[36]，即天理之根據只在此心之良知，而良知只是一念真誠惻怛而已，盡此心之真誠惻怛，即是致此心之良知，見天理之所在。推此心之良知以至於萬事萬物，則事事物物無不得其理矣，此乃「心即理」之說。陽明「心即理」，以心之良知即「天理自然明覺發見處」，自能「知善知惡」，由一念之自覺即可反身致其良知，此良知雖內在於吾心，實則亦為天地萬物之本體。

　　良知會知覺是非善惡便是知，良知會發用是非判斷便是行，故是以良知本體同時來涵攝知與行，而不分先後。蓋王陽明「知行合一」是落在良知之自覺與發用處言，「知」乃所謂良知，良知之一念發動處便是行，故是以良知涵攝行而為一。而「格物」之義，主要是由心之感通處言，所謂

---

[34]　【明】王守仁撰：《王陽明全書、傳習錄》〈答聶文蔚書〉，台北：正中書局，1976
　　　年 3 月，頁 69。
[35]　同註 34，《王陽明全書、傳習錄》中，頁 37。
[36]　同註 34，《王陽明全書・傳習錄》中，頁 69。

> 以其凝聚之主宰而言，則謂之心；以其主宰之發動而言，則謂
> 之意；以其發動之明覺而言，則謂之知；以其明覺之感應言，
> 則謂之物。[37]

蓋王陽明是就心物之感通下所生意念之善惡言物，即是重物在心之價值義，而不是客觀之物本身，也非究心於客觀之理的探索，其所謂「格物」者，是從良知之自覺與發用言。

但湛若水則以為知是初燃，然後才有燭燃之表現，應先有心之知覺隨處而在之天理，才是真知，涵養積久此真知，以後所發之行，才是合天理之行。故在一氣流行中，心與物有能知所知位階之不同，故主張知先行後。但他贊成王陽明「知者行之始，行者知之成」的說法，則是湛若水由知先行後，進一步由義理即功夫，而要隨處知物所存之天理以涵養之，而涵養天理便是行，如此相資互成，便是知為行始，行為知成的知行是一的本體。此仍是既有分解說「知先行後」，又有圓融說「知行是一」的模式，分解說在強調氣化有萬端，圓融說在強調隨處體認天理。

> 格者至也，物者天理也，格即造詣之義，格物即造道也，知行
> 並進，博學審問慎思明辨篤行皆所以造道也，讀書親師友酬應
> 隨時隨處皆體認天理而涵養之，無非造道之功，故吾輩終日終
> 身只是格物一事耳。[38]

因格是至，物是天理，所以天下家國之種種天理無所不在，故隨物知覺感通此種種天理，即是格物，格物即是造道。指由先知後行之立場，知覺天下家國等物之理，再透過博學審問慎思明辨等知行並進的功夫，在讀書親師取友等具體的對象上，隨處體認其中得氣之中正的理並涵養之，如此知行並進，以至於意誠心正身修家齊國治以至於天下平。在此種功夫下通而為一，此即在隨處體認天理的不同對象上，不分彼此的格物功夫。

---

[37] 同註34，《王陽明全書·傳習錄》中，頁63。
[38] 同註3，《甘泉文集》卷七，頁18。

> 人心與天地萬物為體，心體物而不遺，認得心體廣大，則物不
> 能外矣。故格物非在外也，於物若以為心意之著見，恐不免有
> 外物之病。[39]

　　心體物不遺，故心大無外，物亦無外於心，天理無所不在事物中，透過知行並進，心隨處體察天理，積久涵養此天理，可作為進德修齊治平之資助，使物即氣化凝成不同之物中，皆有氣之中正之理。故由形氣層來說物只是氣化萬端之某一種可能，但由本質來說任一物皆有氣化之理，故與一氣流行並無限隔，所以會反對王陽明以心意之著見為物的說法。實則王陽明以「意之所在為物」，所以良知所表現心意的所在便是物，如此物是致此良知的對象，此物與良知為二，而致天理良知於事物上，使事物皆得其裡，進而心與物無隔，此便是王陽明之格物說。

　　可知湛若水之物在形氣心中，但卻誤以為王陽明之物在心體之外，此可見乃以氣為本與以心為本的差別，王陽明的心本論雖是心物為二，不重視物自身的客觀義，以及物自身之理的客觀義，但本心會賦予物以價值義，使物為一價值之存在，在此立場可說具有意義的物是由心所賦予的，也可說是心物是一。

　　湛若水是統攝物於形氣心中，可消除心物對立有待的困境，使心物是一、天人是一，是具體真實的呈現，而非一虛構的理想。而一氣涵攝心與物的主張，既有分解的主張，如心有須知物之理的對立，由對立可肯定實然存在之物之主體性；又有圓融的主張，再由分殊確立彼此各具主體性以後，由一氣融化彼此位階條件等差別，而差別只是氣化在不同時空所凝成之不同形氣，形氣隨時有聚散，故形氣之差別非重點，但統攝聚散而永恆不變的一氣流行，才是肯定萬物真實存在的共通本體。

---

[39]　同註3，《甘泉文集》卷七，頁1。

第二節　呂柟

　　呂柟，字仲木，號涇野，卒諡文簡。陝西高陵縣人，生於明憲宗成化十五年（一四七九），卒於世宗嘉靖二十一年（一五四二），卒年六十四歲。正德三年（一五○八）進士第一，授翰林修撰。因忤權貴，多次貶官。後官至南京國子監祭酒、禮部侍郎等職[40]。著有《涇野子內篇》、《宋四子抄釋》、《四書因問》、《涇野先生文集》、《涇野先生別集》、《周易說易》、《尚書說要》、《毛詩說序》、《春秋說志》、《禮問》、《呂涇野先生語錄》等等。黃宗羲《明儒學案》將呂柟列於「河東學案」。河東之學，皆以居敬窮理、躬行禮教為主旨，數傳而呂柟，當是時，姚江之學與甘泉之學盛行，而呂柟獨守程朱周張之學不變，與羅欽順倡窮理力行之旨以救王學之弊，官南都時，與湛甘泉暨陽明弟子鄒守益共主講席，東南學者及篤行好修之士，泰半出其門下，一時蔚為大宗，與甘泉學派、陽明學派鼎足於天下[41]。

一、天地之氣，生物則均

> 先生曰：「士有五貴。天地之氣，生物則均也，獨厚於士。是故不為草木鳥獸，為人，一貴；不為夷狄，為中國人，二貴；不為中國人之女，為中國人之男，三貴；不為中國男之農工商賈而為士，四貴；夫為士則上可以為堯、舜、周、孔，下可以為顏、曾、思、孟，五貴。」[42]

　　「天地之氣，生物則均」，萬物皆是由二氣五行、陰陽相生所決定的，此乃基本觀念，強調氣化之普遍義，即萬物皆為氣之所生，萬物皆源天地之一氣，此其氣本論之立場。「獨厚於士」，此又是氣化論所必須面臨的問題。氣化若只是講到生生不息的原則，僅指出其普

---

[40]　【明】呂柟撰：《高陵縣志》，台北：成文出版社，1976 年，影印明嘉靖辛丑（1541）刊本，卷十三，頁 25。

[41]　【明】焦竑撰：《國朝獻徵錄》，台北：學生書局，1965 年，卷二，頁 21。

[42]　【明】呂柟：《涇野子內篇》卷一，〈雲槐精舍語第一〉，北京：中華書局，1992 年，頁 1。

遍性而已，無法具體解釋萬事萬物的不同，因此氣化的過程是不齊的、有等差的，如此才能解釋萬物是不齊的。但以二五相生做為創生萬物的本體，而萬物又有不齊時，那麼等差原本是為證實真實世界即是如此，則等差也必然帶來在人身上之尊與貴、賢與不肖的差別。對二五相生言，並無高下的分別，可是儒家把生生不已、二五相生當作一必然如此的理序，所謂「生生之謂大德」，因此，相生的原則本身即具有道德義。當生生有不同、有道德義，道德義就在不同等差的事物身上。總合言之，萬物便會有靈的、有不靈的，有貴的、有不貴的。當然吾人會認為貴的是人，但人中間還分好幾等，如孔子言：「唯上智與下愚不移」，其亦將人分等。呂柟進一步強調人有五種：夷狄、中國人（男）、商賈、士人、聖賢。簡單說，呂柟的重心不在萬物的不齊上，而強調氣化在人身上也是非常不齊的。而在不齊中，愈能順著二五流暢相生的就愈貴；反之，若受到氣的限制者，則其愈低賤。此即呂柟之二氣生生在人身上表現之分殊義。

> 官問：「程子曰：『露者星月之氣所為，故夜陰則無露。』」
> 先生曰：「不然，亦地氣耳。夫當春夏之時，地氣之升也，重則為雲為雨，不重則不為雲雨而為露。當秋冬之時，地氣之升也，重則為雲為雪，不重則不為雲雪而為霜。其究則亦天之氣感之耳。如以為星月之氣而為露也，冬夜豈無星月乎？奚不露！夫天之露霜，猶人之語默也，子亦求之己而已矣。」[43]

此一段簡言之，即是呂柟從露和霜的產生來說天地之氣交感。春夏是地氣生，輕的就變成露。秋冬時，也是地氣生，然後輕的就變成霜。所以不僅是地氣上升還包括天之氣感之。是因為天地之氣相感，所以才產生霜露。而天地之氣相感是一個創生的基本條件，其所得到的結果在春夏秋冬乃是不同的，因此必須加上時空環境的不同，才能產生更多不同的事物。而天地相感在人身上之人倫日用的表現，即是人之語默的不同。故人之行為表現，亦是二氣相感所產生。此乃將氣

43　同註 42，《涇野子內篇》，頁 25。

化相生轉為人之人倫日用的表現。

> 雷問明。先生曰：「窮理而已矣。」問公。曰：「循理而已矣。
> 故由理則為君子，不由理則為小人。」「何謂也？」曰：「形
> 也者，氣也；氣也者，理也。不能於理，即不能於氣。」[44]

　　形是氣，氣是理。亦即理是氣的內在主體、條理，而氣則可凝結為具體的形體。所以有形的形體是來自於無形之氣，而無形之氣內在有一無形的條理。假如沒有無形的條理，便無法讓無形之氣產生「生生」的作用。因此，應是有理之後才有氣，即理為主，氣為後。此乃受朱學影響，以為天予人以陰陽五行之氣，理便在裡面了，沒有理便無氣。無形之氣的內在條理是理，而無形之氣亦可凝結為各種有形的萬物。而言由理而氣由氣而理，理氣為一體。乃指氣化的無形條理透過氣化賦予在氣化所凝結的條理之中，無形的條理亦在氣化的形體之中。氣固然貫通了有形和無形的差別，但理亦在其中。換言之，有形的形體也是順著陰陽二氣五行的條理而生，二者是相關的，形氣和理是一，形氣之中便有陰陽相生的條理。此種形氣乃是具有本體義的形氣。

> 問：「天地一元十二會，一年十二月，一日十二時。統而言之，
> 不過六陰六陽迭相循環。然陽中未始無陰，陰中未始無陽。學
> 者觀於陰陽之間，亦可以進德矣。」曰：「孔子斟酌四代禮樂
> 亦此意。故曰『變則通』，又曰『通乎晝夜之道而知』。」[45]

　　此乃是指易卦之陰陽相生不已。董仲舒認為陰陽是對立的，因此天地之變化乃是頓變，是極陽生陰，極陰生陽。而呂柟卻認為陰陽是不能分離的，於是陰陽即為一氣中之兩個素質、兩種作用。所以一氣可以透過六陰六陽之變化而產生許多不同的人事物。此亦是禮樂斟酌損益，以日進其德之意。因此，呂柟是將一氣流行中的陰陽創生作用當成道德義來看。

---

[44]　同註 42，《涇野子內篇》，頁 10。
[45]　同註 42，《涇野子內篇》，頁 28。

問：「草木何以無知也？禽獸何以有知也？意者，草木之偏於
氣者乎！禽獸其兼氣血，有知者乎！夫惟有知，故有牝牡之性，
生育之道矣。」曰：「草木本乎地者多，故無知；禽獸本乎天
者多，故有覺。人兼天地之道，故靈於草木鳥獸。人而不能盡
天地之道，是亦草木鳥獸也。」[46]

草木由於是地氣比較多，所以是無知的，而有知的禽獸是天氣較
多的。而人身上天地之氣是一樣多的，是相生不已的，又是有等差不
同的，於是能創造一個豐富、有等差的世界。所以人須能盡天地之道，
讓內在的天地之氣相生不已，以產生出無限的道德行為。呂柟乃是直
接將天地的氣化作用轉為人之內在道德意涵。也見其氣化日漸高貴
之意。

二、吾與天地，本同一氣

問：「嘗謂人之生也，陶冶於造化，其猶傀儡在技兒之手乎！
及其死也，歸根復命，其猶傀儡在技兒之囊橐乎！可笑也，亦
可悲也。」曰：「人之生如泡聚於水上，其死如泡散於水上。
如傀儡在技兒之手，則天地為用力矣。傀儡在囊橐之內，則魂
魄不散類輪迴。」[47]

人生時就如同水上之泡，意即氣化是不變的主體，而在氣化中之
人是有生滅的。人是傀儡，技兒是操縱的人，就是天地。天地之氣具
有相生作用，便如同技兒可以操縱傀儡一般。若傀儡在囊橐之內是指
人在形氣世界之中，那麼魂魄當然就不會消散，如此則為佛家靈魂不
滅之說，但呂柟則以為氣化是水，泡聚散只是水之不同樣態，與輪迴
之形式不同。

問塞於天地之間：「六合是恁的大，吾人以眇然之軀，何以能
塞之？」先生曰：「吾與天地本同一氣，吾之言即是天言，吾

[46] 同註42，《涇野子內篇》，頁34。
[47] 同註42，《涇野子內篇》，頁33。

之行即是天行，與天原無二理，故與天地一般大。塞，猶是小
言之也。」[48]

人和天地都是一氣流行所產生的，一氣流行先化成天地，天地之
氣相生，再生成人世萬物。而天地之氣相生的作用就在人身上，形成
人生生的作用。透過天地之氣在人身上之生生作用所講的話，亦即是
天所講的話；所表現的行為，亦是天地之氣所表現的行為。所以人和
天原無二理，人可以和天一般大。但人是有限的，而天是無限的。如
何讓有限的人與無限的天相連，乃是靠二氣相生不已的條理與作用。
二氣相生不已的條理與作用不僅是人的本質，也是天的本質。此皆從
一氣流行的氣化層次，亦即氣化之理上講，故有限形氣可和天一般大。
呂柟希望透過人和天都有氣化之生生，來跨越人和天的差別。故天地
一氣，即是貫通天與人為一的本質。

> 人之一呼一吸，天地之氣也，氣在天地，吸之即翕，天地之氣
> 通我也，呼之即闢，我之氣通天地也，是故知天地人一體。[49]

湛若水以為呼吸之間，天地之氣與我貫徹相通，而能通的媒介則
即人我為一的天地之氣，如此亦將天地人以一氣來貫通而無隔。

> 予曰：孔子嘗說：禹，吾無間然。子今乃云爾，無亦愈於孔子
> 乎！不知天理不在人事之外，外人事而求天理，空焉爾矣。爾
> 先人之見此也，爾其敬承之哉』」經府深然之。[50]

外人事而求天理是空的，因此，理就在人事之中，人事之中即有
天理。此亦由天地本同一氣，說天理與人事相通無別。

> 先生說：「敝同年王藥谷書云悟三易。某回云，易止是一簡易。
> 有人說易道陰陽也，有言說天莫辨乎易，皆不是。易本為人事
> 設，故『立天之道曰陰與陽，立地之道曰柔與剛，立人之道曰

[48] 同註42，《涇野子內篇》，頁186。
[49] 同註3，《甘泉文集》卷二，頁3。
[50] 同註42，《涇野子內篇》，頁195。

仁與義』，借天地、陰陽、剛柔先發起，以見人之稟仁義，皆
由天地、陰陽、剛柔中來，非外鑠我也。是以君子行此四德。
故曰：『乾，元、亨、利、貞。』〈彖〉、〈象〉、〈文言〉
若發未盡，〈繫辭〉中備言之，易本日用淺近事，無往而非易，
只是後人看得高遠了。」[51]

　　其言易是為人事而設，而天道乃是陰陽相生的作用。至於柔剛相
生的作用，則稱為地道。而人天生稟著仁義。乃是透過陰陽相生的天
道與剛柔相生的地道相結合所產生的仁義。因此，人身上的仁義乃是
順氣化生生而有的。故仁義必是由天地、陰陽、剛柔相生而來，絕不
是由「外鑠」而來。總而言之，氣化相生的萬物本身即具有道德義。
故「道」雖是二氣相生之道，且本身亦即具有道德義。且是貼近人事
而說的，而不由形上去說。

元亨利貞，天之命也。仁義禮智，人之性也，四者惟人與天合，
而得其全。就人中細分之，又有氣質清濁、通塞之不齊。有全
之全者，有全之半者，有全之少者，有皆不能全者，其品蓋不
可勝計也。[52]

　　薛瑄以為萬物之氣質清濁不齊，乃是順著易道之始生作用，及完
成作用而有造化之萬端，且此萬端是由實有人道而言，非只作用之虛
說。同時，實然之生生所透顯出的道德義，自亦是實有之道德義。不
只如此，薛瑄與呂柟，亦皆由易道生生說人可分數等，此皆氣學家，
重視實然層之特色。

三、動靜無二，理欲無二

　　呂柟一直強調人事之中有天理，天理便在人事之中。同樣的，人
事就是天道，天道就在人事之中。故求道於人事之外者非道。故天下

51　同註 42，《涇野子內篇》，頁 259。
52　【明】薛瑄：《薛瑄全集・薛文清公讀書錄》卷五，山西：人民出版社，1990 年 7
　　月，頁 1149。

任何一件事情都是道、理，都是天地之氣相生的作用。行為在天地氣化之中，當然合於天地氣化之理。而合於天地氣化之理的行為，便是一貫之道。

> 文祿問：「道不可須臾離，朱子以靜存動察為言。然動靜無二時，理欲無二幾，存省無二功，岐而二之，祿深疑焉。」先生曰：「此總言慎獨工夫。存省之功固不可分，能存天理，便能遏人欲；能遏人欲，便能存天理。故君子用功，惟於一念將萌之初，加之意焉。戒慎於己所不睹，恐懼於己所不聞，道在我矣。蓋此不睹不聞之境，人皆以為隱微而可忽，孰知其至見至顯也。故君子必謹其一念將萌之獨焉，原無二截。」[53]

存養省察便可存天理遏人欲。存天理遏人欲乃是指理欲是一。人的二氣相生的行為假使合於理，便可稱作天理，便無人欲。假使行為不合於二氣相生之理，則此行為便是欲而不是理了。由此亦可知，道其實是理欲是一的。同樣的，動乃是天理的表現；靜亦是天理的表現。而動合於二氣流行的天理便是靜，因為靜是二氣流行永恆不變的真理，故是靜。如此動是靜，而靜亦是動，因為永恆不變二氣流行的真理，仍在氣化中生生不已。故動靜為一機。動靜一機、理欲一機，皆是一貫之道。在氣化流行之中，人身上仍然要分內外，因此氣化流行除了形上形下、有形無形的差別外，還有內在之形氣，外在之形氣等的分別。而其分別的意義，則在於有形氣的內外分別，才可以突顯形氣的主體性和別人的差別性。如此將渾淪的氣化分解為各具主體性的萬物，以建構成一實有世界，而人身內外理欲的分別，便在此處得其意義。如此氣化之道在我生命內在，亦在氣化流行之中。道之境界不分形上形下、有形無形。而氣化之道雖有內外之分別，但卻能貫穿內外的分別，意即無論是理與欲還是天與人，都有道。

> 問：「『費隱』分體用否？」先生曰：「此體用分不得。指門
> 腔是體，為人出入是用；燈能照滿室是用，光是體。此極言君
> 子之道大也。先舉眾人與天地、聖人而言，後又舉盈天地間飛
> 潛動植而言，皆是道也。自何處做起？造端乎夫婦耳。能此乎，
> 便與天地萬物為參伍。」[54]

呂柟由道來說體用是一，有體有用即是道大。由天地和眾人來說
道的話，則天地是體，眾人是用。故可知，道是一個萬物創造的主體，
而具體產生的作用，則皆由道而來，即以道為用之體。陰陽相生之道
便是道創始之內涵。呂柟言道，乃不從形上加以論述，而是從具體的
創造來說道，故道是非常真實具體的氣化之道。具體的陰陽氣化相生
之道在任何的萬事萬物中，都可呈現。因道是沒有大小，故可貫穿在
大小、遠近、隱顯之中。雖道是無限大的，但它卻可落實在具體有限
的形氣表現之中，如造端乎夫婦。而又可通乎生生不測的鬼神，更可
表現無限大的道，藉貫注形氣之生生中，彰顯參贊天地之大用。

四、理在二五之氣中

> 問「逝者如斯」。曰：「程子謂『有天德便可語王道，其要只
> 在謹獨』。此義極精。蓋人心本與天地相通，如〈西銘〉所云
> 者。苟其心少有私意扞格，把天理間斷了，便是不能『謹獨』，
> 與天地之化往而不息者異矣，何有乎天德？則王道安從而行？
> 故惟聖人之心，至誠無息。」[55]

此言天理是不能被間斷的。聖人之心是至誠無息，而至誠無息仍
是天地相感、氣化不已的。天地相生不已是天理，亦即天理是二氣相
生的氣化作用，而這作用是不已、不息的。故推而之人，則人心與天
地本質皆往而不息而可通；天德與王道亦至誠無息亦可通。

---

[54] 同註 42，《涇野子內篇》，頁 75。
[55] 同註 42，《涇野子內篇》，頁 92。

先生曰：「聖賢每每說性命來，諸生看還是一箇，是兩箇？」
章詔曰：「自天賦與為命，自人稟受為性。」先生曰：「此正
是《易》『一陰一陽之謂道』一般。子思說自天命便謂之性，
還只是一箇。朱子謂『氣以成形而理亦賦』，還未盡善。天與人
以陰陽五行之氣，理便在裏面了，說箇亦字不得。」陳德文因問：
「夫子說性相近處，是兼氣質說否？」先生曰：「說兼亦不是，
卻是兩箇了。夫子此語與子思元是一般。夫子說性元來是善的，
本相近，但後來加著習染，便遠了。子思說性元是打命上來的，
須臾離了便不是。但子思是恐人不識性之來歷，故原之於初。夫
子因人墮於習染了，故究之於後。語意有正反之不同耳。」[56]

　　天和人在生生不已的本質上是相同的，不同的只是位置而已，故
是一。如二氣相生之理在天為天理，此理在人身便為性。朱子是理氣
二分，故言氣以成形，理隨賦焉。對呂柟而言，氣化流行時，天地之
氣的生生作用就已凝結在形氣之中，故形氣與元氣間，其本質、條理
並無不同，不同的只是位置。位置不同，在強調實然層仍是無限生生
的。若說「亦」，則代表理、氣是兩件事，因理是二五相生之條理，
且便在二氣五行之中，為其生化之理序，故不可說理氣為二。同理亦
不說性兼氣質，因不論由本質或來源說，性皆以氣質之生理為內容的。

「好仁者所至，似又愈於惡不仁者。」先生曰：「天下之道，
只有箇仁與不仁而已；人之情，亦只有箇好惡而已。」象先曰：
「或有知好仁矣，係於小人之不仁，或不知惡；亦有知惡不仁
矣，作主不定，或己之有仁，不能自強。如何？」先生曰：「好
仁而不知惡不仁，還是好之未至也；惡不仁而不知好仁，亦是
惡之未至也。未盡好惡之道者也。蓋仁元只是一箇理，好惡元
只是一箇情。」[57]

---

[56]　同註 42，《涇野子內篇》，頁 155。
[57]　同註 42，《涇野子內篇》，頁 205。

道德在人身上最具體的表現是好惡，好惡得當就是仁，如果好仁卻不知要惡不仁，則此好仁便不純粹了。唯有惡不仁才能真正好仁。順著理欲和動靜是一的立場，則好仁和惡不仁也應該是一。因為順著氣化流行所表現的道德義，與實踐作用，便是好仁。而氣化流行的表現，由對治不仁必判其為不合道德義與生生義來說，亦即是惡不仁。所以順著具有道德義的二氣相生之理來表現，正面說好仁，負面說惡不仁，故好仁與惡不仁是一。此亦是呂柟將氣化之道一貫在內外、有無、上下、好惡之中的表現。仁是一個氣化生生之理，順著氣化生生之理是仁，反之便是不仁。則仁與不仁，仍以氣化生理為判準。且不會有「好不知惡，惡不知好」的情形，因好惡是即體即用，即存有即活動的仁之生理。同樣的，好惡乃是一「情」，而非兩個情。仁是一個理，而好惡也是一個情，是用氣化流行的道加以完全的貫穿，充滿在人倫日用之中的情。

五、性氣是一

> 問：「孟、程言性如何？」曰：「孟子言性如水之就下，程子言性猶水也，亦有濁者，不如孟子言的實。」[58]

孟子論性如水之就下，乃是一個應然如此、必然如此的理序，並由此來說性。性當然是指仁的性，而仁是二氣相感所成，故性亦是二氣相生之理在人身上的本質。二氣相生之理就如同水之就下，有其應然如此、必然如此的理序，其便是孟子所言的善性。而程子的性則言如水有清有濁。水正常的狀態為清，是生生不已的正常理序，亦就是指性善。水不正常的狀態為濁，而氣化流行之變就為濁，也就是惡。呂柟認為程子之性既有清也有濁，就是指性中善惡都有。而呂柟是反對氣質之性中間是有善有惡的，其認為氣質之性是純善的，因為他一直強調「一貫之道」，而一貫之道便是只有一個生生作用，貫徹上下與有無。生生作用可以從道德義上講是仁義，生生作用從形氣層說是

---

[58]　同註 42，《涇野子內篇》，頁 49。

氣化，生生作用在氣化中是應然如此、必然如此的理序就叫理，是非常一貫的。因此，無法接受氣質之性中間是有善有惡的。可知呂柟是言氣質之性的，但此氣質之性強調生生之道德義，故是純善的，與王廷相強調生生之客觀義，說氣性有善惡是不同的。

> 本泰問夜氣。曰：「有夜氣，有旦氣，有晝氣。晝氣之後有夜氣，夜氣之後為旦氣，旦氣不牿於晝氣，則充長矣。孟子此言氣字，即有性字在。蓋性何處尋？只在氣上求，但有本體與役於氣之別耳，非謂「性自性，氣自氣」也。彼惻隱是性發出來的，情也；能惻隱，便是氣做出來，使無是氣，則無是惻隱矣。先儒喻氣猶舟也，性猶人也，氣載乎性，猶舟之載乎人，則分性氣為二矣。試看人於今，何性不從氣發出來？」[59]

「性只在氣上求」，故可知性只有一性，亦即是氣質之性。而無氣質之性、義理之性的分別。從天道論而言之，陰陽相生凝結在人身就是情，凝結在人身上的理就是性，故人之生生作用在人的形體上即可彰顯其性用，故曰「性只在氣上求」。但「有本體與役於氣之別」，「役於氣」的性便是被氣質所限制的狀態，此即一般所說的氣質之性。而氣本身就有「本體」，此即所謂天地之性。而呂柟並未明說氣質之性、義理之性的分別。故性若是以氣之本體為主，便是二五相生的創造主體，也是道德主體。則以本體之性，便是善之氣性。

氣質之性的本體是二氣五行的相生作用，但在氣化不齊下，氣質之性亦會受到外在氣的影響。故二氣五行的本體的性是善的，但善的氣質之性受到外在氣的影響，便會受到限制，不能暢發，便會為惡。是故呂柟的善惡之性很特別：氣質之性是善的，而惡亦是從氣質之性來，當氣質之性受到外在氣的影響時，便是惡了。故不能將氣和性完全分開。性一定在氣中，性的主體是氣。而惻隱是順著氣質的善性表現出來的情，故這種情也是善的。故性善情亦善，因性情同為一氣的層次。推而論之，舟與人不同層級，則人雖乘舟，人與舟仍為二者。

---

[59]　同註42，《涇野子內篇》，頁116。

> 先生曰：「子思說自天命便謂之性，還只是一箇。朱子謂『氣
> 以成形而理亦賦』，還未盡善。天與人以陰陽五行之氣，理便
> 在裏面了，說箇亦字不得。」陳德文因問：「夫子說性相近處，
> 是兼氣質說否？」先生曰：「說兼亦不是，卻是兩箇了。夫子
> 此語與子思元是一般。夫子說性元來是善的，本相近，但後來
> 加著習染，便遠了。子思說性元是打命上來的，須臾離了便不
> 是。但子思是恐人不識性之來歷，故原之於初。夫子因人墮於
> 習染了，故究之於後。」[60]

　　呂柟認為孔子的性相近並沒有兼氣質。因為一兼氣質便是兩個：
一個是性，一個是氣質。呂柟由人與天地本同一氣，說一氣流行在人
身上就是性，只有一氣和性在位置上的不同，但本質是完全一樣的，
所以是一。因為只有一性，故不可以說兼氣質。呂柟認為孔子的性相
近，是就天人一氣的立場由人倫日用中指出此氣性是善，故性與氣不
分。子思說性是命上來的，須臾離便不是，是將子思之天當作是一
氣流行，賦予在人身上，人有一氣流行的作用，便是性。故仍然是由
氣質中指點一氣之生理為性，且此氣質之性仍然是善的，和孔子所言
亦相同。呂柟從氣化的一貫之道來解釋，故其所謂的性，和孔子的性
相近與子思的天命之謂性都是相同的，此即是呂柟一貫的氣化之道
的表現。

> 「人之喜怒哀樂，即是天之二氣五行，亦只是打天命之性上來
> 的。但仁義禮智隱於無形，而喜怒哀樂顯於有象，且切緊好下
> 手做工夫耳。學者誠能養得此中了，即當喜時體察這喜心，不
> 使或流；怒時體察這怒心，不使或暴，哀樂亦然。則工夫無一
> 毫滲漏，而發無不中節，仁義禮智亦自在是矣。[61]

　　人的喜怒哀樂是情，而情是天之二氣五行來的，天的二氣五行發
為人的喜怒哀樂之情，故此情亦是善的、是合於天理的，是具有道德

60　同註42，《涇野子內篇》，頁155。
61　同註42，《涇野子內篇》，頁156。

義的，即是仁義禮智的氣質之性，是會表現恰當的喜怒哀樂之情。故喜怒之情合於氣質善性便是對的。如此性善之發乃為情善，但性善說解釋惡，乃由善受氣質遮蔽而有。故呂柟本其氣性純善的主張，亦要體察氣質有無過與不及。但在其性善情亦善同為一氣流行之呈現下，工夫是較直截簡易，不須用力貫通不同層次的性與氣的。

六、心與理一

> 洙問外想難絕。先生曰：「心無主，則客邪交侮矣。」又曰：「以其可想，換其不可想。」「何以有主也？」曰：「禮義浸灌耳。比其久也，心與理一，雖有客邪，不能入矣。今有言讀書非力行者，以予言之，背過四書六經，真力行之士也。蓋非心好義理，則六經四書不能入胸中矣。洙無獨玄談而不苦學。」[62]

心原本就有禮義，原本就是道德心，而這道德心是不斷的表現創造作用。就性言，呂柟是言性善的，所以在天有一氣流行的創造作用下，此作用凝結在人身，便是知覺創造的心，此心當然也是善。至於呂柟為何要說「禮義浸灌」？簡單講，心原本是天地之化的道德善心，但若此道德作用之善心的自律作用失去，只好靠外在的禮義來浸灌。此乃前述呂柟主性善，則必須說明惡由何處生？及如何解決的問題？外在的禮義是他律的方法，二五相生的條理是禮義，化為規範後即為他律道德，可以此禮義來浸灌導化心。而此時並非言心不是自律的，而是說心是自律的，有二五相生的創造作用，只是暫時被氣質所掩蓋。於是將古今聖賢之二五相生的道德義，化成具體的規範，來引導改變，暫受限於氣質，不能自由自主生生的心，重新回復氣化之常。如此則為自律他律仍然是一。簡言之，自律是二五相生的內在作用，而他律是二五相生的外在作用，只是位置不同，其本質乃是相同的，故二者是一。呂柟不像王學以自律道德為主，比較不重視他律道德；也不像朱學很重視他律道德，較乏自律道德。呂柟認為心本身就好義理，外

---

[62]　同註 42，《涇野子內篇》，頁 25。

在的六經亦可以進到心中來。亦即自律和他律是一的，故內外因本質同，故必定可相應。

鍾彩鈞先生對呂柟由氣說的心，有其發揮：

> 涇野在氣之一貫的基礎上提出與物同體，是「一人己，平物我」的結果。涇野指的是內心的無私和不偏，因此能對外開放，正當地愛每一個人。涇野較少理論建樹，但筆者感覺背後的依據是遠源於明道橫渠、近同於甘泉的「大心論」。[63]

呂柟與湛甘泉論交甚密，故皆主張由一無限之氣論心，心自應大而無外。同時呂柟亦由太極之陰陽論心有動靜，此亦提供心與理一外，心尚與太極陰陽為一，使心具有無限義。

> 先生謂大器曰：「千慮萬思不如一靜，千變萬化只在一心。」大器曰：「靜，無欲之謂；心如穀種之謂。」又曰：「心上起經綸如何？」先生曰：「那經綸固是心上起，但看怎生樣起。」又問。曰：「就在穀種上生起。」「穀種焉能生？」曰：「仁而已。」[64]

此「靜」乃指氣化不已的心，心可以有非常多的思濾作用，但是必須統攝在靜的主體心上面。如同穀種一般，有生生的變化、創生作用。而心穀種之發，乃順其各正性命不同之生理，即所謂性，而發為情。而「仁」即由總括此生理，具體化為生情的主宰來說心。故由穀種之生上，見其心與理為一。

七、凡物皆須格

> 論「格物致知」，「世之儒者辯論，莫太高遠乎？」先生謂：「若事事物物皆要窮盡，何時可了！」故謂「只一坐立之間便可格物。何也？蓋坐時須要格坐之理，『如尸』是也；立時須要格立之理，『如齋』是也。凡類此者皆是。如是，則知可致

---

[63]　鍾彩鈞：〈呂涇野思想研究〉，《中山人文學報》18 期，2004，頁 6。
[64]　同註 42，《涇野子內篇》，頁 82。

而意可誠矣」。又曰：「先就身心所到，事物所至者格，久便
自熟。或以格為量度，亦是。」[65]

朱子的形上理是無限的，此理會分殊在無限的事物之上，是無法
將全部的理都窮盡的。對呂柟言，格物亦是窮事物之理，而其言二五
之氣生化成不同的萬物，當然就有不同之理。同樣都有不同之理，但
呂柟卻反對朱子的窮各物之理，因為呂柟的所謂萬物之理，在天人本
同一氣的立場下，事事物物之理雖有別，但只是一氣流行在形氣中不
同的示現而已。實只是一理而已。朱子的理一與理萬，在位階上有很
大的差別；而由於呂柟強調「一貫之道」，故對不位階所形成不同之
事理，亦當尊重其本同一氣所生的主體性，而窮其事理，更強調「久
便自熟」後，對諸般事理一貫性的掌握。

> 章詔問格物。先生曰：「這箇物，正如孟子云『萬物皆備於我』
> 物字一般，非是泛然不切於身的。故凡身之所到，事之所接，念
> 慮之所起，皆是物，皆是要格的。蓋無一處非物，其功無一時可
> 止息得的。」轟靳曰：「蘄夜睡來，心下有所想像，念頭便覺萌
> 動，此處亦有物可格否？」先生曰：「怎麼無物可格！『君子無
> 終食之間違仁，造次必於是，顛沛必於是』亦皆是格物。」[66]

在具體的世界所遇到二五之氣所生的任何萬物，都是物，因都具
有生生之理，所以都要格。呂柟特別將理落實在身所到，事所接，念
慮起的日用常行處，格潛存於此形氣層之種種氣化之理。不再走由形
下中指點出形上之理的理氣二分的老路。故不論造次顛沛，或念慮動
處，只要為天人一氣所涵融其中的人事物，皆須格其理，以體悟回應
天人一氣的本體義與無限義。

> 夫格物是知，必須意誠心正，然後見之躬行，不是一格物便能
> 了盡天下事。且如子華未仕時，亦只是講明此道而已，豈能預

---

[65] 同註 42，《涇野子內篇》，頁 90。
[66] 同註 42，《涇野子內篇》，頁 152。

> 知一郡人民士俗乎！至於今日到高郵，身親經歷，便有許多政
> 事條理焉，能一舉而了盡一州之政乎！」[67]

　　所謂物理是合於氣化實現之理。而格物並不是一格便可知天下之理，亦即不是格了理一便可知理萬。因萬殊之實然，有其應如此萬殊，以在有限中，具體呈現氣化無限的必要性。故事物間之殊異，非但理論上不可取消；現實上，更要一物格一物，由「身親經歷」，真實體悟氣化之萬理，而非只是理論上的推測得知之理萬。呂柟重實有之學風，昭然可見矣。

第三節　高攀龍

　　高攀龍，字存之，號景逸。常州無錫（江蘇無錫）人。明世宗嘉靖四十一年（西元一五六二年）生於無錫城內水關(今水曲巷)。高攀龍自小顯現出異於常人之稟賦，五、六歲之時，其嗣母拿水果餅餌與之，此時竟已懂得屈身拱手而接，其誠實端重有如成人[68]。萬曆十四年，二十五歲，因縣令李復陽與顧憲成在黌宮講學，其至此聽講後，對於聖人之學非常嚮往，成為其後來與顧憲成一同於東林講學之因。爾後為奸人誣陷為東林黨[69]，卒於熹宗天啟六年（西元一六二六年），贈太子太保、兵部尚書，諡忠憲，享年六十五歲。遺著經後人整理為《高子遺書》和《高忠憲公集》。

一、天地之先，惟斯一氣

> 子輿以「浩然」名氣，先生以「太和」名易，浩然者，太和之
> 充於四體；太和者，浩然之塞乎天地。匪是不為知道，不為見
> 易，故曰：周公才美，智不足稱。[70]

67　同註 42，《涇野子內篇》，頁 233。
68　同註 1，《明史・高攀龍傳》，卷二四三，列傳一三一，頁 6311。
69　同註 1，《明史・葉向高傳》，卷二四〇，列傳一二八，頁 6236。
70　【明】高攀龍：《高子遺書・經解類》，〈聖賢論贊・橫渠先生〉，台北：台灣商務印書館文淵閣四庫全書，1983 年，卷三，頁 378。

　　太和元氣即元氣，而元氣為形氣之本體，故此指元氣充滿形氣中，無限多有限之形氣組合成無限之元氣世界。而浩然與太和兩者之互相充滿乃高攀龍理論特色，太和與元氣相同點乃皆為無限，但不同點乃因太和為形氣之無限，而浩然指為元氣之無限，若消融太和乃具體無限與元氣形上無限之別，使兩者結合成一既統形上下，亦含內外有無為一之無限元氣世界。

> 天地之先，惟斯一氣，萬有大生，人為至貴，人生於寅，是謂厥初有如嬰兒至靜而虛，其心之靈，以氣之直上際下，蟠與天無極。[71]

　　其先確立氣乃天地之先的宇宙最高本體。現實形氣之天地萬物，皆由氣本體所生。人乃萬物中最貴、最早之「生於寅」的狀態。因「寅」乃清晨一點至三點或為陰曆之正月，即剛開始之時。就形氣層面言，人成形之最初狀態即嬰兒。若就無形層面言，即指人之本質乃合於形上「一氣」，此即表不應視「赤子之心」為自身，而將「天地之心」視為個體以外之本質，故其欲藉由統形上下之人最初之嬰兒狀態，而將「赤子之心」與一氣流行相縉合。因此狀態乃形氣最初之狀態，亦即人由無形初化為有形之狀態，與無形化為有形之狀態最接近，此即嬰兒與赤子之心理論之重要性。如徐復觀於《兩漢思想史》中提及欲將五行與四時相配，兩者本無法相配，而其解決之法則是由五行之金、木、水、火各取十八天配夏秋之交會點之中央土[72]。再者四時配五行即表奇偶相生之狀態。順奇偶相生之系統，則可更全面地詮釋所有氣化之可能。而孫應鰲有提及「天地生生從何處可見？」表其欲具體指出生生不息。純心學所謂「天地生生」指心靈之無限創造。理氣二分者則言陰陽二氣會相生不已。但就氣學家之立場認為生生貫穿在無形與有形中，而孫應鰲明說於坤卦與復卦中可見生生，因坤卦乃六陰爻，

---

[71]　同註 70，《高子遺書・經解類》卷三，頁 368。

[72]　徐復觀：《兩漢思想史》卷二，〈呂氏春秋及其對漢代學術與政治的影響〉，台北：學生書局，1999 年，頁 19。

復卦則初爻為陽爻，二到上皆陰爻，故坤卦到復卦表示由六條陰爻轉變到復卦初爻為陽爻，此即表初爻欲由陰爻變成陽爻，生生在此變化中顯。故氣學家欲試圖尋找表達生生可貫通於無形、有形之實証。此特殊之交界點即王廷相所言之「機」，因「神」乃無形之創生作用，「機」則為有形之創生作用，其表剛開始之創造。「神」與「機」中間，是既無形卻又最接近有形，與有形又最接近無形之創造，最早即孟子所謂「四端之心」之「端」的「端倪」。高攀龍所言之「嬰兒」即王廷相所言之神至機間，亦即孫應鼇所言之坤卦至復卦間，亦即孟子「四端之心」之端倪。

　　嬰兒之心乃虛靜，而虛靜便可「靈」，乃因其可「以氣之直上際下」，故虛靈心可藉由氣直上通於嬰兒前之元氣，與際下通於嬰兒已生之後之形氣，其以為可藉由嬰兒之心貫通兩者。其肯定氣為萬物本源外，欲藉由氣之上下無限，其心亦與之直上際下而無限，將本體義充滿於心中，亦即一氣流行於人，便是心之靈明發用。乃因氣本理論發展至此，其主在解決形上下之氣或理氣或心氣如何是一之問題，而重點已不在以氣為本而已。

> 真元之氣生生無窮，一息不生便死矣。草木至秋冬凋謝，是霜雪一時壓住。彼之生生無一息之停也，不然春意一動，其芽何以即萌。人之爪髮即草木之枝葉也，飲食是外氣，不過藉此以養彼耳，其實真元之氣何藉乎此哉。人之藉飲食以養其身，即草木之滋雨露以潤其根。[73]

　　真元之氣即元氣，元氣生生無窮，故無斷結之時。但其藉用形氣世界變化論之，如草木秋冬凋謝，並非死亡，只是暫時為霜雪壓住，表其生生本質不息，故當春意一動，草木表現便會萌芽生長。

　　草木枝葉即元氣所凝成之形氣，但枝葉之形氣須藉外在形氣滋潤之，解釋之路徑有二，其一，就形上層言，草木之本質乃生生不息之真元之氣，但此氣乃一無形之本體與作用；其二，就形氣層言，

---

[73] 同註70，《高子遺書・會語》卷五，頁417。

其明言形氣枝葉具體之生長，表形氣亦具變化，故氣本論既重元氣
變化，亦重形氣之變化。由上可知生生不息層次有二，其一本體層之
真元之氣可生生不息；其二，表形氣層之形氣亦會相互資養，以成就
真實之氣化。如人藉著飲食養生，草木藉雨露養根，飲食、雨露皆外
在形氣，有其形氣相互成就之功能。故形氣內在之真元生生與形氣外
在之變化，兩者缺一不可，此表元氣與其在形氣中生生表現不分，此
即合內外是一之一氣流行世界。因朱學與王學皆有論及內外合一，但
因其內在本質與外在不同，故本質上不能合一，而高攀龍由內外在皆
具元氣，雖然有內外與有無形之差別，但由本質皆氣的角度論之，則
同稟一氣之萬物，只在彰顯氣化之真實無限，不因形體萬殊而礙其
是一。

二、氣與理無聚散

> 有友曰：「羅整菴先生言：理氣最分明。云：氣聚有聚之理，
> 氣散有散之理，氣散氣聚而理在其中。」先生曰：如此說也好。
> 若以本原論之，理無聚散，氣亦無聚散。如人身為一物，物便
> 有壞，只在萬殊上論。本上如何有聚散，氣與理只有形上形下
> 之分，更無聚散可言。[74]

羅欽順就形下層言氣有生死聚散，但生死聚散乃順其內在條理變
化。而高攀龍恐大眾誤解為氣只有聚散，而忽略氣有無聚散者，故順
本源言，元氣乃無限之氣，故此氣雖內具變化作用，但本身卻無聚散
之變化，故更無聚散之理內具其中。

高攀龍再從萬殊層面論之，元氣流行中具無窮形氣，知此萬殊為
實有，而萬殊形氣會消散，故可言其有聚散之理。其由本源是無限之
元氣說明氣與理有形上形下之分，因氣乃元氣中形下可見之成分，理
則為元氣中變化不可見者，由此可言氣為形下，理為形上。故就本源
論理與氣，理即元氣中不可見之氣化條理，稱形上之理；氣即元氣變

成具體不同形氣之萬物，稱形下之氣。故知理氣於本上無聚散，於形氣上有聚散，主在凸顯上下皆以一氣為本體。

> 仁是生生之理，充塞天地人身，通體都是，何曾有去來，有內外；自人生而靜以後，物誘為欲，遂認欲為心，迷不知反耳。[75]

仁即無形生生之理，此理可顯現於具體有形天、地、人之中，無形之生理須藉由有形之氣才可顯現，此說法與傳統言形上是由形下顯現之模式相同，其將兩者統括於一氣流行中，而形上元氣內在變化之條理與作用，藉形氣顯現，使形上下有其必然性與關聯性，解決形上、形下截然二分之弊。人之生理無去來、內外之分，表全都消融於一氣流行中，所謂去來與內外表就形氣層其方向與位置之不同，而天地人身之萬殊，正反顯遍在天地人身之生理，乃宇宙最高之本體。此即高攀龍氣化生理無限之特點。

三、氣之條理為性

> 從古聖人未曾說氣，至孟子始說浩然之氣，始說夜氣，最為喫緊，何也？天地間渾然一氣而已，張子所謂虛空即氣是也。此是至虛至靈有條有理的，以其至虛至靈在人即為心，以其有條有理在人即為性。[76]

天地充滿一氣，氣即天地之內涵，此即張載「虛空即氣」之意。由此可知氣之特色，其一為虛靈，表氣無限變化於無限時空中，此特色在人為心，故人心亦虛靈，表心在任何時空中，皆可展現其認知和創造作用；另一為有條理，此條理指氣生化之規律，此特色在人為性，表人倫必有其綱紀。兩特色合而言之，心可無限創造於任何時空，故心能合於氣之無限變化；性則為生化規律與條理，故反襯氣化有條理。將心為無限變化和性乃變化有條理相合為一由無限多有限氣化構成之無限天地。看似有限，但因無形虛靈條理之處與心性本質相同。故理

---

[75]　同註70，《高子遺書・講義》卷四，頁388。
[76]　同註70，《高子遺書・語》卷四，頁405。

論上仍可達至無限。因天地之氣內在乃虛靈條理，而心性之內在亦虛靈條理，故兩者在形氣世界，由無限多有限氣化所組成之無限天地乃具無限多不同之樣態、形狀與位階，此與個人身上之心性之位階、樣狀與樣態都不同，但卻於此無限不同中，指出個人之心性與天地在於虛靈條理處可共通，故高攀龍藉人之心性同於天地之處，以具體、準確地回應無形之氣化在無限時空中有無窮可能，但種種可能不再是矛盾，而是彼此皆可具體、多面向地真實呈現。

> 人之所以為人者，性而已矣。性之所以為性者，天而已矣。人在天中為至虛，天在人身為至靈，虛靈者，於人無朕，於天無際，性之所以妙於天人之間而為心，呈天之體，顯天之用。而非徒以芬然思慮者，供其塊然官骸者，晝夜接構之妄而已也。自夫人認塊然者為身，芬然者為心，至舉吾之與生俱生者，卒與死俱死，而不自知，其不自知，由不學也。[77]

性乃人之所以為人之本質；天則為性之所以為性之本質。人在天中為虛，乃因人在天中表有限之人在無限之天中，人便具無限可能，此即形氣之優點。此即人可見父知孝、見兄知悌之因，故人有無限可能之發展，人發展之最終結果須同於天之本質，才可言天人合一。天在人身為靈，指生理藉人身於日用中顯其無限性，使日用皆合氣化之常，如此既保住人有無限發展之可能性，再者，此無限發展皆應與天之本質相合，故氣學家言「人在天中」之理論優點，乃在由本質同為一氣上論天人合一。

天之生氣在人身，人即具無限創造之可能，但不能溢出天之外，因應合於天。而人之創造不能離開天，可稱為一種限制，但因此限制用於元氣生生無窮中，實指人只存於本體中，人非可外於本體者。

不論人在天中之虛或天在人身之靈，皆不可見之作用，故心乃呈現虛靈之人與天之作用，故可顯現天之體與天之用。所謂天之體即「虛」，因「虛」表天體乃無限大；所謂天之用即「靈」，因「靈」

---

77 同註 70，《高子遺書‧序》卷九上，頁 541。

指無限多之創生作用。而能呈天體顯天用的是心。故可知其以「心」縮合內在無形之性與外在無形之天為一。其縮合之法有二，其一，因「性」乃無形，而「天」亦無形，故可縮合；其二，因性為內在，天為外在，兩者雖有內外之別，但藉由心來作為縮合之機制，如前所言嬰兒乃人未生之前，與人具體已生之後的交界點，而嬰兒之狀態即「心」，因無形內在和有形外在彼此間之內涵可相通，故可以心縮合兩者。縮合兩者之法乃須先去掉有形、無形間於位階上之差別，因心之作用本在於使天之虛與人之靈，在同一氣體用是一的架構，可貫通無別。

因此將塊然者當成身，梦然之思慮當成心，則是將具體形體當一塊之身，而思慮當心，此看法則低估心之地位，因心不只是限制於一身的梦然思慮而已。因心之作用乃跨越有限之形氣，而貫徹上下有無而無間隔的虛靈主體之作用。

> 客問高子曰：何謂浩然之氣？高子曰：性也。曰：性也，安得謂之氣？曰：養成之性也。性者，生理也。如草木焉，惟有性故忽而根荄，忽而幹葉，忽而花實也。實則成性而復生，或槁之或戕之則靡然委矣。[78]

浩然之氣即性，因性可用氣養成，所以言性即氣。因性為生理，其以具體形象之草木為例，而不由本體層面說明之。草木由種子可長出根、枝幹、葉子、花朵、果實；果實完後，又變成種子，並會再次循環。故由此可知浩然之氣即性，而性即生理。其論性之生理不由形上生生論，而由形下具體氣化一直在有形、無形迭運中，指點出生生之理。由形氣上指點出生滅、更迭、循環的生生之理，而不是形上純粹價值式層面的生生之理，亦理氣渾融，理在氣中之思路。

故生理含兩層面，其一乃元氣層面，另一是形氣層面，但是兩者是一而非二，元氣之生理貫穿在形氣中，生理與形氣即表「理氣是一」，因元氣生生之理貫穿在形氣中，形氣因生理而有，生理藉形氣而顯，故理氣皆立於實然層立論，亦即生理因根而葉而花而為實有之生理，

---

[78] 同註70，《高子遺書‧經解類》卷三，頁370。

此生理為形氣之主體義；同時生理遍在草木人物中為性，又為形氣生生之無限義。如此乃將氣化本體落入形氣中說了。

> 形而後有氣質之性者，人自受形以後，天地之性已為氣質之性矣，非天地之性外復有氣質之性也。善反之則氣質之性即為天地之性，非氣質之性之外復有天地之性也。故曰：二之則不是。[79]

天地之性指氣化之生理。人受形後，氣化之生理即存於人氣質之身中。故氣化之生理化為人氣質中之生理，自只有一性，即氣質之性。無理氣二分，唯有一氣流行，其中之條理，稱氣中之理，而此理即氣之本質，因理在氣中，故性亦在氣中，此可稱氣質之性。故氣化生理與氣質生理乃同於本質上，反之，則表天人無法相應。天地與氣質於位階、作用、功能、內外與有形無形有差別，在建構實然世界，亦是真實而無限的，此將本體由形氣說後，不能全然取消否定萬物殊異的原因，故氣質之性既有其殊異性，但本質上仍為人物唯一具主體義之性。

> 形色天性，即形即性，即性即形，此之謂君子；躬行君子，此之謂所貴乎道者三，此之謂根心生色。聖學所以與佛學異者，只一性字；性者，理也；理者，矩也；從心所欲不踰矩，方是躬行，方是踐形。[80]

「形色天性」強調「形」乃有限形氣之形體即氣質之性。其進而言「即形即性，即性即形」表形乃氣性之完全顯現，而性之全體亦形體之顯現。性無限，但受限於氣質，故此受限於氣質之氣性，只能表現為有限形氣，但化掉形氣之殊異，直探本原說，則形與性皆本同一氣，而無內外、有無之分別。

故「踐形」表於實然世界將有限氣性與有限氣形結合，此乃人由有限達無限之唯一可能。但有限形氣和無限元氣於內外、有無、位階有落差，故人和天不能等同，故天人合一之關鍵，不再由有限形體來

79　同註70，《高子遺書·語》卷一，頁341。
80　同註70，《高子遺書·書》卷八上，頁500。

密合於無限元氣，而應從實際層面論有限形氣與有限氣性是一，再藉氣性與元氣是一角度論天人合一。

　　氣性本質即元氣之生理，故又言「理者，矩也」，因「矩」乃現實世界之規矩。現實規矩中存其理，而此理乃有限之理，所以有限之氣形與有限之氣性和有限規矩之理三者可以密切結合，因其言天人合一，並非由有限人合於無限之天之路論之，因無限與有限之落差太大；再者，其亦不同於王陽明形體中之良心可無限大，而可等同於天心之路論之，因王陽明忽略形體有限，並無法和無限天相合，可與天合的是本體的良心。故其由實際角度出發，以為有限形氣須先與有限氣性、有限規矩之理相合，因三者皆同在現實有限層面，故三者皆具有限之特質，所以在此有限中談天人合一。但雖為有限之天人合一，但其重點不在有限之意義上，而是在由實然層面論述，故應稱之為實有之天人合一。因達不到無限之天人合一，再者其雖言有限，但有限之本質內具無限之主體義，因其本源來自無限元氣，只是將三者於實際有限層面作結合，故由此產生新的天人合一模式。因氣形、氣性、理皆本於元氣變化之生理作為彼此共通之本質，而將三者於其所存在之具體有限實然層面密合，卻不失其所各具之無限主體義。此乃由有限形氣中，指點出生理之為實有。

四、氣之虛靈為心

> 心之充塞為氣，氣之精靈為心。譬如日廣照者是氣，凝聚者是心，明便是性。[81]

　　氣乃心之充塞，表心之認知創造作用完全表現，便充塞於氣中。當心之認知創造作用全表現，即一氣流行世界。「氣之精靈為心」，表心乃無限之氣具無窮多創造生化作用，於人身的表現。「心之充塞為氣」，表創造作用充塞在氣中；氣之精靈為心，表氣化生生無限在形氣中表現，此皆立於天地一氣的基礎，言心與氣是一。

81　同註70，《高子遺書・會語》卷五，頁414。

高攀龍舉日照為例，日無所不照，如氣無所不充滿，又言日之凝聚即心，因日之凝聚產生熱量，熱為膨脹作用，故日之凝聚即創造生熱作用，此亦表心之作用。而日之特色為光明，即日之本性。故日具氣、心、性之特色，可藉此言心氣之關係，若將氣視為宇宙本體，日無所不照表氣，日會凝聚為心，日專門顯現光明即性，故心性皆在氣中，兩者只因位階、作用不同，故可言心、性、氣是一。

> 程子曰：天人本無二，人只緣有此形體，與天便隔一層，除卻形體渾是天也。形體如何除得？但克去有我之私，便是除也。愚謂真知天，自是形體隔不得。觀天地則知身心，天包地外，而天之氣透於地中，地在天中，而地之氣皆天之氣。心，天也。身，地也。天依地，地依天，天地自相依倚。心依身，身依心，身心自相依倚，剛柔相摩，如此繞著意便不是。[82]

程明道言人除卻形體即天，表形體有私，故應去除，此即天和形體二分，而非天人合一。但高攀龍認為形體不可除，因「觀天地則知身心」，天包地外，表天之氣完全透在地中，而人之性如天，因地在天中，而地之氣皆天之氣，故由天包地外可知人之心在身中，而地在天中表人之身有心，如此天地相融，則心與身亦渾融為一。

由上可知人之身與心可相入相融，其因如下，其一，因天之氣與地之氣乃相入相融。而人之身即地，人之心即天，故人之身與人之心亦是相入相融。其二，因天與地之本質皆氣，故天之氣與地之氣是相入相融；再者，人之身與人之心本質亦皆氣，故由本質是氣之條件下，可稱人之身與人心可以相入相融。高攀龍論天地與心身是一，是將心身提高至本體層次的說法。

但人若一執於身心不同之處，認為身乃形下有限，心為形上無限之創造作用，便將身與心視為有形、無形與形上、形下之別，此使身、心二分。在天人一氣的基礎下，身心皆落為有限者。

---

[82] 同註 70，《高子遺書·語》卷一，頁 334。

> 朱子曰：滿腔子是惻隱之心，是就人身上指出此理充塞處，最
> 為親切。朱子發明程子之言亦最親切矣。蓋天地之心充塞於人
> 身者，為惻隱之心。人心充塞天地者，即天地之心。人身一小
> 腔子，天地即大腔子也。[83]

「充塞」之義有二，其一將無限多有限形氣構成一具體之元氣世
界；其二，氣化之天心充滿人身，成為人惻隱之心，但當人心完全表
現，此時又可言人心充塞天地之間，而成為天地之心。天心所有內容
在人身上表現，亦可讓所有人心之內容合於天心，因天心為道德無限
之創造作用，在人身全部可表現出來；有限之人身可實踐道德，所以
總和有限眾人所表現之道德，可合成一無限天心。雖有言人身是小，
天地是大，在形體、像狀、位階之差別，但「充塞」之作用，先由無
形之元氣充滿在有限形氣之中，再由眾多有限之形氣充滿在有限天地
之中，此「充塞」之意義即為泯除有限與無限差別之作用，將無限世
界藉由具體之萬事萬物，真實地建構出來。

> 隨念分別者，意也，靈覺則是心，傳所云：心不在焉，視不見，
> 聽不聞，是也。此與意識相似，而實不同。蓋心作主宰，意主分
> 別也。心，一也，粘於軀殼者為人心，即為識；發於義理者為道
> 心，即為覺，非果有兩心。然一轉則天地懸隔，謂之覺矣。[84]

心乃氣化在人身之靈覺，表心乃氣化主宰之作用；意則為分別之
作用。氣化流行之主體，稱為元氣之神；而元氣凝為人之形體，而其
中亦有此元氣之神為人之主體與本質，但因存於人身故稱「心」。因
元氣中只一神用，因此形氣之心亦應只一神用，故心只是一，不論理
性心、道德心、感性心、神性心，皆為此一心之變現。

氣化之神用順軀殼之氣化氣質表現，稱人心；氣化之神用順氣化
之常理表現，則稱道心。故重點不在「二心」，而是心具兩種狀態，
此乃因有元氣和形氣之別，故有順元氣常理與順氣質表現之不同。

83　同註 70，《高子遺書・語》卷一，頁 335。
84　同註 70，《高子遺書・書》卷八，頁 479。

此說法主在符應心須認知氣質和氣化常理，因兩者皆應重視，才是既有形氣亦有元氣總和之現實的無限氣化世界。而氣化世界中存在形氣之理外，亦存有氣化之神之氣化常理，再者表現形氣之理的人心與表現氣化常理之道心皆應存有。從本質上言，人心道心本一元神之發用，只執軀殼為有限，順義理則無限，此在強調論述重心雖在形氣，但不可喪形氣之自由自主性。

> 何以謂心本仁？仁者，生生之謂，天只是一箇生，故仁即天也，天在人身為心，故本心為仁，其不仁者，心蔽於私，非其本然。[85]

人以生生之理為本質，而天只是生生作用，因天和人都以「仁」之生生為內容，故天人可同，此處乃由「內容」相同論天人合一，而非由不同位階、樣態論之。

由天和人之內容同為「生」言天人相同；若由位階、樣態、功能論，則天人不同。簡言之，「仁」同於天，此同於天之「仁」在人心中，故可推論天與人同；而氣化之天生生有其必然生生之理序，由此必然生生之理序論「仁」，此即天生生之理即仁。而再由此仁亦在氣化之人身中，表人身因有此生理之仁，故可行健不息，因此天氣化之仁便成形氣氣化世界生生之仁人。此亦由生生貫穿仁、天心中，而圓融地說價值、本體、人之主宰皆只是一而無別。

五、變化氣質

> 性者，學之原也。知性善而後可言學，知氣質而後可言性。故論性至程張而始定。張子曰：形而後有氣質之性，天地間性有萬殊者，形而已矣。以人物言之，人形直而靈，獸形橫而蠢。以人言之，形清而靈，形濁而蠢。匪直外有五官之形，且內有五臟之形。故吳王濞有反骨，而高祖先知其反。形異而氣亦異，氣異而性亦異非性異也。弗虛弗靈，性弗著也。夫子曰；性相近也。習染未深之時，未始不可為善，故曰相近。然而，質美者，習於善易，

85　同註70，《高子遺書‧語》卷一，頁336。

習於惡難。質惡者，習於惡易，習於善難。上智下愚則氣質美惡之極，有必不肯習於善，必不肯習於惡者也。故有形以後皆氣質之性也。天地之性非學不復，故學以變化氣質為主。[86]

「天地間性有萬殊者，形而已矣。」此即呼應前有言有不同之形體，所以有不同之氣質之性。氣形不同，氣質亦不同，而氣質不同，氣性亦不同。氣形和氣質會影響氣性，故其以為人之氣性有三，其一為上智，必不會習於惡，表其氣形、氣質、氣性皆善；其二為下愚，必不會習於善，表其氣形、氣質、氣性皆拙劣。其三為中人，但中人又分為氣質清美與氣質濁惡兩種，氣質清美者，習於善易，習於惡難；氣質濁惡者，習於善難，習於惡易。若由中人論之，中人之習染不深，故仍可為善，此即其性相近之理論根據。因人之本質可習惡亦可習善，若習染未深，皆具為善的機會。

而「變化氣質」即由「形異而氣亦異，氣異而性亦異」而來，因為氣質之性不佳乃因受不良氣質影響，而氣質不佳則是受其不良氣形影響，故「變化氣質」除變化氣質之性外，更應讓氣質、氣形改變。改變氣質應憑藉內在修為；改變氣形便欲外在端莊嚴肅。因氣形有清而靈與濁而蠢之別，故變化氣質應讓濁蠢之氣形變成清靈之氣形。氣形之清濁與氣質之善惡，一指人身之外形，一為人身之內質，兩者皆須合於元氣之氣化之常，才是真正的「變化氣質」。但高氏由虛靈說性，且將心性與本體義的理氣視為一體，則氣質之性應善，但有清濁之質，則使善性或顯或隱而有美惡不同。故其論氣性為善，不若理氣是一者論性有善惡，在於其將心性位階提高所致。

> 吾丈謂「心之理便是性」六字，亦顛撲不破矣。尋常見世儒以在物為理，為程子錯認理在物上；以窮至事物之理，為朱子錯在物上求理，頗為絕倒，此不獨不識理，亦不識物，名為合心理而一之，實則歧心理而二之，此程子所以喫緊，謂學者先須識仁，識得此理，自不作如此見解也。老丈之意惟恐學者開剖割裂

[86]　同註70，《高子遺書‧經解類》卷三，頁366。

歧心性為二，竭力指點曰：虛靈知覺者，即精微純一之備具也。
誠然、誠然，然要在人之用力何如？若存養此心，純熟至精微純
一之地，則即心即性，不必言合。如其未也，則如朱子曰：虛靈
知覺一而已矣，而所以為知覺者，不同不嫌於分剖也。何如？[87]

「理在物上」與「在物上求理」之說皆有誤，因兩者皆由心去認知
外物之理，此乃心物二分，但心應是以氣化之善理為其本質，故心專門
呈現本性之氣化善理。物亦應以氣化之善理為其本質，故「心知物理」，
表心完全符應、呼應已在心與物之氣化常理，故心以其本性中氣化之
善理來溝通連結外在事物之理，在此作用下，可言心與理一。故不應
單論心與外物之內在本質是一，而該重視其心是以氣化善理來溝通內
在本質，與外界事理的氣化之心。此即由氣化生理說性，由氣化生生
說心，心性皆以氣化為本而是一氣不同面向而已。言合反心性為二矣。

六、心與理本一

天下無性外之物，無心外之理，猶之器受日光，在彼、在此，
日則一也。不能析之而為二，豈待合之，而始一也。陽明亦曰：
理無內外，性無內外，故學無內外，講習討論，未嘗非內，反
觀內省，未嘗遺外也，誠是也。則奈何駁朱子曰：以吾心求理
於事物之中，為析心與理為二也。然則心自心，理自理，物自
物，匪獨析而二，且參而三矣。是陽明析而二之，非朱子析而
二之，陽明又曰：若鄙人之致知格物，是合心與理為一者也。
心與理本未嘗不一，非陽明能合而一之也。[88]

心與理本是一，豈待合一，因有「合」表本非一。其認為氣化之
善理是萬物之本性，亦為心之內容。一個器物受日光之照拂，日光即
氣化之善理，而日光照在甲處與乙處，甲與乙處位置雖有不同，但皆
具日光，故可言氣化善理如日光無所不在，但因日光之氣由地點不同

---

[87]　同註 70，《高子遺書‧書》卷八上，頁 481。

[88]　同註 70，《高子遺書‧經解類》卷三，頁 374。

造成甲處、乙處之心性有所不同。若就形上之日光與善理言，應無所謂器物之甲地、乙地，而產生甲地之心性、乙地之心性的不同；若就形氣層言，則甲地與乙地其位階不同，因此產生心性之不同。可知由形下論則有不同，由天人本一氣論則無不同，高氏不斷強調此意，在欲以天人一氣涵攝心、性、理、器等而為一具本體義之實有。

高攀龍贊成王陽明「理無內外，性無內外」說法。但王陽明真正說法與高攀龍所認知者不同，因王學由一個絕對心體，言其中有心體之理，故理無內外。但高攀龍以為陽明之意思乃心、性之氣化善理本是一，自不需將性與理合而為一，亦不須將心與理合而為一。因王學將心和理無分內外，故高攀龍認定其意指理和性皆為氣化之善理。再者理指氣化善理，此乃氣化內在條理，若以此作為人身上之本體，則稱作性，故理和性只是位階不同，但本質相同，自也不必言合。

高攀龍贊同朱子之論點，反對王陽明不贊同朱子之論點。但朱子由理氣二分立場言此，而高攀龍則由理氣是一、心性氣是一之立場論「以吾心求理於事物之中」。若以氣化善理為本心，符合存在於外界事物之中之善理，由此說法論，高攀龍指出心之內涵為氣化之善理，外在事物內涵亦為氣化之善理，故兩者本質是一，不需討論己心和外事之理位階不同之問題，只須討論己心和外物之內涵皆為氣化之善理即可。因氣化之善理隨順氣化而遍布於任何時空於人物中。且其遍在義正在彰顯萬殊之實然，乃建構一具體氣化世界的必要條件。

高攀龍認可王陽明之格物致知乃合心與理為一，但其乃由心理氣是一立場論之。其認為「格物」之「格」即正，表欲格正氣化之善理。「致知」即為表現氣化之善理。就心之立場，其所欲格物與致知之對象，便是氣化之善理。此氣化之善理本是元氣分布在己心中之善理，故乃己心中本具者，格物與致知只為消除己心與外物兩者位階不同之工夫，透過此工夫，便可承認心之理和外物之理兩者內容是一。故格致工夫為了不使個人執著己心之理、外物之理在位階上之不同，而造成心理氣是一，由本體層落入有限之中，故須知己心之理與外物之理本質皆為氣化之善理。

第四節　劉宗周

劉宗周字起東，號念臺，浙江山陰（今紹興）人，生於明神宗萬曆六年（西元一五七八年），卒於清順治二年（西元一六四五年），享年六十八歲，後人尊稱「山陰先生」或「蕺山先生」[89]。劉宗周童孤，從外祖章穎學，自幼恥為干祿之學，長師許敬菴，告以「論學不在虛知，貴於實踐」，猛然有省，平居嚴毅，寡言笑。萬曆二十九年進士，選行人之官。在朝尤直敢言，上言東林多君子，遭黨人所忌。僖宗朝，閹黨魏忠賢斥害忠良，抗言糾劾，遭革職為民。思宗即位，復為順天府尹，進以仁義之說，終不為用。南渡後，直言抗疏馬士英、阮大鋮，至潞王兵敗，感國事終不可為，絕食二十三日而死[90]。劉宗周著述宏富，為明末大儒，其學以慎獨、誠意為宗，主要著作有《劉子全書》四十卷，《劉子全書遺編》二十四卷、《劉氏家譜》等，今人戴璉璋、吳光合編為《劉宗周全集》。

一、天地之間，一氣而已

> 天地之間，一氣而已，非有理而後有氣，乃氣立而理因之寓也。就形下之中而指其形而上者，不得不推高一層以立至尊之位，故謂之太極。太極之妙，生生不息而已矣。生陽生陰，而生水火木金土，而生萬物，皆一氣自然之變化，而合之只是一個生意，此造化之蘊也。唯人得之以為人，則太極為靈秀之鍾，而一陰一陽分見於形神之際，由是殽之為五性，而感應之塗出，善惡之介分，人事之所以萬有不齊也。為聖人深悟無極之理，而得其所為靜者主，乃在中正仁義之間，循理為靜是也。[91]

劉宗周確立天地間只一氣，理只為氣中條理，在形氣之氣化流行中，可感受形氣之外，有一無形條理寓於創造主體中，此即氣立而理

89　同註 1，張廷玉撰，《明史》，卷二五五，頁 6573。
90　【明】劉宗周撰，戴璉璋、吳光主編：《劉宗周全集·劉宗周年譜》第五冊，台北：中央研究院中國文哲研究所籌備處，1997 年 6 月，頁 33。
91　同註 90，《劉宗周全集》第二冊，頁 268。

因之寓之義。此無形之創造作用，稱太極，此與純粹形上和形氣世界無關之太極意義不同。所謂太極之妙，乃形氣之中無形太極本體，其以生生不息為內容。所以氣化生生，乃言一氣中有陰陽兩種成分，而非一氣稱陰，另一氣稱陽，亦非陰陽二氣。一氣中太極本體具生生作用，再化生成水、火、木、金、土五行之不同成分，五行仍就氣質而言，於是陰陽即可化生成不同具體之萬物。太極本體在人身中，亦在於形氣世界之人倫日用中。在人身者稱之為神，其表現出無形創造作用。而此陰陽相生之神，在形氣之人身，便形成金、木、水、火、土之五性。因二五相生本是無形之創生作用，當其賦予至人具體形氣之身，即轉化為具體氣化流行之表現，故產生各種感應，進而有善惡之別，此自然造成萬有不齊之具體形氣世界。由此可知劉宗周所強調氣立而理因之寓，表示在一氣流行中，有一無形創造本體稱太極。而此太極本具陰陽二五相生之作用，此作用經凝結而成形氣人身。因此可感應善惡之別，故產生人事之不齊。所以劉宗周是以氣為本體，且以此本體貫穿在宇宙論，與價值倫理中，而為一最高之實有。

> 就其生生之中，指其常體不易者而謂之靜，謂之陰之生，非謂靜而後生陰也。若果靜而後生陰，動而後生陽，則是陰陽動靜截然各自為一物矣。陰陽一氣也，一氣屈伸而為陰陽；動靜一理也，一理隱顯而為動靜。[92]

太極表陰陽之氣之生生作用，陰陽之所以能生生，乃由動靜相生而來，劉宗周則認為在陰陽相生之中，妙合不息並不斷相生作用稱陽，不斷相成卻是不改變者則稱陰。此說法與王廷相說法不同，王廷相以為一氣中有陰陽兩種作用，陽乃創造作用，陰為完成作用，陰陽相生表氣本體之不斷創造與完成。劉宗周則稱陽為動，表陽是相生不已，然而此陽動是一不改變之常體，則稱靜。再者，陰陽視同存於一氣中，故動雖稱作陽，但不可言動生陽，因順此說法，表動乃決定者，陽為被決定者。唯有陰陽相生不已，才可稱動。但動中一定有靜，靜中一

[92]　同註90，《劉宗周全集》第二冊，頁289。

定有動，故其亦反對靜生陰。因其以為陰陽指一氣中，自然有或屈或伸兩種相生之作用。由此說之發展可知，動、靜亦為一理，絕不可言動為創造，靜為完成，因為所謂動，指陰陽相生不已之狀態；所謂靜，則表陰陽相生不已之狀態是永不改變。由此可知，動、靜兩者內容其實是一，故可言動靜一理。然動、靜皆為一相生之理，表現出相生之理時，稱為顯，此即陽之動；相生之理之狀態是永不改變者，稱為隱，此即陰之靜。故劉宗周論一氣之陰陽已不似王廷相之素樸，更重視對本體的作用作有機性的描述。

> 或曰：「虛生氣。」夫虛即氣也，何生之有？吾溯之未始有氣之先，亦無往而非氣也。當其屈也，自無而之有，有而未始有；及其伸也，自有而之無，無而未始無也。非有非無之間，而即有即無，是謂太虛，又表而尊之曰太極。[93]

劉宗周反對虛生氣，若虛為本體，氣為被本體所生之另一物，因此虛、氣成二物，故此說與其所主張一氣合內外、上下、有無是一之說法相左。劉宗周認為虛即氣，因虛即無限之時空，亦表一無限大之氣，故虛指氣乃無限時空之狀態。氣則表此無限時空狀態之本質，所以虛與氣是一。無氣之前是氣，有氣之前是氣，有氣之後亦是氣，因在一氣流行之中，不論無或有皆為氣，故氣即通貫於有、無中。所謂「屈」，表從無形凝結成有形，雖然有表示有形體，但其本質仍是無形元氣；所謂「伸」，表從有形消散成無形之狀態，雖然無形，但其無形之氣之本質尚存。所謂「非有」，表氣雖有形體，但此氣之形體會消散；所謂「非無」，則指氣雖然無形體，但仍是真實存在之氣，故合而稱之為「即有即無」。所謂有指氣具體之存在；所謂無，指氣雖然存在卻會消散，而無其形體，但其本質仍存在，此亦稱太虛。張載言氣有聚散，氣聚成形，氣散仍回歸太虛，聚散亦都在一氣流行中，由此可知劉宗周之氣化論，乃以太虛之氣為本體，為表其乃唯一、最高之本體，故稱為太極，而其中具陰陽五行相生

---

[93] 同註90，《劉宗周全集》第二冊，頁480。

作用，故能創生萬物，並產生任何可能性，所以造成形氣世界萬有不齊。

二、氣立而理因之寓

劉宗周既然以氣為本體，理非本體，故其非為理氣二分或理氣合一，而是以氣為主之理氣是一，其云：

> 天地之間，一氣而已，非有理而後有氣，乃氣立而理因之寓也。就形下之中而指其形而上者，不得不推高一層以立至尊之位，故謂之太極；而實本無太極之可言，所謂「無極而太極」也。使實有是太極之理，為此氣從出之母，則亦一物而已，又何以生生不息，妙萬物而無窮乎？今曰：「理本無形，故謂之無極」無乃轉落註腳。[94]

劉宗周認為天地之間只一氣而已，理之位階「氣立而理因之寓」。形下有形之氣中，可直指中有形上之無形之創造本體，此本體以氣為內容，因其居至尊之位，故稱太極。而氣本體其無限生化之條理秩序，即稱作理，如此一來，會誤以為理與氣皆具本體義，但劉宗周明白表示只一氣流行，且氣立而理因之寓，因此太極之名乃為表氣化無限之本體，其居至尊之位階，故太極表氣本體中本具氣化條理，但不可言太極等同理本體。因氣化生生其無限條理，具無限義，但不具本體義。劉宗周又言並無所謂真正太極，因氣本體有二五相生之創生作用，能創造各種形氣，若真有一氣本體外之太極，表太極為氣外之另一物，便是生氣之物，而創物之本體既成一物，即有限，便不能無限創造。因此為保住太極乃無窮創生具體形氣之本體，太極本身絕不應該是有形或有限，故其表氣化流行最高本體，而非為一具本體義之生生之理。所以劉宗周言將無形之理本體視為太極，此即朱子形上理來指導形下氣，即使理無乃轉落註腳，而失去其立基點。氣化生生本體乃氣，氣化無限，故生生之理亦應無限，若太極之理真為氣本體外，另一氣化

形上之理，由此理來引發無限氣化，必有其困難處，其一無形之理如
何創生與其不同層、不同質之氣？其二，形上之理若雜入形下之氣中，
仍會有不同層、不同質之問題，故形下之氣便不接受不同層、不同質
之形上理引發，故無法表現其生生，而產生不出不同之萬物。故太極
即氣本體，其中具無形氣化生生作用，亦具氣化生生之理。故理雖非
本體，但氣本體無理之支撐，亦不成其為真實之生生，故理因具於氣
本體中而有與氣本體相同無限之本體義。

> 或問：「理為氣之理，乃先儒謂『理生氣』，何居？」曰：
> 「有是氣方有是理，無是氣則理於何麗？但既有是理，則此理
> 尊而無上，遂足以為氣之主宰。氣若其所從出者，非理能生氣
> 也。」[95]

劉宗周反對理生氣，若理能生氣，造成形上理與形下之氣二分，故
在不同層、不同質之下，理生氣有其困難。其以為，有此氣方有此理，
氣為主，而氣化條理才稱理，無氣則氣化其必然如此、應然如此之理
序就不存在。有氣化具體之流行，當然有可對應氣化流行之理，但若
言氣化流行之理是尊無上，則氣化之理即具形上本體義。劉宗周雖
然認為理具有形上無限義，但並非本體，其只為氣化之理，無限存在
於太虛即氣之時空中。而無限氣化必定有無限氣化之理，氣化創生才
有其所可依循之必然、應然之理序，氣化流行便能順暢，而不紊亂。
由此角度論之，會誤以為理可作為氣化之主宰，而變成氣由理所生。

但劉宗周言主宰氣化之條理次序，只為突顯理具無限義與條理
性，並非言理為創生形氣萬物之生化本體，因氣才具真正本體之至尊
位階，乃無限氣化流行唯一本體，而氣化流行無限之理，其可為氣化
流行生生主宰，因所謂本體與主宰之意義不同。因本體為氣，但氣化
若無一必然如此、應然如此理序，則氣化會紊亂雜蕪，若能順著氣化
當然之理，則任何的形氣變化順此理而行，則具體形氣萬物皆可由此
產生。劉宗周反對理生氣，因氣化中具陰陽五行相生不已之機制，而

---

[95] 同註90，《劉宗周全集》第二冊，頁483。

氣化流行必然順此機制中必然、應然如此之生化條理，氣化生萬物才得以真正完成。故具體氣化流行中，應有氣化當然、應然如此之理。所以氣仍然是主體，理非主體，其理只是主宰氣化完成中應有二五相生當然之理序。其云：

> 朱子曰：「天以陰陽五行化生萬物，氣以成形而理亦賦焉。」此天字即理字，即太極字。盈天地間一氣也，氣即理也。天得之以為天，地得之以為地，人物得之以為人物，一也。人未嘗假貸於天，猶之物未嘗假貸於人，此物未嘗假貸於彼物，故曰「萬物統體一太極，物物各具一太極。」自太極之統體而言，蒼蒼之天亦物也；自太極之各具而言，林林之人、芸芸之物皆天也。[96]

朱子主張天指導形氣世界之氣化，其以陰陽五行化生萬物，萬物中所具陰陽五行相生之理，乃形上陰陽五行相生之理賦予萬物之中。故朱子之天乃理氣二分之狀態，陰陽相生之理即所謂形上之理，亦即形上太極。劉宗周主張天地只有一氣，反對理生氣。其主張氣即理，因天於氣化流行中，天之產生有其當然應該如此之原因稱天之理；地與人物於氣化流行中，有其當然應該如此之原因稱地與人物之理，此即「氣即理」之義。表氣化生萬物，有其化生萬物必然應然的理序。人和天地之位階不同，物和人位階亦不同，甲物與乙物彼此之間位階亦不同。從太極同體言，天地人物位階不同，其中皆具一共同應然如此、必然如此氣化所以然之理序，稱「通體一太極」。從太極各具言，雖然位階不同之天地人物中，有共同應然如此、必然如此氣化所以然之理序，但亦因天、地、人、物位階不同，故天、地、人、物其理序之內容有所不同，此稱「物物各具一太極」。劉宗周主張有理一，亦有理萬，從一氣流行層面言，可以去掉天、地、人、物位階不同，因一氣流行中有共通應然如此、當然如此相生之理序，此即通體一太極之「理一」；從具體氣化層面言，氣化應然如此、必然如此相生之理

96　同註90，《劉宗周全集》第二冊，頁565。

序，在不同的天、地、人、物位階中，理序即成天、地、人、物之所以為天、地、人、物之理序，因此各個理序內容上不盡相同，而有所謂氣化不齊，此即物物各具一太極之「理萬」。理一和理萬雖有所不同，但本質上皆為氣化流行相生之理序。如此乃將理一、理萬，所有萬物皆涵攝於天地一氣中。

三、道其後起

劉宗周論道，因氣化流行中理在氣中，故氣化流行道亦在氣中。因道在器中，形氣層面則為道氣是一。其云：

> 子曰：「形而上者謂之道，形而下者謂之器。」程子曰：「上下二字截得道器最分明。」又曰：「道即器，器即道。」畢竟器在斯，道亦在斯。離器而道不可見，故道器可以上下言，不可以先後言。「有物先天地」，異端千差萬錯，總從此句來。[97]

程明道言「道即器，器即道」，其意指形氣層之器物中，存有氣化之道。而劉宗周詮釋其意為，「器在斯，道亦在斯」，因為離開形下器物，即無所謂道之存在，由此可知，道乃因形氣之器物而存在。劉宗周以為道器可以上下言，但不可以先後言，所謂道器可以上下言，非指形上和形下截然二分，因器乃具體有形之器物，故稱為下；道則是非具體有形者，因其無形故稱為上，但可確定道與器之關係，皆在一氣流行中。

具體成形之狀態即稱形氣之器物，任何器物中皆具無形之氣化主體，道仍然是因氣而立，故道器不可以先後言，因絕不可言在氣化天地之前，有一無形生生之道，以此決定有形氣化之萬物。其意表非先有道，而後有氣化實然之存在，應是有形氣之氣中即具道之存在，故無形氣即無道。老子言有物先於天地者，乃一無形形上之道，然後才生出有形之形氣萬物，故道為先天，物為後天，此明顯成為形上道與形下氣分先後。此乃劉宗周所不贊同，故其言道器可以分上下，但不

---

[97]　同註90，《劉宗周全集》第二冊，頁481。

可以分先後，其意指氣即最高本體，而氣化具體存在的種種形氣，則稱器，而在其中主宰生化作用即道，故道即存在形氣之器物中，而不存在形氣之前。再者，有器物才有道，無器物之存在即無道之存在，因此其並不把道當成最高之本體，仍是以氣為最高本體。其云：

> 盈天地間，一氣而已矣。有氣斯有數，有數斯有象，有象斯有名，有名斯有物，有物斯有性，有性斯有道，故道其後起也。而求道者，輒求之未始有氣之先，以為道生氣。則道亦何物也，而能遂生氣乎？[98]

劉宗周言盈天地間只是一氣之充塞而已，但對於說解一氣流行之狀態，應是先有氣化，再用爻位之數目來具體描繪氣化；其後，再以陰爻、陽爻之象更具體指出變化之性質，爻位之數目乃指出不同可能，象則指出不同性質之後，再將不同數目與不同性質所決定氣化之物，命予一名稱，而合於此名稱定義者即為一具體實然之物。具體實然之物非常多，可由數、象、名得其本質，此即稱物之性，其來自於氣化凝結成之過程，此創生萬物之過程稱道，故其言「有性斯有道」，此道因統括萬物創生共通必經之過程而成立，亦即有氣化才有道，故曰「道其後起」，意在強調由氣化之實有說道，不再由形上說道。

> 上下四方之宇，古往今來之宙，宇宙間只是一氣充塞流行，何莫非有？何空之云？雖天地弊壞，人物消盡，而此氣此道亦未嘗無，則未嘗空也。道也者，先天地而無始，後天地而無終者也。[99]

湛若水亦主張涵攝所有時間、空間、萬事萬物的總體，既是動態之流行，又是實然之存在的一氣，由此先在性、超越性之氣說道。同在東林講學之劉宗周在氣為首處無異議，但對道為先在或後起，則顯出二者不同之學術性格。

---

[98]　同註90，《劉宗周全集》第二冊，頁480。
[99]　同註3，《甘泉文集》卷七，頁3。

> 天者，萬物之總名，非與物為君也。道者，萬器之總名，非與
> 器為體也。性者，萬形之總名，非與形為偶也。[100]

由「萬器之總名」說道，知道非生成萬器之本體，自然亦非萬物
所以存有之體性。而天為萬物總名，非為主宰；性為萬形總名，非與
形內外相對。此三說，皆指出最高之主宰；體性、內涵不是天、道、
性，而是天地之一氣。當所有的氣化萬物皆有物之形與物之性，表其
具所以為物之本質後，才可視為具體存在之實然，然將所有具體存在
之實然總合而言，即所謂氣化之道。故劉宗周言「道其後起」，而非
道生氣，因其以為先有氣化，再從氣化中分出有不同之可能者稱數，
而數中可分出不同之性質者稱象，不同可能之數與不同性質之象可組
成不同狀況之名，此三者組成一具體實然之物。但任何一物，皆有由
數、象而來之本質，此即物之性。從不同數目至不同性質、名、物、
性之總合，才稱作道，因此道是後起，而非先於物。因最先有氣化，
才有數、象、名、物、性，故劉宗周反對「道生氣」，因其意指具體
形氣之前，應有一決定種種形氣變化道之主體。劉宗周以一氣流行為
立基，其中包含有無、上下、內外，故此氣即唯一且最先之本體，不
可有比氣更先之道。

四、氣質義理，只是一性

> 今夫性之盡善者，莫有過於聖人也。然則聖人之性，非此心虛
> 靈所具而為七情所自發邪？使果此心虛靈所具而為七情所自
> 發，則聖人之性亦不離乎氣而已。性至聖而極，聖人之性既
> 不出乎氣質，況餘人乎！[101]

此句為王廷相由氣化言，聖人乃性之最善者。聖人之性由虛靈之
心所具有，此心順其善性所發之七情，亦應為善，故性善情亦善。「聖
人之性不離乎氣」，表應由氣質論性。知王廷相主張性有善惡，性之

---

[100] 同註90，《劉宗周全集》第二冊，頁480。
[101] 【明】王廷相撰：《王廷相集》，北京：中華書局，1989年9月，頁609。

善必化為情善，性之惡必化為情惡。但劉宗周主張氣質之性為善，云：
「一性也，自理而言，則曰仁義禮智；自氣而言，則曰喜怒哀樂。」[102]
故由其性所發之情，自然善。所謂氣質之性為善，表氣質中以善為主，
而此善緣自於氣化，因萬物於氣化之凝結而有應然如此、必然如此道
德之理一與不同二五比例之理萬，故氣化萬物本身即具有主體義之共
通性與特殊性，因此理論，可言形氣萬物其氣質之性為善，順此發展，
發於性之情，如喜怒哀樂皆中節便是善。

> 天有四時，春夏為陽，秋冬為陰，中氣行焉；地有四方，南北
> 為經，東西為緯，中央建焉；人有四氣，喜怒哀樂，中和出焉。
> 其德則謂之仁義禮智信是也。是故元亨利貞，即春夏秋冬之表
> 義，非元亨利貞生春夏秋冬也。左右前後，即東西南北之表義，
> 非左右前後生東西南北也。仁義禮智，即喜怒哀樂之表義，非
> 仁義禮智生喜怒哀樂也。又非仁義禮智為性，喜怒哀樂為情也。
> 又非未發為性，已發為情也。後儒之言曰：「理生氣，性生情。」
> 又曰：「心統性情。」其然，豈其然乎？[103]

天有四時，春夏為陽，秋冬為陰，春、夏、秋、冬乃由氣本體中
陰陽相生作用所表現。天既有四時，人亦有四氣，即喜、怒、哀、樂，
此四氣之正常表現，稱作中和。而天必然有四時，人必然有四氣，此
乃氣化必然如此、應然如此之理序，故本具道德義。人之四氣，若以
道德義言之，則稱仁、義、禮、智、信。仁、義、禮、智乃氣性之本
然，依其本然之性而發，便會表現出喜、怒、哀、樂之情，故性、情
之關係表性為本質，情乃依性之本質表現之具體行為，但不可言仁、
義、禮、智生出喜、怒、哀、樂，因非性生情，若由性生情，即成性
情二分之狀態。因形氣中內含善之本質之仁、義、禮、智，其表現在
氣化流行中成具體行為者，則稱作喜、怒、哀、樂，故仁、義、禮、
智之性，與喜、怒、哀、樂之情乃居不同層次，但兩者本質皆為氣。

---

[102] 同註90，《劉宗周全集》第二冊，頁460。
[103] 同註90，《劉宗周全集》第二冊，頁154。

然心與性層次亦不同，因氣化流行中，心乃性之表現作用，性為心表
現作用之內涵，兩者位階不同，但本質亦為氣。性與情兩者只有內外
位階上之不同，故無所謂形上之理生形下氣，亦無形上之性來決定與
主宰形下之情。因此在一氣化流行中，並不強調性和情位階之不同，
只言二者皆氣化流行之表現，故性和情雖有未發、已發不同，但不言
未發為一物，已發又為另一物，若如此言，則性在未發狀態，情在已
發狀態，此使性情兩者截然二分。劉周宗是就一氣流行而言，性為一
氣流行之內在本質，情為一氣流行之外在表現，故其不從已發、未發
來論，而是從一氣流行說內在、外在是一，如此將性與情，已發與未
發，皆涵攝天地一氣中，以建構一無限之實有，故反對理氣二分，或
心性情三分之主張。

> 論天地之性，則專指理言；論氣質之性，則以理與氣雜而言之。
> 未有此氣，已有此性；氣有不存，而性卻常在。雖其方在氣中，
> 然氣自是氣，性自是性，亦不相夾雜。至論其遍體於物，無處
> 不在，則又不論氣之精粗，莫不有是理。[104]

　　朱子論性，其將天地之性視為形上理，故言有一形上之性稱天地
之性；將氣質之性視為形上理雜於形下之氣。依此而論，則性在氣之
先，性乃常存之形上永恆絕對主體，氣乃不常存而為有聲、有臭、有
限之形氣。其雖言性在氣中，但其意指氣自為氣，性自為性，故形上
絕對之性雖在形下氣質之中，二者雖不離但亦不相雜柔為一。若順朱
子之言，產生形上天地之性指導形下氣質之性時，兩者方向未必能一
致，因氣質之性既處形下，其與形上天地之性不相雜，故其可往任一
方向去表現，無理由必然接受形上天地之性之指導。劉宗周為解決此
問題，主張只有一性，稱氣質之性，表氣質中即本具氣化主體為其本
質，即具無形氣化必然如此、應然如此合於道德義之理序，其與有形
氣化實然緊密結合，兩者無上下之別，亦無罅縫，故無不同層、不同
質之問題存在。且能使氣化流行道德義之展現有其必然性，而無分歧

---

104 【宋】黎靖德編：《朱子語類》卷四，台北：文津出版社，1986年12月，頁67。

之可能性。

> 《中庸》言性，性一而已，何岐之有？然性是一，則心不得獨
> 二。天命之所在，即人心之所在；人心之所在，即道心之所在，
> 此虞廷未發之旨也。或曰：「有氣質之性，有義理之性。」則
> 性亦有二與？為此說者，正本之人心道心而誤焉者也。程子曰：
> 「論性不論氣不備，論氣不論性不明，二之則不是。」若既有
> 氣質之性，又有義理之性，將使學者任氣質而遺義理，則「可
> 以為善、可以為不善」之說信矣。又或遺氣質而求義理，則「無
> 善、無不善」之說信矣。又或衡氣質義理而並重，則「有性善、
> 有性不善」之說信矣。三者之說信，而性善之旨復晦，此孟氏
> 之所憂也。須知性只是氣質之性，而義理者，氣質之本然，乃
> 所以為性也。心只是人心，而道者人之所當然，乃所以為心也。
> 人心道心，只是一心；氣質義理，只是一性。識得心一性一，
> 則工夫亦一。[105]

　　劉宗周乃明末之際之氣學家，已清楚掌握氣質之性和義理之性傳承與分合的關係，存有三種狀態。其一，若分氣質之性與義理之性為二，則會產生任氣質遺義理之情形，因氣質情慾易於表現，故亦易忽略必然如此之義理，順此產生可以為善與可以為不善之說法。其二，若不重視氣質，而只重視義理，便是純粹求形上絕對之理，只論形上之絕對善，不論形下之相對善惡，順此說法，將產生無善、無不善之爭議。其三，若氣質與義理並重，表重形上義理，則性善，若重形下氣質，則性不善，此仍表示有兩本體，但應只有一個絕對、唯一之本體，不可能兩個本體，若不能釐清二者，將產生性為善或不善之爭端。以上三種說法皆是將性一分為二，若言此，則產生性來源之生化本體亦有二之情形，故以上三種氣質之性與義理之性之關係皆具爭議。故劉宗周主張宇宙主體應是氣，非理亦非道，氣化本體凝結為人身本質，故只有一本質之性即氣質之性，不會有另一外於氣質之性的義理

---

[105] 同註90，《劉宗周全集》第二冊，頁352。

之性。其主張一氣流行，將形上、形下都同時綰合在一氣流行之具體實然中，故其不能接受只談形上本體的問題。其以為義理者，乃氣質之本然，因氣化流行有必然如此之理序凝成人之氣質，即氣質之性，而義理即氣化必然如此的理序，其乃順著氣質而成立，故只有一性稱氣質之性。同理，心只是氣質之人心，人心非純物質的知覺作用，是以人之所以然之理序為其知覺之本質，故心即合道德義的道心。故知其亦是將位階不同之氣質與義理之性，人心與道心，皆融攝於天地一氣中，只由一氣言有無、內外，不再由二分法論理氣與心性的關係。

五、德性、聞見本無二知

> 一元生生之理，亙萬古常存，先天地而無始，後天地而無終。渾沌者，元之復；開闢者，元之通。推之至於一榮一瘁、一往一來、一晝一夜、一呼一吸，莫非此理。天得之以為命，人得之以為性，性率而為道，道修而為教，一而已矣，而實管攝於吾之一心。此心在人，亦與之無始無終。不以生存，不以死亡，故曰：「堯、舜其心至今在。」[106]

　　從氣化論心，心表氣化流行中創造與知覺之作用，其與氣質屬同質同層者，其作用主在表現氣質之性之內涵，故氣化之心回應與其同質同層之氣化天命，而氣化之天命與氣質之性皆管攝於氣化之心中。天命乃賦予之本體，氣質之性乃被決定之內涵，而氣化之心表氣質之性回應天命之機制與作用，三者雖有不同位階之差別，但仍屬一氣流行同質同層狀態。同時氣化一元生生之理乃無始無終，故氣化之心自然亦無始無終，但氣化之心不會有生死之別，因其乃一元生生之理在人身之創造作用，人之形體雖有生死之狀，但人形體之氣化生理乃無限，而其身中之知覺與創造作用亦無限，故此氣化生生之心本無生滅，但人則有生滅。全體之氣化知覺作用與個體人身之心，雖屬於不同位階，但兩者本質仍同為氣化生生之作用，故一氣流行創造作用在天稱命，

---

[106] 同註90，《劉宗周全集》第二冊，頁439。

在人稱人心，此兩者不同之位階卻統攝於一氣流行中。如此說則將氣化生生做為人心之內涵，使心提高到氣本體的位階，但心非與氣不同之另一本體，而是作為貫通天人之際的知覺作用，於此可說心氣是一。

> 人心之體，氣行而上，本天者也；形麗而下，本地者也；知宅其中，本人者也；三才之道備矣。天曰神，地曰祇，人曰鬼。鬼藏其宅，不可睹聞，是名曰獨。發竅於天，神明著焉；成形於地，德行顯焉。故君子慎獨而成位乎其中矣。[107]

人之心體，其生生作用向上溯源乃同於無形氣化流行之創造作用。而無形之創造作用具體凝於有限形氣之人身，則為人心，此指專門之知覺作用。氣化流行中萬物各具主體性，此主體性乃不可睹聞者，故稱為獨，表其具獨特性、亦具無限性，此乃劉宗周思想之特色。人心能夠和天之無形氣化生生作用相應，表人心可以無限生生創造，故稱作神明；當人心之創造作用能表現成具體之必然如此、應然如此之道德言行，總合各個人心之表現，則稱為地。天之神明和地之德行中，不可睹聞之知覺作用，即是人心之知覺作用，故人心之獨乃介於天之神明與地之德行間之知覺創造作用。亦即通過慎獨之工夫，心即管攝天地人我於一心中。

> 天地之先，惟斯一氣。萬有大生，人為至貴，人生於寅，是謂厥初有如嬰兒至靜而虛，其心之靈，以氣之直上際下，蟠與天無極。[108]

高攀龍在一氣為天地先之主張下，亦將一氣生生之知覺創生作用展現為人之心，則心雖由形上降為形下位階，但以氣化為本的性質，正可使心藉同一氣的條件，直上直下貫徹兩間。此乃與劉宗周同主心氣是一之說，應有的理論發展。

> 至於德性、聞見本無二知，心一而已，聰明、睿智出焉，豈可

---

107 同註90，《劉宗周全集》第二冊，頁515。
108 同註70，《高子遺書・經解類》卷三，頁368。

以睿智者為心，而委聰明於耳目乎？今欲廢聞見而言德性，非
德性也；轉欲合聞見而全德性，尤未足以語德性之真也。世疑
朱子支離，亦為其將尊德性、道問學分兩事耳。夫道一而已矣，
學亦一而已矣。一，故無內外、無精粗。與其是內而非外，終
不若兩忘而化於道之為得也。[109]

　　人心乃氣化流行中知覺創造之主體，由氣化層面論無形德性與有
形具體自然事物之聞見兩者之關係。劉宗周認為，德性層面之表現稱
睿智，見聞層面之表現稱聰明，而聰明為有形器官所表現之聞見，睿
智則為無形思慮所表現之德性。在氣化流行之中，氣化有無形之生生
作用，其亦會凝為形氣層人心創造與知覺之作用。一氣流行中人心創
造與知覺之作用，貫通在有形之耳目，即表現出聰明之聞見作用；貫
通在無形之思慮上，即表現出睿智之德性作用。不論德性或聞見，皆
是一氣流行創造與知覺作用於人心中之不同的表現。雖有不同之表
現，但兩者皆綰合在氣化生生之人心上，故不可分德性與聞見為二知，
應是一心中之兩作用之不同表現。外於聞見而論德性，非德性，因心
本具在見聞上表現聰明與在德性上表現睿智之作用；只論德性，不談
見聞，便是將心之創造知覺作用去其一，故心只存無形德性之作用，
此心之作用便不完整。但若言合聞見與德性亦不可以，因為耳目之聰
明與德性之睿智皆為一心本具之兩作用，其位階不同，但本質同屬氣
化流行之創造與知覺作用，若言合，表耳目之聞見與思慮之德性為二，
二物如何存於一心中。

　　劉宗周主張無內外、精粗之差，亦無德性、見聞之別，因兩者表
作用之不同但皆為心之表現，故其將德性與聞見綰合在一氣流行生生
之中。劉宗周強調慎獨之學的將心、性、情，氣質之性義理之性，人
心道心，德性之知、聞見之知之內涵皆管攝在人身獨體之中，故其所
謂慎獨，表盡性之學與綰合為一之學。

---

[109] 同註90，《劉宗周全集》第三冊上，頁395。

六、慎獨與誠意

> 「獨」即天命之性所藏精處，而「慎獨」即盡性之學，獨中具
> 有喜怒哀樂四者，即仁義禮智之別名。在天為春夏秋冬，在人
> 為喜怒哀樂，分明一氣之通復，無少差別。天無無春夏秋冬之
> 時，故人無無喜怒哀樂之時，而終不得以寂然不動者為未發，
> 以感而遂通者為已發，可知也。蓋止一喜怒哀樂，而自其所存
> 者而言謂之中，如四時之有中氣，所謂「陽不亢，陰不洞」是
> 也；自其所發者而言謂之和，如四時之有和氣，所謂「冬無愆
> 陽，夏無伏陰」也是。[110]

　　氣化流行之天命凝於人身中，為其氣質之性，此即所謂獨也。故
一氣流行生生不已在人身上為獨，其中具有喜、怒、哀、樂，此乃仁、
義、禮、智之別名。一氣流行於天，其表現為春、夏、秋、冬之四時，
一氣流行在人身，其表現為喜、怒、哀、樂之行為，此一氣流行主體
在人身者，為其身之獨體，故喜怒哀樂即一氣流行最自然之表現，因
此情善乃萬物各具主體性之表現，此即獨也。劉宗周不分寂然不動為
未發之形上，和感而遂通為已發之形下，其論點乃立基於天地一氣之
層面上，氣化流行雖有形上、形下之差別，但形上形下完全縮合於天
地一氣之層面，不同於朱子以形上為理、形下為氣，兩者雖不離，但
本質亦不雜。其特點便在心、性、情皆天地一氣不同之面向與功用，
以之詮釋萬有雖不齊，卻仍有一合於氣化之常的穩定結構，以確保心、
性、情皆為必然之善。

> 意者，心之所以為心也。止言心，則心只是徑寸虛體耳。著個
> 意字，方見下了定盤鍼，有子午可指。然定盤鍼與盤子，終是
> 兩物。意之於心，只是虛體中一點精神，仍只是一個心，本非
> 滯於有也，安得而云無？[111]

---

[110] 同註 90，《劉宗周全集》第二冊，頁 302。
[111] 同註 90，《劉宗周全集》第二冊，頁 397。

意即心之知覺表現，心只為一虛靈之作用而已，故意指心具體之表現，故心為羅盤，意為定盤針，若言此，則心與意仍是二。故意雖為心之表現，但不可言其有形體與方向，而應言其為心之虛體中之無形知覺作用。如此心體虛靈，有自由踐德之可能，而仁義禮智等固定方向者便是意，意便可順自由靈動之心，具體實現為惻隱、羞惡之情來。

> 大學之教，只要人知本。天下國家之本在身，身之本在心，心之本在意。意者，至善之所止也，而工夫則從格致始。正致其知止之知，而格其物有本末之物，歸於止至善云耳。格致者，誠意之功，工夫結在主意中，方為真工夫，如離卻意根一步，亦更無格致可言。故格致與誠意，二而一、一而二者也。知止而定、靜、安、慮、得，所謂知至而后意誠也。意誠則正心以上一以貫之矣。[112]

天下國家即氣化之道之總體，其根本於身，而人身之根本於心，心之根本表現為意，此乃一無形體、無方所虛靈之表現，而意為至善行為之具體表現。因天下國家即氣化之道的總合，氣化流行之道即氣化流行之常，在道德層面為善。且氣化流行之表現在人心即為意無方所之表現，氣化之道乃善，故人心之意亦為一個虛靈至善之呈現。如何讓心虛靈之意一定為善？從格致開始，表應正致其知止之知，氣化必然為善。因意為心之所存，亦為至善之所止，亦即是心好善惡惡之作用，如此知本便是知止，因彼此目標皆是善，通過格致工夫便可使意達到善之目標，便是誠意。故氣化之萬物皆順氣化之善而來，故亦為善，所以能誠其意，意誠而後格致之功成。意乃心虛靈、無方所之表現，本應為善，故以人心虛靈至善之意，回應天下國家，需透過格致之工夫保證其表現為善，知誠意亦即格致之工夫。劉宗周重視誠意之工夫，因其可使心之意，此虛靈無方所之作用維持其至善之狀態，以此回應人倫日用與天下家國，便可回復至氣化本體至善之狀態。

---

[112] 同註90，《劉宗周全集》第二冊，頁458。

第四章　由易說氣

　　由易說氣是指詮釋氣化生生之路徑，與習見的由二氣五行說生化有所不同，但二者皆為闡釋氣化生生之作用、條件、過程、結果與所蘊涵之價值義的恰當方法。如崔銑的《讀易餘言》、韓邦奇的《性理三解》、孫應鰲的《淮海易談》，皆是蘊涵豐厚氣學思學的《易》學專著。由易說氣只是詮釋之方法，若論氣學之本質，則崔銑、韓邦奇較偏向理氣是一，孫應鰲則較偏向心理氣是一的方向。

第一章　崔銑

　　崔銑字子鍾，一字仲鳧，初號後渠，又號洹野。憲宗成化十四年生（一四七八），卒於嘉靖辛丑二十年（一五四一），享年六十四。崔銑少而慧，弱冠舉鄉試，入太學，與四方名士馬理、呂柟等人相期許[1]。登弘治乙丑進士第，改庶吉士，授編修。正德初閹瑾擅權，朝士見者多屈膝，銑與何塘僅長揖而已。瑾怒謂張綵曰：「翰林白面書生多輕薄，如崔銑尤甚。」終出為南京稽勳主事。至瑾誅，方召還翰林。嘉靖元年，召修武宗實錄，尋擢南京祭酒。時大禮議起，上疏「勤聖學，辨忠邪，以回天變。」皇上以為銑之言刺己，故勒令致仕[2]。家居十六年，以皇太子立，起少詹事兼侍讀學士，轉南禮部右侍郎。嘉靖辛丑二十年卒，年六十四。贈禮部尚書，諡文敏。主要著作為《士翼》明嘉靖乙未（14 年,1535）平陽刊本、《讀易餘言》明嘉靖間相臺崔氏家塾原刊本、《松窗寤言》明嘉靖間（1522-1566）吳郡袁氏嘉趣堂刊本等。

---

[1]　雷禮纂輯：《國朝列卿紀》，台北：明文書局，〈明代傳記叢刊〉，1991 年，卷四五，頁 285。
[2]　徐開任編輯：《明代名臣言行錄・侍郎崔文敏公銑》，台北：明文書局，〈明代傳記叢刊〉，1991 年，卷四九，頁 501。

一、氣即有理，理即有氣

> 流者，陽也，凝者，陰也。陰生物非陽運之則弗能，故陽得陰
> 而行，陰得陽而靈，若曰陰陽一氣爾，人死而魂魄離者何居？[3]

　　陽乃流行之動力，陰乃完成之作用，陽流行之動力必在陰之作用
所完成之形體中，陰之作用所完成之形體中必有陽流行之動力，兩相
激盪，才能多端變化、凝結而產生更多形物。崔銑強調陰、陽各具不
同作用。一氣中有分合、生殺、動靜、盛衰皆由之而有，若陰陽只一
氣，則不能相資相成萬物。

> 文公謂：「氣有聚散，理無聚散。」銑所未詳，竊意造化之原，
> 理常聚而氣亦聚，人物之生，氣若散而理亦散，氣既散矣，理安
> 所附。是故天地寒暑也，人物禾稼也，暑來禾生，寒來禾死，盡
> 矣，明年又蕃其鮮者，故曰日新之謂盛德，人心豈可以自滿哉！[4]

　　朱子主張理氣二分，認為形上之理乃絕對無限之本體，因而言理
無聚散。然其認為形下氣乃有限，故有聚散。但崔銑不認同此說，其
以為氣化世界應是理在氣中，氣中有理，因此氣有聚散，理亦有聚散。
崔銑雖無明言理氣並重，但由其上所言可得知。所謂有聚散之理乃指
各種形下有限之理，故其已將理由形上絕對層次落實至形下有限層
次。由「人物之生，氣若散而理亦散」可知崔銑不再談形上之理，而
直言具體人物之不同，故當人物之氣消散，組成此人物的二氣五行比
例之生理，自亦不存。如暑來禾生，寒來禾死，明年再來之禾，已非
此禾，此由氣化之實然，說明理氣皆有聚散。

> 吾之體，本太和之氣所聚也。今死而散入無形，得吾本然之體
> 也。氣之未聚，吾之常。今雖生而聚為有象，似失其常矣。然
> 吾之氣與形俱生，未離乎形也，未嘗失其常也，以死為常，以
> 生為變。[5]

---

[3]　【明】崔銑：《后渠庸書》卷一，藝文印書館，百部叢書集成，1967 年，頁 2。
[4]　【明】崔銑：《士翼》明嘉靖乙未（14 年，1535）平陽刊本，卷一，頁 8。
[5]　同註 32，《性理三解》，頁 3。

　　韓邦奇以為氣未聚時吾之常屬形上，及氣具有形，似落入形氣層。
唯無形之氣與形，同時凝結而存在，此時未聚之常，有聚之形是內外
而為一的，此則與崔銑氣散理亦散之說異，一重理氣之普遍義，一重
理氣之獨立性，可知同為理氣是一的路徑中，仍有不同之發展。

　　崔銑理論中含兩種詮釋系統，一為《易傳》之詮釋系統；一為卦
象變化之詮釋系統。崔銑並未明說氣散與氣聚之條理為何，但有由《易
傳》與卦變之說法論，此乃崔銑學說之特色。如舉〈復卦〉為例，「復
亨，出入无疾，朋來无咎，反復其道，七日來復，利有攸往。」[6]由十
月坤卦因陽變為初爻，變成復卦，如此因陽變為初爻，變為復卦。如
此陰爻與陽爻互變其位，循環不已，表示陰陽相生有無限多之可能性，
即據此以說氣化生生之無限。

> 太極判為陰陽，別為四時，播為五行，運為天，載為地，垂為
> 日星，散為風雨，擊為雷霆，結為山阜，流為江河，瀦為澤，
> 靈為人，蠢為物，植為草木，合之名曰造化，猶眾體具而曰人
> 也，謂人事非造化惑於誕也，謂造化止人事拘於小也。[7]

　　陰陽相生偏向陰之形體者為山阜、江河、澤，陰陽相生偏向陽之
形體者為日星、風雨、雷霆，而靈蠢則介於陰陽相生所產生的天地之
間，有靈之人，蠢之物，植之草木，相合則為造化。造化指具體的天、
地、日、星、江河、人物、草木，而造化之動力指太極分為陰陽，別
為四時，播為五行。此即崔銑由陰陽相生說的宇宙論，近似於王廷相
之說法，但兩人對五行秩序之看法則不盡相同。

> 乾常動其曰靜，言其收物也，坤常靜其曰動，言其生物也。乾
> 下交坤曰靜，坤上交乾曰動，乃氣也，非形也，陰陽氣也。剛
> 柔氣散而有體也，乾坤陰陽之純，否泰陰陽之交，故象傳曰：
> 陰陽六子，惟曰剛柔各得之一體而已。古書言氣即有理，言理

---

[6]　【唐】孔穎達正義、《周易正義》，十三經注疏，台北：藝文印書館，1976 年 5 月，
　　頁 64。
[7]　同註 4，《士翼》卷一，頁 24。

即有氣。[8]

　　乾動之創造才能完成坤之陰靜，而坤之陰靜的完成則須乾陽之
創造的完成，由此可知乾坤不能分離，故一氣流行中以乾坤動靜相
生相成為其體性。故乾坤一致且並建不離，因此乾坤各為氣中之動
能，陰陽則為氣中兩種不同之作用，而剛柔則指形體不同之體質。易
分陰陽、剛柔、仁義為三才。故氣中有陰陽乾坤之無形作用，且陰陽
與乾坤不離，而氣聚時，具體形體則為剛柔。「言氣即有理，言理即
有氣。」可知崔銑明言理氣是一，氣中有陰陽乾坤之相生作用與條理，
故由此可言氣中有理。無論陰陽乾坤相生之理，或氣聚成剛柔此中皆
是理，凡此種種皆於氣中成立。亦即因氣中有陰陽與乾坤相生之條
理，而此條理表現成形氣者，即為剛柔之氣，此乃言理在氣中。乾坤
陰陽之純，純者為理一之理；否泰陰陽之交，交者為萬殊之理。因理
在氣中，故乾坤陰陽相生之理一，或理萬亦於氣中相生不已，而有氣
化萬有之不同。

> 陽剛也，生也，陰柔也，成也，皆氣也，即其理也。仁陽也，
> 愛也；義陰也，敬也，皆氣也，即其理也。古人曰陰陽，曰仁
> 義，一而已，後人和合孔孟之言性，乃立理氣之名，學者勿泥
> 於詞，而泝其源，不可廢理而存氣也。[9]

　　陰陽皆氣，陽氣中的剛生與陰氣中的柔成都是氣，在陰陽合成
之氣中有生與成之條理，亦即陽生陰成是氣，而氣所以如此陽生陰
成之理序便是理。故仁義亦都是氣也是理，陽既可貫穿剛與仁，陰
可貫穿到柔與義，故云陰陽與仁義是一。陰陽是三才中的天之道，仁
義是指道德層次的本質，崔銑卻將陰陽相生之條理與道德層次之仁
義視為一，此即表天地人雖為三才，但此三才皆涵攝在氣化流行中。
故應以氣化流行為本體，而其相生之理是陰陽，而陰陽比例不同之
表現則為剛柔，氣化流行之必然如此應然如此的價值義則為仁義，

如此陰陽、剛柔、仁義皆在一氣流行中，凝結為形氣所具之各層次之生理。

> 氣塊然太虛，非橫渠真見道體之實，不敢以一氣字貫之，此渾沌之未闢，無極而太極也。動陽靜陰、浮清降濁，萬品之流，兩儀立，萬物生也。[10]

韓邦奇亦以太虛之氣為生化本體，而陽動陰靜的相生作用，乃至形氣之浮清濁降的氣化功能，皆是萬物各各不同所以產生的基本條件，亦即通過太極生兩儀，兩儀生四象的模式，說明氣化萬有之生生，內在皆有其所以如此生生之理序。以乾坤卦爻之生生，說理氣相涵，氣化不已，知為二氏所許之共法。

二、陰陽環生與貞勝

> 五行者，聖人取地之五物，象天之五氣。陽主生、主煖、主動，少陽漸長，故名木，木生物之煖者，萌牙而合抱，有長之象焉。老陽為火，則活動炎熾之極也。陰主殺、主冷、主靜，少陰漸收，故名金，金殺物而冷者，凝固而內明，有靜之象焉。老陰為水，則淵澄甘寒之極也。兩陰兩陽之中，雖非其氣，然資之而不能外，名土。猶金木水火，無地無附載也。陰陽環而生，薪木之傳火，火爐之變灰，厚壤之生金，金化而液，水潤而物。陰陽貞而勝，斧斤舉而林伐，草木牙而土裂，土擁而水涸，水灌而火熄，火然而金鑠，是故名義可得而推矣。[11]

地上五物與天之五氣是相合的，天地人三才是貫通的，第一個基礎為金木水火必於土之上，第二個基礎為金木水火在土上有深刻的關係。「陰陽環而生」為相生的關係，五行相生一次就生出一個物，相生之秩序為，木 → 火 → 土 → 金 → 水 → 木，此五行相生之次序，亦為創造氣聚之過程；「陰陽貞而勝」為相克的關係，金 → 木 →

---

[10]　同註 32，《性理三解》，頁 6。
[11]　同註 2，《士翼》卷二，頁 23-24。

$\boxed{土}$ → 水 → 火 → 金，為五行相克之次序，亦為氣散死亡之過程。可看出崔銑將五行之相生相克與氣聚氣散相合，氣聚為五行相生，氣散為五行相克。崔銑與王廷相之論點不同，王廷相不談五行相克，而言五行中水火是基本元素，而後再生出土，土中再生出金木與萬物，故明顯可知崔銑之氣化論或有受王廷相影響，但五行觀念則未受王廷相影響。

> 夫惟一氣，分合生殺，靜動盛衰，厥運差也。聖人借物之形而名之，欲人之易於識別也。故一而混曰渾元，渾水之濁也，假以名氣之一也。元人之首也，假以名氣之始也。山之背者，雲蔽之曰陰，假以名地氣之卑匿而幽也。山之向者，日射之曰陽，假以名天氣之高顯而明也。[12]

一氣之分合生殺，生為木火土金水，殺為金木土水火，一氣中順著五行的次序運行而有差別。崔銑之一氣中有陰陽相生、乾坤相生、剛柔之具體成形、仁義之表現，尚有木火土金水之相生與金木土水火之相克，如此可管攝所有氣化流行種種之道德義、天理義、相生義、相殺義皆在其中，此即一氣流行之內涵。渾由濁說氣有體質，元由人首說氣為造化之始，可知氣是一具體實存，又能不斷創造之作用。而一氣又分天氣與地氣，陽為高明之天氣，陰為卑幽之地氣。可知，渾元指一氣為氣化之本始，天氣、地氣指一氣具體之形象，故一氣中無形之內涵與具體之形象皆兼顧，本始與體質並重。

> 復反也，有四義，行者歸，離者聚，過者更，喪者得也。復不曰陽而曰雷，蓋陽出地為雷，至冬陽消不雷矣。子月陽生地中，而長春之震擊，即此一陽之還者，故曰復。夫陰陽消長言化機之用與藏，猶人之寤寐也。陽極而降，降極而升，陰伏而升，升極又伏，皆歷六月而成，亦非今日為陰，而明日頓然為陽。猶人倦已而寐，睡熟而寤耳，豈真若穀粟然根蒂脫落，乃復種

---

[12]　同註4，《士翼》卷二，頁25。

而芽，芽而榦哉。一氣發則一氣繼，此氣伸則彼氣縮，陰陽消
長進退似不過此，宰之者其太極乎。[13]

由此可知崔銑主張漸變而非頓變，此觀點與王廷相一致，兩人同
樣反對董仲舒，董氏認為有陽極陰隱，陰極陽隱之狀況，而崔銑與王
廷相則不認同。以為孤陽單陰不合陰陽同為一氣相生之作用。陰陽相
交之變化必然是緩慢漸變的，代表其強調一氣中陰陽兩種條件缺一不
可，而陰陽極而降，降復升等種種變化，正是對氣化之種種不齊，透過
時間行進之秩序，說明萬物所以在不同時空座標中存在之原因。故若氣
化不已，則時間上便是漸變；若氣化為具體之作用，則空間上便有萬
殊。亦即如同爻位由初而二而三而四而五而上，再由上而下降回復初
爻，如此往復循環不已，以復見天地生物之心之不息。

> 天垂日星，其行交錯，故曰文。地竅山川，其列有條，故曰理。
> 天陽也，著形於外故明；地陰也，具質於內故幽。程子謂「在
> 理為幽，成象為明」是也，陰陽交合物之始也，陰陽分離物之
> 終也。合則生，離則死，原者本其所從來，反者復其所歸往。
> 氣之精者，聚則為物，自无而有為神；魂之游者，散則為變，
> 自有而无為鬼。情言用，狀言體，知鬼神則知生死。至精湛寂
> 非氣不作，一氣回旋，非精不凝，相會而物生。魂乘乎一氣，
> 浮游于无窮，其於形也，直寄焉。魄陰物形之主也，魂陽物從
> 神而已，其交物者魄也，其所與交物者神也，其守形不離者魄
> 也。[14]

從陰陽說聚散，陰陽交合為始，陰陽分離為終。前面論及陰陽是
不可分的，凡是陰陽合而為物，若陰陽一分則不成立，故陰陽一分則
非氣。此處與王廷相有很大不同，陰陽一分則不是氣，則無氣散後還
繼續存在之可能，王廷相之氣散後還可能變成其他事物。但是，崔銑
則以為陰陽分離則消散，不會再變為其他事物。此或因崔銑順陰陽相

---

[13]　同註4，《士翼》卷四，頁10。
[14]　【明】崔銑：《讀易餘言》卷四，嘉靖間相臺崔氏家塾原刊本，頁7。

生，此氣伸則彼氣縮，彼此消長進退不已，已足夠說明有無限變化之可能。但亦反顯出二家詮釋系統皆有其限制之處。

「精」為有形之生生作用，無形之生生作用為神，在人身上為精，所以，純粹的氣與在氣中之生生作用相合則會成形。氣中陰陽乾坤不斷變化，要靠精才能具體凝結成形。崔銑特別指出精與凝之關係，有精才能凝聚。王廷相則無此論，認為形與氣凝結則為精，而崔銑則強調精是讓氣具體凝結成形之作用。

「魂」是氣中無形的創造作用，為陽。「魄」為形體之力量，為陰，而魂與神在形氣上結合，即為魄。讓魂與魄凝結者為神，具體的合成為魄，令合成能發生作用者為神，不離開形體的生生作用為魄。貫穿於形體與非形體中之生生作用為魂或神，魂與神相似。專論陽之無形生生作用為魂，專論無到有為神，說法亦與王廷相不同。

由此可知，崔銑之魂偏向於陽之動力，神偏向於無而有之作用，精則是指創造凝結的作用，魄則是指具體形體的力量。所以，崔銑之魂、神、精、魄仍是在無形的作用與有形形氣之作用相關涉之討論範圍內論述何謂魂、神、精、魄。氣學家所以重視精魄，因為其希冀將魂與神此無形之事物在形氣中表現，即成精魄。

> 復，還反也。至前六陽消盡為坤，至後一陽復反而生，本義積之一月未當，若然則陽生於坤，不生於復。夫此一氣進則彼一氣退，進極而消馴至於退，退極而消馴至於進，氣之本原無增損。[15]

此為崔銑舉《易・復卦》為例，說氣化中雖陰陽升降進退不定，但「氣之本原無增損」。〈復卦〉上五爻皆陰爻，只初爻為陽。因陽必由下而上，陰必由上而下。故原本皆陰爻之坤卦，只要居初正位之陽一發動，則陽便由初而二，以至於上。及至上位，復反為陰，陰則由上而下至初爻，如此「一陽復反而生」，以見天地生物之心亦不息。

---

[15]　同註14，《讀易餘言》卷一，頁31。

「此一氣進則彼一氣退」，指陽氣進一則陰氣退一。如從五月之初爻為陰，進而為六三、六四皆陰，及上六亦陰後，便是十月。及上六為陰極後復反為陽，於是初爻由陰轉陽，此則為十一月之復。可知陽雖會日增，由初爻升至上爻，但與之配對相生之陰則會由上而初的日減。故統體言，陰陽彼此雖有增減，但一氣流行則實無增減，以見一氣仍為一無限之本體。

三、心靈而性活，心移而性宰

> 司馬溫公曰：聖人性不能無惡，否則安用學，愚人不能無善，否則安用教。意則美矣，然非篤論焉。夫玉譬則性也，精純有品，聖人也。玉之瑕，賢人之性也。若曰性兼理氣，是一性，而立二名，離之不可，一之未能也。譬之造化流行，四時者，氣乎；春當溫，秋當涼者，理乎。理乃氣之條段，雖紛紜而不可亂者，豈伊異物哉。溫涼日時，聖人也，冬過寒則春行其餘冽，夏過炎則秋冒其餘燼，氣偏理亦滯，中人之性也。春必溫，秋必涼，性善之譬也。[16]

崔銑反對司馬光性有善惡，認為人性是善的，但過寒過熱為下愚，春必溫，秋必涼為人之性善，最佳者精純有品之聖人，而性善中稍有瑕疵的為賢人。因此，崔銑基本上是以性善為主，順著陰陽乾坤相生，為宇宙最基本之原則與理序，為常道，故性應是善的。但是，陰陽乾坤相生會有陽極多陰極少，或六爻中有五陽一陰的狀況，此皆為太偏，為氣偏理亦滯之狀況，故有下愚之產生。亦有純善者，不過，其純善不應指純陽或純陰，若純陽或純陰是指純善，則與其陰陽必然相合始生之理念相牴觸。故應說陰陽相生迭運之狀態即為常道為性善，過與不及則為下愚，若陰陽相生迭運之狀態，為陰陽相等、或相生有次序即為精純之聖人。多數人都是本性中順著陰陽乾坤，氣偏理亦滯，而於善有過與不及的可能，此乃中人之性。此即由陰陽相生來決定人性

16　同註4，《士翼》卷一，頁2。

善與否，不再像孟子由先驗之肯定人性是善的那麼直接，故可知崔銑之性善說是受到陰陽乾坤相生迭運而有不同可能之影響。再者，陰陽乾坤在氣化層面說，亦即是由氣化陰陽相生所說之性善論。故惡不再是純粹性善為情慾掩蓋者為惡，而是「氣偏理亦滯」為惡。

> 性之所寓曰心，心之所具曰性。性者，理也，心乃發用斯理者。孟子以四端驗之，夫自修身而齊家，而治國平天下，斯謂盡心盡性也。精一道心者，用之執中也，中者，道心之極也。宋人以異端附會之，曰道即心也，則人非心與。[17]

此論心性之關係。性是心之內涵，心是性之表現能力，此與孟子之說法一致。乾坤陰陽之生理為性，心乃發用此乾坤生理之作用。且此心是由修齊治平的工夫層面說，故心便是彰顯乾坤性理的實現作用。乾坤性理由日用中顯表示道亦由心顯，故道即人心。蓋因一氣流行中，不可說道與人心為二。

> 喜怒哀樂，道心也；徇於形氣之私，或不中節，人心也。危者，可正可邪；微者，極密極妙，精擇而一守，求其中而執之，大本立而達道行矣。微者，道之體也，中者，微之則也。神者，氣之英也，不可以言道。覺者，心之靈也，不可以訓仁。情者，發之直也，不可以配性。誠者，具之真也，不可以附理。[18]

喜怒哀樂順春當溫、秋當涼的氣之理表現，即為道心。若不順者則為人心。此外，先天其氣偏而理滯，故會為惡者，與後天喜怒哀樂之道心受情慾影響者，皆為人心。

由卦象言，陽居陽位為正，為道心。陽居陰位為不正，為人心。故喜怒哀樂之得其正，便是道心。反之，便是人心。「微」指乾坤生生不已為道之體，「中」指生生無限皆以乾坤生理為理序。「神」為乾坤生理不測之作用，但本身非道。「覺」為心知乾坤生理的靈明作

---

[17]　同註4，《士翼》卷一，頁30。
[18]　同註4，《士翼》卷一，頁33。

用，不只是仁而已。「情」為氣性直接之表達，非與性為二者。崔銑如此說，是在理氣是一立場下，管攝神與道、覺與仁、情與性是一而非二。但此一非由形上言，而是氣化實然層言的一。

> 心性固不離，亦非雜。知能，心之用也。愛親敬長，性也。好利惡害，心之覺也。生可舍、死可取，性也。譬之物焉，生生氣也，穀之甘、杏之酸、桂之辣，性也，心靈而性活也，心移而性宰也。孟子曰：「仁，人心也。」乃言所主也，非用為訓也，心性之辨，一言而決之矣。[19]

心性不離不雜是立於同一理氣本體而言，非形上下二分之不離不雜。知愛知敬為心之靈覺，所以知愛知敬之理則為性。若由物言，生生作用是物之心。氣之甘酸為物之性。性由二五比例，卦爻位置不同來決定，而表現此不同比例與位置的作用，則是心。知性之內容有多種可能，心亦自由靈動、順性之萬端而為，故曰「心靈性活，心移性宰」。此因卦爻位置迭運變化不已，故對此氣化無限可能之發展，心性自隨之而有相應之靈動作用。

> 仁之貫乎倫紀也，猶氣之周身也，氣所不能達斯痿，謂之無肢之人可也。心生物也，仁生之德也，故靈曰心、活曰仁。忍於父必逆，忍於君必欺，忍於友必棄，斯謂之無倫之人可也。[20]

氣是生生的作用，而仁之道德義在所有的人倫綱紀中都有，因為，心是創造萬物的作用，仁是生生之德，生生必然如此的理序。創造靈明之作用為心，而性是活的，仁也是活的，即道德創造不斷地在表現，故仁中活潑潑的創造作用即是性，而仁一定要藉心表現性方為仁。

> 喜怒哀樂，性之實也，中性之德也，猶孟子謂之善也。天曰陰與陽，地曰剛與柔，天施地合而生人，喜與樂、陽與剛也，哀與怒、陰與柔也。[21]

---

[19]　同註 4，《士翼》卷二，頁 4。
[20]　同註 4，《士翼》卷二，頁 29。
[21]　同註 4，《士翼》卷三，頁 25。

喜怒哀樂，是情之表現，為人性真實具體的表現，是合於性之德，孟子謂之善。崔銑認為天之陰陽，地之剛柔，天施地合而生人，喜與樂、陽與剛，哀與怒、陰與柔等。皆以乾坤相生之理為其本質，如此則天地之生生義與價值義，皆賦於人身，進而人之喜怒亦與天地之陰陽、剛柔相融互成。同時即以之為中天地之德的性。此時性由天地人三才相通說，非如孟子純由內在本然說性。

> 拇腓股義取下體，蓋言无感，人之道者。勞而无成，脢輔舌義
> 取上體，蓋言无感，人之實者。煩而无益，四為心，心通萬變，
> 出令而非受令，應物而不留物。苟明屈信之自然，貫物我為一
> 體，所謂聖人感人心而天下和平，即天地感而萬物化生者，朋
> 亡不足言矣。[22]

此段由《易・咸卦》說拇腓股為人下半身之器官，利於行走。脢輔舌為人上半身器官，利於言說。而九四為心，心自由靈動可通萬變。於是心可主宰拇腓股以行，脢輔舌以言，且是出令無所受令，為道德判斷與實踐之最高主宰。

因心是陰陽乾坤相生不已之作用，且具有無窮多可能性，故心能知陰陽乾坤相生有無窮多的可能性。心有自律的道德主體義，但是站在形氣層面說的，非形上的說氣化之心有自由自主的創造作用。而王學之心雖是自由自主的創造作用，但是在形上層面論述。「應物而不留物」回應萬物而不執著，心不斷在表現情善，所以，站在主觀的立場，我的心就不斷在表現情善；心被動時而為「應物而不留物」，回應萬物。可知心主觀與客觀兩種狀況都有，故從心言情善與應物要合在一起論述，以見心之主宰性。

> 雷風水火及澤，皆兩，各能往來也。獨兩山相重，各止其所高
> 下攸分發育之功，隨而異，人之至難。止者，心也，故取象於
> 艮，在上則思止於上，在下則思止於下，不貳不雜，法重艮也，

---

22 同註 14，《讀易餘言》卷二，頁 1。

> 後之言心學者多援艮，夫艮者，思有所止，非視心為槁木而寂之也，若面不相通否之道也，體各定用，猶事各定理。[23]

此段由《易‧艮卦》說，震為雷，巽為風，雷風兩兩相對，各能往來，坎為水，離為火，亦兩兩相對，可互相往來。但艮卦，則非兩兩相對，而是兩山相重疊，各止其所止，不能有為。如此由艮說心，則「在上則思止於上，在下則思止於下」，心用在道德層面，就表達道德，心用在實然層就主宰言行之發用。王廷相與羅欽順皆論及心不分理性與德性兩層面，只有一心，心既可用在理性層面，也可用於德性層面，而皆為心之表現。但若如心學家以為艮是「思有所止」，則是不知心是時行則行，時止則止的自作主宰者。「體各定用」，指否卦是天地不交通之用，泰卦是天地交通之用。而艮卦則是當行則行，當止則止之自由自主者，由此說心，更見「心靈而性活」之意。

> 性謂人稟賦之道，即下文仁義是也，命謂天地流行之道，即下文陰陽剛柔是也。天地人之道，无獨有對，故天之氣，有明而陽，幽而陰者；地之質，有強而剛，奭而柔者；人之德，有愛而仁，斷而義者，兼三才者一之也。不二則無體，而兩之者，配之也，不兩則无用。故易六畫而成卦，象天地人各有兩而為六也，分陰、分陽，言六位，位无質，故以陰陽名之。迭用柔剛，言六畫，畫有質，故以剛柔名之。位者，初至上也，畫者，九六也。六位之陰陽一定，六畫之剛柔无定，或剛上柔下，或柔上剛下，相錯而成文，此所謂順性命之理也。[24]

此由「不二則無體，兩之配之」說，不論陰或陽，剛或柔，仁或義皆兩兩相對而生，只一陰爻或陽爻，則不能成卦體。三才說之陰陽、剛柔即為天地流行之命，仁義則為本性。而三才順著「无獨有對」之關係則成六爻，此即氣化順著六爻相生說明宇宙可創造出不同可能性之條件。

23　同註 14，《讀易餘言》卷三，頁 20。
24　同註 14，《讀易餘言》卷五，頁 2。

「易六畫而成卦」，指取象於天地人各有陰陽兩爻相對而成六。而卦象有居正位與否之不同，有陰陽迭運升降之不同，表氣化有無窮多之可能性。「分陰分陽」指可上下升降的是陰陽兩爻的位置，故是虛指無形質。「迭用柔剛」是有形質的卦畫，如爻位由初至上皆有定位，初三五為陽爻，二四上為陰爻不變之正位。而卦畫之陽爻為九，陰爻為六，剛柔之卦畫，則有時上時下的變化。而陰陽爻之居正位與否，和剛柔上下無定之變化，相錯則有氣化萬事萬理之不同，而萬事萬理即以陰陽剛柔之相生作用與理序為其性也。如此「性活、性宰」之性自具生生義、道德義而為善。

四、物之理即吾心之理

> 夫心，火屬也，火麗物而後有形，心宰事而後有造。異端之言異焉，曰靜則心定而理自見，無待乎學矣，是猶舍耒耜而言耕也。不能是非，學者之所患也。[25]

火是屬於創造燃燒陽動之作用，從五行的火而言，心又屬火，由此說明心具有燃燒陽剛之創造作用。「火麗物而後有形」，仍是強調乾陽之生用，須由形氣萬物中言。故心主宰之作用，亦須於人倫日用中，指點出生生之道德義。此即由理氣是一，反對理氣二分。

> 天命之謂性，故物之理即吾心之理也。外之物格則內之知致，見天下之物，各有則而不可易，即此則以應之，故時措之宜矣。曰窮理則隱而求求、曰格物則顯而可據。格物者，修治其目，人倫其先也，若泛乎其務，則荒而靡即，故博非顏子之文，則約非不叛之道。[26]

在一氣流行之中形、氣、神都是一，在一氣流行中心、性、情都是一，故一氣流行中氣之理必然存在，而氣之理即是心之理、物之理、性之理。外在事物之理與內在心之理是一致的，所以，氣化之心一致

25　同註3，《后渠庸書》卷一，頁4。
26　同註4，《士翼》卷一，頁8。

知，就知氣化之理，由氣化流行所融匯的氣化之心，對外在氣化流行事物之本質是相應相合的，故格物與致知之本質一致，物之理與心之知的本質一致，此即理氣是一在知識論上之表現，皆為氣化流行之條理與作用。

「見天下之物，各有則而不可易」，指崔銑認為天下之物必然是受此物獨特的陰陽五行與卦爻變化之理決定其本性，故各有其本性，是不可改變的。所以，心用陰陽五行卦爻變化無窮多種可能性之靈明作用，去相應於天下事物中某一種陰陽五行卦爻變化之理，自易順理而相應，此為其格物致知所以有功之理論基礎。

> 大學之為文乃一篇與洪範同製，先撮總而後分目，要之皆明明
> 德而已，仁者與物同體，遺一物塗一民，非仁也，故新民即明
> 德，古人字簡通用，新親其互行與，今必曰親，非新也。孟子
> 謂於民仁之而弗親，何為混其施也。[27]

「仁者與物同體，遺一物塗一民，非仁也」程明道亦論及，「學者須先識仁。仁者渾然與物同體。」[28]孟子與程明道從仁是一個形上本體來論，可是崔銑之仁強調包含形下所有有限之形氣，仁貫穿在所有形下有限不同之形氣中方為仁，此即「仁貫倫紀」。其仁是由形氣層面來說自由無限之道德主體，且此具有本體義之仁是在任何有限的一物一理中展現。若仁有一物未體，則表仁失落其遍在性。此遍在萬物之仁，即人所本具之明德，而明德即以乾坤陰陽之相生為其內涵，此亦由易說氣說仁之特色。

> 詩書禮樂，教人以事窮理，乃即物而究本末精粗，兼修共貫，
> 學之者，有淺深，成才有大小，而無虛誕也。[29]

27　同註4，《士翼》卷三，頁16。
28　【宋】程顥、程頤撰：《二程集》〈河南程氏遺書 卷二 上〉，台北：漢京文化公司，1983年9月，頁16。
29　同註4，《士翼》，卷三，頁30。

　　窮理就在詩書禮樂之事上窮理，而詩書禮樂之理就是陰陽相生與
爻畫相生之理。「兼修共貫」，是由工夫上指點物之本末精粗，或上
下內外兩層皆須管攝為一。不是主觀期望上的為一，而是天地人只有
一層的必然是一。說本末精粗，是為能夠具體掌握氣化由小而大，由
有限而無限的條件、過程、與架構，如此才是一實有的世界。

> 夫山，本天中之物，故氣與合一而成大畜，前言往行，乃先得
> 我心之同然者也。孤聞淺識不足以議道而盡變，故貴乎多。君
> 子考之於彼，協之於一，摭其華必茹其實，采其質必實諸用。
> 始也由見聞而得，終也并見聞而化，如蜂之掇花而蜜，如身
> 之飫食而肥，後人雕績組織以為工，隱嘖奇雜以為博。黠者
> 矯之曰：六經注腳，讀書糟粕。銑伏讀聖言，竊嘆學之失傳
> 也。[30]

　　此段乃《易‧大畜》卦，說天在山中，有大畜之象，故君子效法
之，而多記前言往行。崔銑由前言往行中，指點出其本質，即得吾心
同然之乾坤生生之性理。

　　見聞是知之始故要多，見聞最終則要化，所以，剛開始見聞一定
要多，而最終一定要化，即「考於彼協於一」為化。陰陽剛柔仁義升
降迭運會產生出無窮多之事物，每一個事物都要掌握其形其體，此即
見聞貴多。但是，任何見聞事物中都有陰陽剛柔仁義之作用與理序，
「并見聞而化」即是將事與理相合。但是，非將見聞之知與德性之知
合一，因為，只有一種心，而心可止於見聞，也可止於德性，其心既
可掌握外在見聞之知，亦可將外在見聞之知化為其內在事理，因外在
見聞是陰陽剛柔仁義所變化出的各種形氣，然後將此見聞掌握於內
心，自可心知其理。如此內在轉化物之理為心之理的工夫，固然在心
上作，但更是在心與物，心之理與物之理皆涵融於實有之氣中作。

第二節　韓邦奇

　　韓邦奇，字汝節，朝邑人。生於明憲宗成化十五年（1479），與呂柟同年出生，卒於明世宗嘉靖三十四年（1555）。登正德三年進士，除吏部主事，遷浙江僉事，轄杭嚴二府。嘉靖初起山東參議。巡撫遼東時，遼陽兵變，將往定亂，帝方事姑息，遂止。韓邦奇自幼好學，自經史子集至天文地理，樂律兵法之書皆通曉[31]，主要著作有《性理三解》〈明正嘉間原刊本〉《苑洛集》〈四庫全書珍本〉等。

　　韓邦奇從一氣流行中有陰陽二氣動靜相生，化生萬事萬物立論，建立以性做為主體，道為一氣發用的理論模式。性是氣化流行凝結在人身的本質，道則放在具體的人事之中，是氣化流行的表現，道就是氣化生生之用。性和道的關係融和在人的心，氣化流行有它的知覺創造作用，此作用在人身叫心。心的目的是把內在的本性表現出來，表現在人倫日用之中，而人倫日用就是氣化之道。所以心是融通與貫徹內在本性與外在氣化發用人倫之道的一種作用，這是韓邦奇主要思想的架構。

一、一氣貫太虛

> 一元未闢，混混沌沌，太極之未形也，是天之性也，如堯舜之心。至靜未感，萬理咸具，即太極也，是堯舜之性也。一元既動，二氣五行化生萬物，無一息之間，河嶽奠，槙遂無一物之欠，此天之事業也，是天之道也。[32]

　　一元是元氣還沒有開闢化生萬物，只是一渾淪元氣狀態，是為混沌。此時稱「太極之未形」，即太極還沒具體化生萬物前，此即天之性，天的本質落在人身就是堯舜之心。「至靜未感，萬理咸具」，是氣化還沒開始凝成形氣事物，此時在氣化中已經有無窮之萬理。因為

31　【清】張廷玉撰：《明史‧儒林傳》台北：鼎文書局，1991。卷二〇一，列傳八九，頁 5317。

32　【明】韓邦奇撰：《性理三解》，台北：國家圖書館，明正嘉間（1506-1566）原刊本，頁 3。

陰陽二氣，有的時候陰多陽少，有的時候陽多陰少，陽這種生生動力
必然會表現出創造作用，陰是完成形物之作用，並與陽配對相資而成
就萬事萬物。所以萬理咸具就是每一種不同的形氣都有不同之理。亦
即太極本體涵藏萬理，順著太極無窮之理引發，就能產生天地事物。
「太極未形」指太極具本體義，「太極」則指此實有本體是萬理咸具的。

　　人最高的道德表現是堯舜，太極就是堯舜之性，是太極未形之時，
太極就是至靜未感、萬理咸具的狀態，這是人最高貴本性的內涵。「一
元既動」，元氣開始動是陰陽，二氣五行開始化生萬物。陰陽二氣是
陰不離陽，陽不離陰，五行是金木水火土，相生又相剋，那麼陰陽與
五行，在一起會互相連動相生。無一息之間地相生相剋就產生山川草
木。所以一元未闢是以一氣為本體，一元既闢之後又二五相生化生萬
物為宇宙創造的內涵，這是順著二氣五行來化生成萬物，所以氣是宇
宙的本體，道是宇宙創造的發用。

　　　　氣塊然太虛，非橫渠真見道體之實，不敢以一氣字貫之，此渾
　　　　沌之未闢，無極而太極也。動陽靜陰、浮清降濁，萬品之流，
　　　　兩儀立，萬物生也。[33]

　　韓邦奇篤信張載之學，他認同張載以一氣來貫穿宇宙道體之
實，亦即以太極為至高至尊的本體，此為「無極而太極」。先有太極
再生兩儀，兩儀再生四象、四象再生八卦。他用這種詮釋系統來說
明宇宙化生萬物的過程。所以混沌未闢就是一個至靜未感，還沒陰陽
二氣開始化生萬物，只有萬事萬物的條理在其中的狀態，稱為太極。
可是太極之中必然包含陰陽二種素質，陽表現動的創造作用，靜表現
完成的作用，二氣相生乃有清氣上浮而為天，濁氣降下而為地，而陰
陽二氣流行創造不已，產生天地之間更多不同的萬事萬物。「兩儀立，
萬物生」，指立於太極一氣的立場，說明陰陽兩儀乃太極創生之作用
與機制。

---

[33]　同註 32，《性理三解》，頁 6。

> 乾坤，其易之蘊邪！乾坤成列，而易立乎其中矣。乾坤毀則無
> 以見易，易不可見，則乾坤或幾乎息矣。[34]

此言陰陽變化便是易，卦爻上下之變化便是陰陽之變化，但陰陽
相生之根源則是乾坤相生。所以乾坤既成位列，則陰陽相生之任何可
能性及種種生生之事理亦皆在其中。而韓邦奇亦是依此一乾坤陰陽相
生模式，來詮釋所以有萬理咸具與萬品之流的原因。

> 知太虛即氣則無無，此張子灼見道體之本然，他人所不能道。
> 太虛無極本非空寂，只有形不形之異耳。三五是十五，五三亦
> 十五，三五雖不同，不過皆十五，但變易不同也。形不形雖不
> 同，一氣也，但聚散不同也。一動一靜一聚一散，是謂參五變易、
> 愛惡之情同出於太虛，此橫渠灼見性命之真，故敢為此言。[35]

「太虛即氣則無無」這是張載的話，「無無」即太虛雖然無形卻
是一實有的狀態，有形是天地間你我的狀態，無形只是尚未凝結成形，
只是消散之氣，其實確為存有。「太虛無極」是指太虛是無限大的時
空沒有極限，但非真正的空寂，只是此氣化作用有形不形的狀態而已。
所以氣分兩種狀態，一是有形氣的狀態為有；另外一是形氣未形前的
為元氣，元氣是無限時空的總和，是世間唯一的本體，元氣會凝結成
形氣，形氣因相生變化不已，故有聚也有散，這是氣化論的宇宙觀。

三五十五，三先五後或五先三後所得到的結果都是一樣，亦即三
才五行或陰陽之數彼此參和之變化，數字之推演有其無限，如同陰陽
相生之神妙。同理，所有有形或無形是一氣變化的不同，氣聚就成有
限的形體，氣一消散，就回歸本在左右四方的元氣中，此為張載說：
『民吾同胞，物吾與也』。因為萬物都在元氣之中，乾坤之氣才是天
地之父母。無窮元氣凝成你我在此，而氣化中間有動靜聚散的變異，
此動靜聚散在人身就表現好惡之情。故人之好惡之情也是從太虛來。

34　同註6，《周易正義》，頁158。
35　【明】韓邦奇撰：《苑洛集》，四庫全書珍本，台北：商務印書館，1973年，卷十
　　八，頁23。

所以這段話強調太虛即氣是最高的本體，此體非純形上本體，是一氣化流行，中涵動靜聚散變化的實有本體。此變化落實在人身為性，其變化之知覺為心，其喜怒好惡之表現為情，故韓邦奇由氣化論太虛本體，由氣化論人之心性情，以有無限生生之可能的一氣貫通本體宇宙與心性本質。

二、吾之常與形俱生

> 吾之體，本太和之氣所聚也。今死而散入無形，得吾本然之體也。氣之未聚，吾之常。今雖生而聚為有象，似失其常矣。然吾之氣與形俱生，未離乎形也，未嘗失其常也，以死為常，以生為變。[36]

張載提出了「吾體與常」的關係，吾體是太和元氣凝聚成的，但是當太和元氣凝成身體的時候，太和元氣即變成我形氣中間的本性，元氣賦予在我形氣中間作為我的本性，這便是吾之常，這時氣化之常乃變成我身體之常。但是假使人死去，形氣便消散回到無形元氣之中，但本於太和之吾之常，便回歸太和。實則無所謂回，因聚散皆在太和中，只有形與不形之別而已。

元氣把其內涵凝結在形氣身上，作為形氣之本性，此時人身就有兩個部分：一是本性和元氣相通的部分；另一是氣質的部分，氣質的部分當然會消散成元氣，所以和元氣本體相通的本性，便是吾之常，就是本然之體，其實就是道德本性。所以元氣尚未凝聚時，吾之常就是氣化相生的作用。及生而聚為有象，吾之常藉氣質而存有，則為「吾之體」。

「吾之氣與形俱生，未離乎形」，人身是由氣和形體所組合成的。氣指氣化生生的作用，氣就是吾之常，吾之常就是本性，氣和形氣結合在一起才變成我，所以當形體消散時，就剩下吾之常。所以當聚為形體的時候，看不到生生作用的吾之常，但吾之常並非不見，生生作用在凝成人物時，已與氣質融為一體。前面說動靜相生不已，這裡說無形的生生作用的氣是吾之常，和我的生生形體之氣是合一的。則吾

人的身體既有無形生生作用氣之常，又有種種的形氣素質在裡面，是天地之間最高貴圓滿的狀態。一般飛潛動植理論上也有氣之形與氣之常，但是動植物其氣之常較不能感受到。此因氣之常是人生生創造的善性，而道德意義的吾之常在動植物身上是不能感受到的。如此透過「體」與「常」的辯證關係，確立彼此皆統攝於太和之氣中。

> 宋儒於中庸解人道則是，於易大傳解天道，乃謂『陰陽迭運者氣，其理則謂之道。』，則非孔子本指矣。若然是以寂然不動者為道矣。宋儒又謂道為太極，太極是寂然不動時物，道是動而生陽以後物，安得以道為太極哉？[37]

朱子認為陰陽二氣相生不已是氣，但氣何以如此相生不已？其中必有一個必然如此，應然如此的理序。這個理序稱之為道。如此朱子將陰陽二氣當作形下的，把絕對的理當形上本體，這就產生理氣二分的問題。所以韓邦奇反對朱子把寂然不動當成形上的道體。他把道當成一氣的發用，氣才是本體，道只是氣化發用的作用。太極是寂然不動之絕對最高本體，是一氣中寂然不動生化之理之體，又是氣中生化作用主宰的主體，而此即存有即活動的太極會生化無窮多的事物，且無窮多的事物會順著無窮多的理序來生化，並即以此太極為其體性。「動而生陽」是指陽氣是生生不已的剛健之氣，必配合陰的完成作用，以成就道德實踐。韓邦奇立於太和之氣是即存有即活動的立場，自然對將太極切割成只為形上之理體，與將道拉低至只為形下氣化層次之說不滿。亦即寂然不動為太極之體，感而遂通乃太極之用，太極為體用一如之最高實有。同理，道即是動而生陽之用，亦有靜而生陰之體也。

> 佛氏以死為歸，真生為幻妄。……須是不用此形骸，氣性方無累。……殊不知天所以為天，其用之不息也。若只混沌一塊氣，要他何用。然此亦自然之理，天與聖人非有意安排，張子所謂是皆不得已而然者。[38]

---

[37] 同註 32，《性理三解》，頁 2-3。
[38] 同註 35，《苑洛集》卷十八，頁 33。

　　此韓邦奇批評佛氏之論，佛氏以生為幻，韓邦奇則正好相反，強調生生為真誠之實有，元氣之可貴在其有無窮的生化作用，若混沌元氣與生生之間沒有關連，只是一塊死氣，將不會再繼續生化下去，所以最圓滿的狀態是天的生生作用和具體的形氣聚在一起，產生萬事萬物。此段仍是立於太和之氣是即存有即活動的實體，以反對佛氏不談形氣為實有的缺失。

三、陰陽二氣發育萬物

> 中庸發育萬物，峻極于天。言道之極于至大而無外，正《易》
> 所謂『一陰一陽之謂道』。萬物皆陰陽二氣之發育，即道之發
> 育也。天無涯，陰陽二氣亦無涯，即道之峻極于天也。[39]

　　氣化之道發育萬物的範圍就像天地廣大無限，但對韓邦奇以氣化論來解釋說，具體形氣的萬物都是陰陽二氣相生所發育成的事物，而陰陽二氣的發育就是氣化之道的內涵。且天是生生不已的作用，陰陽二氣也是如此，而天其實就是氣的表現，氣之天無限大，所以氣之陰陽亦與天一樣也有無限生生不已的生化作用，氣化之道峻極於天無限大的表現，大至日月星辰的變化，小至草木的榮枯以及人倫的種種日用，全都在道的氣化範圍內。

　　關於理的問題，其云：

> 此在造化上說，兼體用而言之。性是天之性，太極之理，體也；
> 道是天之道，天率天之性，一陰一陽之迭運，化育流行，用也。
> 然皆實理也。[40]

　　此從體用論氣化之實理，一氣在造化上來講是必有體也有用的，作為生命主體的本性，本性中間有太極本體的內涵，就是太極之理。生命的流行必有創造的本體，其氣化作用是道，是陰陽二氣迭運化育流行不已的表現，所以太極之理做為天之性是體，陰陽之迭運做為天

---

[39]　同註35，《苑洛集》卷十八，頁35。
[40]　同註32，《性理三解》，頁31。

之道是用，體用皆由氣化之天言，而氣化為實有，故不論太極之理或迭運之理自然都是實理。

> 太極未嘗無也，所謂無者，萬有之未發也；所謂有者，有是體而無形也。未嘗無之謂體，太極也。如此則諸子之陋，不待言而自見矣。[41]

此從有無論氣化太極本體，太極是無形的本體。「萬有之未發」即元氣還沒有產生萬事萬物時，是指氣化還沒有表現，並不是沒有。所謂「有」是指有主體而沒有形狀，這兩者指的都是太極。亦即說太極為無，是為萬有生化之本源；說為有，是為萬有中無形的本體。如此無為本源，有為本體，「未嘗無」指太極為無形生化之根本。此將太極除理外，又賦予了氣化的本體義。

> 於顯中又有隱顯。鬼神是天地之功用，陰陽之迭運者是也，是顯。弗見弗聞，體物皆鬼神中事；弗見弗聞是顯中之隱；體物是顯中之顯。誠不可揜。誠字是隱，鬼神之實理也，對那發而為道之顯字，弗見弗聞是清通不可象，體物是散殊可象，中涵浮沈升降，動靜相感之性，此又以各正性命者言。[42]

一氣有聚散的兩種狀態，此又從隱顯來看。顯是氣化能看到，若從鬼神來說，鬼神是看不到的陰陽迭運不已的作用，實是發育萬物之道。鬼神是弗見弗聞，所以是顯中隱。但是一氣化生萬物，都從鬼神的陰陽迭運相生作用而來，沒有比此更具體實在的。故體物是陰陽創造的作用可以做為萬物之主體，是顯中之顯。例如形體中有鬼神陰陽相生的作用會動，此稱為顯中之顯。

鬼神是無形的作用，但作用可以實際呈現所以為顯，但作用中間必有條理存在，這條理是無形作用中的條理，這條理為隱。當然鬼神之理更是弗見弗聞的，所以稱為清通不可象。隱的鬼神之理再以物為

41　同註 35，《苑洛集》卷十八，頁 25。
42　同註 32，《性理三解》，頁 4。

體，做為萬物的主體時，每個不同的形氣，皆有一鬼神之理在內。亦即散殊可象的形氣，中間有一個弗見弗聞，自由靈通的創造之理在本心之中，因為鬼神是陰陽相生的，會有浮沈升降動靜相感的種種可能。

韓邦奇以此言本性甚好，從一氣中，顯的部分是陰陽鬼神的作用創造出萬物。從隱的地方來講，鬼神的陰陽相生作用必然有他的理序，這理序在清通不可象和散殊可象兩個層面。亦即氣化形上層面和氣化形下層面都有此鬼神之理在內。每個人生命中都有鬼神相生之理，但我的氣質才性與妳不同，而鬼神之理要透過氣質才性來呈現，所以我所透過氣質才性所表現的鬼神之理，和妳透過氣質才性所呈現的鬼神之理會不同。此即人我各正性命之所以同者在鬼神之實理，所以異者在散殊者之實然。

神是天之德，是生命的生生作用，化是天之道，是氣化的作用，全部都在一氣之中融攝了神與化，這是氣學的特色。在理學之中有心性情的差別，朱子形下的心來認知形上的性理，然後形下的心充滿形上的性理來表現成形下的情，這時形下情應該是善的，這是理氣二分的狀態。假使我的心是氣化知覺的作用，然後透過氣化生生之理，在此時我的心和天理雖然有位階上的不同，但很明顯的人我表現卻都是一樣，都是一氣流行所包含，可以將心與天理的位階與功能泯除，然後說心與天理是一。因為心與天的本質相同，都是一氣。所以氣化論的特色在於泯除心與天理位階功能的差別，而確立一氣流行中心也有天理，但心和天理的相互關連、映照、連結是為了證明氣化流行中形氣和元氣是無隔的，這是儒家最基本的要求，天人是無隔的。一氣流行之中，人我都是元氣在不同時空環境所生，所以不再強調具體樣態下時空的差別，而強調生命本質的同一性，便可消除人間的許多問題。同理，神是創造之體，化是真實創造的發育作用，只要強調都是一氣的內涵，泯除了神是主體，化是創造作用在位階上的差別，即將鬼神、心性去層級、位階後，只是一氣流行之實有，以見涵攝鬼神、心性的一氣為最高本體。反之，在一氣中位階不同，表示氣化是散殊可象，各正性命的無限又具體的實有。

> 天地萬物本同一氣，其成也，皆小而大，未有陡然而大者。……
> 今夫地一撮土之多，及其廣厚，萬物載焉，正見天道流行不息
> 之意。宋儒乃謂天地非由積累而後，大誤矣。[43]

　　天地萬物本同一氣這是本體論的肯定，但是萬物由氣化所發育的過程是漸變的，因為陰陽五行是相生不已的，所以氣化生萬物是慢慢累積越來越多，這就產生漸變和頓變的問題。在陰陽相生上有兩種說法：一像上者是漸變，韓邦奇的相生不已還包含一生生不已性，不但是漸變，還是生生不已的漸變，以表宇宙生化在時間上有其永恆的延續性。但是陰陽相生亦有頓變的說法，陰陽相生一次即創造出萬事萬物來。亦即由本體一現全現，本體與萬物間，只有本末關係，沒有由無漸凝為有，有而漸返回無的過程，自然為重視無而有，有而無以講明氣化過程的韓邦奇所不許。蓋氣化過程即人倫日用在時間上的具體呈現。

四、欲在先善在後

> 性，道，一物也。存之於心謂之性，寂然不動者是也。發之於
> 外之謂道，感而遂通者是也。人有人之性，人率人之性而行，
> 發而見諸行事為道，子思所謂率性之謂道是也。天有天之性，
> 天率天之性而行，發而見諸化育流行為道，孔子所謂一陰一陽
> 之謂道是也。至於萬物：卵為性，發而為鶵，知覺運動是道也。
> 核為性，發而為樹，榮瘁開落是道也。孔子逝者如斯，子思鳶
> 飛魚躍皆謂是也。[44]

　　一物相生中間有性與道兩個層次，和前面一氣中間以性為主體，道為作用是類似的理論模式。以物為主體，中間的本質是性，性是存在於人心寂然不動之理。隨著人之性來表現發而為行事，這行事的作用與過程是道。亦即順著氣化之理化成本性，氣化之理是必然如此的理序，本性中間就有道德的仁義理智，然後順此本性的仁義理智發而

---

[43]　同註35，《苑洛集》卷十八，頁22。
[44]　同註35，《苑洛集》卷十八，頁21。

為行事就呈現出見父知孝、見兄知悌種種人倫日用的行為來，這是性發而為道。

　　道是生物發育的作用，是發之於外，感而遂通的創造作用，可知道實是指氣化之道，這氣化之道就是天之性。天也隨著氣化之道的天之性來表現發育萬物的作用，所以以性做為一物的主體來看，性是內在的主體，外在的表現是道。所以性和道是一氣流行的兩個階段或是體與用，且道必由性而發，性必發而為道，道與性兩者本質是一，故可曰「性道一物」。韓邦奇用卵來形容性，而卵會孵化成小鳥，小鳥會動靜跑跳，便是道。這已泯除道與性在已發與未發位階上的差別，而強調寂然之體性與感通之道用是一的一氣流行，才是當重視的最高的最本質的實有。

> 上智下愚與習相遠，孔子之言，平正的實，萬世無弊。宋儒謂下愚可移直自誣耳。人之生，欲與善、氣與理同受，但曉悟則欲在先而善在後。雖孔子堯舜亦然，但不暇修習耳。宋儒看不透孟子之意，故多強釋於文義似矣。驗之人其實非然也。[45]

　　人是同時受氣而生，同時把慾望和善性接受下來，也把理和氣同時接受，欲是屬於氣，善是屬於理，所以說人生下來氣之欲與理之善同時接受。但他把欲說成氣，理說成善，且「欲在先善在後」。韓邦奇是以氣為本體的，自然應該是先有氣才有理，宇宙與人皆是如此。對人生來講是先有欲再有善，在理論上是沒有錯的。以一氣的思想來講，有氣才有生生之理，所以氣在理先，欲在善先。此乃因為欲以氣為體，但欲之發合氣化之常，此時才是善，反之，欲有過與不及則為惡。故所謂「欲在善先」，非主縱欲，而是要以欲實踐氣化之常才為善，更見其重實踐義的特色。如此善非虛說，而是實行。

> 孟子言性善，非謂性全無欲，只以當時人皆說：『人性無善』，故孟子言人性固有欲，然萬善皆備於性，非謂全無欲也。孟子

---

[45]　同註35，《苑洛集》卷十八，頁23-24。

嘗曰：『孩提之童，無不知愛其親也。及其長也，無不知敬其
兄也。』以為性善之驗。若果如此，則愛親猶待孩提，敬兄猶
待長。若一生下時，便要食乳。臥一污濕則啼，雖毋就污濕不
能顧，然則人之生，欲在先乎？善在先乎？只為時人謂性中無
善。故孟子曰：『孩提知愛親、長知敬兄，皆自然之良。無待
於習』可見人性中本也有善，此孟子立言之旨也。若謂止有善
全無欲，則以告子之辯，豈不能以前理欲先後折。孟子遽肯默
然而服哉？[46]

此論欲先還是善先的問題，可與王廷相論孩提有德知或聞知的論
題相似。皆是以氣為本後，對傳統之習見提出新解。耳目口鼻之欲是
人的本性，仁義理智也是人的本性。韓邦奇針對這個問題，先確立性
是有欲的，又說萬善皆備於性，是說氣化生生中有必然如此，應然如
此的仁義理智。仁義理智在性中必然是善的，問題是誰先誰後？有人
認為孟子是善先欲後，如果真是如此，氣中之理是善的先，氣質是欲
是後的，就變成朱子理先氣後，理在形上，氣在形下的模式。然韓邦
奇是氣先理後的立場，所以一定要說欲先善後。他與朱子的分野從此
判知，所以性是自然之良，是天生本有的，也無待於學習。但如此說是
要立基於性是氣性，而非形上之性。因氣性既有生理而為善，同時又
是實然的善，自較形上性理踏實。

夫造化，氣聚於形而生，氣離於形則復歸於造化。[47]

氣從無形的元氣凝結成形氣而有生命，氣一離開形體就回復到無
形之造化元氣。氣有聚散，但皆在一氣之中，韓邦奇此說與張載「氣
不能不聚而為萬物，萬物不能不散而為太虛」，及王廷相「氣至而滋
息，伸乎合一之妙；氣返而遊散，歸乎太虛之體」是相同的。皆以無
限大之時空為架構，以一氣流行為其體性，其中氣化生生神用不已地
凝結各正性命之萬物，具體散殊之萬物充滿在無限時空中，而成就元

---

46 同註 35，《苑洛集》卷十八，頁 24。
47 同註 35，《苑洛集》卷十八，頁 32。

氣為最高實有之本體。而元氣本體與形體間的辯證關係，是由無氣聚而有，由有氣散而回歸造化。韓邦奇亦順此模式而以造化為生化本體，氣聚有形而為萬物之生，氣散離形則萬物消散，而一氣生生之本質仍回歸造化本體，但此回非由甲回乙之回，而是無限元氣中凝為有形，有形復回復原來本在元氣中之體性耳。而其氣化論說氣之聚散只是氣之有無的兩種樣態，二氣相生的作用與二氣相生不已的特性，還有二五比例不同的特質都仍然在有無之中而不改變，此亦為三家所共許的主張。

五、此心之大與造化同

> 此心之大與造化同，造化運而不息，此心亦運而不息，惟有動靜耳。有冬有夏，晝有為、夜有寢是也。此心應事接物時，及念慮蒙動時，此時省察斟酌，使必合乎理，便是養心。事物未來，念慮未萌，敬以持之，亦養心之道也。古之聖人，於靜坐之時，經綸酬度，周遊天下亦所以養心也。[48]

　　氣化無形的作用透過形體表現一無限知覺的作用便是心，所以氣化流行的作用就是我們的心。心既可以認知無形層面的種種事物之理，心也可以驅使形氣的手足去表現出種種的運動。所以心其實是氣化生生之道，而心在人身之內涵是性。簡言之，心可以主宰無形的性的層面，也可以主宰有形道德創造的層面，性和道就縕和在心之中。

　　造化無限且運行不息，所以運而不息的造化具體的表現有冬夏不同，白天和黑夜不同。心之大和造化同，心當然也會帶動知覺運動不息。知覺是心主宰各種事理，運動是心產生各種具體的行為。天道運行會有晝夜的不同，人心的表現當然也會有動靜的差別。假使心能表現應接事物，念慮蒙動的狀態，只要省察思慮心思的蒙動，合於氣化之理便是養心。

---

[48]　同註 35，《苑洛集》卷十八，頁 20。

> 天有元、亨、利、貞，心有仁、義、理、智，天生萬物，人成
> 其能，以贊化育，天運一日一周，氣形有滯也；心之妙用，即
> 天之神，是故前乎千萬世之既往，後乎千萬世之方來，遠而六
> 合之內外，思之皆在目前，更無古今、遠近、內外之間。[49]

　　此為魏校將天之元亨利貞與人之仁義理智二層，藉上下通貫之作
用結合為一，亦即心之道德發用，便是天之生生神用。而天運無限，
則心用亦無限。魏校此說與韓邦奇皆同主造化不息，心妙用亦不息，
且心即天，天即心也。

> 堯舜許多治平事業蓄之於心，但未發之時莫之見，非發而平章
> 協和之後而後有也。所謂無極而太極也，即事業而指其本體，
> 不雜乎事業，不離乎事業而為言耳，塊然太虛不是太和所謂
> 道。[50]

　　氣化實然之事業全都在心中，這和陽明所言理在心中不同，陽明
的理是一形上的理在心中。可是韓邦奇卻說具體外在的事業在吾之心
中，這牽涉到心和物是一否？王陽明主張心物是一，但陽明的物是指
道德本心所觀照之事。韓邦奇的物是指氣化實然之事業，所以二者都
是心物是一，但當中的內涵卻不同。因為氣化之心會去知覺外在的事
物，當發現外在的事業是順著氣化相生的作用而有的，而我的心也是
如此。外在的事業是外在客觀的客體，我的心則是表現認知的主體。
外在事業和我的心只有位階功能上主觀與客觀的不同，可是在本質
上，外在事物是由一氣所生，基本上心也是一氣所生，二者本質是一
的，所以可以說外在事業就在心中。但是心已發以後，成就平章協和
的種種事業，事業是具體形氣的表現，但這表現的本質仍是一氣。即
心未發時，事業已經在心中，心與造化同大，古往今來之治平事業，
亦無有極限，故謂之「無極」。心已發變成種種的事業時，具體的表

---

[49]　【明】魏校：《莊渠遺書》台北：台灣商務印書館，〈文淵閣四庫全書本〉，1983
　　　年，卷十六，頁3。
[50]　同註32，《性理三解》，頁7。

現作用是「太極」，故心會發為事業，事業又在心中，這是「無極而
太極」。簡單講心本體不離事業，所以心是氣化之道的主體，事業則
是心所表現的對象，是心與物不離不雜。提到不離不雜，似為心物是
二，可是在一氣流行的立場下，心和事業只是主觀與客觀的差別，一
氣的本質則是無差的。

第三節　孫應鰲

　　孫應鰲，字山甫，號淮海，貴州清平人。生於明世宗嘉靖六年
（1527），卒於明神宗萬曆十四年（1586）[51]。其生活之年代，屬於王
學極盛的明代嘉靖、萬曆年間，十九歲時師事王守仁再傳弟子徐樾。
徐樾為江西貴溪人，其在王學另一傳人蔣信之後赴黔任提學副使，最
優秀的門生就是孫淮海。孫應鰲自幼好學，二十七歲中進士後，即在
北京、江西、陝西、四川、湖廣做官，與王門後學切磋琢磨，曾撰《學
孔精舍匯稿》、《淮海易談》、《四書近語》、《教秦緒言》及《幽
心瑤草》等書，可惜多已損毀散失。經清代著名學者莫友芝之尋訪整
理，由其弟莫祥芝於光緒年間刊印成《孫文恭公遺書》[52]，才使孫應鰲
的部分著作得以重新問世。

一、宇宙渾是一元氣

　　　朱子曰：「陰陽迭運氣也，其理則謂之道。」不善觀者，遂謂氣
　　　不是理，遂謂氣外有理，分理、氣為二，如南宋以后議論紛紛，
　　　而去《易》遠矣。《易》凡言性，言命，言道，言誠，言太極，
　　　言仁，皆指氣之體；而言宇宙渾是一元氣，元氣自于穆、自無妄、
　　　自中正純粹精、自生生不息，謂之性，謂之命，謂之道，謂之誠，
　　　謂之太極，總是這一個神理，只是自心體之便見矣。[53]

[51]　李獨清：〈孫文恭公年譜〉，李孝彬、龍光沛整理，《貴州文史叢刊》，1998 年，
　　第一期，頁 75。
[52]　莫友芝：《孫文恭公遺書》〈孫文恭公小傳〉，國學扶輪社刊印，清宣統二年。
[53]　【明】孫應鰲著，劉宗碧，龍連榮，王雄夫點校：《孫應鰲文集·淮海易談》卷四，

　　若視理氣為二物，則陰陽迭運屬形下氣之運行，故須藉無形形上之條理指導之，此即理氣二分。反之，就理在氣中、氣中有理之一氣流行之說法，陰陽迭運指氣化流行間有陰陽二氣不斷地相生萬物，此過程中之必然條理與作用稱作氣化之道。氣之體中有陰陽迭運之作用，而宇宙間只一元氣，其純粹地生生不息，並將此賦予於人身，即稱作性；元氣將於穆、無妄、中正純粹精、生生不息賦予在人身具命令義的作用，即稱作命；而元氣不斷地流行發育造化，即稱作道；宇宙間元氣乃唯一之真實即稱作誠；元氣亦是統攝所有萬物之開端，即稱作太極，但無論如何皆只是一氣化之神理的實現，須在人倫日用上藉由心體會此義。此乃由義理來論理氣是一。孫應鰲以為大眾誤會朱子之意，以為迭運之氣之理是道，道即氣迭運條理之表現。故明確主張無論是氣、理、道皆是一氣流行，但氣、理、道之位階、功能與定義各不同，總合而成各司其職之氣化流行不已的實然世界。

> 宋儒於中庸解人道則是，於易大傳解天道，乃謂『陰陽迭運者氣，其理則謂之道。』，則非孔子本指矣。若然是以寂然不動者為道矣。宋儒又謂道為太極，太極是寂然不動時物，道是動而生陽以後物，安得以道為太極哉？[54]

　　韓邦奇亦反對太極為形上的寂然不動與形氣不一的本體，及視道為動而生陽後為實然層次的生化作用。亦即道與太極皆不應一偏，而應是徹上徹下，貫通兩間而無別的本體，且此本體非虛說，而是指實有的氣之體。可知孫應鰲以一氣貫通天道性命，亦即天道性命皆一氣流行在不同位階的展現。而韓邦奇亦以太極或道，是即活動即存有的本體，不可分為理氣二者。

> 元之旨微矣，以其氣之融會貫通謂之「太和」，故曰「元氣」，天地萬物唯此元氣耳。太和元氣之所賦與為命，故曰「元命」；太和元氣之所賦與而自成者為性，故曰：「元性」。性，命非

貴州：貴州教育出版社，1996年，頁124。
[54]　同註35，《苑洛集》卷十八，頁23。

二也，一也，是乾道也，知一則知元矣。萬物眾矣，資始于元；
天大矣，統于元。可見，乾道變化，元之變化也，乾道變化，
則性命各正，元之各正也；性命各正，則太和保合，元之保合
也。「雲行雨施，品物流行」，生生不已，出出不窮，是變化
之跡也。由變化可知性命矣，由性命可知太和元氣矣，一也，
非二也。[55]

心、性、情、氣全部融會貫通即成一完整氣化之道德世界，此即
稱作太和，亦可稱作元氣，故元氣包含各種心性情氣理道之不同表現，
因此天地萬物之表現皆在元氣中。元氣將其內涵賦予於不同形氣上之
作用，此即稱作元命；元氣將其所有內涵賦予於物身上，稱作元性，
性命是元氣賦予自成本質上之表現。所謂「元」表其可以創造無窮多
之萬物，廣大之天地亦在元之統攝下。乾道變化、各正性命、保合太
和皆屬元氣之內涵，而世界上雲行雨施亦是元氣之變化，故透過《易
繫辭》之乾道變化各正性命來談元氣既是變化，亦是各正性命保合一
切，此主體乃融會貫通一切有形無形之事物，故元氣絕非另一存在於
形氣之外之主體，而是所有形氣皆在此無限大元氣中的實有本體。

「乾，元亨利貞」，一陰一陽盡之矣。故曰：「一陰一陽之謂
道」，故曰：「立天之道陰與陽。」一陰一陽元盡之矣。元者，
一也，天唯一，故「行健」，君子唯一，故「自強不息」。故
君子行此四德之行，與「天行健」之行，其行一也。[56]

「乾」表生生不已，即元亨利貞，陰陽相生亦是絕對不斷之生生
完成，一陰一陽相生出利貞和元亨之完成，此即稱作「道」。但孫應
鰲於於此言「立天之道陰與陽」，表其又是由天地人三才之天道言「元」
而元即陰陽，表唯一之本體，其包含內在外在、形上形下為一。此即
象辭所謂「大哉乾元，萬物資始，乃統天，雲行雨施，品物流行。」[57]

所言易道生生之具體內容，既有乾坤剛健不息之義，也有實然世界的品物流行。天即元氣之表現，故言其行健，而君子只有一生命主體，便是不斷生成創造，故自強不息，此即輔佐前所言之元氣的定義。

> 「浩然之氣」，即流行於宇宙間之太和元氣，而人得之以生者。此氣本至大、本至剛、本塞乎天地、本配乎道義。惟不直養，則害矣。不能直養無害，則不足以配道義，無是氣而餒矣。欲養此氣，欲有此氣，惟在集義。義根於心，氣之主宰在此，氣之運用在此。只「集義」二字，持志無暴，同體並妙，心、氣內外一齊俱徹。人得天地之直理、正氣謂之義。是義也，非離內外也，行之本於心也。人養此直理、正氣而無害，謂之集義。而集義者，非離內以從事、於外而求慊於心也。集義，則行即是心，心即是行，然後浩然之氣自生。可見氣之自生者，義之集也，非氣自生也。則氣之餒者，義之失也，非氣自餒也，故行有不慊於心則餒。義之不可襲取，如此義之不可外也，明矣。[58]

　　浩然之氣乃流行在宇宙間之無限元氣，代表一無限大之時間，空間、且永不改變，此氣便充滿於立體的時空之中。無論內外有無都在人倫日用之中，此具道德價值義。心本具表現義，心和義於價值上作連結，心為氣之主宰，故能表現義，而氣化本質和具有義之心於作用和位階有不同，但本質仍是一氣流行。所謂「義」即人得天地之理氣之正常狀態。人養理氣便是集義，但並非專從心出發，因為人之耳目口鼻之氣質本質本具道德義，故其表現便屬道德行為。集義乃心氣之表現，心與形不分，因內在之心為氣化作用之主宰，外在之形亦是氣化表現，故浩然之氣順元氣之流行而自生。心形是一，故氣自生。而心中有義，此義再透過心氣之表現，亦可稱作浩然。但此處重點在純氣不能自生，必須氣中有義才能生，故清楚可知義與氣須結合。若從人身而論，內在心可表現外在形，亦可統合無形之義，如此義即內外合一，為心主宰發用的氣化流行之主體。

---

[58]　同註53，《孫應鰲文集・四書近語》卷六，頁299。

從古聖人未曾說氣，至孟子始說浩然之氣，始說夜氣，最為喫緊，何也？天地間渾然一氣而已，張子所謂虛空即氣是也。此是至虛至靈有條有理的，以其至虛至靈在人即為心，以其有條有理在人即為性。[59]

孫應鰲由流行宇宙間為之太和元氣為「浩然之氣」，高攀龍亦由「天地間渾然一氣」說「浩然之氣」孫氏之氣有絕對義、道德義，且氣與心是內外一致的。而高氏之氣，則是虛靈有條理的，強調生生義與秩序義。同時又將此氣化生生之本體，做為人道德實踐所以可能的實有根據。足見氣學仍是儒學重要的一派，不可輕易的視為唯物者。

二、氣之理為性

生之謂氣，生之理謂性。生則人、物之所同；性別人、物之所異。若知得人、物之所同，人、物之所異，便指「生之謂性」，亦無不可。而告子不知其於萬殊一本，一本萬殊之旨，懵然矣。[60]

生生之創造和完成皆「氣」，其條理為「性」，其作用則為「生」。故從人物之同可知人物皆由元氣所創造，而人物之異則是因個人有限之形氣而不同。而不論同或異，皆是扣緊氣化人物一層來立論。故若曰「生之謂性」，由氣化之生生說性，亦無不可。但此生生是具道德義、本體義之生生，非只如告子單由氣質說性。

天下之道，感應而已，"天地感而萬物化生"，以天地萬物之氣同也。"聖人感人心而天下和平"，以眾人、聖人之心，其理同也。[61]

當天地感則萬物生，乃因天地與萬物之本質皆是氣。聖人之心與眾人之心都屬氣化之心，且心之理皆同，故從天地到萬物都因氣而同，

[59] 【明】高攀龍：〈講義・牛山之木章〉《高子遺書・語》卷四，台北：台灣商務印書館文淵閣四庫全書，1983年，頁405。
[60] 同註53，《孫應鰲文集・四書近語》，卷六，頁309。
[61] 同註53，《孫應鰲文集・淮海易談》，卷二，頁66。

聖人之心至眾人之心則因理而同，故在氣之立場上，可言心同理同，但於心同理同之立場上，則可言氣同，故由此可知理氣皆同。

> 易者，心也，故曰：「神無方而易無體。」心之不測便是神，心之生生便是易，非致知，其何以哉！故知致則理窮、則性盡、則命至。[62]

　　易即心，而「神無方而易無體」指心可以朝任何方向創造，而易則無固定之形態，故心乃任何方向皆可創造，且心可變化成任何形態，兩者相合即是一生生之心和生生之易，此即心之意義。因神為妙化萬物不已的作用，易則為陰陽迭運，剛柔相成，仁義和順的生生本體。亦即由生生之易說神妙作用即為心。此時心即以全幅生生之易為其體性，而孫氏又是以易說氣，故是心氣是一者。

三、復見天地之心

> 天地之心，生生是也。天地之心，無在而無不在，生生不已。指靜為天地之心，天地之心何嘗倚于靜也！指動為天地之心，天地之心何嘗倚于動也！唯坤、復之交，若道動卻又坤體未移，若道靜卻又一陽將動，此非動非靜之境，為不落于動、不落于靜之機，所以謂"復見天地之心"也。邵子曰："冬至子之半"，是尚未成子，方離于亥，為子方得四五分，此即所謂"一動一靜之間"，天地人之至妙，是天地之心也。天地密移，何嘗有間？其不容有間，是以謂為天地之心也。邵子之見，精哉！[63]

　　天地之心屬無形，但又可存在任何時空中，故天地之心存在於有形和無形間。天地之心必須動靜相生、陰陽相生，才可稱作天地生生之心。如「坤復」之交，坤卦全為陰爻，復卦則初爻變為陽爻，二三四五上爻仍為坤卦之陰爻，故坤復之交表由陰變陽之狀態，當初爻為陽爻時稱作「道動」，此時坤未動。但在坤卦時皆是陰爻之靜，但坤

[62]　同註53，《孫應鰲文集·淮海易談》卷四，頁124。
[63]　同註53，《孫應鰲文集·淮海易談》卷二，頁56。

卦之初爻由陰爻變為陽爻時，是道之靜，但已隱涵一陽將動，由坤卦
轉復卦的必然性與創生性於其中。此乃不落於動或靜之機，故由此
「復」可看出生生不已的天地之心，此生生不已落實在人身亦即為人
心，而其來自於浩然之氣，故在人之身上便具有主宰之作用。

> 「乾道變化，各正性命」，天之無妄也。「茂對時，育萬物」，
> 因其所性而不為私，聖人之無妄也。其斯為動以天乎？盡物
> 之性、參贊天地之化育胥此矣。而總之則盡性之事，性，誠
> 也。[64]

元氣流行永不改變，故萬物亦是氣化流行而不改變，因此萬物即
以此作為本性，萬物有此本性則亦可參贊天地化育，因此萬物之本性
便以此氣化為主體，故於內則為萬物內在之本性，而於外則則可參贊
天地化育，所以內在與外在相合便是氣化本性之內涵。從乾道變化之
元氣，言其為萬物真誠之本性，而乾道變化又可為萬物參贊化育之動
能，萬物本性之內涵和具體表現乾道變化之外在合一，此即是氣化表
現之內涵，亦即為人最真誠之表現狀態。此乃由氣化流行之必然如此
之理序且具體參贊天地化育之作用，來說明人之氣質之性中最真實之
內涵。

> 堯曰：「人心惟危，道心惟微，惟精惟一，允執厥中。」心一
> 也，危處便是人心，微處便是道心，危、微一體，有至中之理
> 存焉，在人精一之耳。精而一之，握天下之至不變以御天下之至
> 變，無往非道心矣，變與不變，莫得而測，是至神矣，微哉！[65]

人只有一心，但其有偏與無形之處，其中有一至中之理。氣質之
心之表現有時有限，故有心危之時，而氣質之心有時無限，故有心微
之時，而心之認知作用本質是無限，但因會受氣質之限制而變有限。
若人能掌握無限卻微渺之心來控制有限卻危怠之心，此即稱作道心；

---

[64] 同註 53，《孫應鰲文集・淮海易談》，卷二，頁 59。
[65] 同註 53，《孫應鰲文集・淮海易談》，卷四，頁 141。

但人之心若受到氣質限制而偏狹，即成有限危怠之心掌控主體無限微妙永恆之心，此即稱作人心。而變與不變則須藉由修養，以不變之無限本體駕馭有限危怠之心，使心順理氣是一中之至理表現，而此心則可達無限，但若此心受理氣合一中之氣質限制，心便有限而偏狹，故孫應鰲論心乃立基於一氣流行為道心，氣化之變為人心。此因其主張心氣是一，所以道心、人心有別，但以道心為主！若羅欽順主張理氣是一，或王廷相主張以氣為本，則以道心、人心只是一心，因學旨有異，故論點自亦有別。

> 告子之學，心與氣離、內與外判，不動心之所以非也。孟子所論持志，則養氣即在其中；無暴其氣，則持志就在其中，心與氣一、內與外一，不動心之所以妙也。曰氣之帥，曰體之充，曰至曰次，曰持，曰無暴，此蓋兩舉其說，以見合一之體段工夫，非支離也。志一動氣，氣一動志，見時時持志，便時時無暴其氣；時時無暴其氣，便時時持志，自然天君泰然，百體順從，不至有趑趄之患。下文言「浩然之氣」，而不言「志」，只「浩然」二字，便心氣、內外一以貫之。外卻此心之本體，何處見得浩然？可見天地之生人合下是理氣一團，真有不可得而支離者也。[66]

孫應鰲認為內在心與外在氣應一致，孟子則認為內心應持志，則外氣亦在其中，外氣中必含內在之氣，藉此反覆辯證，欲說明心氣、內外是一。

因此只要持志就不暴氣，反之亦如此，故自然可表現心氣是一之道德行為。浩然之義，指在氣化中，氣化之心屬內在，故可以挽合無形之義，並可表現外在之形，故浩然可將內在心與外在氣一以貫之。若使氣不在心中，則絕無浩然之可能，故浩然之氣中含內在之心，因此天地之生人皆是一團理氣。內心可合於無形之義，故自然可以表現成外在之義。亦即在天地人是一團理氣在不同位階之示現下，孫氏又

強調此中有自由靈動，主宰生德的心，且此心又可通徹天地與人之間，以確立稟浩然之氣之心，便是理氣是一，心氣是一，內外上下皆渾是一體的主宰。皆透過浩氣之生生，更加強了心的道德性。

四、義理、氣質只是一性

> 性之本然，善而已矣。然性非懸空在天的，必具於人氣質之中。而氣質之稟，則不能無清濁純駁之殊。雖有清濁純駁之殊，然本然之善未嘗離也，故曰「相近」。至於習，則性體本然之善都變化了，不惟善者習於惡、惡者習於惡相去之遠，雖善者習於惡、惡者習於善亦相去之遠，故曰「相遠」。曰「相近」，見人不可不復所性；曰「相遠」，見人不可不慎所習。慎習，便能復性也。[67]

孫應鰲反對形上本性，主張氣質之性，但人之氣質秉賦各有清濁不同，然本然之善必在其中，此表其主張性是善。因氣化流行必然如此之理序稱作性，故可言其為善，但氣質有清濁不同亦由氣化流行而來，故人身之本然之性必善，此乃人皆有之，但氣質之清濁則人各有之，故人之氣質之性，不可言全同而可言相近。

無論氣質之清者或氣質之濁惡者，習於惡皆不善，而不論是學習由善變惡或由惡變善皆是相遠，故此即相近與習遠之因。而孫應鰲有其特殊論點，其以為性有本然之善，而氣質有清濁不同，本然之善與純駁氣質之外，應再加上「習」，使其變化加大。善之本性配上善之氣質，再有善習，即成絕對之善；若善之本性配上善之氣質，卻有惡習，便有惡之產生；若善之本性配上惡之氣質，加上惡習則惡到無以復加。故孫應鰲藉由此種方法來區分上智下愚之不同。

> 人若見得性字真，自然就在性上作用，就不落在習上去。蓋性即此心，心即理。緣物而動，因感而形，一一皆從本真上發出，自然不失其初，而得性之本體，何至相遠？後儒強分孔子論「性

---

[67]　同註53，《孫應鰲文集・四書近語》，卷五，頁283。

相近」是氣質之性，孟子論「性善」是義理之性，然則天下有二性耶？孔子論性，反不如孟子之得其本原耶？只「相近」二字，便義理、氣質都兼總一貫了。外氣質以言義理，是懸空說性；外義理以言氣質，是以生為性，非孔子論性之大全也。[68]

人若瞭解性，應該從氣質去著手，不需在習慣上用力。因為本性是善，氣質亦善，此表率性而為即可；若本性是善，但氣質是惡，若加上善習則可以變化氣質；但本性是善，氣質是惡，卻又加上惡習，則有惡行產生。因此氣質之性即元氣生生之理，而性之本質為生生，生生中具生生之理。而創造作用之心，必然包含生生之理，故心即理。然心可做是非判斷和實踐，無論是心之動或心之感，皆是順著善性而發，故心之表現必可看出性之本體是善。同理可知，心可表現本性，而本性即由心所表現，但心性通貫於義理和氣質，因義理屬內在無形，而氣質屬外在有形，心既為理則故能包含義，心亦能感能動而藉氣質來表現，故可說心能通貫義理和氣質而為一。孫氏由心氣是一，說道心、人心為二；但對於氣質與義理之性的問題，則仍回歸由氣論性立場，主張氣質與義理只是一性。此則為氣學家最一致之處。

五、德知、聞知為二

「不知而作」一章，夫子教人致知之學。蓋人之妄有所作者，以其無真知也。知行一理，惟有真知，而後可作；苟不知而作，是外知以為行，行不本於知，非學矣。然知有二：有德性之知，不由聞見而有，而聞見莫非德性之用，生知者也，上也；有學問之知，由多聞多見以求知，而聞見所會理明心，得德性之真知，因以不昧，學知之者，次也。彼不知而妄作者，不知致知者也。要見致知，乃所以為學；妄作，非所以為知。而致知之外，無餘學矣。[69]

---

[68] 同註53，《孫應鰲文集·四書近語》，卷五，頁283。
[69] 同註53，《孫應鰲文集·四書近語》，卷四，頁225。

　　由理氣是一之立場，可知理即知，氣即行，故曰知行合一。然「知」有二義，為德行之知、有聞見之知，而聞見皆是德行之表現，因道德本性之是非善惡判斷會藉著聞見來表現，此即所謂「生知」。但靠外在學習而知，此屬次級之知，即所謂學問之知。而聞見之知乃理性之知，德行之知則是道德之判斷，在人只一道心之前提下，心可掌握德行和聞見之知兩者，然德行之知藉聞見來表現，此論點比基本理論更進一步，此說明心應以德行為主，德行再藉由聞見之知來表現，此與其「性善」說法一致。

　　性善外在的質可有清濁之不同，此屬聞知之範疇，但性之絕對善則屬德行之範圍。心會表現氣化流行必然如此之理序，此指心表現德行，但氣化流行之心亦應認知氣化流行於氣質上有不同，此屬聞知，在氣化流行上是以善性為主，氣質為副，同樣的在氣化流行之心上，亦應以德知為主，聞知為副，德行可以掌握聞知，但兩者皆存於一心之中。聞見莫非德行之用此即自律之表現，學問之知是向外學習外在禮教，故屬他律。在他律之知下，德知和聞知皆備，此即所謂古今名教、詩書禮樂，用聞知去認知他人之聞知之詩書禮樂，所謂外在他人之詩書禮樂則是由自於他人內在之德知，進而表現出的詩書禮樂。

　　可知孫氏由氣化主體層說人之義理與氣質只是一性，但氣性發用，則有順氣清為道心，反之則為人心的二者，但以道心為主；同理，心之知覺有見聞，德性二知，但以德知涵攝聞知，可見孫氏由無而有，由一而殊的特色，但在其生生之道德心遍潤下，又以德知統聞知，道心統人心也。

結論

　　本書以明代氣學的特色與發展方向為主要關懷對象，以原典與原義的呈現為研究之目的，以理學、心學與氣學諸家間的互動為研究路徑。大陸學者多由唯物立場，凸顯王廷相氣學於明代所具的啟蒙意義及獨特性。日本學者對王廷相、吳廷翰、羅欽順等人的氣論著作，亦投注甚多心力。但彼等或囿於立場，或限於文化等區隔，而有一間之未達。筆者於泛覽細思諸氣學家原典後，感覺應順承儒家重視實有與生德之本旨，重新詮釋穿越兩漢對氣化論的發展，隋唐佛學對心體義的強化，進至與由分解說理氣，由圓融說心性的朱、王二家的互動對話，資養互成，所呈現之螺旋形的環繞與模塑而有的氣學一路。此路企圖以貫徹有無兩間之氣，做為綰合形上形下為一，統攝理氣、心性為一實有，渾融內聖與外王彼此無別的終極境地。唯此以氣為本的進路，在與聲勢甚盛的理學、心學彼此對抗，滲透等辯證過程中，所激盪出自覺之靈光，與學說之形成，其中構成之條件與次序，學理之發展與調適，皆須按部就班，逐一解決始能畢其功於萬一。

　　第壹編以王廷相之氣學為主，第一章之生平，主由王廷相與高拱、吳廷翰、韓邦奇等多位氣學家之交友與論學，來重構王廷相以氣為主線的學思歷程。第二章學術淵源，希藉由《淮南子》對由無而有的描繪，以反顯王廷相元氣本體義的提高，與將由無而有論述的重心，落在形氣層的傾向。董仲舒的純陽無陰說，與王廷相實皆取資於一氣，但王氏因主陰陽之偏勝、漸變義，故反而判董氏為陰陽二分說。王充在以理性為主，與重視客觀實有的主體性上，則多有為王廷相所取法的。周敦頤〈太極圖說〉由無而有分五層次的描述，對氣化之逐步落實，有其前導之功。張載的太虛即氣說，蘊涵一氣統攝有無、隱顯等殊異，又貫穿理氣、上下兩間而為一的特色。明道的氣性兼備說，幾為所有氣學家所共許者，亦強化了氣性的道德義。

　　第三章元氣無息論，由太極說元氣，確立元氣之本體位階。陰陽

偏勝說，彰顯氣化之生生義。氣種有定說，確立有無兩間有其必然之
一致性。氣有聚散無滅息，說明元氣無增損的渾融義。第四章理道實
有論，由理在氣中說明理非本體，但有本體之位階，此為氣學之主要
特色。氣萬理萬，說明萬物各有其為主體的依據。順氣化而有之道，
既有生生之實有義，亦有因生生而有之道德義與規範義。氣學若忽略
此點則非儒學，有則成其為儒學之一支。第五章性氣相資論，由氣化
說生生之性，既強調性之生生義，同時因氣化而凸顯出氣性之殊異性，
使王廷相之性，往客觀之實然層發展，往後明清之際的學者，乃多採
只氣質一性之說法。氣性除生生義外，尚有認知義，而心之知覺即為
順性之有識而發的作用。此義秦漢典籍中早有線索，故舉《淮南子》
等說，以資証明。變化氣質為儒家最終關懷所在，但由理變化氣，中
有異層之隔閡，不若以氣統攝與貫穿氣易竟其功。又輔以薰習種子說，
則為提供變化氣質為可能的新嘗試。

　　第六章心體知用論，是由氣化生生說知覺，則心知乃貫徹上下兩
間者，非只由心體說知覺而已。順此心知之神，既是形氣之妙用，亦
是氣性之本質。心神在日用間，便是思與見聞之會，具有解悟冥契上
下、有無兩間為一的功能，不再走以理知氣的路數。透過存養與省察，
完養吾人之心氣，可使人心、道心內外一致。第七章之真知力行論，
順重實有之路，將格致工夫用在物上，物既為知行之主要對象，故只
強調聞知而反對德知。同時因一氣貫穿上下，故知行亦應並重是一，
內在心性與外在勢機，亦應相應無別。

　　第貳編將明代氣學分為以氣為本、理氣是一、心理氣是一等三路，
以見氣學與理學、心學間交涉的痕跡。除王廷相以氣為本外，明白受
其影響的吳廷翰，高拱二人亦屬之。彼等皆以氣為本、由氣說性、性
有善惡、人心道心是一、主聞知反德知為其主旨。高拱所主張之情善
說，則開出將心性落實於情而為一的新路。又高拱以德行為聞見之主，
則顯現氣學與理學拉扯與較量的過程。呂坤之主張多與上述諸家同，
唯其分氣為天之先天、後天，人之先天、後天四部份，則顯示氣學組
成材料之多元性。理氣是一章中，如薛瑄由太極、陰陽說理氣為本體，

理氣不可分先後，皆顯出氣學由理學轉出的軌跡。氣種有定、氣有聚散理無聚散等說，則又為互見於二學派之觀點。黃潤玉由理體氣用說氣化各異之道、各異之氣性，皆於氣學共法中復見詮釋路徑之各異。羅欽順以理為氣之條理，及由理一分殊說氣已成氣學之標竿。其主良知非天理之說，則為氣學與心學決裂之宣言。魏校以太虛為氣、理為氣之該得如此者、由理氣妙合說心性，皆為此路之共法，唯其以氣分精華與渣滓，則有其新意。

　　第三章心理氣是一的湛若水，習說以湛為心學，實則其主宇宙只一氣充塞流行、氣得其中正即理，及其受心學影響之心性是一說，亦是由氣之立場發言，皆顯其非只可由心說的學旨。呂柟主張吾與天地本同一氣，理在二五之氣中、心與理一、性氣是一的思路，皆為其重實踐學風下所蘊涵之特色。高攀龍主張氣與理皆無聚散，則較薛瑄更確立理氣為一實體；由心為氣之虛靈說心理是一，則明白宣示心理氣是一的主張。劉宗周氣立理因之寓之說，深化了羅欽順氣之條理為理的說法。道其後起的主張，更確立了由氣化說道為氣學的主軸。第四章由易說氣，乃氣學習以陰陽五行說氣化外的另一重要詮釋方法。如崔銑由《易、繫辭》之太極、陰陽、四時、五行說氣化之秩序與眾象，由《易》卦直接說陰陽之環生與貞勝、心靈與性宰，及心理是一等氣學主張。韓邦奇亦由《易、繫辭》有無、隱顯等觀念說太極、陰陽相生之道。其中欲先善後之主張，則指點出重道德實踐之特色。孫應鰲亦主張由《易》說宇宙渾是一元氣的學旨，其由〈復卦〉說復見天地之心，由浩然之氣說理氣是一等皆為氣學家所共許者。唯其未順義理、氣質只一性的思路，反主張德知、聞知為二，則為心體與氣化孰重之擺盪。

　　綜上所述，希能描繪出明代氣學主要學術內涵，及與其他學派交涉之取捨，進而建構成獨立於理學、心學之外，但本身仍具多元發展面貌的學術特色。

參考文獻

一、古籍

王夫之：《船山全書》，湖南：嶽麓書社，1991。

王守仁：《王陽明全書》，台北：正中書局，1983。

王廷相：《王廷相集》，北京：中華書局，1989。

王艮：《王心齋全集》，台北：廣文書局，1987。

孔穎達：《周易正義》，十三經注疏，台北：藝文印書館，1976。

孔穎達：《尚書正義》，十三經注疏，台北：藝文印書館，1976。

孔穎達：《春秋左傳正義》，十三經注疏，台北：藝文印書館，1976。

孔穎達：《禮記正義》，十三經注疏，台北：藝文印書館，1976。

方以智：《物理小識‧象數理氣徵幾論》，台北：台灣商務印書館，
　　　　1978。

朱舜水：《朱舜水集》，台北：漢京文化公司，1984。

朱熹：《四書章句集注》，台北：鵝湖出版社，1998。

朱熹：《朱子文集》，台北：德富文教基金會，2000。

朱熹：《朱子語類》，台北：文津出版社，1986。

何塘：《陰陽管見》，《中國子學名著集成》，道藏精華覆明萬曆刊本。

何寧：《淮南子集釋》，新編諸子集成，北京：中華書局，1998。

吳廷翰：《吳廷翰集》，北京：中華書局，1984。

吳廷翰：《蘇原全集》，吳國寅刊本，東京：高橋情報，1993。

呂坤：《去偽齋文集》，彙集明萬曆至清康熙刊本。

呂坤：《呻吟語》，台北：志一出版社，1994。

呂柟：《宋四子抄釋》，台北：世界書局，1962。

呂柟：《涇野子內篇》，北京：中華書局，1992。

呂柟：《涇野先生文集》，上海：古籍出版社，1995。

呂柟：《涇野先生別集》，（清）道光庚子李錫齡惜陰軒重刊玉函山

　　　　房本：（台灣大學圖書館藏）。

呂緝熙：《健菴性命理氣說》，《中國子學名著集成》，中國子學名
　　　　著集成編印基金會，1980。

李光地：《榕村語錄‧榕村續語錄》，北京：中華書局，1995。

李紱：《朱子晚年全論》，北京：中華書局，2000。

李顒：《李二曲集》，台北：廣文書局，1978。

汪應蛟：《汪子中詮》，《中國子學名著集成》，（明）萬曆間新安
　　　　汪氏刊本。

周敦頤：《周子全書》，台北：台灣商務印書館，1978。

胡宏：《胡宏集》，北京：中華書局，1987。

孫奇逢：《夏峰先生集》，北京：中華書局，2004。

孫奇逢：《理學宗傳》，濟南：山東友誼書社，1989。

孫應鰲：《孫應鰲文集》，貴州教育出版社，1996。

徐開任：《明名臣言行錄》，台北：明文書局，1991。

真德秀：《大學衍義》，台北：台灣商務印書館，四庫全書本。

真德秀：《西山讀書記》，台北：台灣商務印書館，四庫全書本。

高拱：《高文襄公文集》，（清）康熙丙寅重刊本。

高拱：《高拱論著四種》，北京：中華書局，1993。

高拱：《程士集》，（明）嘉靖年間吉水廖如春校刊本。

高攀龍：《高子遺書》，台北：台灣商務印書館，四庫全書本。

崔銑：《士翼》，（明）嘉靖乙未平陽刊本。

崔銑：《后渠庸書》，台北，藝文印書館，百部叢書集成，1967。

崔銑：《讀易餘言》，（明）嘉靖間相臺崔氏家塾原刊本。

章樵註：《古文苑》《叢書集成初編》北京：中華書局、1985。

馮從吾：《馮少墟集》，台北：台灣商務印書館，1986。

馮從吾：《關學編》，北京：中華書局，1987。

張廷玉等：《明史》，台北：鼎文書局，1991。

張湛：《列子注》，《新編諸子集成》，台北：世界書局，1978。

張載：《張載集》，台北：漢京文化公司，1983。

許衡：《許魯齋集》，《叢書集成》，台北：新文豐公司，1985。

許誥：《性學編》，《中國子學名著集成》，（明）正德間刊本。

陳立：《白虎通疏証》，《新編諸子集成》，北京：中華書局，1994。

陳亮：《陳亮集》，台北：漢京文化公司，1983。

陳俊民：《藍田呂氏遺著輯校》，北京：中華書局，1993。

陳建：《學蔀通辨》，台北：廣文書局，1971。

陳確：《陳確集》，台北：漢京文化公司，1984。

陸九淵：《陸九淵集》，台北：里仁書局，1981。

湛若水：《甘泉文集》，（清）同治五年資正堂本。

焦竑：《澹園集》，北京：中華書局，1999。

焦循：《易學之書》，台北：廣文書局，1970。

程頤、朱熹：《易程傳、易本義》，台北：河洛出版社，1974。

程顥、程頤：《二程集》，台北：漢京文化公司，1983。

黃宗羲、全祖望：《宋元學案》，台北：河洛出版社，1975。

黃宗羲：《明儒學案》，台北：里仁書局，1987。

黃暉：《論衡校釋》，《新編諸子集成》，北京：中華書局，1995。

黃綰：《明道編》，北京：中華書局，1983。

黃潤玉：《南山黃先生家傳集》，（明）藍格抄本。

黃潤玉：《海涵萬象錄》，（明）隆慶王文祿輯刊本。

楊慎：《升庵全集》，台北：台灣商務印書館，1968。

劉宗周：《劉宗周全集》，台北：中央研究院中國文哲研究所籌備處，
　　　　1997。

戴震：《戴震全書》，合肥：黃山書社，1995。

薛瑄：《薛文清公讀書錄》，《叢書集成新編》，台北：成文出版社，
　　　　1985。

薛瑄：《薛瑄全集》，山西：人民出版社，1990。

薛蕙：《西原先生遺書》，台南：莊嚴文化公司，1995。

韓邦奇：《性理三解》，（明）正德嘉靖間原刊本。

韓邦奇：《苑洛集》，台北：台灣商務印書館，四庫全書珍本，1973。

顏元：《習齋四存編》，上海：古籍出版社，2000。

魏校：《莊渠遺書》，台北：台灣商務印書館，四庫全書本，1983。

龐僕：《東西均注釋》，北京：中華書局，2001。

羅近溪：《盱壇直詮》，台北：廣文書局，1977。

羅欽順：《困知記》，（明）嘉靖十六年吳紹陸粲刊本。

蘇輿：《春秋繁露義證》，《新編諸子集成》，北京：中華書局，1992。

顧炎武：《原抄本顧亭林日知錄》，台北：文史哲出版社，1979。

顧憲成：《小心齋箚記》，台北：廣文書局，1975。

護法等菩薩：《大藏經、成唯識論》，台北：新文豐公司，1985。

二、今人專著

丁為祥：《虛氣相即——張載哲學體系及其定位》，北京：人民出版社，2000。

王邦雄：《中國哲學史》，台北：國立空中大學，1995。

加達默爾：《真理與方法》，台北：時報文化公司，1995。

朱伯崑：《易學哲學史》，台北：藍燈文化公司，1991。

朱謙之：《日本的古學及陽明學》，北京：人民出版社，2000。

朱謙之：《日本的朱子學》，北京：人民出版社，2000。

牟宗三：《心體與性體》，台北：正中書局，1985。

牟宗三：《從陸象山到劉蕺山》，台北：台灣學生書局，1984。

余英時：《論戴震與章學誠》，台北：東大圖書公司，1996。

李增：《淮南子哲學思想研究》，台北：洪葉文化公司，1997。

李紀祥：《明末清初儒學之發展》，台北：文津出版社，1992。

李存山：《中國氣論探源與發微》，中國社會科學出版社，1990。

杜保瑞：《論王船山易學與氣論並重的形上學進路》，台北：台灣學生書局，1993。

岡田武彥：《王陽明與明末儒學》，上海：古籍出版社，2005。

法舫：《唯識史觀及其哲學》，佛光山宗務委員會，1997。

林聰舜：《明清之際儒家思想的變遷與發展》，台北：台灣學生書局，1990。

林麗雪：《王充》，台北：東大圖書公司，1991。

林繼平：《明學探微》，台北：台灣商務印書館，1984。

林啟屏：《儒家思想中的具體思維》，台北：台灣學生書局，2004。

侯外廬、邱漢生、張豈之：《宋明理學史》，北京：人民出版社，1984。

胡森永：《從理本論到氣本論──明清儒學理氣觀念之轉變》（博士論文），台北：台灣大學中國文學研究所，1991。

韋政通：《董仲舒》，台北：東大圖書公司，1986。

馬濤：《呂坤思想研究》，北京：當代中國出版社，1993。

容肇祖：《中國歷代思想史、明代卷》，台北：文津出版社，1993。

容肇祖：《容肇祖集》，山東：齊魯書社，1989。

姜國柱：《張載關學》，西安：陝西人民出版社，2001。

唐君毅：《中國哲學原論──原性篇》，台北：台灣學生書局，1984。

唐君毅：《中國哲學原論──原教篇》，台北：台灣學生書局，1984。

唐君毅：《中國哲學原論──原道篇》，台北：台灣學生書局，1984。

徐復觀：《中國人性論史》，台北：台灣商務印書館，1990

徐復觀：《兩漢思想史》，台北：台灣學生書局，1999。

張立文：《心》，台北：七略出版社，1996。

張立文：《性》，台北：七略出版社，1996。

張立文：《理》，台北：漢興書局，1994。

張立文：《道》，台北：漢興書局，1994。

張立文：《氣》，台北：漢興書局，1994。

張立文：《宋明理學研究》，北京：中國人民大學出版社，1985。

張永儁：《二程學管見》，台北：東大圖書館，1988。

張壽安：《以禮代理──凌廷堪與清中葉儒學思想之轉變》，河北：教育出版社，2001。

張麗珠：《清代新義理學》，台北：里仁書局，2003。

曾春海：《朱熹哲學論叢》，台北：文津出版社，2001。

海德格：《存在與時間》，台北：久大桂冠圖書公司，1990。

陳來：《宋明理學》，台北：洪葉文化公司，1993。

陳來：《詮釋與重建──王船山的哲學精神》，北京：北京大學出版
　　　社，2004。

陳鼓應、辛冠潔、葛榮晉編：《明清實學思潮史》，山東：齊魯書社，
　　　1988。

陳榮捷：《朱子新探索》，台北：台灣學生書局，1988。

陳俊民：《張載哲學與關學學派》，台北：台灣學生書局，1990。

傅武光：《呂氏春秋與諸子之關係》，東吳大學中國學術著作獎助委
　　　員會：1993。

喬清舉：《湛若水哲學思想研究》，台北：文津出版社，1993。

曾昭旭：《王船山哲學》，台北：遠景出版公司，1983。

曾振宇：《中國氣論哲學研究》，濟南：山東大學出版社，2003。

黃秀璣：《張載》，台北：東大圖書公司，1987。

黃俊傑：《東亞儒學的新視野》，喜馬拉雅研究發展基金會，2001。

楊祖漢：《儒家的心學傳統》，台北：文津出版社，1992。

楊儒賓：《儒家身體觀》，台北：中央研究院中國文哲研究所，2003。

楊儒賓編：《中國古代思想中的氣論及身體觀》，台北：巨流圖書公
　　　司，1993。

葛榮晉編：《中國實學思想史》，北京：首都師範大學出版社，1994。

葛榮晉：《王廷相和明代氣學》，北京：中華書局，1990。

蒙培元：《理學的演變──從朱熹到王夫之、戴震》，福建：人民出
　　　版社，1984。

蒙培元：《理學範疇系統》，北京：人民出版社，1998。

劉述先：《朱子哲學思想的發展與完成》，台北：台灣學生書局，1984。

劉又銘：《理在氣中》，台北：五南圖書公司，2000。

蔡仁厚：《孔孟荀哲學》，台北：台灣學生書局，1984。

蔡仁厚：《王陽明哲學》，台北：三民書局，1992。

蔡仁厚：《宋明理學》，台北：台灣學生書局，1984。

鄭吉雄：《易圖象與易詮釋》，喜馬拉雅研究發展基金會，2002。

鄭世根：《莊子氣化論》，台北：台灣學生書局，1993。

鄭宗義：《明清儒學轉型探析——從劉蕺山到戴東原》，香港：中文大學出版社，2000。

錢穆：《朱子學提綱》，台北：東大圖書公司，1986。

豐家驊：《楊慎評傳》，南京大學出版社，1998。

鄺芷人：《陰陽五行及其體系》，台北：文津出版社，1998。

三、期刊論文

王泛森：〈清初思想中形上玄遠之學的沒落〉，《中央研究院歷史語言研究所集刊》，1998。

王俊彥：〈王船山氣學思想述要〉，《第三屆傳統文化與現代社會學術研討會論文集》，1998。

王俊彥：〈吳廷翰「以氣即理，以性即氣」的思想〉，《華岡文科學報》第廿一期，1997。

王俊彥：〈吳廷翰的格物致知論〉，《儒學與現代管理研討會》，1996。

王俊彥：〈呂緝熙「氣生於氣」之思想〉，《中國文化大學中文學報》第七期，2002。

王煜：〈明儒孫應鰲思想精粹——實功〉，《哲學與文化》廿六卷第二期，1999。

王路平：〈論孫應鰲易學本體論的特點〉，《貴州師專學報》第三期，1997。

古清美：〈明代朱子理學的演變——從薛敬軒、羅整菴到高景逸〉，《國際朱子學會議論文集》，台北：中研院文哲所，1993。

古清美：〈高景逸的心性之學〉，《國立編譯館館刊》、第 13 卷第一期，1984。

朱伯崑：〈王廷相的易學哲學〉，《易學哲學史》，台北：藍燈文化公司，1991。

朱曉紅：〈呂柟與理學〉,《西北大學學報》第三十卷,第二期,2000。

岡田武彥：〈戴震與日本古學派的思想——唯氣論與理學批判論的展開〉,《中國文哲研究通訊》,2000年第六期。

林安梧：〈從「以心控身」到「身心如一」:王夫之哲學為核心兼及程朱、陸王的討論〉,《述說、記憶與歷史:以「情與文化」為核心的論述學術研討會》,台北:中央研究院民族學研究所,1999。

邱漢生：〈關中大儒李顒思想再探〉,《西北大學學報》,1987。

金培懿：〈伊藤仁齋的孔子回歸思想成立之背景——以吳廷翰的影響為中心〉,《中國哲學論集》,九州大學中國哲學研究會,1995。

孫玉杰：〈論何塘的二元論哲學思想〉,《河南大學學報》,1996年第六期。

荒木見悟：〈對氣學解釋的質疑——以王廷相為中心〉,《大陸雜誌》九十三卷,第六期,1996。

袁爾鉅：〈王廷相與何塘關於形神問題的一場辯論〉,《河南師範大學學報》,1987。

袁爾鉅：〈伊藤仁齋對吳廷翰思想的發展〉,《中州學刊》第一期,1983。

袁爾鉅：〈羅欽順開端明代氣學〉,《哲學研究》第八期,1988。

張義德：〈楊慎對宋明理學的批評〉,《中國哲學史研究》,1982年第二期。

張麗珠：〈理學在清初的沒落過程〉《國文學誌、明代文化專號》第四期,2000。

陳郁夫：〈薛敬軒論學宗旨述評〉,《中國學術年刊》第五期,1983。

陳榮灼：〈氣與力:「唯氣論」新銓〉,「儒學的氣論與工夫論」國際研討會,台大東亞文明中心,2004。

楊祖漢：〈朱子「盡心章注」與胡五峰思想之關係〉,「朱子與宋明儒學」學術研討會,2000。

楊儒賓：〈「氣學」及其檢證標準〉，「第四屆日本漢學國際學術研討會」，（台大東亞文明中心），2005。

葛榮晉：〈王廷相年譜〉，《文獻》第四期，1987。

葛榮晉：〈試論二程洛學與實學的關係〉，《江南大學學報》第一卷第五期，2002。

解光宇：〈儒家性情學說歷程及其終結——戴震人性學說在終結中的作用〉，《學術界》，1997年第一期。

劉又銘：〈宋明清氣本論研究的若干問題〉，「儒學的氣論與工夫論」國際研討會，(台大東亞文明研究中心)，2004。

劉又銘：〈從「蘊謂」論荀子哲學潛在的性善觀〉，《「孔子與二十一世紀」國際學術研討會論文集》，2001。

劉又銘：〈顧炎武以氣為本的宇宙觀〉，《清代學術論叢》第一輯，台北：文津出版社，2001。

鄭宗義：〈論儒學中「氣性」一路的建立：以董仲舒、王廷相及戴震為例〉，「儒學的氣論與工夫論研討會」，（台大東亞文明中心），2004。

鐘彩鈞：〈呂涇野思想研究〉，《中山人文學報》第十八期，2004。

鐘彩鈞：〈羅整菴的理氣論〉，《中國文哲研究集刊》第六期，1995。

國家圖書館出版品預行編目

王廷相與明代氣學／王俊彥著. -- 一版. --
臺北市：秀威資訊科技, 2005[民 94]
面；　　公分. -- 參考書目：面
ISBN 978-986-7263-72-8（平裝）
1.（明）王廷相 - 學術思想 - 哲學

126.7　　　　　　　　　　　94018235

哲學宗教類　AA0004

王廷相與明代氣學

作　　者／王俊彥
發 行 人／宋政坤
執行編輯／李坤城
圖文排版／張慧雯
封面設計／羅季芬
數位轉譯／徐真玉　沈裕閔
銷售發行／林怡君
網路服務／徐國晉
出版印製／秀威資訊科技股份有限公司
　　　　　台北市內湖區瑞光路 583 巷 25 號 1 樓
　　　　　電話：02-2657-9211　　　傳真：02-2657-9106
　　　　　E-mail：service@showwe.com.tw
經 銷 商／紅螞蟻圖書有限公司
　　　　　台北市內湖區舊宗路二段 121 巷 28、32 號 4 樓
　　　　　電話：02-2795-3656　　　傳真：02-2795-4100
　　　　　http://www.e-redant.com

2006 年 7 月 BOD 再刷
定價：600 元

讀　者　回　函　卡

感謝您購買本書，為提升服務品質，煩請填寫以下問卷，收到您的寶貴意見後，我們會仔細收藏記錄並回贈紀念品，謝謝！

1. 您購買的書名：_____

2. 您從何得知本書的消息？

　　□網路書店　□部落格　□資料庫搜尋　□書訊　□電子報　□書店

　　□平面媒體　□ 朋友推薦　□網站推薦　□其他_____

3. 您對本書的評價：(請填代號　1.非常滿意 2.滿意 3.尚可 4.再改進)

　　封面設計____　版面編排____　內容____　文/譯筆____　價格____

4. 讀完書後您覺得：

　　□很有收獲　□有收獲　□收獲不多　□沒收獲

5. 您會推薦本書給朋友嗎？

　　□會　□不會，為什麼？_____

6. 其他寶貴的意見：_____

　　_____

　　_____

　　_____

讀者基本資料

姓名：_____　年齡：_____　性別：□女 □男

聯絡電話：_____　E-mail：_____

地址：_____

學歷：□高中(含)以下　□高中　□專科學校　□大學

　　　□研究所(含)以上 □其他_____

職業：□製造業 □金融業 □資訊業 □軍警 □傳播業 □自由業

　　　□服務業 □公務員 □教職　□學生 □其他_____

秀威與 BOD

BOD（Books On Demand）是數位出版的大趨勢，秀威資訊率先運用 POD 數位印刷設備來生產書籍，並提供作者全程數位出版服務，致使書籍產銷零庫存，知識傳承不絕版，目前已開闢以下書系：

一、BOD 學術著作—專業論述的閱讀延伸
二、BOD 個人著作—分享生命的心路歷程
三、BOD 旅遊著作—個人深度旅遊文學創作
四、BOD 大陸學者—大陸專業學者學術出版
五、POD 獨家經銷—數位產製的代發行書籍

BOD 秀威網路書店：www.showwe.com.tw
政府出版品網路書店：www.govbooks.com.tw

永不絕版的故事・自己寫・永不休止的音符・自己唱